JESÚS
EL ÚNICO Y SUFICIENTE

Beth Moore

Francisca Maldonado
Regulo de Lizite

LifeWay Press
Nashville, Tennessee

© Copyright 2003 • LifeWay Press
Reservados todos los derechos

Ninguna parte de este libro puede ser reproducida o copiada bien sea de manera electrónica o mecánica, incluyendo fotocopias, grabaciones, digitalización y/o archivo de imágenes electrónicas excepto cuando se autorice por la Editorial. Las solicitudes de permisos para realizar reproducciones deben hacerse por escrito y enviarse a: LifeWay Press; One LifeWay Plaza; Nashville, TN 37234-0175.

ISBN 0633089079

Este libro es el texto para el curso CG-0819 en el área de la vida personal
del plan de estudio de Desarrollo Cristiano

Clasificación Decimal Dewey 232.901
Subdivisión: Vida Personal

A menos que se indique lo contrario, todas las citas bíblicas se han tomado de la Santa Biblia, Versión Reina Valera de 1960, propiedad de las sociedades Bíblicas en América Latina, publicada por Brodman & Holman Publishers, Nashville, TN., Usada con permiso

Para ordenar copias adicionales escriba a LifeWay Church Resources Customer Service; One LifeWay Plaza, Nashville, TN 37234-0113; FAX (615) 251-5933; teléfono 1-800 458-2772 ó envíe un correo electrónico a *customerservice@lifeway.com*. Le invitamos a visitar nuestro portal electrónico en WWW.lifeway.com.
También puede adquirirlo u ordenarlo en la librería LifeWay de su localidad.
Fuera de los Estados Unidos de Norteamérica puede adquirirlo en su librería cristiana favorita.

Impreso en los Estados Unidos de América

Leadership and Adult Publishing
LifeWay Church Resources
One LifeWay Plaza
Nashville, TN 37234-0175

Francisca Maldonado

Dedicatoria

A Marge Caldwell, mi madre y maestra en el ministerio.
Tú fuiste la primera persona cuyo apasionado amor por Jesús me quitó el aliento.
Nunca comprenderé cómo pude tener la enorme bendición de Dios de conocerte,
amarte y aprender de ti. Dios ha entretejido tan estrechamente los hilos de nuestros
ministerios que ya no sé dónde comienza uno y dónde termina el otro.
Vivo algo de ti cada día. Tú me enseñaste incontables cosas sobre cómo no solo ser una
mujer que ministra, sino una dama. Tu amor por Jesús, el único y suficiente,
el locamente contagioso.
Soy solo una de los muchos que lo captaron con todo el ardor.
¿Cómo podré agradecerte por todo lo que has invertido en mí?
Te amo mucho.

*Un regalo de Lizete. 14 de junio 2008.
Flemington NJ.*

Acerca de la autora

A los dieciocho años, Beth Moore comprendió que Dios la requería para un ministerio de tiempo completo. Mientras lideraba a un grupo de niños en un campamento misionero, Dios, sin lugar a dudas, le hizo saber que trabajaría para Él. Allí, Beth entregó todos sus derechos al Señor al que había amado desde su niñez. Pero se encontró con un problema: aunque sabía que era una obra "maravillosa" del Señor, se sentía "lastimosamente" desprovista de talento.

Beth se encerró en un cuarto para averiguar si milagrosamente había desarrollado una dulce voz para el canto, pero los resultados fueron trágicos. Se volvió al piano con el cual había pasado años de infructuosas prácticas y descubrió que el sonido no tenía nada de armonía. Finalmente, aceptó que la única alternativa que le quedaba era sufrir como misionera en algún país lejano, así que puso cara de mártir y esperó. Pero no sucedió nada.

Confiando aún en el llamado de Dios, Beth completó sus estudios en la Southwest Texas State University, donde se enamoró de Keith y se casó con él. Después que se casaron, en diciembre de 1978, Dios les dio a sus hijas Amanda y Melisa.

Como si estuviera uniendo las piezas de un rompecabezas, de a una por vez, Dios llenó el camino de Beth con personas que la apoyaban y veían en ella algo que ella no podía ver. Dios usó a personas como Marge Caldwell, John Bisagno y Jannette Cliff George para ayudar a Beth a descubrir sus dones como oradora, maestra y escritora. Diecisiete años después de su primer conferencia en público, esos dones se han extendido por toda la nación. Su gozo y su entusiasmo en Cristo son contagiosos; su profundo amor por el Salvador es obvio; su estilo como oradora es electrizante.

El ministerio de Beth está fundamentado e impulsado por el servicio en su iglesia local, la First Baptist Church de Houston, Texas, donde colabora como parte del consejo ministerial y enseña en una clase de la Escuela Dominical muy concurrida. Beth cree que su llamado es a hacer conocer la Biblia: guiar a los creyentes a amar y vivir la Palabra de Dios.

Beth ama al Señor, le encanta reír y le encanta estar con el pueblo de Dios. Su vida está llena de actividad, pero hay un compromiso que no cambia: considerar todas las cosas como pérdida por la excelencia de conocer a Cristo Jesús, el Señor (ver Filipenses 3.8).

Los anteriores estudios bíblicos de Beth han explorado las vidas de Moisés, David, Pablo e Isaías. En *Jesús: el único y suficiente*, Beth nos invita a estudiar la vida de nuestro Señor Jesús. Que este viaje lo bendiga como ha bendecido a todos los que trabajaron con Beth para poner en sus manos este libro.

Índice

Introducción 6

Semana 1
El Verbo hecho carne 8

Semana 2
El Hijo de Dios 30

Semana 3
El Camino y la Vida 53

Semana 4
La gloria de los hombres 76

Semana 5
El Cristo de Dios 99

Semana 6
La necesidad 121

Semana 7
El tesoro más grande 143

Semana 8
La respuesta 166

Semana 9
El Cordero de Dios 188

Semana 10
La esperanza resucitada 211

Plan de estudios de crecimiento cristiano 235

Introducción

Mi romance con Jesucristo comenzó en un pequeño círculo de sillas diminutas en una clase de la Escuela Dominical de la iglesia de un pueblito. Mis maestras no eran eruditas en la Biblia. Eran madres y amas de casa. No sé si alguna vez habrán escudriñado las profundidades de las Escrituras o habrán buscado el significado de algún término en griego. Ellas sencillamente enseñaban lo que sabían. No sé de qué otra forma podría explicar lo que sucedió entonces: creí.

Dadas las interminables distracciones, estas mujeres seguramente se habrán preguntado si estaban haciendo algo más que sencillamente cuidar a los niños durante un rato, mientras nuestros padres asistían al culto principal. Claro que lo hacían. En algún momento, entre las galletas de manteca que sostenía entre mis dedos y el jugo de frutas que había derramado, comencé a enamorarme.

Estoy segura de que mi pequeña fe de niña fue un regalo de Dios, por dos razones: primero, antes de haber comenzado la escuela primaria, yo ya tenía razones para no creer lo que los adultos decían. Segundo, tomé tan pocas buenas decisiones cuando fui adulta que no imagino cómo pude haber tomado una tan buena yo sola, siendo niña. No; estoy convencida de que Dios tuvo toda la intención de comenzar este romance bien temprano y en forma incomprensible.

Recuerdo que pensé cuán apuesto se veía Jesús en esos dibujos de acuarelas y que yo nunca antes había visto a un hombre con el cabello largo. Me pregunté si mi papá, que era mayor del ejército, aprobaría la relación. Mi dibujo preferido era la imagen conocida de Jesús sentado con los niños por todas partes sobre su regazo. Por lo que recuerdo, es el único cuadro en el que lo veo sonriendo. Pronto llegué a la conclusión de que los grandes lo aburrían y lo ponían nervioso, y los niños lo hacían feliz.

Mis maestras decían que Él era mi mejor amigo. Qué extraño, tener un mejor amigo que uno nunca ha visto. Mis maestras decían que Jesús pensaba de nosotros todas las cosas que yo en realidad deseaba que alguien pensara de mí. Crecí en una familia numerosa. Amaba muchísimo a cada miembro de esa gran familia, pero anhelaba con ansias ser alguien especial. Mis maestras usaban esa palabra todas las semanas. "Especial". Sí. Jesús estaba empezando a gustarme. Y solo era el comienzo.

Mientras le relato este sencillo y común testimonio, se me hace un nudo en la garganta, y los ojos se me llenan de lágrimas. En la historia de una vida llena de tantas cosas para lamentar, tomé una buena decisión que influyó en mi vida más profundamente que todas las malas decisiones que tomé, juntas: decidí creer en Jesús. Ya no puedo contener el llanto. Él es la cosa más maravillosa, más emocionante, más llena de gracia, más redentora que me ha sucedido en la vida. Jesús es mi vida. No puedo expresar sobre el papel mi amor por Él. Es un amor que ha crecido en partes y pedazos incongruentes, con pasos de bebé, saltos, rebotes, tropezones y caídas, poco a poco, más que menos, menos que más... década tras década. No me corresponde el más mínimo mérito por esto. Si hubiera sido posible, mi incoherente, tambaleante andar con Cristo habría sido una prueba terrible aun para su incalculable provisión de amor y misericordia. Soy la prueba de que Dios no ha acortado su paciencia.

Fui una niña con problemas que llevó sus problemas a la edad adulta. No tengo dudas de que habría terminado destruyéndome a mí misma si no hubiera sido por Cristo. Él nunca dejó de luchar conmigo, de perdonarme, de vendar mis heridas y de sanarme, atrayéndome siempre a Él para apartarme de la conocida senda de la desesperación. Oro para que esos días de derrota hayan quedado atrás para mí. Pero si no es así, Jesús, mi único y suficiente, aún estará delante de mí, convenciéndome de levantarme una vez más para caminar. Esta vez, un poco más cerca de Él.

Un romance con Cristo difiere de manera radical de un romance entres los seres mortales. No deseo que ninguna otra mujer ame a mi esposo, Keith, como yo lo amo. ¡Cuán diferente es mi romance con Cristo! Quiero que todos ustedes lo amen... al menos tanto como yo lo amo. Y más, y más, y más. Puedo hacerme eco, aunque mínimamente, de la emoción con que Pablo dijo: "Porque os celo con celo de Dios" (2 Corintios 11.2). Quiero más de la abundancia de Cristo para usted. No importa cuánto tiene ya. ¡Más! Y también quiero que usted tenga celo de que yo tenga de su superabundancia.

Tengo celo de que lo queramos a Él más que bendiciones, salud o aun aliento de vida. Quiero conocerlo para que mi corazón, fijo en Él, pueda exclamar: "Porque mejor es tu misericordia que la vida; mis labios te alabarán" (Salmos 63.3). ¡Mejor que la vida! Dios invita a criaturas mortales —a usted y a mí— a entrar en una relación de amor con el Hijo de gloria. Ese, amigo mío, es el significado de la vida. Compartámoslo. Plena y totalmente.

Nunca emplearemos el tiempo en forma más valiosa que en el esfuerzo por conocer a Cristo. Mi oración más profunda es que esta ofrenda lo haga avanzar un paso más en la más noble empresa de la vida. No dudo que dejaré muchas más cosas sin decir en este estudio bíblico que en cualquier otro que Dios me haya confiado, sencillamente porque lo que se puede decir no termina nunca. Y debe ser dicho; si no por criaturas mortales, entonces por las que son invisibles a nuestros ojos, que rodean el trono y cantan en alta voz: "¡Digno es el Cordero!"

Él es Jesús.
El único y suficiente.
Trascendente por sobre todo.
Conocerlo es amarlo.
Amarlo es anhelarlo.
Anhelarlo es que, finalmente, las manos de nuestra alma se extiendan para alcanzar
Aquello de lo que nunca tenemos suficiente.
Jesús.
Toma todo lo que quieras.
Toma todo lo que necesites.
Hasta que el alma sea saciada.
Y el espíritu haya sido liberado.
Hasta que el polvo vuelva al polvo
y veas su rostro.
Jesucristo.
Él es todo lo que necesitas.

Jesús: el único y suficiente, está escrito en un formato interactivo, para intensificar su aprendizaje y la aplicación de las verdades bíblicas. Lo animo a completar todas las tareas escritas de este libro. El Espíritu Santo aprovechará los esfuerzos que usted haga por responder las preguntas y completar las actividades con sus propias palabras.

La introducción de cada semana incluye cinco preguntas principales. Cada una de ellas surge de una de las cinco lecciones de esa semana. Las preguntas principales se refieren a los hechos comentados en esa lección. Su grupo comentará cada una de las preguntas principales cada semana.

Además de las preguntas principales, encontrará comentarios personales que serán identificados por este signo:🔥. Estas actividades de aprendizaje lo ayudarán a aplicar personalmente el material al relacionar lo estudiado con su propia vida. Su grupo tendrá un tiempo dedicado a que cada integrante dé a conocer sus propias respuestas a los comentarios personales, si así lo desea. Nadie se verá obligado a hablar si no desea hacerlo.

He utilizado varios materiales para el estudio de las palabras en griego y hebreo. Las definiciones tomadas de *The Complete Word Study Dictionary: New Testament* y de *Lexical Aids*[1] se incluyen entre comillas sin referencia. También he utilizado la *Strong"s Exhaustive Concordance of the Bible*[2]. Las palabras tomadas de esta última se incluyen entre comillas, con la palabra *Strong"s* entre paréntesis.

---

[1] Spiros Zodhiates et al., eds., *The Complete Word Study Dictionary: New Testament* (Chattanooga, TN: AMG Publishers, 1992).
[2] James Strong, *Strong's Exhaustive Concordance of the Bible* (Nashville, TN: Abingdon Press, 1970).

SEMANA 1
El Verbo hecho carne

Día 1
Una visita inesperada

Día 2
Le pondrás por nombre Jesús

Día 3
Corazones hermanados

Día 4
Juan es su nombre

Día 5
Ha nacido un Salvador

¡Me alegra tanto tener su compañía en este viaje, amado hermano! Hubiera emprendido este viaje sola, pero su presencia lo hace mucho más maravilloso. Tenemos varios cientos de kilómetros para recorrer, así que tome su Biblia, una jarra llena de Agua viva, y un par de sandalias resistentes. Nuestro viaje nos llevará por toda Galilea, Jerusalén, Judea y aun al "otro lado" del lago. Nuestra meta es, sencillamente, caminar con Jesús dondequiera que Él vaya por las páginas de las Escrituras durante las siguientes diez semanas. Usted y yo entraremos en su viaje unos pocos meses antes de su llegada a la tierra. Es interesante observar que su viaje hacia la tierra comenzó mucho antes: "En el principio". El perfecto plan de redención por medio del "Verbo hecho carne" ya estaba en funcionamiento antes que Él diera aliento de vida al primer hombre. Que Dios lo llene de asombro al permitirle mirar con nuevos ojos la más grande historia jamás contada.

Preguntas Principales:
Día 1: Según Lucas 1.18-25, ¿cómo recibió Zacarías la noticia que le dio Gabriel?
Día 2: Mateo 2.23 registra una profecía transmitida oralmente a lo largo de muchas generaciones. ¿Cuál era esa profecía?
Día 3: Según Lucas 1.39-56, ¿qué hizo María después de recibir la noticia de Gabriel?
Día 4: Según Lucas 1.78, ¿por qué Dios puso en marcha este intrincado plan de redención?
Día 5: ¿De qué dos formas respondió María a todos los hechos posteriores al nacimiento de Jesús?

¡Compromiso, mi amado estudiante de la Palabra de Dios! Lleguemos hasta la última página de este viaje. Demos vía libre a Dios para que transforme completamente la imagen que tenemos de su Hijo. ¡Vamos a enamorarnos de Jesús otra vez!

DÍA 1
Una visita inesperada

*P*or favor, comencemos nuestro estudio juntos leyendo Lucas 1.10.

Zacarías se levantó de su lecho en un pequeño cuarto fuera del templo, sorprendido por el privilegio único, que había temido que nunca le llegaría... Después de todo, no era un jovencito.

No era momento de preocuparse por cuestiones maritales, pero los pensamientos de Zacarías seguramente se dirigieron hacia Elisabet, su esposa por tantos años. A diferencia de la mayoría de los demás sacerdotes, él no tenía hijos. Cuando su servicio en el templo lo obligaba a dejar el hogar, Elisabet quedaba totalmente sola. Ella manejaba la casa vacía con gracia y dignidad, pero él sabía que la falta de hijos aún la hacía sufrir muchísimo. Los hogares judíos estaban hechos para tener niños.

Zacarías se ocupó en particular de extender la tela de lino blanca y atar con cuidado la banda sobre sus vestiduras sacerdotales. No todos los sacerdotes tomaban sus deberes con tanta reverencia, pero Zacarías era un hombre justo. Atravesó los portales del templo con todos sus sentidos alertas y contempló una vista que le quitaría el aliento a cualquier persona: el templo, color crema y oro, bañado por el sol de la mañana. Es posible que ya se hubieran reunido unos pocos madrugadores para adorar en los atrios. Zacarías no tenía idea de que la suave brisa que soplaba allí le traería mucho más que una simple mañana como tantas otras.

Espero que estas descripciones lo ayuden a imaginar la Palabra en lugar de leerla mecánicamente. La Palabra de Dios es viva y poderosa. Solo puede carecer de interés si no nos involucramos con ella. ¡Intérnese en la Palabra! Participe de ella. Permanezca en ella durante estas diez semanas. Cada página de las Escrituras trata sobre la intervención de Dios en las vidas de seres humanos como usted y como yo.

Zacarías no es un personaje de una novela de ficción. Fue un hombre real que intentaba servir a un Dios real en medio de oraciones sin respuesta, decepciones desconcertantes, debilidades personales, rituales diarios insignificantes y responsabilidades que le causaban gran ansiedad. ¿Alguien se siente identificado con esta descripción? Si es así, tenemos delante de nosotros una gran aventura en la Palabra de Dios. Muchas cosas nobles pugnan por nuestro tiempo, pero nada afectará nuestra vida y las vidas de quienes nos rodean de forma más positiva y poderosa que un estudio verdaderamente profundo de la Palabra de Dios.

*S*i usted está seguro de que Dios ha puesto este estudio en sus manos, ¿está dispuesto a escribir una breve oración para comprometerse a completarlo hasta la última página? Use las líneas que observa a continuación.

_____

_____

_____

_____

Veamos el pasaje bíblico que nos presenta un contexto más detallado de Lucas 1.1-10. Lea 1 Crónicas 24.1-19. ¿Qué se registra en esta parte de las Escrituras?

_____

El tesoro de hoy
"Zacarías, no temas; porque tu oración ha sido oída" (Lucas 1.13).

Aarón tuvo muchos descendientes. Cada una de las veinticuatro divisiones de sacerdotes servía en el templo durante una semana dos veces por año y en las festividades más importantes. Un sacerdote podía ofrecer el incienso del sacrificio diario solo una vez durante toda su vida. Había llegado la única oportunidad de Zacarías. Sin duda, él se sentía abrumado.

Aunque los atrios del templo de Herodes ya se habían convertido en un mercado en la época de Zacarías, podemos estar seguros de que este sacerdote tomó su responsabilidad con gran seriedad. Lo más posible es que hubiera pasado la noche anterior en uno de los cuartos contiguos al muro externo del templo. Estos cuartos, que también se utilizaban como depósitos, se describen en 1 Reyes 6.5. Una de las razones principales por las que los sacerdotes permanecían dentro de las instalaciones del templo era para mantener sus mentes y cuerpos santificados. Aunque Dios creó el matrimonio y bendice la intimidad sexual entre el esposo y la esposa, los sacerdotes debían mantenerse concentrados en una sola cosa cuando servían en el templo.

Según su lectura de Lucas 1.1-10, ¿por qué podríamos suponer que Zacarías se preparó al máximo para esta oportunidad?

El versículo 10 nos dice que los adoradores se reunían fuera del templo en el momento en que se quemaba el incienso. Su costumbre era orar en forma individual pero simultánea en el atrio, mientras el sacerdote oraba adentro por todos ellos en conjunto. Al terminar con sus deberes, el sacerdote salía y les daba su bendición. Lea Salmos 141.2 y Apocalipsis 5.8. El incienso ofrecido simbolizaba la oración.

¿De qué formas puede usted imaginar al incienso como un símbolo de la oración de un creyente?

_____

Con todas estas cosas en mente, continúe y lea Lucas 1.11-17. ¿Qué nos indica que Gabriel no se apareció ante Zacarías como un hombre común?

_____

_____

Es obvio que la fragancia del incienso no fue lo único que ascendió al trono de Dios ese día. "Zacarías, no temas; porque tu oración ha sido oída". No quiero que se le escape la importancia de estas palabras. Es necesario que comprendamos que la responsabilidad del sacerdote de turno era ofrecer el incienso y orar por la nación de Israel. Su propósito era ofrecer una oración colectiva. Además, la intercesión del sacerdote por la nación indudablemente incluía una petición por el Mesías, el Libertador y Rey prometido a Israel. Zacarías, sin duda, habría pedido ante el trono de gracia en nombre de la nación de Israel para que Dios enviara su tan esperado Mesías.

El anciano sacerdote no tenía forma de saber que Dios había manipulado a propósito su ocasión de servicio de ese día por una razón revolucionaria. En las semanas próximas, veremos pruebas de que muchos de quienes servían en el sacerdocio no eran como Zacarías. Numerosos sacerdotes podrían haber ofrecido el incienso ese día con escaso respeto y haber repetido de manera mecánica una oración totalmente desprovista de ansiosa expectativa. Lucas 1.6 nos dice que Zacarías y Elisabet eran "justos delante de Dios". El Creador y Sustentador del universo estaba dispuesto a responder una oración que había sido pronunciada durante cientos de años, pero con toda intención eligió a un hombre que podía orar una oración antigua con un corazón nuevo.

No creo que las oraciones de Zacarías ese día se hayan limitado a las peticiones colectivas. Ya fuera que tuviera planeado hacer una petición personal o no, yo creo que la hizo. Creo que derramó los ingredientes, perfectamente mezclados, sobre el fuego. Inhaló el aroma del incienso que se elevaba hacia el cielo, pidió la bendición de Dios sobre la nación de Israel, imploró apasionadamente por la venida del Mesías. Pero antes de volverse y salir del recinto, pronunció un pedido antiguo como los siglos que brotaba del fuego de su propio hogar.

Nunca olvidaré la primera vez que tuve la oportunidad de ir a la "ciudad vieja" de Jerusalén. Aunque había disfrutado mucho de toda la excursión, esta habría estado incompleta para mí si no hubiera entrado por los muros de la antigua Jerusalén y no me hubiera detenido frente al Muro de los lamentos. Sabía por mis estudios, que el Muro de los lamentos es considerado casi como el lugar más sagrado sobre la tierra para un judío ortodoxo. Como parte de la estructura del templo sagrado, significa el lugar de mayor cercanía física a Dios. Miles de personas oran ante el Muro de los lamentos. Muchas escriben sus pedidos en pequeños papelitos y literalmente introducen sus notas en los intersticios de la pared. Esa mañana me levanté temprano y tuve un tiempo prolongado de preparación en oración. Sabía que tendría solo unos pocos minutos frente al muro y pensé con mucho detenimiento qué peticiones presentaría allí.

El Muro de los lamentos, reverenciado durante siglos por los judíos como único muro de la zona del templo que aún permanece de pie.

Después de profunda deliberación, escribí los pedidos más importantes que podía hacer en un pequeño papel. Varias horas después estaba frente a ese muro, inmersa en oración como nunca antes. Luego de presentar mis peticiones entre sollozos, introduje el papel en una grieta del muro y lo dejé allí. ¿Por qué tomé esto tan en serio, si puedo acercarme osadamente al trono de la gracia veinticuatro horas al día? Porque en un mundo común, sin Dios, yo estaba en un lugar totalmente extraordinario, sagrado. Un lugar donde se han presentado al único y verdadero Dios más peticiones colectivas que en cualquier otro lugar del mundo, y yo tenía la oportunidad de estar allí.

Creo por eso que Zacarías debe de haber aprovechado el momento más sagrado de su vida para que su propio motivo de oración ascendiera como incienso hasta el trono de la gracia. La oración, en ese momento particular, quizá no haya sido por un hijo. Con la edad que tenían, Zacarías y Elisabet ya se habían dado por vencidos. O quizá recordó a Abraham y Sara, y supo que Dios podía hacer lo imposible. De una u otra forma, creo que Zacarías dijo algo acerca del vacío que sentían en sus vidas, y el dolor o la decepción que llenaba sus corazones. Lo que el anciano sacerdote no podía saber era cuán íntimamente relacionadas estaban su oración colectiva por el Mesías y su oración personal por un hijo.

Me pregunto si usted casi se ha dado por vencido en pedir la respuesta a una oración que con tanto fervor y desde hace tanto tiempo eleva a Dios. No volverse repetitivo, falto de fe y seco, sin esperanza, en un pedido repetido tantas veces es un reto tremendo. Dios nunca dejó de escuchar ni una sola petición sincera de los hijos de Israel para que les enviara al Mesías; tampoco dejó de escuchar ni un solo clamor solitario de los corazones doloridos de un matrimonio sin hijos. Dios no tiene una cantidad limitada de poder que nos obligue a seleccionar cuidadosamente unas pocas peticiones muy especiales por las que podemos orar. El poder de Dios es infinito. La gracia y la misericordia provienen de lo más profundo de la infinita fuente de su corazón.

Cuando Zacarías estuvo frente al altar de incienso ese día y elevó las necesidades de la nación ante el trono, aun quedaba en el corazón de Dios una provisión inacabable de poder sobrenatural y tierna compasión, que podía proveer no solo para sus necesidades, sino también para el deseo de su corazón. Dios estaba esperando, sencillamente, el tiempo perfecto.

¿**Qué oración presenta usted ante Dios continuamente desde hace mucho tiempo? Escríbala en la siguiente línea:**

_____

Si usted ha recibido un "no" definitivo de parte de Dios, ore para poder aceptarlo y confíe en que Él sabe lo que hace. Si no es así, no se canse ni pierda el interés. Como Zacarías y Elisabet, continúe andando fielmente con Dios, aunque se sienta decepcionado. Andar con Dios todos los días de nuestra vida fortalece nuestra seguridad de que Dios es fiel y podemos disfrutarlo, inconcebiblemente, aun cuando nuestro pedido no es respondido. Reconocer todas las demás obras de Dios en su vida lo ayudará a no desalentarse mientras espera esa respuesta. Zacarías esperó mucho tiempo que Dios le respondiera, pero cuando lo hizo, la respuesta fue superior a todo lo que el anciano sacerdote podría haber pensado o pedido.

¿Qué seguridad se le dio a Zacarías acerca de su hijo? (vv. 14-17).

_____

_____

Ahora lea Lucas 1.18-25. ¿Cómo recibió Zacarías la noticia que le dio Gabriel?

_____

¿Qué sucedió entonces?

_____

Este encuentro me hace sonreír. Gabriel, el mismo ángel que se le apareció a Daniel, se encuentra con Zacarías y le dice que Dios ha oído su oración. A continuación, el embajador celestial le da una profecía muy detallada sobre la vida del niño.
¿Y cuáles son las primeras palabras que salen de la boca de Zacarías? "¿Cómo puedo estar seguro de que esto sucederá?"
Al parecer, Gabriel no estaba de humor para aceptar la duda en la respuesta de Zacarías. Esas fueron las últimas palabras que salieron de los labios del sacerdote por un buen tiempo.

La trasgresión de Zacarías no era mortal. La promesa estaba intacta aún y el anciano iba a ser padre... solo que no tendría mucho que decir hasta que su fe se convirtiera en vista. Como ha sugerido un comentarista, quizá todos llevamos la marca de nuestras dudas. Pero la señal de Zacarías era muy visible y concluyente. Durante muchos años, mi joven vida llevó las marcas de la duda. Creía que Dios podía amarme, pero no estoy segura de que en realidad creyera que Dios podía cambiarme. Eso también era obvio.

El relato de Lucas de la noticia dada a Zacarías concluye con su regreso a su casa y la concreción del embarazo de Elisabet. La mujer que hay en mí se queja de la falta de detalles. ¿Cómo le dijo Zacarías lo que había sucedido? ¿Qué dijo ella? ¿Rió? ¿Gimió? ¿Lloró? Si la edad había cerrado ya su vientre, ¿cuál fue la primera señal del embarazo? ¿Por qué permaneció recluida durante cinco meses? Finalmente, me pregunto si Zacarías le expresó de alguna forma a Elisabet hasta el último detalle de la profecía sobre su hijo. ¿Se imagina usted que le digan antes que su hijo sea concebido que él o ella le dará gran gozo y que será grande delante de Dios? Cuando vemos en la ecografía que todas las partes del bebé están bien formadas, damos un enorme suspiro de alivio. ¡Qué no daríamos por tener algunas garantías sobre su carácter!

Sin duda, Zacarías y Elisabet pensarían que esta respuesta valía la pena la espera. ¡Dios es tan fiel! Una razón por la que quizá les haya dado tanta seguridad acerca de la futura grandeza de su hijo es que, de no ser por otro milagro, no vivirían para ver el cumplimiento total de la profecía. Como pocos de nosotros, estos padres no iban a morir esperando. Iban a morir sabiendo.

SEMANA 1: El Verbo hecho carne

DÍA 2

Le pondrás por nombre Jesús

Imagínese los ojos omniscientes del insondable *El Roi* —el Dios que ve—, recorriendo el universo en una vista panorámica. Sus ojos abarcan todas las galaxias. Imagine ahora cómo el lente enfoca cada vez más cerca, como si se tratara de una cámara adosada a la punta de un cohete que tiene como destino la Tierra. No un cohete hecho por manos humanas, sino uno celestial... vivo.

Gabriel ha sido convocado una vez más ante el imponente trono de Dios. Rayos brotan del trono mientras los ecos de los truenos atraviesan las alabanzas de los ángeles. Colores jamás vistos en la tierra salpican la ciudad celestial mientras rebota la luz de su esplendor.

Ezequiel no gastó poca tinta para describir a los querubines, pero cuando trató de describir al que estaba sentado en el trono, su provisión de tinta se secó rápidamente. Pocas palabras. Si los querubines, seres creados, son tan magníficos, ¿cómo será entonces su Creador? Aun las criaturas que nunca dejan de alabar a Dios se protegen con sus alas de la cegadora gloria de su santidad.

La Biblia nombra a solo dos de los ángeles actuales: Miguel, el guerrero, y a Gabriel, el portador de las noticias de Dios. Al menos seis meses han pasado desde que Dios envió al embajador Gabriel a Jerusalén. Su misión anterior lo llevó hasta el templo de Herodes, una de las maravillas del mundo civilizado. Esta vez, el lente de los cielos se ha enfocado sobre el norte de Jerusalén. Imaginemos a Gabriel atravesando el tercer cielo en dirección a la tierra, rompiendo la barrera de lo sobrenatural para llegar al mundo natural. Imaginémoslo atravesando raudamente el segundo cielo, dejando atrás las estrellas que Dios llama por su nombre. A medida que nuestra vista "desciende", la Tierra cobra mayor tamaño. La mirada del Rey Dios atraviesa como fuego los azules cielos del planeta Tierra y se hunde como una saeta ardiente en la tierra de una pequeña y olvidada aldea llamada Nazaret.

*L*ea Lucas 1.26-38 tratando de no apresurarse. Una de las delicias de la Palabra es cómo la persona que la estudia puede cosechar una palabra nueva en una página conocida. Antes de comenzar a estudiar en detalle esta parte, ¿hay algún elemento en particular del relato que parezca saltar de la página de una manera nueva ante sus ojos? Lea hasta que esto suceda y escríbalo a continuación.

___

Según el contexto de Lucas 1, ¿a qué se refiere el período de "seis meses"? Marque la opción correcta.

❏ el sexto mes de embarazo de Elisabet
❏ el sexto mes del calendario judío
❏ el sexto mes del calendario civil
❏ el sexto mes desde la última visita de Gabriel

Kilómetros y décadas separaban a una anciana embarazada de su pariente jovencita que vivía en el norte. Las familias judías eran muy unidas, pero estas mujeres, cuyo parentesco posiblemente fuera por razón de su matrimonio, vivían en culturas muy diferentes. Sin embargo, había dos aspectos que permanecían constantes en su vida familiar. Las prácticas del antiguo compromiso matrimonial judío eran las mismas.

Lucas 1.27 nos dice que María estaba "desposada con un varón que se llamaba José". "Desposada" es la traducción de la palabra griega *mnesteuomai*, que significa "recordar". ¡Qué perfecta expresión de

El tesoro de hoy
"Y ahora, concebirás en tu vientre, y darás a luz un hijo, y llamarás su nombre JESÚS" (Lucas 1.31).

lo que es un compromiso! Cuando Dios indicó a los israelitas que construyeran el altar del sacrificio en el atrio del tabernáculo para que Él pudiera "reunirse" con ellos, no usó una palabra común (Éxodo 29.42-43). La palabra hebrea que se traduce como "reunirse" (ver Éxodo 25.22) es ya"ad, que significa "comprometerse" (*Strong's*). Hermano, usted puede descansar seguro de que Dios recuerda. Y además anhela que nosotros actuemos como si recordáramos.

Ese tipo de desposorio es más semejante a la idea que tenemos del matrimonio que al compromiso actual. La diferencia era el asunto de la intimidad física, pero la relación implicaba obligaciones legales. El desposorio comenzaba con un contrato redactado por los padres o por un amigo del novio. Entonces, en una reunión entre las dos familias, en presencia de testigos, el novio entregaba joyas a la novia. El novio anunciaba su intención de cumplir fielmente el contrato. Después bebía de una copa de vino y ofrecía la copa a la novia. Si ella bebía de esa copa, significaba que entraba en un pacto con él.

El siguiente paso era el pago de la *mohar* o dote por parte del novio. Esto ocurría en una ceremonia en la que por lo general participaba un sacerdote. También se practicaban otras tradiciones, pero estas eran las más básicas y comunes. Para cuando una pareja llegaba a este paso, su desposorio era una relación obligatoria, aunque aún no se habían producido la boda y la unión física. Para romper ese pacto sería necesario un verdadero divorcio. Además, si el futuro esposo moría, la futura esposa era considerada una viuda.

El desposorio se producía, por lo general, poco después de la adolescencia, por lo cual es posible que María tuviera aproximadamente trece años en el momento en que recibió el anuncio. Recordemos que, en esa cultura, una adolescente de trece o catorce años ya se estaba preparando para el matrimonio.

No pase por alto el hecho de que se nos habla de José en el relato introductorio de Lucas. ¿Cuál es el único dato que se nos da sobre José en Lucas 1.27?

_____

¡Qué extraordinario de parte de Dios proponerse que el linaje real de Cristo viniera a través de su padre adoptivo! No debería sorprendernos la profunda importancia que la adopción tiene para Dios.

¿Qué dice Efesios 1.4-6 acerca de lo que Dios piensa de la adopción?

_____

En forma muy peculiar, Dios el Padre permitió que su Hijo fuera "adoptado" en una familia terrenal para que nosotros pudiéramos ser adoptados en su familia celestial. El Evangelio de Lucas no nos dice mucho sobre José, pero tenemos mucha información sobre su futura esposa para estimular nuestra imaginación. Me encanta imaginar dónde estaría María cuando Gabriel se le apareció. Me pregunto si estaba en su cuarto o caminando por un camino polvoriento después de ir a buscar agua para su madre. Una cosa es segura: estaba sola.

No importa dónde se le apareció el mensajero celestial a María, la sorprendió con el saludo que escogió para ella: "¡Salve, muy favorecida! El Señor es contigo". Antes del encuentro de Zacarías, habían pasado siglos desde la última vez que Dios se dignó mostrar su gracia en una visita celestial a la Tierra. Dudo que se le hubiera ocurrido a alguien que Él fuera a transmitir la noticia más gloriosa jamás oída a una simple jovencita galilea.

¡Cómo me encanta la forma en que Dios obra! Justo cuando llegamos a la conclusión de que Él es demasiado complicado como para comprenderlo, nos sorprende dibujando palotes.

Estoy segura de que María no estaba buscando encontrarse con un ángel ese día, pero si una ciudad tuviera ojos para ver, Nazaret debería haberlo visto. El nombre Nazaret significa "torre del vigía"[1]. Una torre del vigía era un compartimiento que podía albergar a un ser humano y que estaba construido en un lugar estratégico sobre los muros de la ciudad para el vigía designado. Estos vigías eran los siervos civiles más importantes de cualquier ciudad. Desde la torre, el vigía permanecía en alerta roja, vigilando si llegaban amigos o enemigos. Hace dos mil años, Nazaret recibió a un amigo desconocido.

Mateo 2.23 registra una profecía transmitida oralmente a lo largo de muchas generaciones. ¿Cuál es esa profecía?

_____

En realidad si las ciudades pudieran mirar, Nazaret habría estado mirando. Pero la receptora de la noticia no la sospechaba en lo más mínimo. Era humilde. Mansa. Fue una visita totalmente inesperada. Lucas 1.29 nos dice que María "se turbó por sus palabras". La frase significa "se conmovió de pies a cabeza". Ya sabe, lo que se siente cuando su estómago se revuelve, pero piense cuando esto le ocurre a todo su cuerpo, salpicando temor y adrenalina por todos sus rincones. María sintió temor en todo su cuerpo, y se preguntó qué clase de saludo era ese. ¿Cómo podría comprender esa jovencita que había sido "muy favorecida" por Dios? (Lucas 1.28).

Las siguientes palabras del ángel fueron igualmente increíbles: "El Señor es contigo". Aunque palabras similares fueron pronunciadas sobre vidas como las de Moisés, Josué y Gedeón, no creo que hayan sido pronunciadas jamás sobre otra mujer. No quiero decir que el Señor no esté presente en las vidas de las mujeres como lo está en las de los hombres, pero esta frase sugiere una presencia única y un poder único para el cumplimiento de un plan para el reino divino. Al ver a la jovencita abrumada por el miedo, Gabriel continuó con las siguientes palabras: "María, no temas, porque has hallado gracia delante de Dios" (v. 30). Pero no fue hasta que pronunció las siguientes palabras que María pudo tener una pista de por qué él había venido o para qué ella había sido elegida.

"Concebirás en tu vientre, y darás a luz un hijo" (v. 31). Pero no cualquier hijo; el "Hijo del Altísimo" (v. 32). Es probable que solo la juventud de María y su incapacidad de procesar la información que estaba recibiendo evitaron que cayera al suelo desmayada.

Y mi frase preferida: "Y llamarás su nombre JESÚS" (v. 31). ¿Comprende usted que esta es la primera proclamación del nombre personal de nuestro Salvador desde el comienzo de los tiempos? *Jesús*. El mismo nombre ante el cual se doblará toda rodilla algún día. El mismo nombre que toda lengua confesará. Un nombre que no tiene paralelo en su lengua ni en la mía. Un nombre que susurré en los oídos de mis hijas cuando eran bebés, mientras las acunaba y les cantaba canciones de cuna que hablaban de su amor. El nombre en el que he hecho todas las oraciones de mi vida. Un nombre que ha significado mi absoluta salvación, no solo de la destrucción eterna, sino de mí misma. Un nombre con poder como ningún otro: Jesús.

¡Qué precioso nombre! Me encanta ver cómo sale de los labios de quienes lo aman. Tiemblo al escucharlo de labios de quienes no lo aman. Jesús. Ha sido la palabra más importante y más continua de mi vida, más amada hoy que ayer. Inexpresablemente preciosa para mí de forma personal, de modo que no puedo esperar comprender lo que el nombre significa de forma universal.

Quizá se sienta tan incapaz como yo de expresar lo que su nombre significa para usted, pero por favor, inténtelo.

_____

_____

Jesús. La forma griega de escribirlo es *Iesous*, transliteración del hebreo *Yeshu'a* (Josué). Tenga en cuenta que la familia terrenal de Cristo hablaba un idioma semítico muy relacionado con el hebreo (el arameo), así que Él seguramente fue llamado *Yeshu'a*. Una de las cosas que más me gusta es que era un nombre común. Después de todo, Jesús vino a buscar y a salvar a personas comunes como yo. Más precisamente, el nombre Jesús significa "Salvador". Quizá otros tuvieran ese mismo nombre, pero ninguno podría tener ese mismo papel. Tenemos mucho para aprender en las próximas semanas sobre Jesús, el Salvador. ¡No veo la hora de hacerlo!

Dios envió a través de Gabriel un mensaje que no podría haber sido interpretado correctamente como relativo a alguien que no fuera el Mesías tan esperado.

Lea Salmos 89.19-29. Estas palabras fueron atribuidas al rey David en un sentido inmediato. En el margen escriba las frases que nadie, sino Jesús, podría haber cumplido.

¿Qué otra profecía proclamó Gabriel que sería cumplida según Isaías 7.14?

_____

Vuelva a leer Lucas 1.34-35. Como Zacarías, María también hizo una pregunta. Durante un momento, compare el encuentro de María con Gabriel con el que tuvo Zacarías (Lucas 1.18). ¿Por qué cree que el ángel respondió en forma diferente a ambas preguntas? No hay respuestas correctas o incorrectas para esta pregunta.

_____

_____

_____

Cualquiera que fuera la razón, Gabriel respondió la pregunta de María con unas palabras bellamente expresivas. "El Espíritu Santo vendrá sobre ti, y el poder del Altísimo te cubrirá con su sombra". La palabra utilizada en griego para decir "cubrirá" es *eperchomai*, que significa "llegar, invadir, descansar sobre una persona y obrar en ella". Solo una mujer en toda la humanidad fue escogida para llevar en su vientre al Hijo de Dios, pero cada uno de nosotros que somos creyentes hemos sido invadidos por Jesucristo a través de su Santo Espíritu (ver Romanos 8.9). Él ha invadido los armarios, el ático y el sótano de mi vida desde ese momento. ¡Cómo alabo a Dios por la más gloriosa invasión de privacidad que haya inundado de gracia a un ser humano jamás!

Me gustaría saber si María habrá sentido cuando Él llegó a su vida... a su vientre. Nuestros hermanos en la fe tal vez se sorprendan de que preguntemos algo así, ¡pero soy mujer! Nuestra mente femenina fue creada para pensar cosas íntimas y personales como estas. Tengo por lo menos cien preguntas para hacerle a María cuando llegue al cielo.

¿Qué pregunta quisiera usted hacerle a la madre terrenal del niño Jesús si tuviera la oportunidad de hacerlo en el cielo?

_____

Sin dudas, María tendrá cosas muy interesantes que contar. Parte de la diversión en el cielo será escuchar a los gigantes espirituales contar los detalles de historias muy antiguas. María, sin duda, no se consideraría un gigante espiritual, ¿verdad? Me encantaría saber cuál fue el momento exacto en que esta adolescente asimiló la noticia de que llevaría en su vientre al Hijo de Dios y lo daría a luz.

Finalmente, Gabriel resumió la historia de la concepción divina con una profunda frase: "Por lo cual también el Santo Ser que nacerá, será llamado Hijo de Dios" (v. 35). La expresión "Santo Ser" nunca ha sido más perfecta y profundamente aplicada que en la frase de Gabriel con respecto del Hijo de Dios. La palabra griega es *hagios*, que significa "santo, apartado, santificado, consagrado... que comparte la pureza de Dios y se abstiene de la corrupción de la tierra".

¿Qué dice Hebreos 1.3 sobre la santidad de Cristo?

_____

¿Podría haber imaginado a una adolescente que iba a dar a luz el Hijo que era el resplandor de la gloria de Dios y la exacta representación de su ser? Quizá la juventud de María jugó un papel a su favor. Yo todavía tengo una hija adolescente y cuando me dice algo, siempre tengo más preguntas que las respuestas que ella tiene. Yo digo: "¿Preguntaste esto?", a lo cual ella invariablemente me responde: "No, mamá. No se me ocurrió". Yo quiero saber todos los detalles. ¡Ella es demasiado joven como para darse cuenta de que faltan algunos!

María solo hizo una pregunta. Cuando todo estuvo dicho, su única respuesta fue: "He aquí la sierva del Señor; hágase conmigo conforme a tu palabra". La palabra griega que se traduce como "sierva" es *doule*, femenino de *doulos*, que significa "esclavo". Básicamente, María estaba diciendo: "Señor, soy tu esclava. Lo que tú quieras, quiero yo". Sumisión total. No más preguntas.

Pudiéramos sentirnos tentados a pensar: "Era fácil de decir esto para ella. ¡Era una buena noticia! ¿A quién no le gustaría estar en su lugar? Someterse no es difícil cuando se trata de una buena noticia". Ah sí, claro, la noticia era muy buena. La mejor. Pero la noticia también era muy difícil. Cuando los vientos del cielo convergen con los de la tierra, se producen rayos. Me parece que Gabriel se fue justo a tiempo para que María le contara a su madre. Tengo la sensación de que Nazaret estaba a punto de escuchar y experimentar algunos truenos.

DÍA 3

Corazones hermanados

Imagine de nuevo que usted es María: con unos trece o catorce años de edad, criada en una cultura muy diferente a la nuestra. Hoy despertó con el sol que sonaba una diana silenciosa sobre el paisaje de Nazaret. Uno de sus primeros pensamientos fue una oración judía de gratitud por el pacto de Dios reflejado en el nuevo día. Usted no tiene idea de que Dios ha elegido especialmente este día en su calendario.

Es una jovencita común que vive en un hogar humilde. Se viste de la forma habitual, con una simple túnica sobre la que se envuelve un manto. Una tira de tela ciñendo su cintura la ayuda a caminar sin tropezar con las largas telas. Aun así, el borde de su vestido barre el piso polvoriento mientras comienza sus tareas diarias. Usted es la hija virgen de un padre judío, así que se ha envuelto su cabeza con un velo y lo ha cruzado sobre sus hombros por el resto del día. Nunca ha conocido otra clase de atuendo, así que está acostumbrada por completo al peso y a estar ajustándose constantemente ese velo de 1,80 m de largo y 1,20 m de ancho. Debajo del velo, un cabello oscuro y grueso enmarca un rostro profundo de grandes ojos casi ébano.

Sin advertencia, un mensajero de Dios aparece y le anuncia que ha sido elegida entre todas las mujeres para llevar en su vientre al Hijo de Dios. Usted apenas puede creerlo, pero no osa dudar. Tan repentinamente como apareció, el ángel desaparece. Usted queda inundada de emociones.

El tesoro de hoy
"Bienaventurada la que creyó, porque se cumplirá lo que le fue dicho de parte del Señor" (Lucas 1.45).

¿Qué imagina que estaría pensando y sintiendo en este momento?

_____

¿Qué hace una joven después de recibir una noticia que le cambiará tanto la vida? Muchas veces, Dios permite que el espacio entre líneas de su Palabra atrape nuestra imaginación y nos haga imaginar. Esta vez no es así: nos dice exactamente qué hizo María en ese momento.

Lea Lucas 1.39-56. ¿Qué hizo María después de recibir la noticia que le dio Gabriel?

_____

Vuelva su mirada por un instante a la declaración de Gabriel. La noticia más revolucionaria desde la caída en el Edén: "Está por llegar el Salvador". Al anunciar el Mesías que pronto llegaría, Gabriel le dio a la atónita adolescente un dato que casi parece fuera de lugar. Dicho sea de paso, "tu parienta Elisabet, ella también ha concebido hijo en su vejez, y este es el sexto mes para ella" (v. 36).

¡Muy propio de Dios! En medio de una noticia de consecuencias universales, reconoció las consecuencias personales que este anuncio tenía para esa jovencita. La escena de María corriendo a ver a Elisabet siempre ha enternecido mi corazón. Quisiera citarle aquí algunas frases de mi primer libro, *Things Pondered: From the Heart of a Lesser Woman*. Estas palabras no fueron redactadas con la intención de ser una exégesis doctrinal, sino para invitarnos a participar por un momento la maravilla de ser una mujer.

> Qué tierno fue Dios al decirle por medio del ángel que había alguien cerca con quien podía identificarse. Estas dos mujeres tenían en común una situación muy difícil: un embarazo cuestionable, que seguramente daría qué hablar a todos. Elisabet no había salido de su casa en todos esos meses. Uno se pregunta por qué. Tan feliz como estaría, debe de haber sido extraño no culpar de su figura hinchada y sus caderas rebosantes al bebé. Y pensar que se vio obligada a pedir prestada ropa para futura mamá a las nietas de sus amigas... Pero quizá Elisabet y María estaban demasiado ocupadas hablando entre sí como para prestar mucha atención a lo demás. ¿Se imagina sus conversaciones a la hora del té? Una demasiado anciana, la otra demasiado joven. Una casada con un anciano sacerdote, la otra desposada con un joven carpintero. Una con un embarazo ya avanzado, la otra, todavía, sin evidencias físicas que estimularan su fe. Pero Dios, en su gracia, les había dado la una a la otra, con un lazo que las uniría para siempre.
>
> Las mujeres somos así, ¿no? Queremos encontrar alguien que haya pasado lo mismo que nosotras estamos pasando, que participe de nuestros puntos débiles que vea nuestros atardeceres con los mismos matices de azul...[2]

Aunque maravillosa, la noticia de María era traumática. ¡Cuán bondadoso fue Dios al proveerle alguien con quien compartir su gozo, su peculiaridad, su fe en lo imposible! Creo que María salió corriendo a ver a Elisabet lo más pronto posible.

El versículo 39 dice: "En aquellos días, levantándose María, fue de prisa..." La palabra "levantándose" nos abre una maravillosa posibilidad. La palabra griega es *anistemi*, que significa "levantarse; hacer que algo se levante". Sin duda, la palabra podría significar sencillamente que María se levantó y salió. Pero también podría implicar que levantó su rostro del lugar donde había caído cuando el ángel se fue. El resto de la definición agrega: "se aplica particularmente a quienes están sentados o postrados; levantarse después de hacer una oración". Si no cayó de bruces, María fue la excepción a la regla en ese tipo de visitaciones. Tanto Ezequiel como Juan, en el Apocalipsis, tuvieron que ser puestos de pie. Quizá tampoco María haya resistido la noticia de pie.

SEMANA 1: El Verbo hecho carne

Tomemos un momento para apreciar el reto que enfrentaba María. Elisabet vivía a unos ocho a doce kilómetros de distancia de Nazaret. María no tenía delante de sí un viaje sencillo y tenía mucho tiempo para repasar los últimos hechos. Es posible que se sumó a alguna persona que hacía el viaje hacia Judea, pero no tenemos razones para presumir que alguien haya viajado con ella. ¿Se imagina lo diferente que ya comenzaba a sentirse? ¿Cómo se sintió cuando por fin entró a la aldea que era el hogar de Zacarías y Elisabet?

¿Qué cree usted que habrá pensado María mientras veía, al pasar, los mercaderes de la aldea y las madres con sus niños eligiendo la comida para la cena de esa noche?

_____

Finalmente, María entró a la casa de Zacarías y saludó a Elisabet. Las palabras de saludo de María quizá hayan sido muy comunes, pero la reacción de Elisabet fue totalmente extraordinaria. El bebé Juan saltó dentro del vientre de su madre y de repente, Elisabet fue "llena del Espíritu Santo" (Lucas 1.41). La palabra griega que se traduce como "llena" es *pimplemi*, que significa "estar totalmente imbuido, afectado, bajo la influencia de alguien o algo". Elisabet proclamó que María y su bebé eran "bienaventurados" e hizo una gloriosa pregunta que está escrita en el versículo 43.

¿Cómo se refiere Elisabet a Cristo en esta pregunta?

María y Elisabet no solo tenían tiernas cosas en común, sino diferencias fundamentales. Escriba las semejanzas y las diferencias entre los encuentros de Elisabet y María con el ángel y las situaciones que les siguieron:

Semejanzas	Diferencias
_____	_____
_____	_____
_____	_____

Elisabet señaló la diferencia más profunda: ella estaba esperando su propio hijo; María esperaba al Señor. Los conceptos parecen casi inaccesibles, aun con la revelación completa de la Palabra, así que podríamos preguntarnos: "¿Cómo supo todo esto Elisabet?" Recuerde que ella estaba profetizando por la llenura del Espíritu Santo. No se pierda la riqueza que sigue a la inspirada pregunta de Elisabet en el versículo 43.

Lea los versículos 43-45 y complete los espacios en blanco.
"Porque tan pronto como llegó _____ a mis oídos, la criatura saltó de alegría en mi vientre. Y bienaventurada la que _____, porque se cumplirá lo que le fue dicho de parte del Señor".

Los versículos 46 al 55 comprenden una porción de las Escrituras conocida como "el cántico de María". Muchos eruditos bíblicos llaman a este pasaje "el Magnificat", que deriva de "Engrandece mi alma al Señor" (v. 46). "Engrandece", que proviene del griego *magaluno*, significa "agrandar". La incomparable experiencia de María hizo que sus ojos vieran evidencias de Dios magnificadas como a través de una lupa. Sus maravillosas palabras registradas para todos los tiempos nos ofrecen una oportunidad de tener un atisbo de...

1. El entusiasmo de María. Dios usó a Elisabet para confirmar lo que María había experimentado. No subestimemos el peso de la noticia que María recibió. Hasta entonces, ella no había tenido absolutamente ninguna evidencia física que le permitiera ver lo que creía. Imaginemos cuántas veces, yendo hacia Judea, María habrá repasado en su mente el encuentro con el ángel. Es probable que deseaba contarles a todos lo que había visto, pero se preguntaba si la creerían loca. ¡Imagino que, a veces, ella misma se habrá preguntado si no estaba loca!

¡Qué confirmación para María el escuchar las palabras de Elisabet! Es probable que ella hubiera estado demasiado asustada como para celebrar, pero la confirmación de Elisabet la dejó en libertad de hacerlo. ¿Cómo lo sé? Lea de nuevo el versículo 47. La palabra original que se traduce como "regocija" es *agalliao*, que significa "estar exultante, saltar de gozo, demostrar el gozo saltando y brincando, denotando extremado gozo, deleite y éxtasis. Se utiliza con frecuencia para referirse a regocijarse con cantos y danzas". Ya sea que la joven María haya comenzado a saltar físicamente de gozo y entusiasmo, o no, su ser interior sin duda lo hizo. Me bendice tremendamente este hecho. ¿Y a usted? Nada es más adecuado que entusiasmarse cuando Dios hace algo impresionante en nuestra vida. Creo que a Él le encanta eso. Creo que Él sonrió cuando vio la explosión de entusiasmo de María... quizá hasta rió en voz alta.

¿Cómo confirma Santiago 5.13 la invitación de Dios a que demostremos nuestra felicidad en Él?

_____

El Magnificat nos muestra algo más que el entusiasmo de María. También nos muestra:

2. El amor de María por las Escrituras. El cántico de María refleja doce pasajes de las Escrituras. Ella no solo escuchaba la Palabra; también la guardaba en su corazón y meditaba sobre ella. La Biblia nos dibuja la imagen de una mujer joven reflexiva, con un amor por Dios poco común.

3. Los sueños de María de ser madre. Para una joven hebrea, nada era más importante que ser madre. Creo que ella recordó una historia del Antiguo Testamento cuando recibió la noticia. El primer capítulo de 1 Samuel nos muestra el profundo anhelo de una joven mujer por tener un hijo. Dios escucha su oración y le da un hijo. Tal como lo había prometido, esta mujer dedicó su hijo al Señor.

Lea 1 Samuel 1.21–2.10. Preste especial atención a la oración (o cántico) de Ana en 2.1-10. ¿Qué aspectos similares fundamentales encuentra usted entre el cántico de Ana y el de María?

_____

No creo que nadie pueda dudar que María conocía bien la historia y el cántico de Ana. Sin duda era uno de los favoritos de las niñas hebreas.

4. La humildad de María. Su afirmación: "desde ahora me dirán bienaventurada todas las generaciones" no fue pronunciada con orgullo, sino con sorpresa. María me recuerda a David, que dijo: "Señor Jehová, ¿quién soy yo, y qué es mi casa, para que tú me hayas traído hasta aquí?" (2 Samuel 7.18). En cierto modo, parece que a Dios pocas cosas le agradan más que sorprender a los humildes con su abrumadora intervención.

Usted y yo no somos reyes ni hemos sido elegidos para llevar en nuestro vientre al Hijo de Dios, pero podemos decir que somos bienaventurados porque el Todopoderoso ha hecho grandes cosas por nosotros. Observe que en el versículo 50 María dice: "Y su misericordia es de generación en generación a los que le temen". Eso incluye a nuestra generación. Dios sigue siendo poderoso en las vidas de los hijos de su pueblo.

¿Cuándo fue la última vez que se quedó pasmado ante algo que Dios hizo por usted y quizá se preguntó: "¿Quién soy yo, para que tú te dignes a mirarme siquiera?"

_____

Por favor, no pase por alto lo extraordinario de la experiencia de María. Maravíllese junto conmigo ante el hecho de que ella era sencilla, simple y extraordinariamente común. Yo siempre me sentí igual mientras crecía. Aun me siento de este modo en mi interior. Eso es parte de la belleza de que Dios elija a alguien como usted y yo para conocerlo y servirlo. Nunca perdamos el asombro ante ese hecho.

5. La conciencia social de María como hebrea. La Biblia enseñaba a los hebreos a ocuparse de los pobres y recordar a los oprimidos. María sabía que Dios le había prometido a su nación un renombre especial como regidora y sierva para el mundo. En los versículos 54 y 55, es obvio que María se da cuenta de que el pacto se cumple delante de sus propios ojos. No estoy segura de que podamos comprender la mentalidad de los hebreos en la antigüedad. Su sistema de creencias no solo era religión para ellos; era la vida. Dios era tanto parte de su política como de sus prácticas religiosas. No podemos separar a María de su cultura. Llegar a conocerla a ella es poder conocer un poco más del hogar en el que se crió nuestro Salvador.

Una vez más, Lucas concluye esta parte relativa a la visita de María a Elisabet escribiendo como un hombre, no como una mujer. El versículo 56 dice: "Y se quedó María con ella como tres meses; después se volvió a su casa".

¡Espere unos minutos! ¿Se quedó María hasta que naciera Juan el Bautista, o no? ¿Llegó a disfrutar con su prima del precioso momento del nacimiento? ¿Vio al bebé? Si no fue así, ¿por qué se fue justo antes que naciera? Tengo ganas de dar un puntapié en el piso y exigir una respuesta. Pero no serviría de nada. La respuesta no está. Agreguemos esto, entonces, a la lista de cosas que queremos preguntar cuando lleguemos al cielo. Una cosa es segura: durante esos tres meses, Elisabet y María tuvieron todo el tiempo y la tranquilidad del mundo para compartir lo que tenían en su corazón y charlar sobre los bebés. Después de todo... Zacarías no podía interrumpirlas.

DÍA 4

Juan es su nombre

El tiempo tiene la costumbre de pasar muy rápidamente... a menos que estemos esperando un hijo. El embarazo parece expandir todo: el calendario, la cintura, la ansiedad hormonal, hasta convertir nueve meses en toda una vida. Finalmente, el pequeño llega y por lo general, el único rastro que le queda a la mujer de la experiencia más grande de su vida son las estrías. El embarazo de Elisabet pasó volando en nuestra primera semana de estudio. Pero para ella, sin duda, el tiempo pasaba muy lentamente, arrastrando sus pies hinchados. Tenemos la tremenda bendición de que Lucas nos haya dado toda esta información sobre las dos madres y sus extraordinarios bebés, porque los otros Evangelios agregan muy poco. También es una ventaja poder estudiar este relato, ya que fue escrito por un médico. ¡Cuán sabio es nuestro Dios, que dictó cuatro relatos del evangelio con la tinta del Espíritu Santo y las plumas de hombres tan diferentes!

El tesoro de hoy
"Y tú, niño, profeta del Altísimo serás llamado; porque irás delante de la presencia del Señor, para preparar sus caminos" (Lucas 1.76).

Nuestra lectura de hoy estará dividida en dos partes. Comience leyendo Lucas 1.57-66. ¿Qué hecho reunió a los parientes después del nacimiento del niño?

_____

¿Qué representaba este hecho para el pueblo judío? (Génesis 17.9-14).

_____

¿Se le ocurre alguna manera en que la circuncisión, representación del pacto de Dios con su pueblo, tuviera una significación especial en la vida de este niño?

_____

Nada moviliza más la dinámica de una familia que una boda, un nacimiento o un funeral. Quizá Dios me ha dado un sentido del humor algo peculiar, pero el encontronazo de Zacarías y Elisabet con sus parientes me hace reír a carcajadas. Observemos que los parientes se arrogaron el derecho de darle nombre al recién nacido. Entonces Elisabet se hizo escuchar: "No; se llamará Juan" (v. 60). En hebreo, el nombre es *Johanan*, que significa "Dios de gracia"³.

¿Cómo respondieron los parientes ante la firme respuesta de Elisabet? "No hay nadie en tu parentela que se llame con ese nombre" (v. 61). Escuche con atención la narración y casi podrá escuchar a estos encantadores entrometidos susurrándose uno al oído del otro: "¿Juan? ¿Quién es Juan?"

Los nombres no tenían gran importancia en mi familia, así que no sentí una gran presión al poner nombre a nuestras hijas, pero la familia de mi esposo les ha otorgado un especial valor a algunos nombres durante generaciones. Para hacer el asunto un poco más emotivo, el querido abuelo de Keith estaba enfermo cuando esperábamos nuestra primera hija, lo cual hizo que Keith me anunciara, muy seriamente: "Si el bebé es varón, creo que debemos ponerle el nombre de mi abuelo".

Yo soy sentimental como cualquiera, pero el abuelo de Keith se llamaba Leon. No tengo idea de qué me hizo pensar tan rápidamente, pero tuve la respuesta correcta a flor de labios: "Querido, me parece maravilloso, pero creo que entonces es justo que si es una niña, la llamemos como mi abuela". Keith, que es un hombre justo, dijo: "Muy bien. Me parece correcto. ¿Cómo se llamaba tu abuela?" Minnie Ola. La idea de llamar a nuestra primera hija Minnie Moore fue demasiado para Keith. Nunca más volvimos a tocar ese tema.

Los parientes de Elisabet no eran fáciles de convencer. No aceptaban el nombre de Juan. Me encanta el versículo 62: "Entonces preguntaron por señas a su padre, cómo le quería llamar". Ahí mismo, en el capítulo introductorio del Evangelio de Lucas, creo que tenemos nuestro primer juego de "Dígalo con mímica" de la Biblia. Lea Lucas 1.22. Ellos le hablaron por medio de señas, porque él les había hecho señas a ellos. ¡Lo raro es que ellos no eran mudos, y él no era sordo! Cada vez que lo leo, me muero de risa. Finalmente: "Pidiendo una tablilla, escribió, diciendo: Juan es su nombre. Y todos se maravillaron" (v. 63). Tema cerrado.

¿**Qué sucedió inmediatamente después de que Zacarías escribió esas palabras?**

_____

¿Por qué no se soltó la lengua de Zacarías cuando nació el bebé? ¿No era eso lo que había dado a entender el ángel? Volvamos por un momento a Lucas 1.20. Veremos que Gabriel le advirtió a Zacarías que no volvería a hablar hasta el día en que esto sucediera. Por el resultado, debemos entender que "esto" no se refería solamente al nacimiento, sino al cumplimiento pleno de lo decretado por Gabriel en Lucas 1.13.

Si leemos toda la profecía que el ángel dio a Zacarías, encontraremos que al anciano sacerdote solo se le da una instrucción específica. ¿Cuál es? (v. 13).

_____

SEMANA 1: El Verbo hecho carne

¿Sabe? Zacarías podría haber arreglado los detalles como el nombre y el estilo de vida de su hijo a su propio gusto. Pero no se atrevió a hacerlo. Nueve meses de silencio le hicieron aprender la lección. "Juan es su nombre". La boca de Zacarías se abrió, su lengua se soltó y comenzó a hablar alabando a Dios. En las colinas de Judea hacía mucho tiempo que no había tanta conmoción. Todos tenían una buena noticia para escuchar... y también mucho que decir al respecto.

Pasemos el resto del tiempo hoy estudiando las palabras que salieron de la lengua, ahora libre, de Zacarías. Lea Lucas 1.67-80. Los teólogos suelen llamar "Benedictus" a este salmo de Zacarías. La "bendición" era una oración en la que se rogaba que Dios derramara ciertas bendiciones sobre una persona o un pueblo. Es interesante el hecho de que la bendición por lo general era pronunciada sobre el pueblo por un sacerdote que estaba sirviendo en el templo. ¡No pase por alto la importancia de este hecho!

Lea rápidamente los pasajes anteriores de Lucas 1 que ya hemos estudiado. ¿Cuándo fue la última vez que Zacarías habló?

_____

Lea el versículo 21. ¿Recuerda por qué la gente estaba esperando a Zacarías? El sacerdote que estaba cumpliendo su servicio en el templo, generalmente regresaba al atrio después de terminar con su tarea para bendecir al pueblo. En otras palabras, pronunciaba una bendición sobre ellos. Aproximadamente nueve meses antes de este gran día para Zacarías, el pueblo se quedó en el atrio esperando una bendición que no llegó.

El versículo 22 nos dice que cuando él salió no podía hablarles. Debido a la cantidad de sacerdotes que había, es probable que Zacarías tuviera una sola oportunidad de servir en el templo. Había hecho todo lo demás, pero nunca llegó a pronunciar la bendición sobre el pueblo. Habían pasado los meses. Había crecido el vientre de Elisabet. La casa, finalmente, se llenó del llanto de un sano varoncito circuncidado y del gozo de amigos y parientes. Durante nueve meses, con cada nueva evidencia de la fidelidad de Dios, la oración de bendición había estado creciendo en el interior del anciano sacerdote. Cuando Dios al fin desató su lengua, fue como si hubieran soltado a un toro.

Algunas veces alabamos porque queremos hacerlo; algunas veces alabamos porque decidimos hacerlo. Otras veces alabamos porque tenemos que hacerlo; porque, si no lo hacemos, las rocas clamarán. ¡Eso es alabanza obligatoria!

Como el salmo de María, el de Zacarías está repleto de citas y alusiones al Antiguo Testamento. Voy a darle una oportunidad de ejercitar su capacidad expositiva. No necesitamos un título de un seminario para organizar los pensamientos bíblicos en un bosquejo de las Escrituras.

Lea de nuevo los versículos 68 al 79. Con frases u oraciones breves, haga un bosquejo de esta porción de las Escrituras en los renglones siguientes. Puede usar cualquier clasificación o categoría que descubra y completar la información correspondiente. Le daré una idea. Las palabras de Zacarías incluyen: una profecía sobre el pueblo de Israel, una profecía sobre Juan y una profecía sobre el Mesías. Puede usar este modelo de bosquejo o cualquier otra forma de organizar el pasaje que su creatividad le sugiera.

_____

_____

_____

_____

_____

_____

¿Dónde se ve usted reflejado en las palabras de esta profecía? Dicho de otra manera, ¿qué partes de ella se refieren a su vida o se han cumplido en su vida?

_____

_____

No se pierda el versículo 78. ¿Por qué Dios puso en marcha este intrincado plan de redención?

_____

La palabra griega que se traduce como "entrañable" es *splagchnon* y significa, de forma figurada: "las partes internas, indicando al pecho o el corazón como asiento de las emociones y pasiones". La palabra original que se traduce como "misericordia" es *eleos*, que significa "misericordia, compasión, piedad en acción... consideración especial e inmediata por la miseria que es consecuencia del pecado".

Dios es muchas cosas: un Dios que gobierna, un Dios justo, un Dios que juzga, un Dios santo. Es también un Dios que siente. Por favor, medite en la profundidad del sentimiento que reflejan estas palabras: "entrañable misericordia". Eso es lo que Él siente por nosotros; y no solo cuando somos víctimas inocentes de un mundo depravado. Lo siente también cuando nos ahogamos en la miseria como consecuencia de nuestro propio pecado. El que no conoce pecado se conmueve por nosotros, que sí lo conocemos.

Dios posee una piedad activa; no solo siente misericordia para con nosotros, sino que hace algo al respecto. Dios lanza un Salvavidas a cada alma que se está ahogando en las consecuencias del pecado; solo tenemos que aferrarnos a Él con todas nuestras fuerzas. "Oh gracia admirable, ¡dulce es! ¡Que a mí, pecador, salvó!"

Escuche con atención el final de esta lección. Usted es la pasión de Dios. La entrañable misericordia de Dios es tan nueva hoy como lo fue en el hogar de unos padres ancianos. Nuestro pasaje bíblico de hoy concluye con una profunda sinopsis de la vida de Juan: "Y el niño crecía, y se fortalecía en espíritu; y estuvo en lugares desiertos hasta el día de su manifestación a Israel" (v. 80). Observe que Juan fue apartado desde su nacimiento, pero Dios usó el tiempo para hacerlo madurar hasta que llegara a ser un siervo que sabía cómo utilizar el poder que el Espíritu Santo le había dado.

*B***asándose únicamente en el versículo 80, ¿ve usted algún paralelo con el hecho de que usted también ha sido apartado desde su "segundo nacimiento"?**

_____

Amado hermano, Dios quiere crecimiento. Somos apartados desde nuestro nacimiento sobrenatural, pero Dios usa el tiempo para enseñarnos qué hacer con lo que nos ha sido dado. El Espíritu de Dios es inmutable e inconcebiblemente fuerte, pero aprendemos a través de muchos procesos cómo aplicar esa fortaleza en nuestra vida y a través de ella. Juan será un hombre digno de que meditemos en él. Tenemos mucho que aprender de Juan, porque la mano del Señor estaba con él.

DÍA 5

Ha nacido un Salvador

Mientras viva, recordaré con especial afecto la Navidad de 1981. Amanda tenía dos años de edad y estaba totalmente fascinada con las luces, los adornos, los papeles de envoltorio y los moños típicos de la época. Cosa extraña, también estaba totalmente fascinada con la maravilla de la historia de Navidad. Quizá solo había captado una mínima fracción de ella, pero fiel a su naturaleza, recibía lo que sabía con tierna contemplación.

Melissa estaba escondida en lo más profundo de mí. El embarazo estaba en el momento justo como para tener una hermosa sorpresa navideña. El gran final de Keith eran las dos botitas colocadas estratégicamente debajo del árbol. El pequeño hogar de mis padres rebosaba de entusiasmo. La mayoría de los miembros de mi familia tienen la misma personalidad que yo. No nos andamos con pequeñeces en cuanto a entusiasmo... ni a tamaño. Los aromas del pavo asado y las batatas bañadas en canela, mantequilla y azúcar prieta llenaban el aire. Alguien anunció: "¡Es la hora!" y todos nos dirigimos alegremente a la sala y nos reunimos alrededor del árbol para escuchar la vieja historia.

He escuchado esas preguntas miles de veces. ¿Por qué celebramos esta época del año? ¿Cómo sabemos cuándo se produjo el nacimiento de Cristo? ¿Por qué celebramos el nacimiento de Cristo en una fecha originalmente reservada para una celebración pagana?

Los que preguntan tienen razón. No sabemos cuándo nació Cristo, pero creo que su nacimiento es digno de ser celebrado en algún momento del año. Dios no se limitaba a tolerar las celebraciones y festivales que conmemoraban su fidelidad; ¡Él ordenaba que se hicieran! ¡Era idea suya! Algunos eran solemnes; otros tenían como único propósito regocijarse delante del Señor.

En una de estas ocasiones, Nehemías dijo: "Id, comed grosuras, y bebed vino dulce, y enviad porciones a los que no tienen nada preparado; porque día santo es a nuestro Señor; no os entristezcáis, porque el gozo de Jehová es vuestra fuerza" (Nehemías 8.10). El libro de Ester también habla de un día por año que se dedicaba de forma especial como "día de alegría y de banquete, un día de regocijo, y para enviar porciones cada uno a su vecino" (Ester 9.19).

Antes de volver a la Navidad de 1981, veamos la lista más resumida de fiestas y celebraciones que nos ofrece el Antiguo Testamento. Lea Levítico 23. Si su Biblia tiene títulos para diferentes secciones, puede ver que el capítulo está organizado en siete fiestas diferentes. Lea la sección correspondiente a la Pascua.

*L*ea los versículos 4 y 5. ¿Qué día era la Pascua? _____

Dios eligió la época de la Pascua para que fuera el primer mes de su sagrado calendario para el planeta Tierra. El primer mes cae según la luna nueva, entre la última mitad de marzo y la primera mitad de abril. Observe de nuevo las palabras que usa Levítico 23.5. El tiempo que Dios asignó a la Pascua tiene gran importancia para todas las mujeres que hemos llevado niños en nuestro vientre. El decimocuarto día del primer mes es el día de la concepción. Si, por alguna razón, nuestro Dios, el Dios de los planes perfectos y del orden gloriosamente significativo, cubrió con su sombra a María en el día catorce del primer mes de su calendario, nuestro Salvador habría nacido a fines de lo que es actualmente diciembre. No tenemos ni la más mínima manera de saber si lo hizo o no, pero no me sorprendería en lo más mínimo que Dios hubiera encendido la chispa de la vida humana de su Hijo en una Pascua y la hubiera apagado en otra.

No, no creo en los conejos de Pascua y no me importa mucho Santa Claus, pero soy muy romántica en cuanto a la celebración de la Navidad, el nacimiento de mi Salvador. Así que, hasta que oiga otro grito de ¡Prestad atención!" desde el cielo, el 25 de diciembre me parece perfecto.

El tesoro de hoy
"*Ha nacido hoy, en la ciudad de David, un Salvador, que es CRISTO el Señor*" *(Lucas 2.11).*

Volvamos a 1981. Le tocaba a mi hermano leer la historia de la Navidad. En esa época él estaba en la universidad y tenía una voz profunda y apasionada. Apenas antes de que dijera: "Sucedió en aquellos días...", Amanda se sentó recogiendo las rodillas, cerró los ojos y unió sus manitas regordetas como si estuviera orando antes de ir a dormir. Permaneció en esa misma posición, sin moverse, durante todo el relato, sin abrir los ojos; pero su rostro cambiaba de expresión con cada parte de la historia. Mientras escuchábamos el relato, como si fuera la primera vez en nuestra vida, a través de los oídos de la pequeña, las lágrimas rodaban por nuestras mejillas. ¡Sí, es una historia maravillosa! Lea las palabras con una nueva sensación de asombro: Lucas 2.1-20.

Bien, ya tuve mi oportunidad de ponerme nostálgica. ¿Y usted? ¿Cuál es su parte preferida de esta preciosa historia? Use el margen si necesita más lugar para escribir.

_____

_____

Ateniéndose a los hechos hasta en el más mínimo detalle, Lucas señala el punto preciso en la línea cronológica. César Augusto gobernaba en el Imperio Romano. Por Mateo sabemos que Herodes el Grande era rey de Palestina. El reinado de Herodes terminó en el año 4 a.C., por lo que Jesús tuvo que haber nacido antes.

¿Por qué José se fue de Galilea en ese tiempo? _____

Lea los siguientes pasajes y comente qué importancia tienen en relación con el contexto del relato.

Miqueas 5.2 _____
1 Samuel 16.1, 13 _____
Jeremías 33.14-16 _____
Lucas 1.31-33 _____

Las profecías cumplidas demuestran la increíble veracidad de la Palabra de Dios. En las promesas específicas que se cumplieron con el nacimiento de Jesús, tenemos suficientes hechos como para apoyar nuestra fe desde ahora hasta que Cristo vuelva. Dios dispuso todo para que su Hijo fuera de Nazaret, pero que naciera en Belén. Así que hizo que hubiera un censo que obligara a todos los que vivían en el mundo romano a regresar al lugar de su familia de origen. Es probable que el momento del nacimiento del niño estuviera demasiado cercano como para que José dejara a María en la casa. Un comentario sugiere, dulcemente, que quizá José no quería que María quedara sola para enfrentar las malas lenguas. Recordemos que él también había sido elegido. Dios vio en su corazón a un hombre que podía cumplir un papel distinto y difícil con integridad.

Belén está aproximadamente a 8 km de Jerusalén. Si usted tiene un mapa de las tierras bíblicas, verá que Belén está a bastante distancia de Nazaret, y entre ellas hay cadenas de montañas y sierras. No era un viaje fácil.

Las mujeres nos sentiríamos tentadas a protestar en masa contra la sucinta declaración de la Santa Biblia Reina-Valera, que deja fuera un detalle vital del viaje para María, ya que solo dice: "María, [...] la cual estaba encinta" (v. 5). Para toda mujer, como para mí, es importante el hecho de que, en el original, el tiempo verbal indica una acción continua. Podríamos decir que el vientre de María crecía segundo a segundo.

Recuerdo haberme sentido así. Nunca olvidaré que una vez, estando cerca de la fecha del parto, me miré en el reflejo distorsionado del pasamanos metálico de la bañera. Mi vientre parecía enorme y mi cabeza y mis brazos parecían ramitas. Desde entonces, comencé a usar la ducha. Salir al camino estando encinta no es fácil. María se parece a muchas mujeres. ¿A cuántas nos ha dicho el médico que limitemos los viajes y no se nos ocurra mudarnos cuando estamos embarazadas? ¿Alguna vez ha notado que toda transición cataclísmica cae estratégicamente dentro de esos nueve meses?

Ya fuera que María y José hubieran planeado el nacimiento de Cristo así o no, Dios sí lo había planeado. Una de mis frases favoritas en la narración del nacimiento está humildemente colocada en el versículo 6: "...se cumplieron los días de su alumbramiento". Había llegado ese tiempo para el cual habían confluido todos los minutos trascurridos desde que el reloj del reino marcó el primero.

Tiempo: lo primero que creó Dios. Toda la Escritura parte de las palabras: "En el principio creó Dios..." Dado que la eternidad no tiene comienzo, ¿a qué se refiere esa palabra, "principio", si no al tiempo? Las palabras de Lucas 2.6 se refieren a los días más importantes desde que se cumplió el primer segundo del tiempo. El segundero había girado decenas de miles de veces durante miles de años, hasta que por fin, de manera milagrosa, majestuosamente, llegó el momento. La voz de Dios atravesó la barrera del mundo natural en el llanto de un bebé asombrado por la vida en el exterior. El Hijo de Dios había llegado a la tierra, envuelto en un pequeño manto de carne humana. "Lo envolvió en pañales, y lo acostó en un pesebre, porque no había lugar para ellos en el mesón" (Lucas 2.7).

Lea Lucas 2.8-19 de nuevo. ¿Quiénes fueron los primeros en recibir el aviso del glorioso nacimiento?

_____

¿Por qué cree usted que Dios proclamó primero la buena noticia a unos cuantos pastores de ovejas esparcidos en un campo cercano? No podemos estar seguros, pero en la Biblia, vez tras vez, Dios parece disfrutar de revelarse a sí mismo a las personas comunes, en lugar de a aquellas que se consideran a sí mismas más valiosas. Él muchas veces usa lo necio de este mundo para desconcertar a los sabios (ver 1 Corintios 1.28). Quizá Dios sentía ternura por estos pastores que cuidaban a sus rebaños.

Lea Ezequiel 34.11-16. ¿Qué detalles de importancia descubre?

_____

_____

Hasta que investigué sobre Lucas 2, siempre me imaginaba a los pastores de los campos como hombres ancianos apoyados en sus cayados. Quizá por los pastores de las obras de Navidad que había visto de joven, tenía una imagen errada por completo. Generalmente, el pastor de las ovejas era el más jovencito de la familia. A medida que crecía, cada hijo tomaba más responsabilidades en las tareas agrícolas y pasaba la tarea de pastoreo al hermano menor. Esta transferencia de papeles continuaba hasta que el hijo menor se convertía en el pastor oficial de la familia. Los pastores que estaban a la intemperie en el campo esa noche tenían edad suficiente como para enfrentar la noche con las ovejas y juventud suficiente como para correr a buscar a Aquel de quien hablaban los ángeles.

No pase por alto el hecho de que el anuncio les llegó mientras estaban cuidando sus rebaños por la noche. Algunas veces, en el contraste de la noche, es cuando mejor vemos la gloria de Dios. El versículo 9 nos dice que "la gloria del Señor los rodeó de resplandor". Observemos que la Biblia no dice que la gloria del Señor rodeó al ángel, sino a ellos, a los pastores. Compare el versículo 9 con el 13. Mientras imagina la escena, tenga en cuenta que solo un ángel, el ángel del Señor, se les apareció primero. Las huestes celestiales no se sumaron a la escena sino después del anuncio del nacimiento. Sin duda, la gloria rodeó a los pastores.

Jesús: el único y suficiente

𝒥ntente imaginar por un momento lo que sucedió. ¿Cómo cree que sería la gloria del Señor que rodeaba a los pastores? No lo sabemos con seguridad; solo le estoy pidiendo que exprese lo que usted imagina en este mismo instante.

_____

_____

Un pastor árabe en la actualidad, con su rebaño.

Estoy convencida de que Dios quiere que nos involucremos en nuestra lectura bíblica. Usar la imaginación e imaginar que somos testigos oculares de los hechos bíblicos hará que las letras negras sobre las páginas blancas se tiñan de vivos colores. No importa cómo se veía la gloria de Dios; lo que sabemos es que los pastores se sobresaltaron muchísimo. Las palabras que el ángel pronunció a continuación me hacen recordar mucho al Salvador. Muchas veces, Él les dijo a los que estaban casi muertos a causa de su gloria que no tuvieran temor.

¡Ah, cuánto lo amo! La intocable mano de Dios se extiende hacia la tierra para tocar la mano caída del hombre. "Os doy nuevas de gran gozo, que será para todo el pueblo". Estoy convencida de que nuestro testimonio sería mucho más eficaz si diéramos nuestra buena nueva con gran gozo. Observemos que los pastores no perdieron tiempo en recibir la noticia.

Entonces, el ángel proclamó su encargo especial: "Os ha nacido hoy, en la ciudad de David, un Salvador, que es CRISTO el Señor" (v. 11). ¡En otras palabras, Él era el *Christos*, el Ungido, el Mesías!

¿𝒞uál era la señal? _____

Creo que a usted le encantará saber el significado de la palabra "señal". La palabra griega *semeion* significa las marcas de los dedos de Dios, valiosas, no tanto por lo que son, como por lo que indican acerca de la gracia y el poder del Hacedor. ¿Sabe? Una señal es una huella digital de Dios, dada no tanto para que nos concentremos en la señal en sí, sino en la mano invisible que dejó esa huella visible. El ángel envió a los pastores a aceptar al Niño, no a la señal.

Las Escrituras nos dicen que, repentinamente, un gran ejército de huestes angelicales apareció con el ángel, alabando a Dios y diciendo: "¡Gloria a Dios en las alturas, y en la tierra paz, buena voluntad para con los hombres!" (v. 14). Estudie con atención esas palabras y la maravillosa proclama: A través de este precioso Niño, el Dios de las alturas en los cielos se ha dignado visitar la tierra con su gracia.

ℒea con atención los versículos 15-20. Junto a cada aplicación presentada más abajo, escriba los versículos que sugieran esa idea en particular.

_____

_____

Quienes verdaderamente encuentran a Cristo en su vida no pueden guardarse la noticia para sí.

_____

_____

Dios no engaña a sus hijos. Si un mensaje viene de Él, sin duda, es cierto.

_____

La fe auténtica en la Palabra de Dios se demuestra de la mejor manera por medio de nuestras acciones. Como dice Santiago 2.17: "La fe, si no tiene obras, es muerta".

Nuestros testimonios auténticos sobre Jesucristo pueden tener un efecto tremendo sobre aquellos a quienes les hablamos.

A primera vista, Dios parece prestarle más atención a las respuestas de los pastores ante el nacimiento de Cristo que a María. Si lo miramos más detalladamente, sin embargo, descubrimos que el versículo 19 menciona lo que hubiera llevado libros y libros detallar.

¿𝒟e qué dos formas respondió María a todos los hechos posteriores al nacimiento de Jesús?

La palabra griega que se traduce como "guardaba" es *suntereo*, que significa "preservar". El concepto implica la idea de preservar o mantener a salvo un tesoro sosteniéndolo cerca de sí. La palabra que se traduce como "meditándolas" es especialmente maravillosa. *Sumballo* significa "arrojar o poner juntas". Es la práctica de reunir muchas cosas, combinarlas, y después considerarlas de a una.

Seguramente, un millón de recuerdos danzaban en su cabeza [de María]: La aparición del ángel. Sus palabras. Su viaje apresurado a las colinas de Judea. El recibimiento de Elisabet. Sus conversaciones hasta altas horas de la noche. La primera vez que notó que su vientre estaba creciendo. El rostro de José cuando la vio. Cómo se sintió cuando él le creyó. Los chismes de los vecinos. Las dudas de sus padres. La primera vez que sintió al bebé moverse dentro de ella. El temor al largo viaje. La realidad de estar a punto de dar a luz mientras se balanceaba sobre una bestia de carga. El primer dolor. El temor de no tener un lugar donde dar a luz al niño. El horror del establo. Su aspecto. Su olor. El rostro del Niño. Dios, tan frágil. Tan diminuto. Tan perfecto. Un amor tan inmenso. Una gracia tan increíble. Los sabios inclinados. Los pastores, que llegaron corriendo... Cada recuerdo era una joya guardada en un cofre. Ella reunió las joyas, las acercó a su pecho y las guardó en su corazón para siempre.[4]

"En el principio era el Verbo, y el Verbo era con Dios, y el Verbo era Dios. [...].Y aquel Verbo fue hecho carne, y habitó entre nosotros (y vimos su gloria, gloria como del unigénito del Padre), lleno de gracia y de verdad" (Juan 1.1, 14).

---

[1] Ronald F. Youngblood, ed., *Nelson's New Illustrated Bible Dictionary* (Nashville: Thomas Nelson Publishers, 1995), 883.
[2] Beth Moore, *Things Pondered* (Nashville: Broadman & Holman, 1997), 7.
[3] Youngblood, *Bible Dictionary*, 687.
[4] Moore, *Things Pondered*, 9.

SEMANA 2
El Hijo de Dios

Día 1
El Ungido del Señor

Día 2
El niño Jesús

Día 3
Imaginemos a Jesús

Día 4
Un ministerio que comienza en el desierto

Día 5
El predicador

Espero que este fresco recordatorio del nacimiento de Emanuel haya sido tan precioso para usted como lo fue para mí. ¡Dios está con nosotros! ¡Que nunca tomemos a la ligera ese hecho! Nuestra segunda semana de estudio se desarrolla mientras el Hijo de Dios está aún envuelto en una pequeña manta cálida de carne. Imagínese conmigo al recién nacido. Bellos ojos oscuros y piel morena, retorciéndose en los brazos inexpertos de su joven madre. "Escuche" los ruiditos que hace. Gorgoritos. Gorjeos. Llanto, cuando tiene hambre. El Salvador del mundo ha llegado. Aquí comenzamos hoy. Nuestra segunda semana de estudio se acelerará repentinamente, ya que Dios decidió darnos a conocer solo unos pocos datos sobre la infancia y juventud de Cristo. La semana 2 concluirá con el comienzo del ministerio de Cristo, cuando tenía aproximadamente treinta años. Como puede ver, tenemos mucho terreno por cubrir esta semana y algunas veces tendremos que usar nuestra imaginación, bajo la sana guía de la Biblia, para representarnos cómo era Jesús. Sin duda, era la niña de los ojos de su Padre. ¡Que también la sea de los nuestros!

Preguntas principales:
Día 1: Según Isaías 49.6, ¿por qué Cristo no fue enviado solo para la nación de Israel?
Día 2: ¿Qué podemos inferir de Mateo 13.54-58 en relación con la típica vida hogareña de Jesús?
Día 3: ¿Qué nos dice Isaías 53.2 acerca de la apariencia física de Cristo?
Día 4: Si usted estuviera haciendo un estudio del carácter de Satanás (tomando como base Lucas 4.1-13), ¿qué podría aprender acerca de él?
Día 5: Basándose en una comparación de Lucas 4.18-19 e Isaías 61.1-2, ¿qué frases constituyen la descripción de las tareas dada por Dios a Cristo?

Los bebés suelen captar toda la atención, ¿verdad? Siento que uno, en particular, nos atrae en este momento. Comencemos y démosle toda nuestra atención. ¡Nos vemos en la Biblia!

DÍA 1
El Ungido del Señor

Concluimos nuestra primera semana de estudio con la imagen de María recogiendo momentos memorables y apretándolos contra su corazón. Ahora, el Cristo encarnado solo tiene unos pocos días de vida. Imagínelo junto conmigo. El Niño Jesús. Diminuto. Piel color aceituna, morena. Ojos de ébano. Cabello suave y rizado, es probable que negro como una noche oscura. Bien acomodado en los jóvenes y pequeños brazos de María. Sin duda, ella acariciaba su suave cabecita con su mejilla, como toda madre cuando arrulla a su bebé.

Hay pocas cosas más dulces que una mamá primeriza con su bebé. Hace unos días me incliné para ver a un bebé recién nacido y completamente desconocido para mí, que su mamá paseaba en un cochecito. Miré a la madre y le dije: "¡Qué precioso es!" Los ojos se le llenaron de lágrimas y ni siquiera pudo responderme. La abracé y le dije: "Recuerdo con qué facilidad se nos llenan los ojos de lágrimas cuando acabamos de tener un bebé". Creo que podemos imaginar sin temor a equivocarnos que lo mismo le sucedió a María. No solo había experimentado el milagro del nacimiento con todos los cambios fisiológicos que hacen que la madre tenga las emociones a flor de piel, sino que era una virgen que había dado a luz al Mesías. ¿Se imagina usted ser María y tener la misión de cuidar al Hijo de Dios? Toda nueva mamá debe luchar contra el temor y la inseguridad. Multiplique las emociones que muchas mamás hemos sentido por diez mil. Después de todo, este bebé de pocos días de vida era el unigénito Hijo de Dios. ¿No cree que ella sentía toda la presión para que las cosas salieran bien? Una madre imperfecta con un bebé perfecto.

Nuestro texto principal de hoy está escondido en medio de Lucas 2, pero puede sonarse los nudillos y comenzar a preparar sus dedos para caminar por la Palabra un poco más. Comience leyendo Lucas 2.21-39. No es necesario ser un erudito de la Biblia para deducir que en los versículos 21 al 24 se registran varios hechos muy importantes en la vida de una familia judía.

El tesoro de hoy
"Porque han visto mis ojos tu salvación, la cual has preparado en presencia de todos los pueblos; luz para revelación a los gentiles, y gloria de tu pueblo Israel" (Lucas 2.31-32).

¿Qué acciones específicas realizaron María y José como resultado del nacimiento de Jesús?

_____

Cada uno de los pasos que María y José dieron después del nacimiento de Cristo era típico de unos padres judíos devotos. Lo que hacía que estos hechos fueran totalmente atípicos era que su hijo, en última instancia, iba a cumplir la representación profética de cada uno de estos rituales. Echemos un breve vistazo a los tres ritos: la circuncisión, la redención y la purificación.

El rito de la circuncisión. Lea Génesis 17.1-14.

Según el versículo 2, ¿por qué se le apareció Dios a Abraham?
❏ para decirle que iba a tener un hijo ❏ para confirmar su pacto
❏ para reprenderlo por llegarse a Agar

¿Cuál era la parte que debían cumplir Abram e Israel para guardar el pacto? (v. 10).

_____

La circuncisión era tan importante que el versículo 11 dice: "será por señal del pacto entre mí y vosotros". El versículo 14 dice que cualquier varón que no fuera circuncidado "...aquella persona será cortada de su pueblo; ha violado mi pacto". Dios le dijo a Abram que la circuncisión era la señal del pacto; la palabra hebrea que se traduce como "señal" es *oth*, que significa "marca, muestra, recordatorio, prueba. Es una indicación o señal de algo. Lo que distingue a una cosa de otra. Un incentivo para creer lo que se afirma, profesa o promete". El rito de la circuncisión era la forma en que Dios requería que el pueblo judío fuera físicamente diferente a causa de su relación con Él.

Ahora, lea con mucha atención Colosenses 2.9-15. ¿Cómo sería utilizado más tarde este niño, para cumplir una forma diferente de circuncisión en los creyentes?

_____

En el margen, explique cómo nuestra circuncisión espiritual debería ser prueba de que somos diferentes de las personas que éramos antes.

Cuando el bebé Jesús fue circuncidado, apenas a los ocho días de vida, no sé si sus padres podrían imaginar que Él era la manifestación física del pacto que Dios había hecho miles de años antes. En realidad, Cristo es el mayor incentivo de Dios para creer lo que había sido afirmado, profesado y prometido.

Escriba su propia paráfrasis de 2 Corintios 1.20 a continuación:

_____

_____

El niño que José sostuvo en sus manos durante esa circuncisión era el sí de Dios a la promesa de su pacto. Pero era mucho más. También era el cumplimiento de:

El rito de la redención. Vuelva a leer Lucas 2.22-24. En estos versículos, María y José observaron dos ritos distintivos. Antes de estudiarlos con detenimiento, observe que pasó un tiempo entre los hechos relatados en el versículo 21 y los del versículo 22.

Lea Levítico 12.1-8.
¿Cuántos días habrán esperado María y José antes de ir a ofrecer el sacrificio por la purificación y presentar al niño en Jerusalén? _____

Antes de estudiar el rito de la purificación, recorramos los hechos en el orden que el Dr. Lucas los registró y meditemos sobre el significado de Lucas 2.22. Ocho más treinta y tres días después del nacimiento de Jesús, María y José lo llevaron a Jerusalén para presentarlo ante el Señor.

Lea Éxodo 13.1-2, 11-16. Complete los espacios en blanco según el versículo 15.

"Por esta causa yo _____ para Jehová todo primogénito macho, y

_____ al primogénito de mis hijos".

María y José fueron a Jerusalén en obediencia a este mandato. Como todos los padres judíos devotos, presentaron su bebé al Señor para simbolizar sacrificio y redención. Cuando los padres judíos entregaban su hijo primogénito al Señor estaban simbolizando el acto de entregarlo, diciendo: "Él es tuyo y te lo damos de nuevo a ti". Inmediatamente después lo redimían, es decir, lo compraban para tenerlo consigo otra vez.

SEMANA 2: El Hijo de Dios

*S*egún Números 18.14-16, ¿cuánto habrán "pagado" María y José para redimir o "comprar" a Cristo? _____

Pocas doctrinas son más importantes y constantes en la Palabra de Dios que la doctrina de la redención. La palabra hebrea es *padhah*, que significa "redimir por medio del pago de un precio".

*L*ea Efesios 1.3-8. ¿Cómo llegó Cristo a cumplir por nosotros el mismo rito que María y José observaron al presentar al niño Jesús delante del Señor?

_____

Estudiemos Efesios 1.7 desde la perspectiva del apóstol Pablo como judío. Él hizo un glorioso paralelo relacionado con nuestra entrada a la familia de Dios. Dado que la mayoría de nosotros somos gentiles, somos considerados "adoptados" en la familia de Dios. Lo que se aplicaba en forma tangible después del nacimiento de un hijo judío se aplica a nosotros en sentido espiritual cuando somos renacidos como "hijos" de Dios. Todos debemos ser redimidos. La imagen maravillosa para nosotros, sin embargo, es que no somos comprados de Dios por nuestros padres naturales. En cambio, Cristo nos compra de nuestra parentela natural, que es la carne pecaminosa, para entregarnos a su Padre. ¡Si el concepto le resulta demasiado confuso, sencillamente celebre, hijo adoptivo de Dios, que Cristo lo ha redimido!

Antes de volver nuestra atención al tercer rito que María y José observaron, lea de nuevo la última frase de Lucas 2.22: "le trajeron a Jerusalén para presentarle al Señor". Las familias judías habían comenzado a presentar los primogénitos varones al Señor desde que fuera dada la ley cientos de años antes.

Durante siglos, cientos de padres habían presentado sus bebés varones al Señor. Él los amaba a todos, pero ese día en Jerusalén dos padres primerizos presentaron a Dios su propio y unigénito Hijo. Me hace llorar de solo pensarlo. ¿Cree usted que Dios sonrió? ¿Habrá llorado? ¿No cree usted que Él pensó que Jesús era el bebé más hermoso que había visto?

Una pareja común entró al templo edificado para que habitara allí la presencia de Dios y Él nunca estuvo más presente allí que en ese momento. No había una columna de nube ni de fuego consumidor. El Verbo hecho hombre entró al templo por primera vez envuelto en una mantita para bebé. Sus padres terrenales lo levantaron ante su Padre y básicamente, lo compraron al cielo —por un tiempo— para un mundo perdido. Un día, ese bebé los compraría a ellos de la tierra para la gloria del cielo.

El rito de la purificación. Lea de nuevo Lucas 2.24. El rito de la redención era diferente del de la purificación. Leemos acerca del rito de la purificación en Levítico 12.1-8. Por favor, preste atención a este texto una vez más. Cuando comparamos Levítico 12.8 con Lucas 2.24, descubrimos algo acerca de la posición económica de María y José.

¿*E*n qué sentido María y José eran ejemplos muy gráficos de Santiago 2.5?

_____

¿En qué se relaciona la pobreza de Cristo en la tierra con nosotros? (2 Corintios 8.9).

_____

_____

María y José ofrecieron el sacrificio más pequeño que permitía la ley judía por el rito de la purificación. Muy adecuado que sostuvieran en sus brazos el más grande sacrificio que un Dios santo podría jamás entregar para su eterna purificación. Tito 2.14 nos dice que Jesucristo "se dio a sí mismo por nosotros para redimirnos de toda iniquidad y purificar para sí un pueblo propio, celoso de buenas obras". Ahora volvamos nuestra atención a las emocionantes escenas de Lucas 2.25-38. Dos personas de profundo discernimiento estaban en el templo el día que Jesús fue presentado.

Escriba algunos datos sobre cada uno de ellos en las siguientes columnas:

Simeón	Ana
_____	_____
_____	_____
_____	_____

¿Qué pistas se nos dan en los pasajes de por qué Ana y Simeón pudieron reconocer al hijo, al parecer común, de esta pareja como el Mesías?

Espero que haya anotado varias posibilidades, pero una podría ser que ambos estaban vigilando y esperando al Mesías. En un sentido espiritual, lo mismo se aplica a nosotros. Dios constantemente nos revela su gloria. Cuando más nos preparamos con devoción, en oración, adoración, vigilia y espera expectante, más posible será que veamos la gloria de Dios (ver Juan 14.21). Concluyamos con la respuesta y la profecía de Simeón. Uno de los títulos de mi Salvador que prefiero es el que le dio este devoto hombre; él lo llamó "el Ungido del Señor" (ver Lucas 2.26).

Busque la proclamación de alabanza de Simeón en los versículos 29-32. ¿Qué evidencia ve usted de que el plan de redención de Dios fue ofrecido a todas las personas?

_____

Usted debe leer Isaías 49.6, una hermosa profecía que solo Cristo cumplió. ¿Por qué Cristo no fue enviado exclusivamente para la nación de Israel?

_____

Hubiera sido algo demasiado pequeño para un Salvador tan grande. Dios hizo énfasis en que el camino a la redención sería costoso y lleno de confrontaciones. Simeón no proclamó solo el gozo de Jesús como Ungido del Señor. También pronunció una dolorosa profecía. Imagine todo lo que María había experimentado durante el último año. ¿Cómo podría haber entendido que el diminuto Hijo de Dios iba a atravesarle el alma un día? Sin duda, los más grandes llamados de Dios son al mismo tiempo los más dolorosos.

¿Se pregunta por qué estamos estudiando con detenimiento algunas costumbres judías que parecen tan irrelevantes en nuestra cultura actual? En el texto principal de hoy, Lucas declaró ese propósito: "conforme a la ley de Moisés" (v. 22); "como está escrito en la ley del Señor" (v. 23); "conforme a lo que se dice en la ley del Señor" (v. 24).

Lucas fue el único gentil que Dios inspiró para que escribiera un Evangelio, y les recordó a sus lectores algo que nunca debemos olvidar: nuestro Cristo encarnado era judío. No podemos siquiera comenzar a imaginar el camino terrenal de Jesús sin convertirnos en estudiosos de su mundo. Esta será una de nuestras metas principales durante las próximas nueve semanas.

Tesoros inconcebibles nos esperan. Algunas joyas se destacarán por su brillo, como diamantes sobre un terciopelo rojo; otras serán evidentes solamente después de cavar mucho en las minas profundas. Pero cuando hayamos completado nuestro viaje, tendremos los brazos llenos de tesoros para apretar contra nuestro corazón para siempre. Vengan todos los que son pobres y están necesitados. En Él hay riquezas incalculables.

DÍA 2

El niño Jesús

¿Alguna vez se ha preguntado cómo era Cristo cuando niño? Ahora que mis dos hijas son unas jovencitas atesoro los momentos en que capto atisbos de su infancia en algo que hacen o dicen. De vez en cuando cruza el rostro de Amanda alguna expresión que es exactamente como las de cuando tenía dos años. Algunas veces, cuando me siento junto a Melissa y le acaricio el cabello mientras duerme, vuelvo a verla como cuando tenía cuatro años.

Hoy, usted y yo nos maravillaremos juntos ante lo que Cristo era cuando niño. ¿Su edad adulta reflejaba su niñez? Intentaremos trazar un retrato del niño Jesús a partir de la Biblia, la tradición judía y algunas suposiciones. Veremos algunas cosas que pueden haber sido típicas de su niñez; y después consideraremos algunas que obviamente fueron típicas.

En el margen, escriba la mayor cantidad posible de deducciones sobre cómo podría haber sido la vida hogareña típica de Jesús según Mateo 13.54-58.

Estos versículos nos recuerdan que Cristo captó lo que era la humanidad común experimentándola. Con la excepción de Adán, todos los hombres alguna vez fueron niños, incluso Jesús. Él creció en una pequeña aldea con padres que tenían pocas riquezas, pero llegaron a ser ricos en su descendencia. Sabemos que Cristo tuvo al menos cuatro hermanos menores y más de una hermana. No soy un genio de las matemáticas, pero siete niños sin duda habrían colmado el hogar de José hasta el borde.

Por favor, lea Lucas 2.39-52.

Estos hechos que sucedieron en el templo demuestran que Jesús era un niño excepcional. El asombro que provocaban los milagros realizados en su vida adulta demuestran que Dios había preservado la vida joven de Jesús de las complicaciones de los actos divinos. Jesús es probable que no caminara hasta que tuvo entre diez y doce meses, y sin duda no caminó sobre el agua con que lo bañaban. Es probable que se haya divertido salpicando a su madre en el baño como cualquiera de nuestros hijos.

Al ser el hermano mayor, es posible que Jesús haya rogado tener en sus brazos un hermanito o una hermanita, como cualquier otro preescolar. No creo que María lo haya dejado al cuidado de una nodriza cuando tenía dos o tres años, solo porque era el Hijo de Dios. Estoy segura de que ella lo observaba con atención mientras Él jugaba y exploraba los alrededores, como cualquier madre lo hace hoy con su hijo. Cuando Jesús se caía, sentía el golpe. Cuando se mordía un labio, sangraba. Cuando quería dormir la siesta, lloriqueaba.

El tesoro de hoy
"¿No sabíais que en los negocios de mi Padre me es necesario estar?" (Lucas 2.49).

Jesús: el único y suficiente

Es interesante observar qué otros elementos de la niñez de Cristo serían típicos en un hogar judío, pero muy extraños para los gentiles. Sin duda, Jesús fue criado según la ley y las tradiciones judías. José, naturalmente, tenía un papel fundamental en su formación religiosa. Jesús ya leía las Escrituras cuando tenía cinco años. A los seis es probable que asistiera a la escuela del rabí local. Cuando aún era pequeño, Cristo comenzó a memorizar largos pasajes bíblicos. Uno de los primeros que seguramente estudió fue Deuteronomio 6.4-9. Estos pasajes nos dicen más acerca de un hogar judío estricto que cualquier otro.

*D*escriba brevemente cómo sería un hogar que se atuviera a lo que se enseña en estos versículos:

_____

Sin duda, Cristo creció en un hogar donde estos versículos eran tomados de forma literal. A los diez años de edad, seguramente comenzó su capacitación en la ley oral. Mucho antes de llegar a los doce, recitaría ciertas oraciones al levantarse por la mañana, otras oraciones al comer y vestirse, y otras más al acostarse a dormir. No sé si los gentiles podemos llegar a comprender la vida religiosa judía. El judaísmo no era una etiqueta utilizada para identificar a qué iglesia asistía una persona. Ser judío era una forma de vida totalmente única, que penetraba cada uno de sus movimientos. Además, para la época en que nos reencontramos con Cristo, cuando tenía doce años, Él sin duda ya habría comenzado a aprender el oficio de su padre.

*C*ompare los siguientes dos pasajes. ¿A quién se refiere cada uno?

Mateo 13.55 _____   Marcos 6.3 _____

A nuestro hijo Michael cuando tenía siete años, le encantaba tener a mano un martillo, algunos clavos y un trozo de madera. Esto le sucede a la mayoría de los niños. Los varoncitos tienden a idealizar a sus padres. Es probable que al poco tiempo de haber aprendido a caminar, Jesús ya comenzó a recorrer el taller de su padre y a querer clavar un clavo en cualquier cosa que estuviera quieta. Quizá la primera sangre que haya brotado de las venas de Emanuel haya sido consecuencia de un martillo y un clavo que se haya hincado en la tierna carne del pequeño aprendiz.

Jesús era un niño pequeño, un niño humano, y tuvo la misma infancia que cualquier niño. Pero consideremos qué fue lo que hizo única su niñez: el hecho de que Él al mismo tiempo era "otra cosa". Uno de los hijos de María y José era Dios encarnado. El resto, no. ¿Se imagina cómo habrá sido llamar al Hijo de Dios a cenar? ¿O decirle que se lavara las manos? Si usted supiera que uno de sus hijos es el Hijo de Dios nacido de parte de Dios, ¿se aseguraría que tomara toda la sopa? ¿Cómo podrían hacer unos padres terrenales para criar al perfecto Hijo de Dios en un hogar que no era perfecto? Cuando el Verbo se hizo carne para habitar entre nosotros, dejó un hogar perfecto atrás. Muy atrás. Sin duda, en su hogar terrenal, la rivalidad entre hermanos era algo muy real.

Podemos imaginar que María tuvo frente a sí un verdadero reto al tratar de prestar igual atención a Jesús que a sus hermanos. En un sentido mucho más terrenal, quizá usted esté viviendo una situación similar. Quizá tiene un niño con necesidades especiales (talentos o dones que requieren ser cultivados) mientras que sus otros hijos se sienten espectadores. Quizá tenga un niño con una capacidad intelectual superior o con problemas de aprendizaje. O quizá tenga un hijo incapacitado que requiere mayor atención y sus otros hijos se resienten con él. No creo que hayan respuestas fáciles para este reto.

*Q*uizá Proverbios 22.6 sea la mejor manera de expresarlo: "Instruye al niño en

_____ camino, y aun cuando fuere viejo no se apartará de él".

SEMANA 2: El Hijo de Dios

Este versículo no dice que instruyamos a todos los niños en el mismo camino. Dice que instruyamos al niño en *su* camino. Creo que este versículo sugiere que, aunque algunos principios de la crianza son aplicables a todos los hijos, cada niño es un individuo que tiene una conformación emocional única y un conjunto de necesidades personales.

**¿Diría usted que su hogar actual o su hogar de origen tienen alguna característica atípica porque un miembro de él tiene necesidades especiales? ❑ Sí ❑ No
De ser así, relate la situación al margen.**

Mientras más oportunidades tengo de "entrevistarme" con otros creyentes, más me convenzo de que Dios permite que existan en nuestra vida determinadas circunstancias para llevarnos a depender de Él. El texto de hoy sugiere otro aspecto en el que la niñez de Cristo fue muy atípica. Creo que Dios preparó la niñez de Cristo de manera que fuera lo más normal posible, dentro de todo. Lucas 2.41 nos dice que su familia observaba ciertas prácticas anuales comunes en la cultura judía.

Los judíos ortodoxos realizaban cada año tres peregrinajes a Jerusalén: en la Pascua, Pentecostés y la Fiesta de los tabernáculos. Prácticamente todas las familias judías hacían el viaje en caravana. Era un viaje largo, y los padres permitían que sus hijos corrieran entre las familias y sus parientes para divertirse un poco durante el viaje. En esa época no tenían cámaras de televisión por control remoto para observarlos. Jesús tenía doce años; solo le faltaba un año para ser considerado un joven. María y José solamente supusieron que estaba en alguna parte dentro de la caravana.

Yo tuve el gozo de criar a mis hijas junto con mi mejor amiga durante veinte años. Muchísimas veces, una de las dos pensaba que su hija estaba con la otra, hasta que la descubríamos comiendo del plato del perro o metiendo la mano en el retrete. Nos sentimos afortunadas de no habernos olvidado de ninguna criatura al volver de unas vacaciones. Pero la Biblia dice con claridad que María y José se pusieron desesperados al descubrir que Jesús no estaba. Cuando el versículo 45 dice que lo buscaron, el verbo utilizado proviene de la palabra griega *zeteo*, que significa "perseguir, buscar, esforzarse por encontrar".

¿Cuánto tiempo lo buscaron? _____

¿Dónde lo encontraron? _____

No creo que algo pueda despertar más emociones en una persona que encontrar a un niño perdido. Mientras lo buscamos, nuestro corazón está atravesado por el temor. Cuando lo encontramos y vemos que está bien, el alivio baña nuestro corazón. Entonces, si el niño no responde a la preocupación de sus padres, ¡la emoción se convierte en venganza!

Lucas 2.48 dice: "Cuando le vieron, se _____".

Creo que podemos comprender mejor lo que esa sorpresa significa en realidad si tenemos en cuenta que el verbo griego utilizado es *ekpletto*: "golpear, sacar algo por medio de un golpe, usado solamente en el sentido de sacar a alguien de la cordura o del dominio propio, sacudir con estupor, terror o admiración".

En el margen, explique lo que usted cree que sintieron José y María.

Cuando uno de nuestras hijas hace algo que pensamos es malo, Keith o yo nos decimos: "¿Qué piensas hacer acerca de tu hija?" Observemos que tanto María como José se "sorprendieron", pero es probable que José haya mirado a María como diciendo: "Bien, ocúpate tú de él".

María, comprensiblemente, estaba molesta, y preguntó: "¿Por qué nos has hecho así?" (v. 48). Sí, fue su primer contacto con la preadolescencia. María estaba sintiendo un leve pinchazo de esa espada que Simeón le había profetizado. No tenía idea de cuánto llegaría a clavarse en ella un día.

La respuesta de Cristo sugiere que Él estaba tan sorprendido de que esperaran encontrarlo en otro lugar, como ellos estaban de encontrarlo allí: "¿Por qué me buscabais? ¿No sabíais que en los negocios de mi Padre me es necesario estar?" (v. 49). Las palabras "me es necesario" son la traducción de la palabra griega *dei*, que significa "es inevitable por la naturaleza de las cosas". Es posible que esta palabra nunca haya sido utilizada en un sentido más literal que en este caso. Después de todo, el Padre y el Hijo tenían la misma naturaleza. Cristo era atraído hacia Dios, no como devoto creyente, sino como por un imán irresistible: como dos partes de un mismo todo.

Aunque siento compasión por el temor de María y José, me encanta que hayan encontrado a su Hijo haciendo justamente esto. "Tres días después le hallaron en el templo, sentado en medio de los doctores de la ley, oyéndoles y preguntándoles" (v. 46).

"**Oyéndoles**": Agradezco a Dios, porque Jesús no solo habla, sino también escucha. No sabemos si Dios permitió que, con sus doce años, Cristo ejerciera su total omnisciencia o desatara solo la suficiente sabiduría como para dejar atónitos a los que lo escuchaban. Me gusta el hecho de que Cristo sigue escuchando; pero no para aprender, ya que Él sabe todas las cosas. Más bien, nos permite que derramemos ante Él lo que tenemos en el corazón.

"**Preguntándoles**": Cristo no solo escuchaba, sino también hacía preguntas. Contrariamente a lo que se cree en general, tener fe no significa no hacer preguntas. Nuestra fe crece cuando buscamos respuestas, y podemos encontrar muchas entre Génesis 1.1 y Apocalipsis 22.21. Quizá escuchemos un suave: "Es así porque yo lo dije" ante aquellas preguntas que Dios prefiere no responder, pero no creo que nuestro Padre celestial se ofenda porque le preguntemos algo. Parte de la semejanza a Cristo es aprender a escuchar y hacer las preguntas adecuadas, aun a los que respetamos en la fe.

"**Sus respuestas**": ¡Esta es mi parte preferida! Cristo no solo escuchaba y hacía preguntas, sino que Lucas 2.47 nos dice que también las respondía. A medida que estudiemos, veremos muchos casos en que Jesús plantea una pregunta que solo Él puede responder. Cristo, sin duda, usa ese método de enseñanza conmigo. Algunas veces me hace rebuscar en las Escrituras para responder una pregunta que Él parece haber iniciado. Otras veces, la pregunta quizá surja como un susurro personal en mi corazón: "Beth, ¿por qué actúas de ese modo?" Muchas veces, mi sincera respuesta es: "No lo sé, Señor. ¿Puedes decírmelo tú?" Si en realidad quiero saber lo que hay en su corazón, tarde o temprano, Él me dará los elementos necesarios para comprender mis propias reacciones. A medida que Él revela mis inseguridades y mis mecanismos de defensa carnales, esa comprensión me ayuda a cooperar mejor con los cambios subsiguientes.

¿*S*e siente identificado con lo que he escrito? Si es así, escríbalo en el margen.

Si el niño Cristo podía responder preguntas difíciles, seguramente podemos confiar en el inmortal que está sentado a la diestra de Dios para interceder por nosotros (ver Hebreos 7.25). Reciba usted una respuesta rápida o no, creo que siempre tenemos la libertad de hacer preguntas.

¿*E*n qué se diferencia hacerle preguntas a Dios de interrogar a Dios?

Antes de terminar, quisiera que comprenda una cosa más acerca de las preguntas y las respuestas. En el versículo 48, María le hace una pregunta a Cristo. En versículo 49 Cristo le responde. Sin embargo, el versículo 50 nos dice que ella no comprendió la respuesta que Él le dio. Ahí está. Otra posibilidad muy cierta: puede ser que le hagamos una pregunta a Cristo y recibamos una respuesta y que no entendamos la respuesta hasta un tiempo después. Quizá mucho tiempo después.

En mi opinión, la respuesta de Cristo fue muy interesante. He buscado todas las traducciones griegas que pude conseguir y en ninguna de ellas hay una palabra original que pueda traducirse directamente como "negocios". Por lo que pude reunir, una traducción más precisa de la respuesta de Cristo podría ser: "¿No sabían que tengo que estar ocupado en mi Padre?"

Esa pregunta representa el deseo de mi corazón más que cualquier otra que pueda imaginar. Quiero estar ocupada en Dios. No en el ministerio. No en mis propios planes. No en escribir estudios bíblicos. No en mí misma, en lo más mínimo. Cuando todo haya terminado, daría mi vida para que la gente pudiera decir de mí: "Estuvo ocupada en Dios". Ese sería mi mayor legado. "No que lo haya alcanzado ya, [...]; sino que prosigo" (Filipenses 3.12).

Amado hermano, vivamos de tal manera que los demás se sorprendan de vernos en otro lugar que no sea "hallado[s] en él" (Filipenses 3.9).

DÍA 3

Imaginemos a Jesús

Este es un día muy importante en nuestro estudio, porque comenzaremos a formarnos imágenes mentales de cómo era Jesús personalmente. Espero que las imágenes que formemos permanezcan en nosotros durante el resto del estudio.

Leeremos con atención, ya que queremos captar una imagen precisa, aun cuando usaremos la imaginación. No quiero que el Jesús que estudiamos esté desprovisto de rostro y de personalidad. Le pido al Espíritu Santo que nos ayude a cada uno a formar alguna clase de imagen de Jesús que podamos recordar durante todo el estudio. Mi oración es que usted imagine un rostro y sus diferentes expresiones en cada encuentro con la Biblia. Creo que tenemos plena aprobación de Dios para usar la imaginación y representarnos a su Hijo real y vívido, de carne y hueso. Después de todo, para eso Él lo envió a la tierra.

Cuando comenzamos a planear este estudio, mi editor me preguntó: "Beth, ¿has pensado cuál será tu meta principal al escribir sobre la vida de Cristo?" He considerado la pregunta y mi respuesta es esta: quiero que usted, el lector, se sienta como si fuera un testigo ocular de la vida de Cristo. Quiero que sienta las brisas del árido Medio Oriente en su rostro mientras Jesús ministra y enseña, y que imagine las expresiones de su rostro.

Creo Dios aprueba esta clase de enfoque, porque refleja la mentalidad con la que Él, al parecer, dotó a su propio pueblo. Ray Vander Laan describió una diferencia fundamental entre la forma de pensar de los occidentales y los orientales cuando dijo: "Un occidental como yo aprende a la manera de los griegos, según la tradición griega. La verdad es presentada en palabras y cuidadosas definiciones y explicaciones. Nos gustan las listas, los puntos y los subpuntos. Pero un oriental, generalmente, tiende a describir la verdad con imágenes y metáforas, por medio del significado de lugares y estructuras. Por ejemplo, un occidental describiría a Dios como poderoso, o amoroso, u omnisciente. Pero lo más posible es que un oriental diga que Dios es su Pastor, o una Roca, o Agua viva".[1]

Durante mi primera gira por la Tierra Santa, devoré todo lo que nuestro guía turístico judío nos decía y le hice innumerables preguntas. Hacia el final del viaje admitió que al principio no podía imaginar que una mujer que enseñara la Biblia "supiera algo acerca de las Escrituras", pero al escuchar porciones de nuestros textos de enseñanza, Dios ablandó su corazón y despertó su interés. Me sentí conmovida cuando al despedirme de él, vi que sus ojos estaban llenos de lágrimas.

Me dijo: "Señorita Beth, continúe buscando. Hay mucho por descubrir. Piense si no sería conveniente estudiar el idioma hebreo y nuestra visión de la vida. No podrá imaginarse plenamente a ese Jesús que tanto ama, hasta que pueda imaginarlo judío en su pensamiento, enseñanzas y acciones".

El tesoro de hoy
"Y Jesús crecía en sabiduría y en estatura, y en gracia para con Dios y los hombres" (Lucas 2.52).

Espero que, como buenos occidentales que somos, aprendamos a través de nuestros bosquejos con puntos y definiciones de palabras, pero también tratemos de aprender a través de las figuras y metáforas. Hoy tratemos de imaginar a Cristo como lo haría un oriental. Nuestro propósito al usar la imaginación es representarnos a un Cristo y sus encuentros reales y vívidos, no adorar una imagen que no se corresponda con la realidad. No podemos imaginar a Cristo como está en este momento, sentado a la diestra de Dios. No tenemos algún punto de referencia, en absoluto, para imaginar su santidad. Pero si pensamos en su estatura terrenal es diferente. Tenemos algunos puntos de referencia para ayudarnos a recrear su rostro humano. Nuestra meta es bosquejar con lápiz una imagen posible, no dibujar un retrato con tinta indeleble. Ahora veamos el contexto adecuado para el estudio de hoy.

¿Cuántos años tenía Jesús al terminar el día 2? (Lucas 2.42). _____

¿Cuántos años tenía Cristo cuando comenzó su ministerio? (Lucas 3.23). _____
Lucas nos da solo dos versículos para cubrir esos dieciocho años. Extraiga toda la información posible de Lucas 2.51-52 y anótela en el margen.

Durante esos años, Cristo Jesús pasó de ser un niño a ser un hombre adulto. El versículo 52 parece breve y conciso, pero en realidad amplía de forma crucial nuestro concepto de Cristo.

Jesús crecía en sabiduría. La palabra griega que se traduce como "sabiduría" es *sophia*. Veamos dos partes diferentes de esta definición, ya que ambas se aplican a Cristo en Lucas 2.52. (1) *Sophia* es habilidad en los asuntos de la vida, sabiduría práctica, una forma sabia de desempeñarse que se demuestra en la formulación de los mejores planes y la elección de los mejores medios, e incluye la idea de sano juicio y sentido común. (2) *Sophia*, en relación con las cosas divinas, es sabiduría, conocimiento, agudeza, comprensión profunda, representada en todas partes como un don divino y que incluye la idea de aplicación práctica. *Sophia* representa sabiduría divina, la capacidad de regular nuestra relación con Dios. Cuando intente formular su impresión de cómo era Cristo en su forma terrenal, por favor véalo completamente práctico y profundamente espiritual. En realidad, Cristo vino a mostrarnos que lo que es profundamente espiritual es muy práctico.

Dios es, en realidad, Espíritu (ver 1 Juan), pero nunca fue su intención ser visto solo dentro de las paredes de una iglesia. El hecho de que Él es Espíritu le permite penetrar cada nivel de nuestra vida. Si usted deja a Dios en la iglesia, su vida no cambiará. Dios nos revela su Palabra por medio de su Espíritu (ver 1 Corintios 2.10) para que podamos conocer al Dios celestial íntimamente y vivir nuestra vida terrenal victoriosamente.

Algunas veces, quienes me conocen y me aman bromean sobre mi característica de no ser precisamente un ejemplo de sentido común. Puedo pasar horas investigando traducciones en idiomas antiguos y después perderme al volver a casa del trabajo.

Pero cuando se trata de la Palabra, he aprendido tanto "a los golpes" como de las formas más agradables que lo espiritual es profundamente práctico. Lo animo a que no se imagine a un Cristo tan profundo que tenga que cavar para encontrarlo, ni tan espiritual que su cabeza esté en las nubes. Él vino y trajo el cielo a la tierra. En palabras actuales, era un hombre que podría predicar un sermón ungido y después cambiar un neumático dañado al volver a casa de la iglesia.

Esta es la clase de tarea que más disfruto. Lea Proverbios 2.6-20. Es una descripción de la clase de sabiduría que tenía Jesucristo. Compare los versículos de Proverbios con las dos definiciones de sophia que di anteriormente. Clasifique los versículos según si se refieren a la sabiduría práctica o a la divina. Escriba sus conclusiones en el margen o en su Biblia.

No es de extrañarse que Cristo se convirtiera en un maestro poco común. Las personas creyentes mueren por una sabiduría que sea tanto profundamente espiritual como ampliamente práctica. En su vida terrenal, aun antes de comenzar su ministerio público, Cristo ya era la personificación de todas las dimensiones de la sabiduría.

Jesús crecía en estatura. La palabra que se utiliza en el original para decir "estatura" es *helikia*, que significa "adultez, madurez de vida, mente o persona... vigor, estatura, tamaño". Esta frase nos dice lo que es obvio. Cristo creció física (y mentalmente) hasta tener el vigor y la estatura de un hombre. Lo que, naturalmente, es menos obvio es cuál era su aspecto. La Palabra de Dios nos permite usar nuestro marcador indeleble solo una vez en nuestro intento de imaginar la apariencia de Cristo. El único pasaje que habla de esto es uno de mis versículos preferidos. Dios conoce mi corazón y sabe por qué lo es.

¿Qué nos dice Isaías 53.2 sobre la apariencia de Cristo?

_____

La verdad, no puedo imaginar un Cristo que no sea hermoso, pero también creo que la belleza está en los ojos de la persona que contempla. Todos conocemos personas que son hermosas para nosotros, pero cuyos rostros jamás serían elegidos para decorar la tapa de una revista. Pero no infiera más de Isaías 53.2 que lo que allí dice. La intención de las palabras originales es expresar que no tenía una apariencia magnífica que atrajera a las personas a Él. Las descripciones no significan que Cristo fuera poco atractivo, sino que su aspecto era al parecer bastante común.

Ahora dejemos el marcador de tinta indeleble un momento y tomemos el lápiz de suave trazo. Podemos "dibujar" unos pocos detalles más en nuestro lienzo mental por medio de la suposición. Su pueblo y su parte del mundo nos dan algunas claves con respecto de su aspecto físico. Su piel, probablemente, era bastante oscura, como sus ojos y su cabello. Los hombres de su cultura y de su época por lo general usaban el cabello largo hasta tocar los hombros. Si habían tomado un voto de consagración, lo llevaban aún más largo (ver Números 6). La textura del cabello era, posiblemente, tan variada como lo es en los occidentales. El cabello de Cristo podría haber sido ondulado o lacio, grueso o fino. La apariencia más común era de un cabello oscuro, grueso y ondulado, hasta los hombros. Jesús, casi seguramente, llevaba barba. Sus rasgos faciales es probable que fueran bien marcados, masculinos. El error que muchos pintores han cometido en sus representaciones de Jesús es representarlo con una contextura pequeña y delgada. En *Jesus the Messiah: A Survey of the Life of Christ*, Robert H. Stein escribe:

> Jesús era carpintero de oficio... Esta palabra puede referirse no solo a un hombre que trabajaba la madera, sino también a un artesano que trabajaba con piedra o metal. Justino mártir, en el siglo segundo, habló de que Jesús había hecho arados y yugos. Si tenía información adicional para decir esto o sencillamente lo infirió de la Biblia es imposible de determinar. Como carpinteros, Jesús y su padre José eran parte de la clase pobre trabajadora, aunque sería incorrecto referirse a ellos como desposeídos. La ocupación de Jesús requería un duro trabajo manual, por lo que las representaciones de la iglesia que tienden a mostrar a un Jesús débil y delgado son, obviamente, equivocadas.[2]

La vestimenta diaria de Jesús era muy similar a como usted quizá la imagina. Seguramente vestía la tradicional túnica ceñida con un cinto y algunas veces, una capa grande llamada manto, que servía de una especie de sobretodo. El clima y el terreno implican que sus pies y sus sandalias estuvieran por lo general más llenos de polvo que de barro. En público, Jesús es probable que usara un turbante hecho de lino. Los colores que los hombres solían usar en un día normal eran tostado, beige, marrón o ámbar. En este preciso punto de nuestro estudio, los hombres seguramente se preguntarán: "Y eso, ¿a quién le importa?", mientras las mujeres se preguntarán qué usaba Jesús para ir a la iglesia. Así que me detendré aquí para dejarlos descontentos a todos.

¿*Algo* de lo que he sugerido es diferente de lo que usted imaginó? De ser así, descríbalo aquí:

_____

Jesús crecía en favor para con Dios. Me encanta imaginar la relación que Cristo tenía con su Padre celestial. Limitaré mis comentarios por ahora, porque no quiero robarle gozo a nuestros descubrimientos de las semanas por venir. Por ahora, sencillamente observe lo que significa la palabra "favor". La palabra griega es *charis*, que con frecuencia se traduce como "gracia" en el Nuevo Testamento. Si lee Lucas 2.40, verá esta palabra aplicada a Cristo ya desde su infancia: "La gracia de Dios era sobre él".

Charis significa "*gracia*, especialmente aquella que causa gozo, placer, gratificación, favor, aceptación". El hecho de que Jesús creciera en favor para con Dios implica, básicamente, que su relación se convirtió en un deleite creciente para ambos. Entre muchas cosas que estoy deseosa de ver en el cielo, una de ellas es ver al Padre y al Hijo juntos. Sin duda, la relación entre Dios el Padre y Dios el Hijo es totalmente única.

En **el margen, escriba una frase que refleje el común denominador en cada uno de los pasajes siguientes: Juan 1.14; Juan 3.16; Juan 3.18; Juan 6.46; 1 Juan 4.9.**

En realidad, Jesús es el único y suficiente; el unigénito del Padre. Y la relación que ambos tenían mientras Jesús estaba en la tierra no tiene paralelos.

Jesús crecía en favor para con los hombres. Para nosotros que tratamos de pintar un retrato de la estatura y la personalidad de Jesús, esta descripción es extremadamente importante. Antes usted leyó en Isaías 53.3 que Él fue despreciado y rechazado por los hombres. Es importante que comprendamos que Él no fue despreciado y rechazado hasta que se convirtió en una real amenaza para el statu quo. En realidad, su popularidad fue la fuerza que motivó a los oponentes de Jesús a buscar con ansias su sangre.

En Lucas 2.52, Dios declara que Cristo tenía el favor de los hombres y lo demuestra en todos los Evangelios. Un pescador no deja sus redes para seguir a alguien que no tiene personalidad. La gente no solo lo respetaba; lo admiraba. La palabra "favor" está innegablemente relacionada con "favorito". Una de mis hijas salió durante unos meses con un joven maravilloso antes de ir a la universidad. Por alguna razón, ninguno de los dos querían considerarse novios. Cuando sus amigos trataban de que ellos definieran la relación, sencillamente decían que cada uno era la persona favorita del otro. Como resultado de esto, comenzaron a llamarse uno a otro "mi favorito" o "mi favorita". Así firmaban las tarjetas que se regalaban, y esa era la palabra que usaban para saludarse cuando hablaban por teléfono: "¡Hola, favorito!" A mí me encantaba eso. No creo que estemos forzando el texto en lo más mínimo si decimos que Cristo era el favorito de muchos que lo conocían.

Dedique **unos minutos a reflexionar sobre las características de las personas que por lo general tienen su favor. Escríbalas a continuación.**

_____

_____

A menos que las características que haya anotado no tengan nada que ver con la piedad, es posible que también hayan sido características de Cristo. Puedo decirle sin pensarlo demasiado, algunas características de mis personas favoritas: aman a Dios, son afectuosas, de apariencia agradable, al menos

SEMANA 2: El Hijo de Dios

un poco demostrativas, saben mucho en algún campo para que yo pueda aprender de ellas, confiables, divertidas.

Exploremos algunas de nuestras características favoritas durante unos momentos, suponiendo que participemos de las mismas ideas. Respeto profundamente a las personas piadosas, pero si no tienen al mismo tiempo algún rasgo de afecto, lo que siento por ellas posiblemente no pase de respeto. Conozco muchas personas divertidas, pero si su humor es irrespetuoso o subido de tono, me resisto a elegir su compañía.

Aunque la Palabra de Dios dice que no debemos tener favoritismos, todos tenemos características favoritas que nos agradan en las personas. Creo que podemos suponer sin equivocarnos que Cristo poseía muchas de las que más nos agradan. Trabaje un poco conmigo. Quiero sugerirle algo más que puede incluir en su retrato a lápiz.

Creo que Cristo tenía una sonrisa afectuosa y un gran sentido del humor. Si no puede imaginarse cómo una persona piadosa puede ser divertida, sé de algunas personas que usted necesita conocer. Cuantos más años tengo, más le pido a Dios que quite de mi vida cualquier cosa que no se corresponda con la piedad. Dejé de tolerar el humor fuera de lugar hace mucho tiempo, pero muchísimas veces me río tanto que no puedo ni sentarme. No solo mi esposo y mis hijas son graciosos, también lo son mis compañeros de trabajo y me río a carcajadas por cosas que no son ni subidas de tono ni irrespetuosas. Estoy convencida de que la risa es un don de la expresión tanto como las lágrimas.

¿*Q*ué dice Proverbios 17.22 sobre el humor?

_____

_____

¿Imagina usted que Cristo, el gran médico, no haya usado una medicina tan eficaz? El buen humor y la risa son demasiado maravillosos como para no provenir directamente del corazón de Dios. Una de las características que más encontraremos en una criatura sana es muchas sonrisas y risas abiertas. A Cristo le encanta que nos acerquemos a Él como niños pequeños.

Ruego que la lección de hoy lo ayude a dibujar una imagen de Cristo en el lienzo de su mente. Él era real. Sus sandalias hacían ruido cuando caminaba por el camino. Su cabello estaba desordenado cuando se despertaba. Tenía que sacudir las migas de pan de su barba después de comer. Los músculos de sus brazos se flexionaban cuando levantaba a sus hermanitos y a sus hermanitas. Tenía vello en los brazos, y manos grandes y cálidas. Era el Hijo de Dios y el Hijo del Hombre. Imagine lo inimaginable.

DÍA 4

Un ministerio que comienza en el desierto

El tesoro de hoy
"Jesús, lleno del Espíritu Santo, volvió del Jordán, y fue llevado por el Espíritu al desierto por cuarenta días, y era tentado por el diablo" *(Lucas 4.1-2).*

Hoy llegamos a un punto crucial de la vida de Cristo: su año de vida número treinta en el planeta Tierra. Repentinamente, como si Cristo hubiera estado contenido dentro de un frasco de alabastro, Dios rompió el sello y comenzó a derramarlo como un ungüento fragante.

Basándome en Lucas 2.52, no creo que Cristo haya estado sentado sin hacer nada hasta que Dios sacó el frasco del estante. Podemos imaginar más exactamente a Cristo pasando repentinamente de un

Jesús: el único y suficiente

ministerio privado a un ministerio público. La fragancia preferida de quienes estaban más cerca de Él estaba a punto de salpicar a toda Judea. Las primeras gotas vinieron de las aguas del río Jordán.

*L*ea Lucas 3.1-23 y responda solo una pregunta que hará girar las ruedas de su mente durante todo el tiempo que estaremos juntos:

¿Qué quería decir Juan con la expresión "frutos dignos de arrepentimiento" (v. 8)?

_____

Compare los versículos 15 y 16. La gente estaba "en expectativa, preguntándose todos en sus corazones", al parecer no en voz alta, pero Juan "respondió [...] diciendo a todos" para corregirlos y redirigirlos. Aunque Juan estaba lleno del Espíritu Santo, no podía leerles la mente.

¿*C*ómo cree usted que Juan supo lo que ellos podrían estar preguntándose? Explore la mayor cantidad de opciones que pueda.

_____

_____

El versículo 21 dice que Jesús estaba orando. ¿Acerca de qué cree usted que podría haber estado orando?

_____

Ahora lea Lucas 3.24-38. ¿Qué dicen estos versículos?

_____

Comparemos la versión de Lucas de la genealogía de Jesús con la versión de Mateo. Busque Mateo 1.1-17 y Lucas 3.23-38. ¿Dónde comienza cada escritor su genealogía y dónde la termina, según los siguientes versículos?

Mateo 1.2, 16 _____

Lucas 3.23, 38 _____

¿Qué podemos observar sobre el orden de estas genealogías? Elija una opción.
❑ Ambas comienzan en el pasado y terminan en Jesús.
❑ Ninguno de los nombres mencionados en una genealogía se repite en la otra.
❑ Las genealogías están en orden invertido. Una termina con Cristo y la otra comienza con Cristo.

Dado que Mateo era judío y Lucas, gentil, escriba en el margen cualquier conclusión a la que pueda llegar a partir del hecho de que uno remonta la raíz de Cristo hasta Abraham y el otro hasta Adán.

Durante el resto de la sesión hablaremos del primer "orden del día" que Dios encomendó a Cristo en su misión mesiánica. Por favor, lea Lucas 4.1-13 y complete lo siguiente:

SEMANA 2: El Hijo de Dios

¿Quién llevó a Cristo al desierto, según el versículo 1? _____

Si usted estuviera haciendo un estudio del carácter de Satanás basándose solamente en estos versículos, ¿qué podría aprender acerca de él? Hágalo lo más detallado posible.

_____

_____

Si usted estuviera haciendo un estudio del carácter de Jesús basándose solamente estos versículos, ¿qué podría aprender acerca de Él? Una vez más, hágalo lo más detallado posible.

_____

_____

Lucas incluyó la genealogía de Cristo entre el relato de su bautismo y el de su tentación en el desierto. El Evangelio de Marcos nos ayuda a ubicar el tiempo específico.

Lea Marcos 1.9-12. ¿Cuál fue la relación entre estos dos hechos fundamentales en la vida de Cristo?

_____

Mi primera pregunta acerca de la tentación es: ¿Por qué Dios llevó a Cristo al desierto inmediatamente después de su bautismo? Lo más probable es que Dios tuviera más de un propósito, pero quiero presentar una posibilidad: Antes de iniciar su ministerio público, Cristo debía tener decidido qué tipo de Mesías iba a ser.

El bautismo de Cristo representó su iniciación en el ministerio público. Dios estaba por presentar a Jesús como su Hijo y el Mesías de Israel. Estas tentaciones específicas no son las que debemos enfrentar comúnmente usted o yo. Satanás es probable que no lo tiente a usted para que convierta piedras en pan, o asuma autoridad sobre todos los reinos del mundo, o se arroje desde el extremo más elevado del templo. Satanás es muy astuto. Él prepara de forma especial las tentaciones para que correspondan a los puntos débiles de cada persona. Creo que sería inexacto suponer que este encuentro entre Jesús y Satanás represente la totalidad de las tentaciones que enfrentó Cristo. Creo también que es demasiado forzado tratar de hacer coincidir cada pecado imaginable en las tres áreas de la tentación de Cristo. No estoy segura de que la Palabra de Dios pueda ser "acomodada" en forma tan esmerada. Los bordes desiguales de la interpretación hacen que aprendamos cada día algo nuevo.

¿Qué nos dicen Hebreos 2.17-18 y 4.15 acerca de Cristo y las tentaciones?

_____

Creo que mucho antes de llegar a los treinta años, Cristo tuvo muchas otras tentaciones exactamente como las que enfrentamos hoy en nuestras luchas diarias. La Palabra de Dios dice que Él fue tentado de todas formas, pero no pecó. ¿Qué persona de treinta años no ha sido tentada? Resistámonos a ver esta ocasión como el único encuentro de Cristo con la tentación. La experiencia de Cristo en el desierto representa una intensa época de tentaciones, que fue especialmente preparada por el enemigo para que correspondiera a los retos como Mesías que le esperaban. Creo que algunas cosas tenían que quedar bien establecidas desde el mismo principio del ministerio de Cristo. Dios ubicó a Jesús con su adversario en una especie de laboratorio para establecer desde el principio las reglas básicas. Con esta idea en mente, consideremos brevemente cada tentación en Lucas 4.1-13.

"Di a esta piedra que se convierta en pan" (v. 3). ¿Podía hacerlo Cristo? ¡Indudablemente! ¿Por qué no lo hizo? Después de todo, estaba hambriento. Es probable que Mateo 4.2 tenga la clave que nos permita descifrar esta tentación.

¿*P*or qué tenía hambre Jesús? _____

Nada tiene de malo que una persona coma cuando tiene hambre, excepto cuando hay un asunto más importante de por medio. Lucas 2.37 presenta en forma muy bella el propósito más probable para el ayuno que Jesús practicó en el desierto. Describe a Ana, la profetisa, que estuvo "sirviendo [a Dios] de noche y de día con ayunos y oraciones". Sin duda, el ayuno de Cristo se debía a un propósito semejante. Lo más posible es que su intención fuera buscar a Dios apartándose de toda distracción. Dado que sabemos que Él estaba lleno del Espíritu y fue guiado por el Espíritu, podemos suponer que el Espíritu fue quien lo motivó a ayunar; por lo tanto, el ayuno no podía terminar hasta que Dios lo dispusiera así. ¿Qué tenía que ver esta tentación con el inminente ministerio de Cristo?

Robert Stein dice que el problema era si Cristo iba a usar el poder para sus propios propósitos o no. "¿Viviría según los mismos requisitos de fe y dependencia de Dios que debían cumplir todos los demás en el reino?"[3] La estrategia de Satanás no fue demasiado diferente de la que utilizó para tentar a Eva en el huerto (ver Génesis 3.1). Piense conmigo sobre los aspectos similares de ambas tentaciones. En los dos casos Satanás quiso sembrar dudas... pero no porque él tuviera alguna, por supuesto. Él sabía, palabra por palabra, lo que Dios les había dicho a Adán y Eva y sabía, sin duda, que Cristo era el Hijo de Dios. Podemos comprender por qué Eva podría haber aceptado esta duda, pero ¿por qué Satanás habría tratado de sembrar la duda en Jesús?

Es en este punto de la tentación de Cristo en el desierto que puedo, verdaderamente, identificarme con Él. Pensemos en las preguntas que tendríamos si nos encontráramos con una intensa batalla después de comenzar un tiempo o en un nuevo lugar de ministerio.

- ¿Acaso entendí mal lo que Dios me dijo?
- Si Él en realidad me ama, ¿por qué permite que yo sufra esta lucha?
- ¿Cómo puede sucederme esto después del momento tan bello que he vivido con Dios?

Vemos una segunda semejanza en que la tentación estaba relacionada con la comida. Cristo estaba hambriento. Eva tenía hambre de algo diferente. Nuestros apetitos físicos son feroces. Son caldo de cultivo para muchas tentaciones. ¿Amén?

Encuentro muy interesante la descripción que hace Pablo de los enemigos de la cruz de Cristo en Filipenses 3.19. No solo dice que sus mentes están en las cosas terrenales, sino que son personas "cuyo dios es el vientre". Aunque usted y yo no somos enemigos de la cruz, sin duda conocemos la tentación de hacer de nuestro vientre un dios. Cristo no cayó en esa tentación. Regrese a Lucas 4.4 y conteste esta pregunta:

¿*Q*ué pasaje bíblico usó Cristo como arma ofensiva contra el enemigo?

"Si tú postrado me adorares, todos serán tuyos" (v. 7). Esta tentación me da escalofríos. Como decía mi abuela: "¡La idea, siquiera...!" No podemos imaginar que Cristo se haya sentido jamás tentado en lo más mínimo a adorar a Satanás, pero ¿acaso no podemos imaginar que quizá se haya sentido tentado a arrancarle a Satanás la autoridad que tenía en sus manos?

¿*C*ómo llaman a Satanás los siguientes pasajes?

Juan 12.31 _____

2 Corintios 4.4 _____

Cristo no cuestionó la capacidad de Satanás para hacerle tal ofrecimiento. Podemos suponer que Satanás tenía esa autoridad como príncipe de este mundo. Es cierto que la autoridad que Dios ha dado a Satanás es limitada y por un tiempo, pero de todos modos, es muy real.

¿Imagina usted cómo se siente Cristo al observar el estado del mundo bajo la influencia de la autoridad del príncipe de la maldad? La opresión, la violencia y el engaño caracterizan a este mundo que Dios tanto ama. Sin duda, Cristo está contando los días que faltan para poder hacerse con el documento que lo limita y reinar sobre el mundo en justicia.

Satanás tenía la esperanza de que Cristo estuviera tan ansioso por asegurarse que el mundo estuviera en las mejores manos que llegaría a adorarlo. No es necesario decir que se equivocó. Cristo, sin ninguna duda, reinará sobre este sistema mundial, pero no lo hará hasta que todas las cosas hayan ocurrido según el calendario del reino de Dios.

> ¿*C*ómo respondió Cristo a su adversario en esta tentación?
>
> _____
>
> **Cristo resistió, inflexible, la tentación de adorar a Satanás como manera de ganar el mundo. Describa en el margen qué significa la actitud de Cristo en relación con la frase "el fin justifica los medios".**
>
> **"Échate de aquí abajo" (v. 9).** Basándonos en la respuesta de Cristo ante esta tentación, sabemos que al menos una de las intenciones de Satanás era tentar a Cristo para que pusiera a prueba a Dios.
>
> ¿*Q*ué cree usted que significa "poner a prueba a Dios"?
>
> _____

Estoy casi segura de que usted tiene la idea correcta al respecto. Una forma de poner a Dios a prueba sería disfrazar un reto llamándolo "fe". Retar a Dios no solo es una actitud desprovista de fe; también es muy necia.

> **Estudie cada una de las siguientes posibles situaciones. ¿Cuáles serían ejemplos de poner a prueba a Dios? Puede haber más de una respuesta correcta.**
>
> ❏ que una persona se niegue a recibir atención médica para una enfermedad grave, por decisión propia, y proclame después que Dios tiene la obligación de sanarla.
> ❏ que una persona vaya a toda velocidad en un auto y diga que Dios es el encargado de evitar que le suceda algo.
> ❏ que una persona crea que ciertas normas de convivencia y responsabilidad no se aplican a ella, porque es parte del grupo de líderes de la iglesia.

Creo que cualquiera de estos ejemplos es poner a Dios a prueba o tentarlo. Ahora pensemos en un ejemplo que implique un riesgo para nuestra propia vida. Este ejercicio nos pondrá en alerta sobre cómo Satanás puede llegar a preparar una tentación para que pongamos a prueba a Dios.

> *R*elate una forma en que Satanás lo ha tentado o podría tentarlo para poner a prueba a Dios.

Jesús: el único y suficiente

Satanás quizá tenga una segunda intención en esta tentación en particular. El hecho de que esta tentación tenga lugar en el templo sugiere que el enemigo podría haber tenido la esperanza de que se produjera una escena dramática que hiciera que los judíos reconocieran a Jesús como rey antes de que Él enfrentara la cruz.

¿Qué apoyo brinda Juan 6.14-15 a esta teoría?

Si Cristo hubiera evitado la cruz, Él no sería menos Dios, pero nosotros estaríamos perdidos. En conclusión, creo que nuestra hipótesis era correcta. Estas no fueron tentaciones comunes. Parecen ser asaltos directamente dirigidos hacia la condición de Mesías de Jesús. Podemos sacar algunas conclusiones para terminar.

Primero, el hecho de que pasemos un tiempo de intensas tentaciones no es señal de que Dios esté disgustado con nosotros.

Segundo, Satanás es tenaz. No espere que se dé por vencido después de una o dos veces.

Tercero, la Biblia es nuestra arma más poderosa en la lucha contra la tentación. ¡No responda a la tentación con sus propias palabras, responda con la Palabra de Dios!

DÍA 5

El predicador

El tesoro de hoy
"El Espíritu del Señor está sobre mí, por cuanto me ha ungido para dar buenas nuevas a los pobres" (Lucas 4.18).

El pasaje bíblico de hoy es muy querido para mí. Antes que el Salvador me liberara, yo era un desastre. Es por eso que los pasajes más queridos para mí son los que se encuentran en Isaías 61.1-2, citados de nuevo en el Evangelio de Lucas. Por favor, lea conmigo este pasaje: Lucas 4.14-21. ¿Conoce usted a este Jesús? Una vez que lo conozca, no podrá escapar de Él. Dios me permitió escribir todo un estudio basado en estos versículos; pero aún ahora, al leerlos, no puedo evitar llorar. Yo le debo todo a Jesús. Cada aliento. Cada palabra que sale de mi boca. No porque pueda devolverle algo, sino porque lo amo mucho. Aun siendo creyente, yo vivía derrotada. La vida abundante no fue mía sino hasta que permití que el Sanador me liberara, no solo del infierno, sino de mí misma.

Bueno, será mejor que me calme un poco y veamos qué palabra nueva nos da Dios para hoy. Primero, estudiemos el versículo 14: "Jesús volvió [...] a Galilea".

¿Dónde había estado? (Lucas 4.1). _____

¿Cómo describe el versículo 14 su estado? _____

Que no se le pase por alto el significado. Jesús fue a su tentación en el desierto lleno del Espíritu Santo y regresó del desierto con el poder del Espíritu Santo. ¿Después de todo lo que había sufrido?

SEMANA 2: El Hijo de Dios

Nos imaginamos a nosotros mismos emergiendo de intensos períodos de tentaciones o pruebas a duras penas. Heridos. Medio muertos. Con una cojera permanente.

Jesús, por el contrario, regresó de la batalla con la unción del poder. La Biblia nos dice que enseñó en varias sinagogas y que se corrió la noticia de sus actividades por toda la región. Cristo puso entonces su mirada en Nazaret, donde se crió. Me pregunto qué pensaba al rodear esas colinas que le eran tan familiares y echar una mirada a la aldea, no ya como un sencillo habitante, sino como un Siervo salvador.

Sin duda, Jesús recibió afectuosos abrazos y besos en la mejilla mientras caminaba por las calles de la aldea. Es probable que los comerciantes lo llamaran por su nombre y le dieran la bienvenida, no porque fuera el Hijo de Dios, sino porque era un hijo de ese lugar. Podemos suponer, sin temor a equivocarnos, que Cristo asomara la cabeza por la puerta de la casa de su familia y es probable que durmiera allí hasta que volvió a salir al camino con sus discípulos.

Para esta época, es probable que la mayoría de sus hermanos ya estuvieran crecidos y tuvieran sus propias familias. Es de suponer que las casas de sus hermanos fueran "agregados" a la casa de su padre. Los familiares de Jesús es probable que tuvieran una mezcla de sentimientos con relación a Él, que podían ir de la curiosidad y la confusión hasta la animosidad y la envidia. Un hombre judío que saliera al camino solo era algo muy raro. Es probable que lo amaran, pero sin duda, no lo comprendían.

Jesús regresó a Nazaret con un poder que nunca había manifestado allí. Pero no arrojó el explosivo definitivo hasta el siguiente día de reposo. Aunque iba con frecuencia a la sinagoga, ese día sopló una brisa fresca. Jesús se levantó a leer.

*S*egún el versículo 17, ¿qué diferencia obvia existe entre nuestras Biblias y los rollos que había en la sinagoga?

_____

Las Escrituras del Antiguo Testamento —que incluían los cinco libros de la Ley y es probable que los Salmos y los Profetas— eran meticulosamente copiadas a mano sobre pergaminos, generalmente por los escribas. Los pergaminos, entonces, eran enrollados y colocados en armarios a lo que se llama el "arca de la Torá". De allí sacaban un rollo de Escrituras a la vez. La descripción de Lucas refleja en forma exacta la costumbre de seleccionar a los lectores. Jesús se levantó para leer. Entonces le dieron el rollo que, no por casualidad, era el de Isaías, el libro que contiene más profecías sobre la vida terrenal de Cristo que cualquier otro.

Imagine la escena. La sinagoga era el centro de la vida de la comunidad judía, así que sin duda rebosaba de actividad. La estructura era rectangular y sus puertas triples, típicamente ornamentadas y que por lo general miraban hacia Jerusalén. Cuando Cristo atravesó las puertas, pasó tres o cuatro columnas y varios bancos de piedra a los costados del salón. La mayoría de los que asistían estaban sentados con las piernas cruzadas sobre el suelo. Sin duda, muchos de ellos lo conocían en persona. Comúnmente, al lector que había sido designado se le entregaba el rollo elegido para ese día y después de leer los pasajes sobre un atril, él entregaba el rollo a un asistente, se sentaba adelante, y ofrecía un comentario instructivo. Imagine la autoridad y el poder que habría en la voz de Cristo ese día.

¿*Q*ué estaba haciendo la gente cuando Él se sentó?

_____

Con todos los ojos fijos en Él, Jesús comenzó con un sorprendente resumen en solo nueve palabras: "Hoy se ha cumplido esta Escritura delante de vosotros" (v. 21). La palabra griega que se traduce como "cumplido" es *pleroo*, que significa "particularmente, llenar un recipiente o un lugar vacío". Para comprobar el juego de palabras, vuelva a leer en voz alta Lucas 4.18-19 insertando el nombre Jesús cada vez que en el texto dice "mí". ¿Podría alguna otra persona en toda la historia llenar ese puesto? No importa cuántos sacerdotes, profetas y reyes habían servido a la nación de Israel; este llamado era solo para Cristo. Hasta entonces, ese puesto tan largamente anhelado había quedado vacante. Esto también se aplica de manera muy adecuada a nosotros. Estamos vacíos hasta que le permitimos al Único que puede llenarnos que tome el lugar que le corresponde. Lucas 4.18-19 constituye parte de la descripción de tareas que Dios asignó a su Escogido.

Compare la enumeración de Lucas 4.18-19 con la original en Isaías 61.1-2. Observará algunas diferencias. En el margen, escriba todas las frases descriptivas que encuentre en ambos pasajes.

Una diferencia muy clara entre ambos textos es que Jesús dejó de leer abruptamente sin completar la frase "y el día de venganza del Dios nuestro" (Isaías 61.2). Tenía muy buenas razones para hacerlo. Leyó solo lo que Dios iba a cumplir inmediatamente por medio de Él. Cuando Cristo regrese, volverá por los suyos, pero también vendrá con venganza. Pero en su primera venida, Dios envió, a propósito, a Cristo con un plan diferente.

Practiquemos un poco el pensamiento creativo. Basándose en la descripción de tareas de Cristo, ¿cuál hubiera sido un buen nombre para su ministerio? Por ejemplo, yo, como receptora de la gracia de Dios que soy, llamo: "Prueba viviente" a mi ministerio. Espero ser una prueba viviente de que Dios puede perdonar, transformar y utilizar a cualquier persona. Póngale al ministerio de Cristo un nombre que resuma Lucas 4.18-19.

Creo que será interesante dar a conocer estos nombres con un grupo pequeño. ¡Desearía poder escucharlos! Ahora comentemos brevemente cada descripción:

"El Espíritu del Señor está sobre mí, por cuanto me ha ungido para dar buenas nuevas a los pobres" (Lucas 4.18). Cristo no se refería a las personas que pasan penurias económicas. La palabra griega que se traduce como "pobres" es *ptochos*, que significa "completo desamparo, total miseria, afligido, angustiado". Creo que Dios es demasiado fiel como para permitirle a alguien que viva su vida sin enfrentar épocas de total desamparo. Veamos el resto de la definición: "que subsiste gracias a la caridad de los demás". Sabemos lo que eso significa en el sentido físico y monetario, pero dado que sabemos que Cristo se refería a mucho más que a los asuntos económicos, veamos qué otra aplicación puede tener.

Dios nos creó de tal modo que necesitamos otras cosas o a otras personas. Tarde o temprano, cualquier persona sana descubre que la autonomía no funciona. Una vez que confrontamos nuestra necesidad de algo o de alguien más allá de nosotros mismos, subsistiremos gracias a la caridad de los demás si no descubrimos a Cristo. Como mendigos, vamos de persona en persona con nuestro vaso vacío, llorando: "¿Podrías agregar algo a mi vida?" Quizá nos arrojen una moneda o dos. En realidad, quizá haya algunos que nos "ofrenden" semanalmente y ya estén algo cansados de hacerlo. Pero cuando sacudimos el vaso, el eco nos recuerda cuán vacíos estamos aún. La buena nueva que Cristo quiere darle hoy es que no tiene por qué limitarse a "subsistir". Usted fue hecho para florecer.

En el margen, escriba los nombres de algunas personas que le "ofrendan" con frecuencia. En otras palabras, ¿quiénes contribuyen regularmente a su vida?

¿Cuándo descubrió usted por última vez que sus contribuciones no eran suficientes?

_____

Tarde o temprano, Dios se asegurará que enfrentemos la pobreza de vivir de la caridad de los otros para que podamos aprender a saciarnos de Él.

"**A sanar a los quebrantados de corazón**" (v. 18). En algunas versiones de la Biblia, esta frase está copiada exactamente como aparece en Isaías. Algunas traducciones del Nuevo Testamento la incluyen así, otras no. De una o de otra forma, la frase estaba en la descripción de tareas originales y merece ser estudiada. La palabra que se traduce como "quebrantados de corazón" es *suntribo*, que significa "romper, golpear contra algo... romper en pedazos... romper la fortaleza o el poder de alguien". La palabra griega que se traduce como "sanar" es *iaomai*, que significa "curar, sanar, restaurar". Me encanta la palabra hebrea que se traduce como "sanador" en Éxodo 15.26, cuando Dios se presenta con un nuevo título: "Yo soy Jehová tu sanador". La palabra *raphah* significa "arreglar (como con puntadas), reparar totalmente, sanar" (*Strong"s*).

*V*isualice este ministerio divino por un momento. ¿Qué cosas implica la imagen de arreglar un corazón roto con puntadas?

_____

Me encantaría saber qué piensa usted. Quizá pensó en muchas otras cosas, pero yo me imagino a Dios concentrado fijamente en el objeto que está reparando. Una puntada tras otra. Lleva tiempo. Me imagino la aguja sanadora penetrando de forma dolorosa. No sé usted, pero estoy segura de que si mi proceso de sanidad no hubiera implicado dolor, yo habría sufrido una recaída.

"A pregonar libertad a los cautivos" (v. 18). ¿Hay alguien, además de mí, que responda a esta frase con un sonoro "¡Amén!"? En muchos aspectos, yo fui como los prisioneros de Salmos 107.10-16, 20 durante mucho tiempo después de ser salva.

*P*or qué estaban ellos encadenados? _____

¿Cómo fueron liberados? _____

Muchas personas aman sinceramente a Dios, pero no creo que alguien llegue a apreciar la misericordia de Dios como el creyente que finalmente es liberado de su fracaso. Esta cautiva puede testificar, sin lugar a dudas, que Él "envió su palabra, y me sanó". Puntada a puntada. Por favor, observe que Cristo proclamó la libertad; no la impuso. Y continúa ofreciéndola.

"**Y vista a los ciegos**" (v. 18). Aunque Cristo sanó a muchos de la ceguera física, creo que su intención aquí fue referirse a una clase de ceguera mucho más grave.

2 Corintios 4.4 hace referencia a esta ceguera. ¿De qué se trata? _____

_____

Descubrí que la palabra utilizada en el griego original, tanto en Lucas como en 2 Corintios, es muy interesante. *Tuphlos*, derivada de la palabra *tuphloo*, significa "envolver con humo, no poder ver claramente". Esta definición implica mucho más que la ceguera del que no es creyente. ¿Se le ocurren algunas cosas que el enemigo ha usado para impedir que usted viera con claridad algunas veces?

Quizá no hay momento en que el enemigo trate de cegar nuestra visión como en las pruebas de fuego. Su tarea es mantenernos en la ceguera con respecto de aquel que camina junto a nosotros por el fuego. Ah, creyente, Él está ahí, sea que nuestros ojos espirituales lo disciernan o no.

"A poner en libertad a los oprimidos" (v. 18). Busqué todas las definiciones de "oprimidos" en los diccionarios hebreos y griegos. Media docena de palabras en los idiomas originales se traducen como "oprimido" en nuestra Biblia y todas, menos una, tienen la palabra "romper" dentro de su definición. ¿Por qué es importante esto? Porque cada vez me convenzo más de que la peor opresión, que básicamente es una opresión externa que tiene como fin romper el objeto que la soporta, es la versión falsa, hecha por Satanás, del quebrantamiento bíblico.

Algunas veces he debido contener las lágrimas al escuchar a personas totalmente incapaces de funcionar, que decían estar siendo quebrantadas por Dios. No creo que la clase de quebrantamiento que Dios promueve sea una total ruina emocional. La intención de Dios al quebrantarnos es hacer que doblemos nuestras rígidas rodillas para someternos a su autoridad y tomar su yugo. Su objetivo es que tengamos una vida abundante y eficaz. Ser totalmente incapaz de actuar, porque la mente y las emociones están destrozadas, es el engaño de Satanás. Gloria a Dios, porque Cristo puede, sin duda, utilizar el engañoso quebrantamiento de Satanás para llevarnos al punto de aceptar su quebrantamiento, pero creo que algunas veces atribuimos a Cristo cosas que Él no ha hecho.

6. **"A predicar el año agradable del Señor" (v. 19)**. Ese año los que estaban en la sinagoga de Nazaret estaban mirando el rostro del más agradable del Señor: su bendito don de gracia, Jesucristo. La palabra "año" puede ser traducida como "cualquier período definido". Dios coloca delante de nosotros un período definido para recibir su favor. Él desea que ninguno perezca, sino que todos procedan al arrepentimiento (ver 2 Pedro 3.9). El mundo tiene todo el tiempo hasta que Él vuelva. Cada persona tiene un período definido de tiempo que solo Dios conoce. No soy de los que predican sobre "el lago de fuego y azufre", pero no dejo de rogarles a las personas que no esperen demasiado para ser salvas, porque está en juego su vida eterna en el cielo; y para ser libres, porque está en juego su vida abundante en la tierra. Jesús quiere ser nuestro héroe ahora.

---

[1] *Faith Lessons on the Life and Ministry of the Messiah,* prod. and dir. Bob Garner and Stephen Stiles, vol. 3, video one, "In the Shadow of Herod," 77 min., Focus on the Family, 1996, videocassette.
[2] Robert H. Stein, *Jesus the Messiah: A Survey of the Life of Christ* (Downers Grove, Ill.: InterVarsity Press, 1996), 84.
[3] Ibid., 106.

S E M A N A   3
El Camino y la Vida

Día 1
"¿Qué palabra es esta?"

Día 2
Una visita en casa

Día 3
Pesca en aguas profundas

Día 4
Si quieres...

Día 5
El Señor del día de reposo

El ministerio nunca es fácil. Además, rara vez carece de complicaciones. Usted y yo somos llamados a ministrar, sea a tiempo completo o no. Recuerde un punto tan obvio que es casi olvidado: Cristo fue la primera persona a la que Dios llamó para el "ministerio cristiano". Él marcó el precedente. Podemos aprender mucho observando cómo Él manejaba las multitudes volubles y las circunstancias difíciles. De eso se trata nuestra tercera semana de estudio. Marcos 10.45 nos dice que Cristo no vino para ser servido, sino para servir. Pero no todos los que se encontraban con Cristo querían lo que Él tenía para servir. Sin duda, nosotros también podemos esperar la misma respuesta algunas veces. Pero nunca veremos ni una sola situación que haya hecho que Cristo se echara atrás y no cumpliera lo que su Padre lo había llamado a hacer. Él estaba decidido. Su ejemplo nos alentará en esta semana cuando evaluemos con detenimiento sus metas y sus métodos. Que "su camino" se convierta en el nuestro.

Preguntas principales:
Día 1: ¿Cómo entiende los hechos sucedidos en Lucas 4.22-30? ¿Cómo cambió el estado de ánimo de la gente cuando Cristo los confrontó?
Día 2: ¿Por qué cree que sanar a los enfermos no era la tarea absolutamente prioritaria que Cristo vino a cumplir?
Día 3: ¿Qué conclusiones puede sacar de la clase de gente a la que Cristo llamaba a hacer las cosas a su manera?
Día 4: ¿En qué vio Jesús la fe del paralítico y sus amigos? (Lucas 5.20).
Día 5: Basándose en Lucas 6.7, ¿qué estaban buscando los fariseos y los maestros de la ley?

Me encanta este momento del viaje por la Biblia. Después de dos semanas de estudio, los fundamentos ya han sido echados y se están formando nuevos hábitos. No dejemos pasar ninguna verdad esta semana, amados hermanos. Que su mente y su corazón sean totalmente inmersos por el Espíritu de Dios en su Palabra.

DÍA 1
"¿Qué palabra es esta?"

El tesoro de hoy
"Y estaban todos maravillados, y hablaban unos a otros, diciendo: ¿Qué palabra es esta, que con autoridad y poder manda a los espíritus inmundos, y salen?" (Lucas 4.36).

Nuestra lección anterior estuvo dedicada a la gloriosa descripción de las tareas del Ungido. En un mundo ideal, una oferta dada por gracia sería una oferta recibida, pero el nuestro no es un mundo ideal. Antes que se pudiera asentar el polvo que levantó el rollo al ser cerrado, había comenzado la lucha. Eche un vistazo de nuevo a Lucas 4.17-21 para refrescar la memoria. Después, comience su lectura de hoy con Lucas 4.22-30.

Después de leer, marque cualquiera de las siguientes afirmaciones que reflejen su reacción ante las afirmaciones de Cristo en este pasaje.
❏ Jesús no les dio la más mínima oportunidad.
❏ Jesús parecía estar provocándolos a pelear.
❏ Los que lo escuchaban seguramente habían fingido al responder al inicio en forma favorable.

Si yo no hubiera estudiado la Biblia durante varios años y no hubiera aprendido a reconocer el comportamiento característico de Cristo, es probable que hubiera marcado las dos primeras opciones. Por lo general, tiendo a ponerme del lado de los débiles y a juzgar estrictamente por las apariencias. Me habría sentido tentada a decir que Jesús no les dio la más mínima oportunidad. Dado que sabemos que su corazón era perfecto y paciente, en ese encuentro había algo más que lo que se ve a simple vista. Las aguas oscuras como estas nos obligan a zambullirnos para ver qué está sucediendo en el fondo. Hay dos aspectos que podrían ayudarnos a comprender la profética confrontación de Cristo.

Primero, estudiemos las palabras en el idioma original. El versículo 22 nos dice que "todos daban buen testimonio de él". Las palabras "buen testimonio" provienen del griego *martureo*, que significan "ser testigo, dar testimonio, estar dispuesto o listo para testificar". La palabra "maravillados" es en griego *thaumazo*, que significa "admirados".

Cualquiera de estas palabras podría ser utilizada para referirse a los espectadores de un recital de *rock* que quedan impresionados por el talento de los músicos. Las palabras sugieren que estaban impresionados por lo que Cristo había dicho; pero no por las palabras en sí, sino por la forma en que lo había dicho. Los galileos no hablaban de forma muy elegante. Por el contrario, eran considerados por los de otras provincias como personas incultas y burdas. La gente que escuchó hablar a los apóstoles predicando en idiomas extranjeros en el día de Pentecostés se preguntaba: "Mirad, ¿no son galileos todos estos que hablan?" (Hechos 2.7). Los que estaban en la sinagoga de Nazaret reaccionaron en forma similar al decir: "¿No es éste el hijo de José?" en Lucas 4.22.

Quisiera ofrecerle una posible explicación basada en mi propia experiencia. Después de dar una conferencia, no hay peor balde de agua fría para mí que me digan: "Usted es una gran oradora". Primero, sé que no es así. Tengo un acento muy marcado y uso millones de expresiones coloquiales del campo. Pero lo más importante es que, si alguien me dice algo así, sé que o fracasé miserablemente, o la persona no captó el mensaje.

Jesús no puede fracasar, así que, seguramente ellos no comprendieron el mensaje. Creo que es posible que Él reaccionó ante el hecho de que ellos se limitaron a calificar de "excelente" su mensaje en lugar de recibirlo.

Tome un estetoscopio espiritual y haga un rápido chequeo de su corazón. Cuando usted escucha un mensaje, ¿tiende a calificarlo o a recibir cualquier aporte que pueda brindarle, sin importar lo básico que sea el mensaje o la falta de preparación del orador?

SEMANA 3: El Camino y la Vida

Como los que se reunieron en la sinagoga de Nazaret, un mensaje bien puede llegar a impresionarnos aunque no atraviese nuestros oídos para llegar al corazón. Observemos un segundo aspecto: la rapidez con que cambió el estado de ánimo de la gente.

*C*omplete los siguientes espacios en blanco según lo que haya entendido de estos hechos:

El estado de ánimo de la gente pasó de _____ a

_____ cuando Cristo los confrontó.

La palabra que se traduce como "ira", en griego, proviene de *thuo*, que significa "moverse impetuosamente, particularmente utilizado con relación al viento o al aire, un movimiento violento o una pasión de la mente violenta". El viento del norte de su admiración se convirtió en un viento del sur con proporciones de tornado. Cuando un estado de ánimo puede cambiar de admiración a furia asesina en cuestión de segundos, algo anda mal.

He aprendido a fuerza de golpes algunas lecciones sobre el ministerio. Una de ellas es que algunas personas del mundo religioso hacen ídolos o estrellas de los predicadores o cantantes cristianos. Un fanático puede convertirse en enemigo con una rapidez inesperada. No es necesario estar en un ministerio muy público para saber de qué estoy hablando.

*¿A*lguna vez ha visto un cambio drástico y repentino de ánimo en una persona o un grupo? ❏ Sí ❏ No   Si su respuesta fue afirmativa, ¿qué pensaba al verlo?

Inquietante, ¿verdad? No olvide que las personas a las que Cristo habló en Lucas 4 eran muy religiosas. La ira descontrolada puede fácilmente llevar a un comportamiento descontrolado, sin importar cuánto vaya uno a la iglesia. Los miembros de la sinagoga trataron de matar a Jesús.

*P*or favor, complete en el siguiente espacio en blanco el final del

versículo 30: "Mas él pasó por en medio de ellos, y _____".

Permita que estas palabras le representen algo más que una simple huida. Basándonos en lo que sigue del capítulo, creo que la experiencia de Cristo en Nazaret fue un momento crucial en su vida. Tuvo que elegir entre practicar su ministerio a su manera o a la manera de ellos.

*¿C*uál cree usted que habría sido la manera de ellos?

_____

Las clases de grupos humanos que Cristo encontró hace dos mil años aún llenan muchas iglesias en la actualidad. Muchas congregaciones quieren escuchar mensajes impresionantes, pronunciados con elocuencia, pero será mejor que el mensajero se guarde para sí mismo las ideas que puedan traer alguna confrontación. El mismo comité que le pone la alfombra roja al nuevo pastor, posiblemente lo empuje por esa misma alfombra hasta la salida. Algunas veces, la mezquindad en las iglesias es mayor que cualquier cosa que uno pueda experimentar "afuera". Como dice Santiago 3.10: "Hermanos míos, esto no debe ser así".

Durante el resto de la sesión de hoy y del estudio de esta semana, vamos a ver a Jesús haciendo las cosas a su manera. Podemos estar seguros de que lo más posible es que esa manera no sea la más convencional.

Lea Lucas 4.31-37 y complete lo siguiente:

¿Adónde fue Cristo al salir de su aldea natal? _____

Estos versículos constituyen el primer relato de las obras milagrosas de Cristo que registra el Evangelio de Lucas. Según Juan 2.11, Cristo realizó su primer milagro en la boda de Caná. Pero creo que podemos suponer sin temor a equivocarnos que el milagro que Lucas menciona aquí está entre las primeras señales y prodigios realizados por Jesús.

El ministerio terrenal de Cristo apenas está iniciándose, y el mundo demoníaco ya comienza a enfrentarlo ¡nada menos que en una sinagoga! Gracias a Dios que Cristo no se deja intimidar por el mundo demoníaco. No importa qué autoridad se les haya otorgado temporalmente a Satanás y sus súbditos en este sistema mundano; Cristo puede recobrar su posición en cualquier momento que lo desee. Ese día, en Capernaum, no perdió tiempo en hacerlo.

Tome unos minutos para observar las acciones demoníacas específicas. ¿Cuál de estas palabras caracteriza la reacción de los demonios ante Cristo? (Marque todas las que le parezcan correctas).

❏ temor   ❏ arrogancia   ❏ desprecio
❏ gritos   ❏ llamar la atención ❏ intimidación

Compare este encuentro demoníaco con el del apóstol Pablo en Hechos 16.16-18. Escriba todos los aspectos similares en los dos encuentros.

_____

_____

Entre los aspectos similares que ha anotado, es probable que haya escrito que ambos encuentros se produjeron en lugares destinados a la devoción a Dios en forma de oración, adoración y estudio. Otro aspecto similar es que ambos demonios, al parecer, deseaban llamar la atención. Podemos suponer que el demonio gritó en el pasaje de Lucas, ya que Cristo le dijo con dureza: "Cállate". En Hechos, se nos dice que el demonio gritó. Naturalmente, no estoy sugiriendo que todas las manifestaciones demoníacas sean a gritos. Solo le pido que observe que, cuando se les permite penetrar en un lugar destinado a las prácticas de la devoción a Dios, una de sus tácticas principales es distraer la atención.

He sido testigo de esta táctica. En una conferencia que di hace poco, una mujer comenzó a chillar inmediatamente después que alguien oró y justo antes que yo me levantara a hablar. La mujer que dirigía la conferencia, sabia y piadosa, se acercó al micrófono y manejó el desorden con firmeza y gracia al mismo tiempo. Aunque no he observado con frecuencia ese tipo de comportamiento, las pocas veces que lo he experimentado discerní que una táctica del mundo demoníaco es distraer la atención. No estoy hablando de los preciosos niñitos que hacen ruido sacándole el envoltorio a un caramelo o de los inocentes bebés que lloran. Estoy hablando de interrupciones violentas que dejan poco lugar a dudas con respecto a su origen.

Quizá usted haya notado al menos un aspecto similar más entre los dos demonios, el de Lucas 4 y el de Hechos 16. Ambos parecían decir algo semejante a la verdad. Juan 8.44 nos dice que no hay verdad en el diablo y podemos deducir que esto se aplica a todo su maligno rebaño. Vemos una distorsión o mal uso de la verdad en ambos relatos. Ambos actuaban como una especie de predicadores falsos. No podían detener la verdad, por lo que intentaban descalificar el mensaje por medio de la inestabilidad o demencia del aparente mensajero.

SEMANA 3: El Camino y la Vida

Hace unos años sucedió algo extraño en nuestra iglesia. Cada domingo, durante seis o siete semanas, un hombre que al parecer tenía algún problema mental se paraba delante de la entrada para "predicarnos" con un megáfono mientras entrábamos al templo. Algunas de las cosas que decía eran técnicamente bíblicas, pero su apariencia y su forma de actuar demostraban tal inestabilidad que, más que atraer a las personas hacia la verdad, las apartaba de ella. La típica reacción de quien lo escuchara sería no creer nada de lo que decía, debido a quien lo decía. No tengo idea de si estaba poseído por algún demonio, pero no me sorprendería, aunque muchas de las cosas que decía eran tomadas de la Biblia.

Una nueva dimensión de la guerra espiritual estaba surgiendo cuando Cristo comenzó su ministerio terrenal. Le ofrezco una rápida lección de historia para que pueda reconocer la nueva dimensión que le presento hoy. Hace miles de años se declaró una guerra en los lugares celestiales, cuando Satanás fue arrojado del cielo. Creo que cada uno de los siguientes pasajes bíblicos presenta aspectos del origen y la naturaleza de Satanás. Comience por leer Ezequiel 28.11-17.

¿Quién era Satanás originalmente? (v. 14). _____

¿Cómo era? (vv. 12-13). _____

¿Por qué fue arrojado del cielo a la tierra? (vv. 15-17). _____

Ahora lea Isaías 14.12-15. ¿Qué hizo Satanás antes de caer del cielo?

_____

Muchos estudiosos de la Biblia creen que Apocalipsis 12.3-4 también habla de la expulsión de Satanás del cielo.

¿A quién simboliza el dragón de Apocalipsis 12.9?

_____

Es obvio que el dragón de Apocalipsis representa al diablo. Muchos comentaristas también creen que "la tercera parte de las estrellas" (v. 4) representa la tercera parte de los ángeles del cielo, los ángeles caídos, que ahora son llamados demonios. Recordemos que, a diferencia de Dios, Satanás no puede estar en todas partes al mismo tiempo, por lo tanto, tiene muchos demonios en la tierra que hacen su voluntad.

En la semana 2, día 4, dejamos en claro que Satanás es actualmente "el príncipe de este mundo". Aunque la guerra fue declarada en los lugares celestiales cuando los ángeles se dividieron, Cristo no había llegado en forma humana para desafiar al diablo en su propio territorio hasta ahora. No es de extrañarse que la presencia de Cristo no fuera bien recibida por el mundo demoníaco. El poder trascendente de Cristo es obvio en Lucas 4.35. Cuando Él le ordenó que saliera, el demonio fue expulsado por la fuerza.

Compare la versión que Lucas da de estos hechos con el relato de Marcos 1.21-28. ¿Qué dato nos da Lucas 4.35 que no está incluido en Marcos 1.26?

_____

Creo que esta es una de las muchas veces que podemos aprovechar el punto de vista de Lucas como médico. No pudo evitar decirnos que el hombre no sufrió daño alguno. Mateo, el ex recaudador de impuestos, tenía mucho para decir sobre la mayordomía. De la misma forma, el Dr. Lucas, más que cualquier otro evangelista, señala la condición física de las personas con las que Cristo se encontraba.

El encuentro de Cristo con el hombre poseído concluye con la introducción de una palabra fundamental. Tanto Marcos como Lucas registran que la gente comentaba que la enseñanza de Jesús tenía un elemento totalmente distintivo: Él enseñaba con autoridad.

En lo que a usted y a mí respecta, no hay concepto más importante que la autoridad de Jesucristo. Ni siquiera la expiación. Porque si Él no tuviera autoridad, su acto de expiación habría sido un sacrificio admirable, pero vacío de poder. La vida de Cristo que iremos descubriendo en nuestro estudio durante las próximas semanas dirá mucho acerca de la autoridad. De aquí en adelante, esté atento, porque lo que hacemos con la autoridad de Cristo determina lo que Él hace con nosotros. Él no es sencillamente bueno. Él es Dios.

DÍA 2

Una visita en casa

El tesoro de hoy
"E inclinándose hacia ella, reprendió a la fiebre; y la fiebre la dejó, y levantándose ella al instante, les servía" (Lucas 4.39).

Este estudio bíblico es el primero que Dios me ha dado que está dedicado por completo a la vida de Cristo. *El corazón de Dios* revela a Cristo a través del Antiguo Testamento. *Un corazón como el de Él* refleja el corazón de Cristo a través del rey David. El *vivir es Cristo* demostró lo que puede suceder cuando el peor de los pecadores le entrega su vida a Cristo. *¡Libre al fin!* llama a los creyentes a vivir en la plenitud del Espíritu de Cristo. *¡Sea libre!* retrata un sueño que es imposible cumplir sin el poder de Cristo. Pero este es el primero que escribo que trata de Cristo y nada más que de Cristo. Y es un problema.

¿Sabe por qué? Porque todos los días, después de estudiar el texto, me quedo mirando la computadora y quiero comenzar con: "¡Ah, cuánto lo amo!" No se me ocurren otras palabras. Nada creativo, nada particularmente profundo. Solo verdadero. Me digo una y otra vez: "¡No puedes empezar con las mismas palabras todos los días!" Bien, no lo haré. Pero eso es lo que pienso.

Por favor, lea Lucas 4.38-44. Lea también de nuevo Lucas 4.15-16, 31 y refresque su memoria acerca de los lugares donde hemos "visto" a Jesús enseñando y ministrando hasta ahora. Compárelo con Lucas 4.38 y complete lo siguiente:

¿Qué lugar importante se ha sumado al cuadro? _____

¿Qué ministerio realiza Jesús aquí? _____

¿Qué hizo la mujer después que Jesús la sanó? _____

¿Qué sucedió al ponerse el sol? _____

Basándonos en nuestro comentario de la lección anterior y otras ideas que se le hayan ocurrido al leer el texto de hoy, ¿por qué cree que Jesús silenció a los demonios?

_____

_____

¿Por qué cree que Jesús fue a "un lugar desierto" (v. 42)? Escriba todas las razones que se le ocurran.

_____

_____

¿Por qué cree que la gente trató de impedir que Jesús se fuera? Escriba todas las razones que se le ocurran.

_____

_____

¿Por qué fue enviado Cristo? _____

Estos pasajes nos presentan al menos cinco nuevos datos sobre la vida de Cristo.

1. Jesús visitaba los hogares. Vemos que la plataforma del ministerio de Cristo se amplía, sumando el hogar a la sinagoga. ¡Qué alivio saber que Dios no solo va a la iglesia, sino también va a nuestra casa! Cuando yo era pequeña estaba segura de que Dios vivía en el bautisterio de nuestra iglesia. Mi vívida imaginación convertía las puertas de los vestidores en puertas secretas que llevaban a la misteriosa morada del divino hombre fantasma. Me alegra informarle que Dios no vive en el bautisterio. Vive en los corazones de los que confían en Él y en los hogares de quienes le dan lugar. Algunas veces no nos tomamos la molestia de llamar a Jesucristo a nuestro hogar hasta que nos vemos abrumados por circunstancias amenazadoras.

Una persona que sufre en un hogar es suficiente para afectar a todos los que viven en él. La suegra de Simón sufría de una fiebre elevada y "ellos", no ella, le rogaron a Jesús que la ayudara. Suponemos que quienes le rogaron fueron los miembros de su familia. Es entendible que ella no haya estado en condiciones de rogar por sí misma.

¿No está agradecido que podamos pedir que Cristo intervenga en beneficio de otra persona? ¿No está agradecido de que otros le hayan pedido que intervenga a favor nuestro? Nuestros hogares hoy están amenazados por las fiebres de todo tipo, más allá de lo psicológico: conflictos sin resolver, falta de perdón, infidelidad, mensajes confusos de parte de los medios, pornografía y mucho más. Necesitamos a Jesús en nuestros hogares.

¿𝒮iente usted que Jesús está obrando en su hogar?   Sí ❏   No ❏
De ser así, ¿qué circunstancias hicieron que lo invitara a entrar en su hogar?

_____

Tengo una buena razón para hacerle esta pregunta. Casi todos los hitos de una actividad más profunda de Cristo en mi hogar son el resultado directo de una situación de peligro. Ahora mis hijas están caminando con Dios, pero le aseguro que esto no sucedió sencillamente como una evolución natural de sus vidas. He observado cómo la relación de ellos con Dios crecía por medio de las situaciones en las que alguna amenaza las convencía de la necesidad de aferrarse más a Cristo.

❦ ¿𝒮e siente identificado? En el margen, escriba lo que piensa (de ser necesario, no entre en muchos detalles).

Dios es tan fiel. Puede usar la peor circunstancia para llevarnos a la mejor relación. No pierda de vista el hecho de que la suegra de Simón comenzó inmediatamente a servir a Cristo y a los demás. Pocas personas están más motivadas a servir que las que han experimentado el poder sanador de Cristo.

2. Jesús se identificaba con las vidas de los que ayudaba. Lea Lucas 4.39. Cristo se inclinó hacia ella. No creo estar forzando la imaginación si leo en este acercamiento una profunda preocupación por ella de parte de Cristo. Yo reacciono de forma similar cada vez que una de mis hijas está enferma. No me mantengo firme y estoica mientras compruebo una larga lista de síntomas. Me inclino sobre ellas y las acerco a mí. Aprendí de mi madre a medir mejor la temperatura apoyando mi mejilla sobre la frente de una criatura que con un termómetro. No puedo mantener la distancia con un niño enfermo, aunque la enfermedad sea contagiosa. Cristo podía haber sanado a la suegra de Pedro desde la puerta de entrada, pero no lo hizo. Se acercó a ella y se inclinó para estar más cerca todavía. No pase por alto el concepto de que Jesús se identificaba de forma personal con las vidas de los que ayudaba.

Lea **Lucas 4.40 con detenimiento y compare este pasaje con Marcos 1.32-34. ¿Qué aspecto del relato de estos hechos es registrado solo por Lucas?**

_____

¿Por qué este hecho podría haber sido de especial interés para el médico Lucas?

_____

Estudiaremos varios encuentros en los cuales Cristo sanó a diferentes personas. Quiero advertirle que no deberíamos extraer una fórmula particular para la sanidad basada en un único incidente. Por ahora, el punto a destacar es que Jesús se involucraba de manera directa en su ministerio, tal como lo hace hoy. Quizá sus manos ahora sean invisibles, pero sus huellas aparecen en innumerables vidas restauradas.

3. Jesús reprendió a la fiebre, no a la paciente. No todas las enfermedades son culpa del paciente. Me opongo a las enseñanzas que sugieren lo contrario. Algunas veces hacemos cosas que causan problemas de salud o dejamos de hacer cosas buenas para mantener nuestra salud. En esos momentos, es probable que nos haría bien una buena reprimenda. Pero muchas veces, la causa y el efecto son algo que solo Dios comprende. Gracias a Dios, porque el único que sabe todo es el único que reina sobre todo.

4. Jesús encontró mucha desesperación. Nuestros pasajes de hoy nos dan dos imágenes de desesperación que sin duda tocaron el corazón de Cristo. Primero leamos el versículo 40: "todos los que tenían enfermos de diversas enfermedades los traían a él".

¿En **qué momento del día los traían?** _____

¿Por qué esperaban hasta la caída del sol para traerle a los enfermos?

_____

Para quienes somos gentiles, la razón quizá no es muy clara. El versículo 38 nos dice que Cristo ya había dejado la sinagoga cuando fue a la casa de Simón.

Lea **de nuevo el versículo 31. ¿Qué día era?** _____

Recuerde que en este momento, Cristo básicamente ha estado ministrando en distintas sinagogas y a judíos. Era ilegal para ellos llevar a los enfermos en el día de reposo. El "día" judío termina al caer el sol; por lo tanto, la gente que temía a Dios y cumplía con la ley contaba las horas hasta que el sol se ponía sobre el Mar de Galilea. Mientras caía la oscuridad de un nuevo día, ellos arropaban a sus enfermos y los llevaban a la Luz. La sola idea casi me hace llorar. Era como si estuvieran observando el reloj de la ley hasta que finalmente daba la hora de la gracia y entonces corrían a Él con sus necesidades. ¡Cuán bendecidos somos al tener la libertad de vivir de un Calvario ya terminado! La farmacia que dispensa la gracia de Dios está abierta las veinticuatro horas del día.

Una segunda imagen de desesperación aparece en la lectura de hoy. Estudie la imagen en el versículo 42. Una vez más se nos indica el marco temporal.

¿*Qué hora del día era?* _____

La versión de Marcos nos expresa exactamente qué estaba diciendo Cristo en este lugar desierto antes que la cámara capta esa imagen de desesperación de la gente.

Lea Marcos 1.35. ¿Qué dice este versículo? _____

Desearía tener palabras para expresar los sentimientos que estos estudios bíblicos me producen. La idea de Cristo escabulléndose por la puerta mientras todavía estaba oscuro para encontrar un lugar donde estar a solas con Dios me llena el alma de emoción. Me encanta ver aunque no sea más que un atisbo de la relación única que compartieron mientras estuvo en la tierra Cristo y su Padre en el cielo. Nunca antes tal puente había conectado lo celestial con lo terrenal. Siempre me pregunto qué le diría Cristo a su Padre en esos íntimos momentos y qué vería. ¿Le hablaría en forma audible el Padre? ¿O le hablaría al corazón, como lo hace con usted y yo a través de su Palabra? No veo la hora de averiguarlo algún día, cuando llegue a la gloria.

No tenemos idea de cuántos momentos pudo disfrutar furtivamente Cristo con su Padre, pero la Biblia parece decir que fue interrumpido muy pronto. "Cuando ya era de día, salió y se fue a un lugar desierto; y la gente le buscaba, y llegando a donde estaba, le detenían para que no se fuera de ellos" (v. 42). Estoy convencida de que no reflexionamos lo suficiente sobre el terrible reto que debe de haber implicado para Cristo su prisión de carne. Antes de su advenimiento, estaba completamente libre de todas las leyes naturales que gobiernan el cuerpo humano. De repente, pasó a experimentar la lucha por estar en muchos lugares al mismo tiempo y el reto de dar prioridad no solo a lo que era bueno, sino a su meta.

¿*Cuál era su meta según Lucas 4.38-44?* _____

Sanar a los enfermos me parece un ministerio tremendamente importante. ¿Por qué cree usted que no era la tarea priorizada que Jesús vino a cumplir?

_____

5. Jesús estaba decidido. Lucas 4 concluye con una afirmación definitiva en el versículo 44: "Y predicaba en las sinagogas de Galilea". Seguía predicando, sin importar en cuántas direcciones se sentía tironeado. Sin importar cuántas necesidades quedaban sin satisfacer en cada aldea que dejaba. Sin importar las prioridades que otros quisieran marcarle, Él seguía predicando. ¿Por qué? Porque todas las demás necesidades de la humanidad eran secundarias con respecto a la necesidad de escuchar y recibir el evangelio. No dejaban de tener importancia; pero su importancia era secundaria. La sanidad física influye solamente sobre esta vida.

¿*Cuánto dura esta vida según Salmos 39.5?* _____

Jesús: el único y suficiente

El reino es para siempre. Entonces, ¿por qué Cristo perdió tiempo y energía realizando milagros de sanidad en cuerpos temporales? Probablemente fuera por tres razones principales:

Porque podía hacerlo. Él puede hacer todo lo que quiera y quería hacerlo. Antes de que este hecho lo ponga nervioso, recuerde: lo que Él quiere siempre es coherente con quién es Él. Entre muchas otras cosas maravillosas, Él es nuestro sanador. De una manera u otra, Él sana a cada persona que se acerca a Él por medio de la fe.

• Porque es compasivo, mucho más de lo que podemos imaginar.
• Porque los milagros ayudaban a dar autenticidad al Mensajero.

Predicar las buenas nuevas del reino de Dios era la prioridad absoluta de Cristo. Una de las mayores tentaciones que enfrentan aun los creyentes más maduros es desviarse en pos de lo urgente. Muchas situaciones requieren nuestra atención y nos tientan a abandonar el punto en que debemos concentrarnos. Cristo quizá haya enfrentado la misma tentación cuando la gente se acercaba a Él y trataba de impedir que se fuera. La palabra que se traduce como "detenían" es *katecho*, que significa "retener, aferrar, tomar, apretar, suprimir".

Los intentos de la gente por aferrarse a Cristo quizá no se hayan limitado a las palabras y la emoción. Quizá también se hayan aferrado a Él físicamente. ¡Cómo se habrá quebrantado el corazón del Señor por ellos! Creo que emocionalmente estaría destrozado, pero no lograron disuadirlo. Lo mejor que podía hacer por ellos era mantenerse fiel a su meta.

¿Imagina usted cómo Jesús anhelaba el momento en que su obra estuviera terminada para poder habitar en los corazones de todos los que quisieran recibirlo, para ya no dejarlos nunca más? Pero hasta entonces, tenía una tarea por cumplir. Cristo no ignoraba ni la necesidad urgente ni la meta final; pero nunca permitía que la primera fuera obstáculo para la segunda. Ah, cuánto lo amo. Al terminar la lección de hoy, siento que Él le está hablando de algunas cosas, como lo hace conmigo. Tómese un tiempo para escucharlo susurrar a su corazón a través de su Palabra.

*L*ea rápidamente una vez más el estudio de hoy. En el margen, escriba todo lo que crea que Dios le está diciendo con más claridad hoy.

DÍA 3

Pesca en aguas profundas

El tesoro de hoy
"Jesús dijo a Simón: No temas; desde ahora serás pescador de hombres" (Lucas 5.10).

Hoy vamos a celebrar un hecho que continuamente estimula mi imaginación: Cristo llama a simples mortales para unirse a su obra. Lo que más me sorprende es que Él no necesita nuestra ayuda. Cristo podría salvar al mundo por medio de sueños y visiones, pero no lo hace. En cambio, se deleita en pedirnos que nos unamos a Él. Estoy convencida de que todo creyente es llamado por Cristo para trabajar con Él aquí en la tierra. El suyo es el único trabajo que permanece.

Amo muchísimo a mi familia pero algunas veces, después de trabajar como loca en la casa y ver, veinticuatro horas después, que ha vuelto a ser un desastre, ¡siento ganas de gritar! Otras veces, en la oficina, justo cuando termino de procesar una pila de papeles y de dejar limpio mi escritorio, llega otra pila para ocupar su lugar. Sin dudas, usted se identificará conmigo. Mis tareas en casa y en el trabajo son importantes, pero cuando derramo mi vida en las cosas de Dios, como gloriarme en el Señor con mis hijas o enseñar un estudio bíblico un domingo comprendo que estas actividades sí permanecen.

SEMANA 3: El Camino y la Vida

*A*ntes de estudiar el pasaje de hoy en Lucas, por favor, lea Juan 5.17. ¿Qué le dice este versículo a usted de manera personal?

_____

_____

Creo que Cristo llama a sus discípulos para que trabajen no tanto para Él como con Él. En el margen, escriba las diferencias que implica esta afirmación.

Durante esta semana hemos recalcado que Cristo hizo todas las cosas a su manera, en especial en cuanto a los que llamó para que se sumaran a su obra. Quiero que lea los tres pasajes de Lucas que hablan del llamado de sus discípulos. Después de una breve consideración de los tres, nos concentraremos en el primero durante el resto del estudio de hoy.

*P*or favor, lea Lucas 5.1-11, 27-32; 6.12-16 y responda: ¿Cómo sabemos que el encuentro de Cristo con Simón (Pedro) en el lago de Genesaret no fue, probablemente, el primero? (Piense en estudio anterior).

_____

No sabemos qué ocupación tenía cada uno de los doce apóstoles antes de conocer a Cristo, pero ¿qué dos ocupaciones sabemos con seguridad que estaban representadas en el grupo?

_____

¿Qué conclusiones podemos sacar de la clase de gente que Cristo llamó para que hiciera las cosas a la manera de Él?

_____

¿Cómo respondió Cristo a los fariseos y los maestros de la ley que se quejaban de que se reunía con los "publicanos y pecadores" (Lucas 5.30)?

_____

¿Qué hizo Cristo antes de llamar a los doce para que fueran sus apóstoles? (Lucas 6.12).

_____

Una de las muchas entradas del Mar de Galilea. La Tiberias actual puede verse en las colinas más arriba.

Observemos la distinción que marca Lucas 6.13 entre los discípulos y los apóstoles. La palabra griega que se traduce como "discípulos" es *mathetes*. "*Mathetes* significa más, en el Nuevo Testamento que un simple alumno o aprendiz. Es un partidario que acepta la instrucción que le es dada y la convierte en su norma de conducta".

No tenemos idea de cuántos discípulos tenía Cristo en este momento, pero debe de haber tenido suficientes como para apartar a los doce de entre ellos después de una noche de intensa oración. Los doce no dejaron de ser discípulos, pero comenzaron a tener una función adicional. La palabra griega que se traduce como "apóstoles" es *apostolos* que significa "enviado, apóstol, embajador designa el oficio instituido por Cristo para testificar de Él ante el mundo (Juan 17.18). También designa la autoridad que poseen los llamados a tal oficio". Lo veremos casi siempre en referencia a los doce discípulos, pero tenga en cuenta que la diferencia era una embajada y una autoridad apostólica que Cristo les había asignado.

Lucas se entiende hablando sobre la relación entre Cristo y Pedro más que sobre cualquier otra relación de persona a persona en su Evangelio. Concentrémonos ahora en los primeros encuentros. Antes le pregunté cómo sabemos que lo más probable sea que Lucas 5.1-11 no sea el relato de su primer encuentro. Espero que recuerde que Jesús estuvo en la casa de Simón y sanó a su suegra. En realidad, ni siquiera Lucas 4.38 constituye el primer encuentro.

Lea Juan 1.35-42. Describa brevemente los hechos que rodearon la primera reunión de Cristo y Simón Pedro.

_____

Para el momento en que Jesús enseñaba en la costa, en Lucas 5.1, Él y Pedro ya habían tenido al menos dos encuentros. Pero este fue más que un encuentro. Fue un llamado. El llamado de Pedro se produjo junto al lago de Genesaret, que también es llamado el Mar de Galilea. Este cuerpo de agua se llama de cuatro maneras distintas en diferentes momentos. Además de los dos nombres ya mencionados, también se lo conoce como Mar de Tiberias y Mar de Cineret.

Este cuerpo de agua en forma de arpa es un hermoso lago de agua dulce. He tenido el privilegio de estar con los pies descalzos dentro del lago y me encantaría que usted también lo viera. Imagine a Cristo en la costa, presionado por todas partes por personas que escuchaban la Palabra de Dios.

¿Puede verlo? Tratando de captar su mansedumbre, artistas y realizadores de películas muchas veces retratan a Jesús como debilucho delgado y meloso. La mansedumbre bíblica nunca es sinónimo de debilidad. El concepto que la Biblia presenta de la mansedumbre es sumisión a la voluntad del Padre. Pocas cosas requieren mayor fortaleza que la sumisión. El Jesús encarnado preparándose para enseñar a las multitudes era un orador potente y lleno de autoridad. Era el Hombre entre los hombres.

Lucas 5.2 nos dice que Jesús vio dos botes al borde del agua, uno de los cuales pertenecía a Simón Pedro, que estaba enjuagando sus redes. Jesús entró en el barco y pidió a Pedro que "la apartase de tierra un poco; y sentándose, enseñaba desde la barca a la multitud" (v. 3). Es probable que existan dos razones para que Cristo enseñara desde el barco: allí contaba con una plataforma que lo hacía más visible y la brisa que provenía del lago ofrecía una acústica que le permitía hacerse oír mejor. Obviamente, lo espiritual no siempre obra en forma opuesta a la lógica.

Aunque escuchar a Cristo enseñar la Palabra seguramente ya era maravilloso en sí mismo, lo que sucedió cuando terminó de enseñar fue una transformación para un cierto pescador.

¿Por qué Pedro hizo lo que Cristo le pidió en el versículo 4? _____

¿Por qué dudó? _____

¿Cuál fue el resultado? _____

Podemos obtener una serie de aplicaciones de los hechos que se desarrollaron en el lago ese día.

1. Cristo sabe más de nuestro trabajo que nosotros. En nuestro estudio anterior aprendimos que Cristo visita los hogares. Ahora lo vemos extender su ministerio al lugar de trabajo. Le dijo a Pedro cómo pescar. Si Pedro no hubiera conocido ya a Cristo, podría haber pensado: "Yo soy pescador. Tú, carpintero. Yo no te digo cómo se hace una mesa y tú no me dices cómo se pesca". En cambio, presentó una breve disculpa: Hemos hecho esto toda la noche y no pescamos nada.

SEMANA 3: El Camino y la Vida

Una de las razones más críticas por las que los creyentes experimentamos la derrota es porque consideramos solo unas pocas áreas de nuestra vida como territorio de Cristo. Muchos creyentes creen que la jurisdicción de Cristo no se extiende a ciertas áreas. Muchos ni siquiera salen con Él del estacionamiento de la iglesia los domingos. Como si quisieran ahorrarle el problema extra de enfrentar las cosas que no le incumben, dejan a Cristo en la iglesia para que se ocupe de aquellas cosas que están dentro de su especialidad.

Satanás sufre una terrible derrota cuando comenzamos a vivir nuestra vida basándonos en la verdad de que toda área es de Cristo. Examinémonos por dentro y tratemos de determinar hasta qué punto permitimos que Cristo pase de nuestra vida de iglesia a nuestro hogar y a nuestro trabajo.

¿Cuál es su ocupación? _____ Si su ocupación principal es ser ama de casa, sin duda trabaja duramente, así que no dude en escribirlo.

¿Alguna vez ha pensado que Cristo conoce cada detalle relacionado con su trabajo?
❏ Sí ❏ No

¿Alguna vez ha reconocido en realidad que Él sabe más acerca de su trabajo que usted?
❏ Sí ❏ No

Jesús sabe de contabilidad, administración de cines, bancos, diseño, ingeniería, enfermería, operaciones inmobiliarias y cualquier otra cosa que podamos hacer. ¡Por favor! El que sabe cuántos cabellos hay en nuestra cabeza, sin duda, podría peinarlos de la mejor manera si quisiera. Con todo respeto, ninguno de nosotros se gana la vida con un oficio o profesión que Él no pueda desempeñar mejor.

2. Cristo honra nuestra sumisión aun cuando nuestra única motivación sea la obediencia. Si había una frase que yo jamás iba a decir cuando fuera madre era: "Porque lo digo yo". La había escuchado de labios de mi padre (capitán del ejército) más veces de las que podía contar. Yo no iba a repetirlas. Después de todo, estudié el desarrollo infantil. Me prometí que les iba a explicar las cosas a mis hijos como si fueran pequeños adultos. Y casi lo logro. Pero entonces tuve a Melissa la típica niña que está siempre preguntando "¿por qué?" Un día de verdad me hizo perder la paciencia. Algo en mí se soltó de repente y exploté: "¡Porque lo digo yo!" Y no lo dije solo una vez; lo repetí a gritos una y otra vez, como un toro furioso en un rodeo. Hasta se lo grité al perro. Melissa, que tenía entonces cuatro años, se encogió de hombros y respondió: "Está bien". Y se fue a jugar tranquilamente.

Llamé a mi papá y le di las gracias. Algunas veces, Dios nos permite explorar los "porqué" de sus instrucciones. Otras veces, sencillamente quiere que obedezcamos "porque lo digo Yo". ¿Le ha pedido Dios que obedezca en un asunto específico que está aún a la espera de una respuesta obediente de su parte? (Recuerde siempre que Él nunca nos pide que hagamos algo que no sea coherente con su carácter tal como se expresa a través de su Palabra.)

Por favor, complete el espacio en blanco. "Maestro, he usado muchísimas excusas para hacer esto a mi manera, pero porque tú lo dices, voy a _____".

Continúe y espere que el Señor bendiga su acto de obediencia, sin importar cuánto tiempo tarde. Él es fiel.

3. El mismo trabajo sujeto a la autoridad de Cristo. Este puede dar resultados completamente distintos. Pedro, sin duda, había pescado en todas las profundidades de agua que había en ese lago. La clave de su extraordinaria pesca no fue que se dirigiera a aguas profundas, sino la autoridad de Cristo. Hermano, si su trabajo ha llegado a un punto muerto, quizá no es necesario que busque una nueva ocupación. Puede ser que necesite un nuevo Socio.

Jesús: el único y suficiente

¿Qué dice Colosenses 3.23 acerca de su trabajo? _____

¿Qué recibe usted si tiene esta actitud acerca de su trabajo? (Colosenses 3.24).

_____

Cada hora que haga su trabajo como para el Señor queda marcado en un reloj en el cielo. Usted, hermano, recibe su pago de Dios por las horas que trabaja como para el Señor. No estoy pintándole las cosas color de rosa. Nuestra futura herencia es real y excede en mucho el salario mínimo. Usted posee una cuenta bancaria en el cielo en la cual Él hace depósitos divinos por cada momento que usted trabaja como para Él. Cuando comparta su trabajo con Cristo, descubrirá que es más eficiente. No importa si su nueva eficiencia aumenta sus dividendos terrenales; sin duda aumentará sus dividendos eternos, guardados donde la polilla no come, ni el orín corrompe, ni los ladrones pueden entrar a robar (ver Mateo 6.19).

4. La disposición de Cristo para darnos poder, algunas veces, podría abrumarnos. Simón Pedro sabía que Jesús poseía un poder extraordinario. Cristo había sanado a su suegra y es posible que Pedro haya sido testigo también de las sanidades que siguieron en Lucas 4.40.

¿Por qué cree que Simón Pedro cayó de rodillas ante Cristo y le dijo: "Apártate de mí, Señor, porque soy hombre pecador" (Lucas 5.8)?

_____

Apenas Pedro descubrió que había sido tocado por tal santidad, sus rodillas se cargaron con todo el peso de su indignidad. Estaba mucho más cómodo con el poder de Jesús antes que Dios permitiera que lo tocara a él. En el mismo instante en que lo tocó, comprendió que la santidad había tocado a la impiedad. "¡Apártate de mí, Señor!" Como Isaías frente a su llamado (ver Isaías 6.1-5), Pedro repentinamente no podía soportar la presencia de Cristo. Cuando Cristo se acerca, su brillantez siempre echa luz en nuestras cámaras secretas. Isaías vio al Señor en su trono. Pedro vio al Señor encarnado en la tierra. Ambos encuentros convocaban a lo común para un trabajo sagrado.

¡Qué bendita condescendencia la del Dios de gloria que se digna usarnos! ¡Qué humildad debería provocar en nosotros darnos cuenta de esto! Isaías clamó: "¡Ay de mí! que soy muerto" (Isaías 6.5). Pedro clamó: "Apártate de mí, Señor, porque soy hombre pecador" (Lucas 5.8). Ambos hombres se sintieron abrumados, no solo por lo que habían hecho, sino por lo que ellos eran: hombres pecadores. No pase por alto el hecho de que ninguno de ellos estuvo preparado para recibir su llamado hasta que hubo confrontado su pecado.

Sin duda, nunca he experimentado un encuentro como el de Isaías o Pedro, pero sí he enfrentado momentos en que he visto claramente mi propio pecado, a tal punto que sentí un dolor insoportable. Lo interesante es que esos momentos no se produjeron en tiempos de rebelión, sino durante encuentros cercanos con Dios cuando me acerqué lo suficiente como para poder mirarme a mí misma con los ojos bien abiertos.

Nunca olvidaré las cosas que pude comprender y que hicieron que me entregara a la vida crucificada. De repente, comprendí que aunque pudiera dejar de lado todo comportamiento pecaminoso, continuaría luchando contra el pecado durante toda mi vida, porque no se trata solo de que *cometo* pecados. Lejos de Dios, *soy* pecaminosa. Mi problema no es solo lo que hago; es quién soy sin su naturaleza.

Comprender esto fue tanto angustiante como liberador. La entrega que siguió a la comprensión de mi impiedad innata hizo más para activar la santidad de Dios en mí que cualquier otra cosa que haya experimentado. ¡Muy propio de Dios! Aun las experiencias dolorosas en las que llegamos a comprender nuestra pecaminosidad son para mortificarnos de manera que lleguemos a una nueva vida.

*P*ara concluir, si usted ha tenido un encuentro con Jesús que echó una luz angustiante y liberadora sobre su vida, por favor, relátelo en el margen.

DÍA 4

Si quieres...

El tesoro de hoy
"Para que sepáis que el Hijo del Hombre tiene potestad en la tierra para perdonar pecados" (**Lucas 5.24**).

Por más que yo lo desee, no podremos internarnos en cada segmento de Lucas, de modo que estoy orando a Dios para extraer específicamente los preceptos que son fundamentales para que logremos los propósitos que Él tiene para nosotros. Si paso por alto un pasaje que esperaba que estudiáramos a fondo, intérnese en él de todos modos y pídale a Dios que lo guíe. ¡A Él solo le interesa hablarle a usted!

El pasaje de hoy incluye dos milagros de sanidad. Cualquiera de ellos podría darnos toneladas de enseñanzas, pero el segundo presenta conceptos tan vitales que no podemos pasarlos por alto. Estaremos unos minutos estudiando el primero, para después pasar al el estudio de hoy.

*P*or favor, lea Lucas 5.12-16. ¿Cómo describiría el acercamiento del leproso?

_____

Lo interesante es que el acercamiento del leproso revela más sobre Dios y sus complejos caminos que lo que él posiblemente tenía en mente. Él solo quería ser sanado, pero el medio por el cual buscó su sanidad subraya el aspecto fundamental de la sanidad física.

Observemos, primero, que el leproso se acercó humildemente a Cristo con fe absoluta: "...puedes limpiarme" (v. 12). El leproso estaba convencido de que Jesús poseía todo el poder necesario. No tenía dudas de que Cristo podía sanarlo. Solo que no sabía si quería hacerlo; lo cual nos lleva a un segundo aspecto.

El leproso también comprendió que había otro aspecto en juego: ¿era la voluntad de Dios esta sanidad? "Señor, si quieres..." (v. 12). La palabra "quieres" es en griego, *thelo*: "implica voluntad activa y propósito. Desear, es decir, tener en mente, tener el propósito de, tener intención de seguir el deseo de la persona hasta su ejecución". La palabra más importante en esta definición es "propósito". Básicamente, el leproso estaba diciendo: "Señor, no tengo dudas de que posees el poder necesario para sanarme. Si tú, en tu sabiduría y tu plan, ves un propósito en ello, por favor, hazlo".

Creo con todo mi corazón que un propósito eterno es el tema central que está presente en el hecho de si Dios sana o no la enfermedad física de un cristiano que cree (ver Mateo 9.28) y lo pide (ver Santiago 4.2). Aunque no pretendo entender cómo o por qué, algunas enfermedades pueden servir más a un propósito eterno que su sanidad, mientras que algunas sanidades sirven más a un propósito que la enfermedad.

Amado hermano, de ninguna manera deseo minimizar todo lo que implica una sanidad física. Como usted, no puedo imaginar para qué propósito pueden servir algunas enfermedades o muertes prematuras, pero después de años de amar y de intentar conocer a mi Dios, confío en quién es Él aunque no tenga idea de qué es lo que está haciendo. Por sobre todas las cosas, creo que Dios siempre tiene un propósito para toda decisión que toma.

🔥 ¿En qué se parece usted al leproso? ¿Está convencido de que Dios puede hacer cualquier cosa y está buscando también su propósito en todas las cosas? De ser así, en las situaciones difíciles que debe atravesar, ¿cómo completaría esta frase?

Señor, si quieres, puedes _____.

No pierda las esperanzas. Mientras este continúe siendo el deseo de su corazón, acérquese a Cristo como lo hizo el leproso: haciendo humildemente su pedido y buscando los propósitos de Dios para su vida.

Si estos conceptos son extremadamente importantes para usted en este momento, medite sobre ellos después de terminar la lección de hoy. Permita que Dios continúe hablándole, aunque ahora pasemos al otro pasaje. ¡Recuerde que no tiene por qué detenerse donde me detengo yo! Continúe con Dios hasta donde Él lo lleve en cada estudio.

*A*hora lea nuestro pasaje central para el estudio de hoy: Lucas 5.17-26. ¿Quiénes escuchaban a Jesús que son identificados por el versículo 17?

_____

No pase por alto las siguientes palabras tan interesantes: "...y el poder del Señor estaba con él para sanar". ¿Qué cree que significan estas palabras? ¿Cree que alguna vez le faltó poder a Cristo para sanar?

_____

_____

Lucas 5.20 dice que Jesús vio la fe del paralítico y sus amigos. ¿Cómo demostraron ellos su fe?

_____

¿Qué tipo de conflicto se produjo? _____

_____

De este relato surgen dos conceptos. Estudie cada uno de ellos conmigo:

El poder del Señor. Espero que la pregunta que le hice anteriormente sobre el hecho de que el poder del Señor estaba presente en realidad lo haya hecho pensar. Un buen estudiante no teme hacer preguntas y explorar pasajes que plantean retos. Esta afirmación hace que nos preguntemos si existió alguna ocasión en que Cristo no tuviera poder para sanar a los enfermos. Ahondar en el idioma original nos da una clave para comprender esta afirmación. La palabra que se traduce como "poder" en ella es *dunamis* que quiere decir "poder, especialmente poder para lograr". Otra palabra griega que suele traducirse como "poder", "fortaleza" o "fuerza" en la Biblia es *ischus*. Esta palabra nos ayudará a comprender lo que *dunamis* no es. "Por contraste, *ischus* hace énfasis en la realidad del poder, no necesariamente en el logro". *Ischus* expresa el hecho de que Dios posee poder divino. *Dunamis* expresa la aplicación de ese poder divino en la tierra. *Dunamis* es *ischus* divino aplicado para lograr un resultado terrenal.

Vamos a asegurarnos que ha comprendido el concepto. En sus propias palabras escriba lo que cada palabra significa:

Ischus: _____

Dunamis: _____

Ahora lea de nuevo Lucas 5.17. ¿Qué cree que significa la frase "el poder (*dunamis*) del Señor estaba con él para sanar"?

_____

Espero que haya captado la inferencia de que Cristo estaba preparado y dispuesto a aplicar su *ischus* para lograr (*dunamis*) una sanidad ese día. Cristo sanó muchas veces, pero lo que quiero decir es que en ciertos casos la sanidad tenía propósitos mucho más específicos. Podemos organizarlo de esta manera: Cristo siempre puede. La mayoría de las veces, también está dispuesto. Algunas veces está más que dispuesto; está totalmente decidido.

Este nuevo concepto hace que la escena con el paralítico sea aún más provocativa. ¿Recuerda quiénes estaban presentes? La versión *King James* (inglesa) de la Biblia presenta una variante muy interesante que cambia por completo la atmósfera. Dice: "Aconteció un día, que él estaba enseñando, y estaban sentados los fariseos y doctores de la ley, los cuales habían venido de todas las aldeas de Galilea, y de Judea y Jerusalén; *y el poder del Señor estaba con él para sanarlos*" (versículo 17, itálicas de la autora, traducción libre). Lea de nuevo la última palabra de esta oración: "sanarlos". El pronombre se refiere a los que habían sido identificados en las frases anteriores. ¡El poder del Señor estaba con Él para sanar a los fariseos y los doctores de la ley, y a cualquier otra persona que cayera bajo el poder del Espíritu Santo en ese lugar!

Cristo no había venido solo para sanar a los que estaban enfermos físicamente. ¡Vino a sanar a los que estaban enfermos de pecado! Podemos estar seguros de ello, dada la naturaleza del conflicto que se produjo después. ¿Me sigue? Continuemos con el próximo concepto:

La autoridad del Señor. ¿Le gusta imaginarse al paralítico siendo bajado por un hueco en el techo de esa casa llena de gente? ¿Cuándo fue la última vez que sucedió algo que lo distrajo terriblemente mientras estaba escuchando el sermón? Imagine a los fariseos tratando de guardar la compostura mientras el techo se les caía encima.

¿Cuánto tiempo cree que esperaron antes de levantar la vista? ¿No lo hace sonreír el solo pensarlo? Entonces, imagine al paralítico descendiendo en medio de ese grupo de notables como una marioneta sostenida por una cuerda. Puede estar bastante seguro de que el olor de un hombre que no podía bañarse por sí solo no sería bien recibido (muchos tampoco lo recibirían bien a él). En su cultura, los enfermos o débiles crónicos por lo general eran, además, descastados y pobres crónicos. ¡Qué contraste de caracteres! Delante de sus distinguidos ojos, el paralítico cayó pesadamente sobre su camastro justo donde estaba Jesús.

Lucas no registra conversación alguna entre el médico y el paciente. Cristo no estudió su historia clínica ni le tomó el pulso. Lo único que comprobó fue la señal vital de la fe que volaba.

¿Cómo proclamó Cristo la sanidad al paralítico en el versículo 20?

_____

Jesús: el único y suficiente

¡Otro pasaje problemático! ¿Acaso Cristo quiere decir con esto que toda enfermedad es el resultado directo del pecado de la persona? Lea Juan 9.1-3. Muchos en esa antigua cultura suponían que las enfermedades o incapacidad crónica estaban relacionadas, de alguna manera, con el pecado.

¿*C*ómo refuta una comparación entre Juan 9.1-3 y Lucas 5.20-24 algunas de nuestras respuestas fáciles o nuestro uso de las palabras "siempre" y "nunca"?

___

La única relación absoluta entre el pecado y las enfermedades físicas es que vivimos en un mundo caído. Suponemos, basándonos en las Escrituras, que los problemas como las enfermedades y la pobreza son el resultado de la caída original en el pecado. Más allá de eso, no podemos suponer nada.

Algunas veces Cristo hacía énfasis en el perdón de pecados cuando sanaba, y otras, no. En uno de nuestros dos pasajes de Lucas 5, Cristo planteó el tema del perdón de los pecados (el paralítico), pero en el del otro (el leproso) no lo hizo. Ningún Evangelio registra que Cristo haya dicho al leproso que dejara atrás su vida de pecado. Quizá lo más seguro es suponer que algunas veces el pecado tenía mucho que ver, y otras veces, no.

Es obvio que Cristo tenía algo muy importante para decir con respecto a la sanidad y el perdón de pecados en Lucas 5.17-26. Sea que el pecado le haya causado una enfermedad alguna vez o no, ¿no podríamos decir que todos hemos estado paralizados, en cierto sentido, alguna vez? Una situación relacionada con el pecado en mi vida, literalmente me tenía paralizada de temor. ¿Quiere saber cómo encontré la sanidad y comencé a caminar como una creyente sana otra vez? Finalmente "escuché" decir a Cristo: "Amiga mía, tus pecados te son perdonados" y acepté su regalo de gracia. El perdón de Cristo hizo que por fin fuera sanada del temor que me tenía atrapada y que era consecuencia del pecado.

¿*C*uál es su caso? ¿Alguna vez el pecado le ha paralizado? Escriba su explicación en el margen. Sea discreto si lo cree necesario.

Durante el resto de nuestro estudio nos concentraremos en la declaración de Cristo al paralítico en el versículo 24: "A ti te digo: Levántate, toma tu lecho, y vete a tu casa". Lo que vamos a comentar fue vital para mí después de un inesperado y angustioso desvío en el pecado, hace muchos años. Yo estaría aún paralizada si no hubiera sido por la verdad que Dios me mostró exactamente en este mismo pasaje. Quisiera decirle a usted lo que Él me enseñó.

Jesús vino como el Hijo del Hombre para rescatarnos de la lucha del hombre. Cristo no solo es el Hijo de Dios, sino también el Hijo del Hombre. Él vino a compartir nuestra lucha para poder salvar nuestra vida. Nosotros tenemos un problema de pecado. No podemos ayudarnos a nosotros mismos. Dado un determinado conjunto de circunstancias y un estado mental equivocado, cada uno de nosotros es capaz de hacer cualquier cosa. Aunque pudiéramos poner nuestra vida exterior bajo un control perfecto y legalista, es probable que nos pudriríamos por dentro por el horroroso pecado del orgullo. Enfrentémoslo. Con tiempo suficiente, circunstancias y oportunidades adecuadas, todos somos desastrosos; pero Jesús vino como el Hijo del Hombre. ¡Aleluya!

*D*eléitese en Hebreos 4.14-16. ¿Cómo captan estos versículos la misión de ese título específico: Hijo del Hombre?

___

"El Hijo del Hombre tiene potestad en la tierra para perdonar pecados" (Lucas 5.24). La palabra "autoridad", en griego, es *exousia*, que significa "permiso, autoridad, derecho, libertad, poder para hacer algo". Proviene de la palabra *exesti*, una autoridad que "niega la presencia de obstáculos. Las palabras

SEMANA 3: El Camino y la Vida

exesti y *exousia* combinan las dos ideas de derecho y poder".

Puedo recordar que me sentía tan devastada por un pecado que había permitido que me engañara, que le pedía a Dios continuamente que me perdonara. Estaba arrepentida desde la primera vez que supliqué. Confesé mi pecado con profundo dolor y me aparté totalmente de él. Pero continuaba suplicando perdón.

Un día, en mi lectura bíblica, Dios me reveló este pasaje. Habló a mi corazón y me dijo: "Beth, hija mía, tienes un problema de autoridad. Crees que puedes hacer tu parte, que es arrepentirte. Pero no crees que yo pueda hacer mi parte, que es perdonarte".

Me quedé pasmada. Comencé a darme cuenta de que mi pecado de incredulidad era tan serio como mi pecado anterior de rebelión. Lloré y me arrepentí por no haberle dado a Dios el mérito de tener la autoridad que en realidad posee para perdonar mis pecados. ¡Me abrió los ojos!

En *I Know I Should Forgive, But* el Dr. Chuck Lynch dice que cuando confesamos vez tras vez el mismo pecado, "cada nueva vez que ese pecado es confesado, en lugar de que la confesión produzca alivio, refuerza la falsa idea de que no ha sido perdonado. La confesión doble solo profundiza el falso concepto de que no hemos sido perdonados".[1] Sé que tiene razón, porque mis constantes reconfesiones no me traían ningún alivio. Solo me hacían sentir peor y odiarme más a mí misma. El alivio vino cuando decidí tomarle la Palabra a Dios.

Si usted se ha arrepentido de verdad —lo cual significa que ha experimentado la tristeza que proviene de Dios y posteriormente se ha apartado del pecado—, báñese en el río del perdón de Dios. El Hijo del Hombre tiene autoridad para perdonar los pecados aquí, en la tierra. No tiene por qué esperar hasta llegar al cielo; usted puede experimentar la libertad del perdón total aquí y ahora. Caiga bajo la autoridad de Cristo y acepte su gracia. Ya ha estado paralizado demasiado tiempo, hijo de Dios. Escúchelo; hoy Él le dice: "Tus pecados te son perdonados. [...]: Levántate, toma tu lecho, y vete a tu casa" (Lucas 5.20, 24).

DÍA 5

El Señor del día de reposo

En Lucas 5.17-18, los fariseos y los doctores de la ley estaban "sentados", como a un costado. Matthew Henry escribió: "¡Cuántos hay en medio de nuestras asambleas que, cuando el evangelio es predicado, no se colocan bajo la autoridad de la Palabra, sino a un costado! Para ellos es como un cuento que les es relatado, no un mensaje que les fue enviado; quieren que prediquemos delante de ellos, pero no a ellos".[2]

El tesoro de hoy
"Y les decía: El Hijo del Hombre es Señor aun del día de reposo" (*Lucas 6.5*).

¿Recuerda alguna ocasión en que haya asistido a un estudio bíblico o culto en la iglesia que tocó profundamente a algunas personas con las que usted estaba, mientras otras quedaron totalmente al margen, como si no hubieran estado allí? ❏ Sí ❏ No

¿Extraño, verdad? Algunas veces la explicación es más que la condición de perdidos de los que no se sienten tocados, porque el Espíritu Santo convence y atrae fielmente a los perdidos cuando ellos están dispuestos a escuchar la verdad. Enfrentémoslo. Los creyentes, algunas veces, podemos ser tan inconmovibles ante un mensaje poderoso como cualquier inconverso. Como los fariseos y maestros de la ley, algunas veces los inconmovibles pueden ser las personas más "religiosas" del lugar. ¿Será que la diferencia es la misma que la de estar sentados a un costado y estar bajo el poder de la Palabra de Dios?

Hace varios meses, esta notable diferencia se me presentó con claridad absoluta. Una de mis congregaciones favoritas para visitar es una iglesia de hermanos de color en New Orleans. He charlado con estas personas maravillosas después de terminar el culto, muchas veces, y en ninguna de esas ocasiones ha habido ni una sola persona que criticara el mensaje o no fuera conmovida por él. Quizá usted esté pensando: "Deben de tener un pastor extraordinario". No es el pastor, porque nunca escuché predicar a la misma persona dos veces allí. Entonces, ¿cuál es la diferencia? Los que escuchan el mensaje se identifican con él. No son espectadores. Toman responsabilidad por la eficacia del mensaje participando de manera activa de él.

He estado en muchos otros lugares donde los miembros, básicamente, se dedicaban a calificar la unción del predicador durante el almuerzo. Este descubrimiento me sorprendió y me afectó mucho. Comencé a orar para que Dios me motivara a participar de forma activa en cada mensaje que escuche o lea. Desde ese momento, y no por casualidad, no he oído ni leído un solo mensaje que haya quedado sin provecho. La enseñanza de la Palabra de Dios cambia las vidas y sana. ¿Quién quiere sentarse a un costado cuando puede estar exactamente debajo de la lluvia de su poder?

El texto de hoy considera dos ejemplos principales más de las actitudes que pueden tener aquellas personas que se sientan a un costado en lugar de estar en medio de la actividad del poder de Dios.

Lea **Lucas 6.1-11.** Estos versículos describen dos diferentes escenas relativas a un mismo tema en general. ¿De qué se trata?

_____

Me encantaría haber sido judía antes de conocer a Cristo, pero la mayoría de los que trabajamos en este estudio bíblico tenemos raíces gentiles. No importa cuánto tiempo hace que estudiemos las Escrituras, no creo que podamos comprender el significado que tiene en la vida judía la observación de días como el de reposo. Investiguemos un poco. Lea Éxodo 20.8-11.

¿*Quién* fue el primero en observar el día de reposo? (v. 11). _____

¿Cuál era el propósito principal del día de reposo? Encierre en un círculo la mejor respuesta.

inactividad	sueño	descanso
productividad	meditación	tranquilidad

La palabra hebrea *Shabbat* significa "intervalo, día de descanso". El día de reposo era una señal de pacto de la autoridad de Dios. Era una forma de demostrar su confianza en que Dios honraría sus labores con frutos. El día de reposo tenía dos propósitos principales:

• Primero, el hecho de observarlo significaba que las personas plantan y riegan la semilla, pero solo Dios puede dar el crecimiento. El día de reposo era una forma de poner en práctica la confianza. Aun hoy en un mercado furiosamente competitivo, muchos propietarios judíos y cristianos cierran sus negocios un día por semana para honrar a Dios y confiar en Él.

• Segundo, el día de reposo nos obliga a cumplir con períodos regulares de descanso después del trabajo. Dios nos creó y conoce nuestras necesidades físicas, emocionales, mentales y espirituales. El reposo que Dios propone nos restaura. Éxodo 20.11 dice que Dios "reposó en el séptimo día".

Creo que Dios nos quiere mostrar algo con el hecho de que el trabajo esté seguido por interrupciones regulares para el descanso. La palabra hebrea que se traduce como "reposó" en Éxodo 20.11 es *nuwach* que significa "descansar, por ejemplo, asentarse, habitar, quedarse, dejar caer, colocar, dejar en paz, retirarse, dar consuelo, etc." (*Strong"s*). Las palabras "dejar caer" se refieren principalmente al movimiento de las manos que se relajan del arado o de cualquier otro medio de trabajo. Observe también la palabra "retirarse". Vuelva a leer rápidamente Lucas 5.15-16. Cuando Dios cerró las

SEMANA 3: El Camino y la Vida

vestiduras de carne humana sobre su amado Hijo, permitió que Él experimentara varias limitaciones de nuestros cuerpos físicos incluido el agotamiento.

¿*P*or qué podría ser agotador estar con una multitud? _____

_____

¿Cómo practicaba Cristo el nuwach o reposo? _____

_____

Con un poco más de contexto, volvamos a Lucas 6.1-2. ¿Qué era lo que los fariseos catalogaban de "no lícito"?

_____

Intente imaginar lo miserable que era su queja. Básicamente, estaban acusando a los discípulos de moler el grano porque lo restregaban con las manos. Preferían que los discípulos se murieran de hambre a romper las leyes tales como las conocían.

*L*ea Isaías 1.11-17. ¿En qué era similar la actitud de los fariseos de Lucas 6.2 a las de aquellos a los que Dios les habla en este pasaje?

_____

¿Cuál fue básicamente el mensaje de Dios para ellos? _____

_____

Jesús es Hijo de Dios. No tenía acción ni opinión independiente de las de su Padre. Su actitud no hubiera sido diferente, aunque los fariseos hubieran hundido sus pies en las arenas movedizas del legalismo y se hubieran aferrado al terreno que se hundía con ellos. Qué escena tan ridícula. Tuvieron la presunción de decirle al que había creado las leyes cómo debía obedecerlas.

Quienes atraparon a los discípulos de Cristo restregando el trigo con las palmas de las manos no fueron los primeros presuntuosos. A lo largo de los siglos, los líderes religiosos habían recargado las leyes de Dios con tantas leyes propias que los propósitos originales de Dios, muchas veces, quedaban ocultos. Para cuando Cristo llegó a la tierra a hacer su trabajo, los fariseos y los maestros de la ley habían convertido el día de reposo en el más difícil de la semana. Torcieron tanto la ley que la gente tenía que trabajar para descansar. La energía necesaria para cumplir las largas listas de prohibiciones de este "reposo ordenado por los hombres" requería un duro trabajo.

Como el suyo, mi trabajo puede ser agotador. Quienes creen que el ministerio es fácil harán bien en guardarse esa opinión para sí mismos, a riesgo de recibir un golpe con un candelabro católico, un plato de comunión luterano o un himnario bautista. El agotamiento es interdenominacional, un gaje de la profesión común a todos. Los viajes que implica este tipo de ministerio constituyen una de las más grandes causas de agotamiento. Los cuartos de hoteles extraños no ayudan a conciliar el sueño, en especial cuando uno está acostumbrado, como yo, a dormir con un ventilador encendido.

Cuando estaba preparando este estudio, mi personal me regaló algo maravilloso que creyeron que me podría ser útil para hacer que los cuartos de hotel se parezcan un poco más a mi hogar. Es un aparatito especial que hace diferentes "ruidos". Se puede elegir entre diversos sonidos "tranquilizadores" como el ruido de la lluvia o de un viento suave. ¡Casi nos morimos de risa cuando descubrimos que uno de los "sonidos tranquilizadores" es el de una aspiradora eléctrica! ¡Qué perfecto ejemplo de una forma de hacer que el descanso nos haga recordar el trabajo!

¿De qué formas tiende usted a hacer del descanso más trabajo que el trabajo en sí?

_____

Recuerde: Dios estableció el concepto de los ciclos regulares de trabajo y descanso durante la creación. La necesidad de un descanso auténtico y la demostración de confianza en Dios es para todas las personas, no solo para los antiguos judíos. Durante el resto de la lección, concentrémonos en la segunda situación ocurrida en el día de reposo de nuestro texto de hoy.

¿Qué enfermedad sufría el hombre con quien Cristo se encontró en la sinagoga ese día de reposo? (Lucas 6.6).

_____

¿Qué clase de trabajos le hubiera resultado difícil, si no imposible, realizar a este hombre?

_____

Un pastor tendría que poder usar la vara y el cayado. Un agricultor necesitaría sus dos manos para arar. Un carpintero tenía que poder sostener un clavo en una mano y el martillo en la otra. A un comerciante le hubiera resultado muy difícil sostener y mostrar sus mercaderías con solo una mano. ¡Aun un recaudador de impuestos necesitaba poder utilizar su mano derecha! En un estudio sobre de reposo contra trabajo, no creo que sea coincidencia que este hombre haya vivido una vida humillante de descanso no deseado, impuesto, de toda clase de trabajo productivo. Cristo le dio reposo de su incapacidad y futilidad. Aquel que creó el día de reposo lo usó para restaurar a un hombre cansado de ser inútil. Pocas cosas reflejarían mejor el corazón de Dios.

¿Qué buscaban los fariseos y los maestros de la ley? (Lucas 6.7).

_____

La razón principal por la que los fariseos y los maestros de la ley estaban allí ese día era para ver si Jesús sanaba a alguien. Me encanta el hecho de que estuvieran convencidos de que Cristo sanaría, aunque fuera día de reposo, si encontraba una necesidad. ¡Qué sanador es! Ninguna ley podría impedirle ser Él mismo. Los fariseos y los maestros de la ley atraparon a Cristo en el acto mismo de ser Dios. ¡Aleluya!

Las personas más misericordiosas son las que se colocan debajo de la misericordia de Dios en lugar de quedarse sentadas a un costado, criticando. Por favor, observe este triste hecho que quedó aún más de relieve con los hechos que siguieron a las especulaciones de los fariseos y maestros: quienes buscan razones para acusar, invariablemente encuentran alguna.

En Lucas 6.7, la palabra que se traduce como "acusarle" es *kategoria* que implica los conceptos de "acusación, incriminación condena pública". Ser acusado no significa necesariamente ser hallado culpable. Cristo era perfecto en todo aspecto. Dada nuestra condición de obvia imperfección, ¿cuánto tardarían en acusarnos o condenarnos los que se quedan a un costado observando, aunque estemos buscando activamente la santidad? Será mejor aprender qué hacer cuando esto sucede.

En mi propia vida y mi ministerio he aceptado que, tarde o temprano, cualquier persona que busque con suficiente esfuerzo razones para condenarme las encontrará. Creo que la mayoría de las personas que integran el cuerpo de Cristo por lo general aceptan en lugar de acusar, pero una sola persona mezquina es prácticamente suficiente para arruinarle el día a cualquiera. Francis Frangipane escribió algo tan elocuente al respecto que lo aprendí de memoria. Él le dijo al Señor:

Para inocularme contra la gloria de los hombres,
Él me bautizó en las críticas de los hombres,
Hasta que morí al control de los hombres.[3]

En sus propias palabras, ¿qué significa esta cita?

_____

_____

_____

Amados hermanos, una cosa que sé de seguro sobre este tema es que: nada calmará tanto nuestros esfuerzos por buscar la aprobación de los demás como no recibirla. Además, quienes nos aprueban un día bien pueden ser los mismos que nos acusen al día siguiente. Lo animo a liberarse de las trampas de la aprobación y la acusación. Somos llamados a vivir vidas que estén por encima de cualquier reproche, pero podemos esperarlos de todas maneras. Cristo no tenía culpa, pero constantemente era culpado de algo. Y creo que puede estar seguro de lo que le digo: las personas que no son culpables son las que menos culpas echan sobre los demás.

Cuando el hombre que tenía la mano seca estaba delante de Él ese día de reposo, Jesús sabía que los fariseos y los maestros de la ley estaban buscando motivos para acusarlo. Recordemos que Él podía leerles las mentes. (Dicho sea de paso, ¿no lo alegra saber que nosotros no podemos hacerlo?) Cristo no permitió que lo controlaran las potenciales acusaciones, ni siquiera por la ley que Él mismo había instituido. Él era, en realidad, el Señor del día de reposo.

Cualquier persona que tratara de poner a Cristo en el banquillo de los acusados terminaría, generalmente, ella misma en el banquillo (gracias a Dios, esto no siempre significaba que fuera juzgada eternamente). Su pregunta pública a los que lo acusaban los hizo aparecer como verdaderos necios: "Os preguntaré una cosa: ¿Es lícito en día de reposo hacer bien, o hacer mal? ¿salvar la vida, o quitarla?" (v. 9). Imagine la escena descrita en el versículo 10: "Y mirándolos a todos alrededor..." Directo a los ojos. Esperando que alguien le diera una respuesta. Quedaron todos mudos. Después, le dijo al hombre: "Extiende tu mano". Y él lo hizo. Allí, delante de todos esos perfectos líderes de aspecto tan piadoso, el hombre —que es probable que hubiera pasado toda su vida escondiendo su mano seca bajo la manga de su túnica— extendió hacia delante su vergonzosa enfermedad y fue sanado.

"Y ahora, Señor, mira sus amenazas, y concede a tus siervos que con todo denuedo hablen tu palabra, mientras extiendes tu mano para que se hagan sanidades y señales y prodigios mediante el nombre de tu santo Hijo Jesús" (Hechos 4.29-30).

---

[1] Dr. Chuck Lynch, *"I Should Forgive, But ..."* (Nashville: Word Publishing, 1998), 33-34.
[2] Matthew Henry, *Matthew Henry's Commentary on the Whole Bible* (New York: Fleming H. Revell, Co., n.d.), 634.
[3] Francis Frangipane, *Exposing the Accuser of the Brethren* (Cedar Rapids, IA: Arrow Publications, 1991), 37.

Jesús: el único y suficiente

SEMANA 4
La gloria de los hombres

Día 1
Fe admirable

Día 2
Compasión sin límites

Día 3
Un ataque de dudas

Día 4
Porque amó mucho

Día 5
Sus verdaderos hermanos y hermanas

Ya me encuentro completamente inmersa en el desarrollo de nuestro relato. ¿Y usted? Espero que también. Animémonos a ir aún más allá pidiéndole a Dios que nos involucre emocional, mental y espiritualmente en cada pasaje y que nos ayude a imaginar cada escena como si fuéranos un testigo ocular. Tenemos una semana de estudio extremadamente interesante por delante. Me encanta ver a Cristo actuando en las relaciones. Cristo no vino a redimir la Tierra. La arena y el agua no eran su prioridad. Vino a redimir a las personas. Estúdielo con cuidado esta semana. Observe las cosas que lo impresionaban. Permitámosle que nos conmueva, que nos transforme. Por más notable que parezca, usted y yo podemos tener vidas que "impresionen" a Cristo. Esta semana aprenderemos cómo.

Preguntas principales:
Día 1: ¿En qué sentido la ocupación del centurión le permitía comprender la capacidad de Jesús?
Día 2: ¿Qué diferencias encuentra usted entre los dos milagros registrados en Lucas 7.1-17?
Día 3: Según Marcos 6.17-18, ¿por qué estaba preso Juan el Bautista?
Día 4: ¿Puede usted resumir en una sola frase la parábola que Cristo le contó al fariseo en Lucas 7.41-42?
Día 5: Según Lucas 8.19-21, ¿qué situación se desarrolló de repente en la dinámica de la familia de Cristo?

Ahondemos aún más esta semana. Si yo no voy tan profundo como usted lo desearía, ¡sumérjase con Jesús por su cuenta! Permita que mi comentario sea el punto de partida para sus propios encuentros con Jesús. Hágale preguntas y busque las respuestas. No se guarde nada ante Él. Le esperan grandes y valiosas sorpresas.

SEMANA 4: La gloria de los hombres

DÍA 1
Fe admirable

Una de mis peticiones personales más profundas a Dios es que llegue a tener el mismo gusto que Él. Quiero llegar a amar lo que Él ama, odiar lo que Él odia y maravillarme ante las cosas que Él encuentra maravillosas. Estoy muy lejos de tener su glorioso "paladar", pero el estudio de hoy nos da un bocado maravilloso al gusto del cielo. Comencemos por preguntarnos qué clase de cosas nos sorprenden, nos dejan atónitos o nos impresionan. ¿Cuál es su gusto con relación a las sorpresas? Hoy y gran parte de la semana aprenderemos qué impresiona a Cristo. Que cada uno de nosotros crezca en la gracia desarrollando su gusto y maravillándose ante las cosas que Él estima maravillosas.

El tesoro de hoy
"Os digo que ni aun en Israel he hallado tanta fe" (Lucas 7.9).

*P*or favor, lea Lucas 7.1-10 y complete lo siguiente:
¿Cómo expresaría en una sola frase el tema de estos versículos?

_____

¿Por qué le rogaron con solicitud los ancianos por el centurión? (v. 4). Encierre la palabra que lo refleje con mayor exactitud y luego explique su respuesta. Porque:

    lo merecía   estaba desesperado

    estaba cerca   los amaba

_____

¿Por qué el centurión no quiso que Cristo fuera a su casa?

_____

¿En qué sentido la ocupación del centurión le permitía comprender la capacidad de Jesús?

_____

¿Por qué cree usted que Cristo se maravilló tanto?

_____

    Sorprendente historia. Me encanta, porque Cristo podía saber todas las cosas y no por eso dejar de maravillarse. Cristo parece casi deleitosamente impresionado por este encuentro; casi tomado por sorpresa por esa manifestación de fe. Me alegra tanto que Dios haya dispuesto que Cristo supiera todas las cosas, pero al mismo tiempo experimentara la emoción de sentirse maravillado. Es uno de los mayores gozos de la vida, ¿no cree usted?
    La palabra que se traduce como "maravilló" en el versículo 9 es *thaumazo* que significa "maravillarse, estar asombrado, estar admirado o atónito". Quizá usted esté tan hundido en la mentalidad de "soy un gusano miserable" que le resulta incómodo pensar que Cristo pueda quedar impresionado ante algo que haga uno de estos miserables hombres o mujeres. Dado que estamos tratando de desarrollar el mismo gusto que Jesús, quizás a todos nos vendría bien modificar un poco nuestra percepción de lo divino.

Lea Isaías 66.1-2 y complete las palabras que faltan:

"Pero _____ a _____ que es pobre y humilde de espíritu".

El significado de esta palabra lo dejará sin aliento. *Nabat* significa "contemplar con placer, ... tener respeto" (*Strong"s*). Dios está diciendo con claridad que Él respeta a ciertas personas.

Según Isaías 66.2, ¿qué impresiona a Dios de una persona?

_____

¿Ve usted cómo Cristo y su Padre pensaban igual? Nuestra dificultad en imaginar que Dios pueda tener respeto por un ser humano se debe a que confundimos las actitudes de respeto con los sentimientos de inferioridad. Tendemos a considerar el respeto como un sentimiento que tenemos por aquellos que consideramos como superiores a nosotros y aun en nuestro mejor momento, somos tan inferiores a Cristo que, si no fuera por la gran misericordia de Dios (ver Lamentaciones 3.22), seríamos consumidos por un fuego santo.

Pero si queremos tener una percepción equilibrada, debemos tener en cuenta que Dios nos creó. Somos "hechura suya" (Efesios 2.10). Él nos ama. Algunas veces, en realidad se deleita en nosotros. Dios podría habernos creados faltos de debilidades y con una total incapacidad para pecar. Pero no lo hizo. Nos creó a propósito con libre albedrío y afectos, para que podamos elegirlo a Él en medio de muchas otras opciones y de gran oposición.

Dios no creó robots. Creó seres humanos. Nosotros, los seres humanos, somos su creación más importante y una parte fundamental de una obra que Él observó y consideró muy buena (ver Génesis 1.31). Cuando Dios ve que los seres humanos cooperan con su buena obra y cumplen con lo que fueron creados para ser, sigue viendo algo muy bueno. ¿Perfecto? No. ¿Respetable? Sí. Cuando el Padre ve a alguien que puede caer en el orgullo, el egoísmo y la arrogancia, pero se humilla ante Él y tiembla ante su Palabra, Él estima a esa persona. ¡Aleluya! ¡Ah, cómo deseo ser alguien que Dios pueda respetar!

Los encuentros de Cristo en la tierra nos muestran las cosas del cielo al transpotarlas a la tierra. Básicamente, Lucas 7.1-17 es una interpretación terrenal de Isaías 66.1-2. Pasemos el resto de nuestro estudio analizando dos cosas sorprendentes acerca de este hombre cuya fe maravilló al Hijo de Dios.

El centurión quería mucho a su siervo. ¡Por favor, no pase esto por alto! La persona que estaba muriendo no era un familiar ni un buen amigo. ¡Era un siervo! En realidad, la palabra original es *doulos* que significa "esclavo, uno que está en una permanente relación de servidumbre a otro, cuyo deseo está totalmente absorbido por la voluntad de otro. Por lo general se trata de una persona... destinada a servir". No era difícil conseguir un esclavo en la cultura romana de esa época. La tendencia común era remplazar inmediatamente al esclavo que estuviera enfermo. Pero la actitud del centurión muestra que su siervo le era casi indispensable. En realidad, las palabras "quería mucho" son la traducción de la palabra griega *entimos* que significa "honorable... querido, precioso, costoso". Veamos otro lugar de la Biblia donde se utiliza esta misma palabra en griego, pero se traduce a nuestro idioma de otra forma.

Complete las palabras faltantes según 1 Pedro 2.4.

"Acercándoos a él, piedra viva, desechada ciertamente por los hombres, mas para Dios _____ y _____, vosotros también, como piedras vivas, sed edificados como casa espiritual y sacerdocio santo, para ofrecer sacrificios espirituales aceptables a Dios por medio de Jesucristo".

SEMANA 4: La gloria de los hombres

Hace unos años, una amiga mía se dio cuenta que yo comenzaba a sentirme abrumada por las repentinas exigencias de mi ministerio como escritora. Entonces me dijo algo que nos hizo reír a las dos: "No puedo escribir los estudios bíblicos por ti, pero puedo contestar algunas cartas. Lo único que tendré que hacer es decir 'preciosa' muchas veces". Desde entonces tomé conciencia de cuántas veces uso las palabras "precioso" o "preciosa". Pero en realidad es una palabra muy bíblica. 1 Pedro 2.4 nos dice que Cristo es precioso para Dios. Teniendo esto en mente, lea Juan 15.9 y Juan 17.23.

¿Cómo puede usted llegar, con toda razón, a la conclusión de que también es precioso o preciosa?

_____

El centurión reveló una dimensión de un carácter piadoso con el profundo cariño que sentía por su siervo. Pero Cristo no solamente revela un carácter piadoso. Él *es* el carácter piadoso. Permítase ser bendecido por el hecho de que Cristo quiere mucho a sus siervos. Somos preciosos para Él. Aunque seamos débiles. Aunque no podamos llegar a la perfección en toda nuestra vida.

¿Cómo define Lucas 7.8 a un siervo que es muy estimado?

_____

El centurión valoraba a su siervo porque él era muy obediente. Su esclavo era muy importante para él porque revelaba su total devoción por medio de la obediencia. De la misma manera, Cristo Jesús está construyendo una casa espiritual con siervos devotos dispuestos a ofrecer sacrificios espirituales. Estas piedras vivas son tan preciosas para Jesús como Él, la principal Piedra del ángulo, lo es para su Padre.

El centurión era un hombre de buenas obras. Lea de nuevo Lucas 7.4-5. Recuerde que el centurión era un gentil, pero los ancianos le rogaron a Jesús por él y dijeron que merecía que su siervo fuera sanado. Gracias a Dios que nuestras obras no son la medida que determina cuánto "merecemos" que Cristo actúe en nuestra vida. Jamás podremos realizar suficientes obras para merecer la atención de Jesús. Su gracia es un favor inmerecido. Él nos amó mucho antes que nosotros lo amáramos a Él. Él trabajó por nosotros mucho antes que nosotros siquiera soñáramos con trabajar para Él. No; las obras no son sinónimo de merecimiento, pero según Lucas 6.43-45 pueden revelar algo más.

¿Qué revelaban, posiblemente, las buenas obras sobre el carácter del centurión?

¿Ha notado que los tres textos principales que utilizamos hablan de construir una especie de "casa" para la presencia y la actividad de Dios? (Ver Isaías 66.1, Lucas 7.5 y 1 Pedro 2.4). Sí, el centurión había construido algo maravilloso, pero sus obras no podían compararse con las de Cristo, ni ganar su gracia y su atención. Se nos recuerda que Dios es el Constructor. Podríamos gastar toda la sangre, el sudor y las lágrimas de nuestra vida construyendo para Dios, pero nunca sería algo lo bastante grande como para abarcarlo, ni digno de merecerlo. Lo que nos maravilla no es que nosotros estemos construyendo para Dios, sino lo que Él está construyendo con nosotros.

El centurión no se creía nada extraordinario. No importaba lo que él hubiera logrado ni lo que los demás pensaran de él; él se conocía bien a sí mismo. Al parecer, cuanto más pensaba en lo que había enviado a pedir a los ancianos, más abrumado se sentía. Sin tener idea de que los ancianos le dirían a Cristo cuán merecedor era él, envió a sus amigos con el mensaje opuesto: ni siquiera soy digno de que vengas debajo de mi techo. Las palabras "soy digno" son traducción de *hikanos* que significa "suficiente... adecuado, competente". Estaba diciendo: "¡Ni siquiera merezco que atravieses la puerta de entrada de mi casa!"

Jesús: el único y suficiente

No pase por alto el hecho de que Cristo no estaba lejos de la casa cuando el centurión envió este mensaje. No puedo evitar el paralelo: cuanto más cerca está la presencia de Cristo, más humildes se vuelven los que pueden discernir.

¿Ha notado cómo lo que alguna vez pareció una gran idea se ve muy diferente en retrospectiva? De repente nuestra audacia nos cae encima como un golpe en el rostro. Tengo el privilegio de conocer personalmente al presidente de la Junta de Misiones Internacionales de la Convención Bautista del Sur de los Estados Unidos y a su maravillosa esposa. Ellos insistieron en que los tratara por sus nombres de pila en nuestras visitas personales. Sin embargo, hace poco cuando les escribí una carta y leí mi propio saludo a ellos, usando sus nombres de pila, me sentí horrorizada por mi audacia. En una escala mucho, muchísimo más elevada, creo que al centurión le sucedió algo similar. En realidad, parece que se sentía tan humillado que ni siquiera se sentía digno de contar con la presencia de Cristo.

Por favor, observe que aunque el centurión demostró gran humildad, no por eso dejó de presentar su pedido. Una vez más: ¡mantengamos una perspectiva equilibrada! La mentalidad del "gusano miserable" podría hacernos pensar: "No puedo pedir una cosa semejante" y después acabaríamos sin tener, porque no hemos pedido (ver Santiago 4.2). Los que son en realidad humildes y tienen discernimiento saben que podemos acercarnos a Cristo con nuestras peticiones, no porque seamos dignos de hacerlo, sino porque Él, en su gracia, nos brinda esa oportunidad.

Seguramente las palabras más impresionantes del centurión fueron: "...pero di la palabra, y mi siervo será sano" (Lucas 7.7). La comprensión de la autoridad que tenía el centurión quizá no tenga paralelo en los evangelios. Parecía estar diciendo: "Si yo, siendo quien soy, tengo bajo mi autoridad personas que hacen lo que yo les mando; tú, siendo quien eres, con solo decir la palabra harás que se cumpla el acto". Seriamente dudo que el centurión fuera consciente de quién era Jesús en realidad. Lo único que comprendía, era quizá que Jesús poseía una autoridad que al parecer se ponía en marcha a través de su palabra.

*L*ea cada uno de los siguientes pasajes y complete las oraciones:

Génesis 1.3: "Y dijo Dios: Sea la luz; y _____

_____

Marcos 4.39: "Y levantándose, reprendió al viento, y dijo al mar: Calla,

enmudece. Y _____

_____

Juan 11.43-44: "Y habiendo dicho esto, clamó a gran voz: ¡Lázaro, ven fuera! Y

_____, atadas las

manos y los pies con vendas, y el rostro envuelto en un sudario".

Hijo de Dios, la Palabra de Cristo es acción. Lo que Él ordena también lo cumple. Eso es un hecho. Lo que impresiona a Cristo, sin embargo, es cuando nosotros creemos que es un hecho. En cierta forma, enfrentamos una situación similar a la del centurión. Tenemos el reto de creer lo que Jesucristo puede hacer sin verlo a Él con nuestros propios ojos. El centurión nunca vio a Cristo, pero fue testigo de su incomparable poder en cuanto su amado siervo se sentó en la cama, totalmente recuperado. Creo que al centurión puede haberle costado un poco más recuperarse. Casi me imagino cómo la sangre iba regresando al pálido rostro del siervo mientras desaparecía gradualmente del rostro del centurión.

De alguna manera, aunque hayamos pedido y creído, Dios también nos da a nosotros el maravilloso deleite de poder sorprendernos cuando Él obra. Es que no podemos recuperarnos de algunas cosas. Un milagro de Dios es una de ellas.

DÍA 2
Compasión sin límites

¿Ha leído demasiado rápido El tesoro de hoy? Si así fue, por favor, tome un momento para leerlo despacio, casi meditativamente. Algunas veces, una sola oración de la Biblia habla mucho al alma sin que uno siquiera sepa cuál es el contexto.

Sin saber nada acerca de las circunstancias que rodean esta oración, basándose solo en esas pocas palabras, ¿qué puede deducir usted de Cristo?

El tesoro de hoy
"Y cuando el Señor la vio, se compadeció de ella, y le dijo: No llores" (Lucas 7.13).

Ya estoy pensando, como siempre: "¡Ah, cuánto lo amo!" y ni siquiera comenzamos la lección. Una de las cosas que más me conmueven de Jesucristo es que Él permite que entremos en su corazón y lo conmovamos. Leamos el texto de hoy: Lucas 7.11-17. Después de leer el texto de hoy, permita que su mente regrese al milagro de Capernaum en nuestro texto anterior, Lucas 7.1-10. En ambos casos, Cristo realizó obras extraordinarias, pero las circunstancias presentan interesantes contrastes.

¿Qué diferencias encuentra entre estos dos milagros?

Tenga presente esas diferencias mientras nos imaginamos lo que sucedió a las puertas de Naín. El versículo 11 nos dice que después que Cristo sano al siervo del centurión, Él y sus discípulos fueron a la ciudad de Naín. Perdone si esto le parece poco importante, pero no puedo menos que pensar que tenían muy buen estado físico. Naín estaba a 40 km al sudeste de Capernaum. No era poco para ir caminando.

No solo Cristo y sus discípulos caminaron esa gran distancia para llegar a Naín, sino también una gran multitud. Quizá la vista mantuvo sus mentes ocupadas durante la larga caminata. Naín goza de una vista panorámica del monte Tabor. Rodeado por llanuras, "se levanta, empinado, hasta llegar a una cima con forma de cúpula".[1] La palabra Naín, en realidad, significa "belleza". No es difícil imaginar por qué: está bañada por el sol y en contraste con el cielo azul intenso del Medio Oriente. Imagínese la escena conmigo. Dos grupos de personas se reunieron ese día: Cristo, sus discípulos y una multitud se aproximaban a las puertas de la ciudad justo cuando una procesión fúnebre salía de ella.

Las costumbres de los funerales en Occidente tienen muy poco que se pueda comparar con las del Medio Oriente antiguo. Para nosotros, aun en las situaciones más trágicas, es raro llorar, ni siquiera calladamente; y cuando sucede, el sonido es más de lo que un alma occidental puede soportar. Contrastemos esto con la escena que Cristo vio allí. En el antiguo Oriente, la profundidad del dolor por el muerto y los deudos podía medirse por el volumen del llanto y las demostraciones físicas de pesar.

No se me ocurre ninguna situación que hubiera considerado más trágica en esa época que la de una viuda que perdiera a su único hijo. Su doble pesar habría sido agravado por un futuro totalmente desprovisto de esperanza. El ruido de la procesión sin duda era tan espantoso como verla.

El monte Tabor, visto desde Naín, se eleva empinado desde las llanuras circundantes.

Quizá Cristo se haya sentido más conmovido por lo que veía y oía que cualquiera de los presentes. Esta clase de procesión fúnebre era común para el pueblo, pero no estoy segura de que Cristo haya logrado jamás acostumbrarse a la muerte, sin importar cuántos millones de veces la haya visto. Es demasiado contraria a su naturaleza. Él es Vida (ver Juan 14.6). Él es quien vino a salvar la vida, no a destruirla (ver Lucas 6.9).

Lea 1 Corintios 15.25-26. ¿Qué nombre se le da a la muerte? _____

Aunque Satanás, sin duda, es el enemigo vivo de Cristo, creo que la Biblia sugiere que su máximo archienemigo es la muerte. Jesús anhela el momento en que la muerte sea sorbida en victoria y cantemos: "¿Dónde está, oh muerte, tu aguijón?" (1 Corintios 15.54-55).

Con su trascendente odio a la muerte, Cristo tenía un punto de vista totalmente distinto sobre lo que estaban viendo en Naín. Los dos grupos que se encontraron en la puerta de la ciudad, sin duda, estaban conmovidos, pero no de la misma manera. Desde la creación del hombre, Cristo veía a la muerte desde una perspectiva celestial: la vida terrenal es solo un suspiro. La eternidad tiene guardadas riquezas incomparables para los que confían. Él poseía una incomprensible compasión combinada con la perspectiva constante y eterna de que la muerte, para los fieles, es la puerta para una realidad mayor de la vida. Pero tengo la sensación de que, para Cristo, mientras estaba dentro de su manto de carne humana, ver el dolor directamente a los ojos, en la calle, debe de haber sido, durante un momento, una sacudida. En realidad, creo que la Biblia así lo indica. Leamos de nuevo el versículo: "Y cuando el Señor la vio, se compadeció de ella, y le dijo: No llores" (Lucas 7.13).

¿Cómo se llama a Cristo en Lucas 7.13? _____

¿Cómo describiría usted lo que este título en particular representa?

_____

Dios el Padre, Hijo y Espíritu Santo es llamado con muchos títulos en la Biblia. Cada título encaja como anillo al dedo dentro de su contexto. No es coincidencia que Jesús sea llamado "Señor" en un versículo en el que está muy conmovido por las consecuencias de la muerte.

¡Cuán difícil debe de haber sido para Cristo poseer toda la autoridad, pero tener que seguir un plan que requería que esa autoridad se utilizara solo en las oportunidades necesarias! Él podía hacer desaparecer a Satanás con solo un estornudo, pero ese no era el plan. La pronta desaparición de Satanás nos ahorraría problemas, pero también nos impediría un crecimiento tremendo que nos deparará grandes recompensas. Hasta que se cumpla el momento justo para deshacerse de Satanás, Cristo se contiene. Seguramente al caminar por las calles de esta tierra, hubo muchas otras áreas en que Él debió ejercer su dominio propio. Imagínense los pensamientos que debe de haber despertado un cortejo fúnebre en el Autor de la vida.

Creo que el mismo señorío de Cristo lo abrumó en ese momento en Naín. Nadie más entre esa gente podía hacer nada por mejorar la situación de la viuda. Ellos no tenían poder. Cristo era el único presente que tenía señorío sobre vivos y muertos. "Se compadeció de ella". La frase en griego es *splagchnizomai* que significa "sentir profundamente, visceralmente, ansiar, tener compasión, tener misericordia". Vamos a aprender que Cristo no solo sentía. Sentía profundamente. Solo le dijo dos palabras: "No llores". Todos le hemos dicho esas palabras a alguien que tenía el corazón destrozado, pero creo que Cristo lo dijo con una intención diferente.

¿Qué queremos decir los seres humanos cuando decimos "No llores"?

SEMANA 4: La gloria de los hombres

No sé usted, pero la mayoría de las veces cuando digo esas palabras mi corazón quiere decir: "Por favor, deja de llorar. ¡No soporto verte sufrir tanto!" Por lo general, son las palabras que dice alguien que no puede soportar ver ese dolor, porque no tiene poder para ayudar. Cristo, por el contrario, jamás deja de tener poder. Cuando dijo: "No llores", quería decir: "No solo sufro por ti, sino voy a hacer algo acerca de lo que causa tu dolor".

El versículo 14 registra la acción inicial de Jesús: "Y acercándose, tocó el féretro". Imagine la estructura más como una camilla que como nuestro concepto occidental de un ataúd. El cuerpo era colocado sobre una plancha de madera y envuelto en tiras de tela especiales. Ahora imagine a Cristo acercándose y tocando la madera.

Lo primero que leemos después de que Cristo tocó la madera es que "los que lo llevaban se detuvieron" (v. 14). Es probable que se quedaran allí, con los ojos muy abiertos. Es que para cualquier persona que no tuviera una responsabilidad directa en el proceso, arriesgarse a tocar un cuerpo muerto era algo impensable. Jesús se estaba haciendo ritualmente impuro. Lo que no podían imaginar ellos es que el Hijo de Dios no podía hacerse impuro, tocara lo que tocara. Un día, poco después, Él iba a cargar literalmente sobre sí todos los pecados de todo el mundo, sin dejar de ser el perfecto Cordero sin mancha ni falla.

Ya hemos aclarado que Cristo no necesitaba tocar para sanar. Ni siquiera necesitaba estar presente. Parece que tocaba porque eso le resultaba natural. Estoy ansiosa por decirle lo que "tocó" significa en este contexto. La palabra es *haptomai*, de la raíz *hapto*, que significa "conectar, atar". *Haptomai* significa "aplicar a, tocar. Se refiere a manejar un objeto de manera de ejercer una influencia modificadora sobre él". Cristo Jesús literalmente se conectó con la situación. Se aplicó a ella. ¡Aleluya! Nosotros aplicamos toda clase de medicamentos a nuestras enfermedades. Cristo vio el dolor de esta mujer y se aplicó a sí mismo.

Espero que el antónimo griego lo bendiga mucho. La antítesis de *haptomai* es *egkrateuomai*. Descubrirá lo que quiere decir esta palabra griega cuando lea el final de la lista de las características del fruto del Espíritu que aparece en Gálatas 5.22-23.

¿*C*uál es la última cualidad? _____

En el texto de hoy, imagine a Cristo realizando exactamente lo contrario del dominio propio. Quédese aquí conmigo hasta que capte el significado. Cuando Cristo vio a la mujer en tal agonía y frente a tal desesperación, lo que creo es que literalmente se despojó de todo límite y reaccionó. ¡La diferencia entre Jesús y nosotros es que Él no peca, ni siquiera cuando deja de lado el dominio propio! Cristo no se aparta del Espíritu ni cuando responde, ni cuando reacciona.

Aquí está la más grande diferencia entre el milagro de Naín y el anterior, en Capernaum. En el segundo caso, el único requisito fue el dolor de esa mujer. A diferencia del centurión, ella no pidió nada ni dio pruebas de su fe. En realidad, ni siquiera podemos estar seguros de que la angustiada madre supiera que Cristo existía. Es probable que estuviera demasiado abrumada por su dolor como para darse cuenta. Él no requirió ninguna condición ni tenía intenciones, al parecer, de usar el momento para enseñar algo a sus discípulos.

Jesús se encontró con una mujer que estaba totalmente desesperada y reaccionó, sencillamente, con lo que más natural le resultaba: su misericordia sanadora. ¡Ah, cuánto lo alabo! Creo que aquí posiblemente tenemos un mínimo atisbo de lo que Cristo haría en cada una de las situaciones desesperadas en que podemos encontrarnos, si no hubiera un plan más elevado por cumplir. Creo que lo que le surge con mayor naturalidad a Cristo, cada vez que encuentra una necesidad, es arreglarla instantáneamente. ¿Será posible que Él tenga que ejercer mayor dominio propio para obrar de otra forma cuando se encuentra con una situación desesperada? Yo creo que es así.

Existe un plan de mucha importancia, que algunas veces hace necesario dejar a un lado el milagro que deseamos. Me consuela saber que el poder para obrar la sanidad y resurrección instantáneas le surge más naturalmente a Cristo que esperar y obrar a través de prolongados, pero necesarios, procesos. La razón por la que puedo confiar en la soberanía de Dios es que estoy absolutamente convencida de su dulzura.

¿Qué piensa usted? ¿Está convencido de que Dios es soberano? ❏ Sí ❏ No
¿Está convencido de que Dios es bondadoso, aun dulce? ❏ Sí ❏ No

En el margen, describa cómo Él puede ser al mismo tiempo soberano y dulce.

Creo que veremos estas dos dimensiones de Dios juntas muchas veces durante nuestro estudio. ¡Volvamos al texto! Después de tocar el féretro y dejar pasmados a sus desprevenidos portadores, Cristo dijo enfáticamente: "Joven, a ti te digo, levántate" (v. 14).

¡Qué daría yo por poder ver una grabación en vídeo de este momento! Imagine las expresiones de los que llevaban el féretro. ¡Este extraño no solo había estado cerca de tocar el cadáver, sino que ahora también le hablaba! No tuvieron tiempo de hacer un diagnóstico mental antes de sentir movimiento en el féretro. Imagine lo que estarían haciendo ellos ahí abajo, cuando todo el peso del féretro se trasladó y el cadáver se sentó. Ahora lleve la escena un paso más allá; imagine las expresiones de sus rostros cuando el hombre muerto habló. La segunda maravilla de este relato es que no lo hayan soltado como a una papa caliente.

¡Qué increíble! ¿Quién había oído jamás una cosa semejante? En realidad, ellos se habían enterado de algo similar, lo cual le da un giro muy interesante a esta historia. Al otro lado de la colina, mirando desde Naín, había una ciudad llamada Sunem. Varios siglos antes sucedió allí algo que conmocionó a todo el mundo. Léalo usted mismo en 2 Reyes 4.8-37. Por favor, tenga en cuenta que Eliseo era el "santo patrono" de toda la región que rodeaba a Naín. Era el que los había hecho famosos. Sin duda, la gente iba a comparar ambos hechos.

Imagine las conversaciones. ¿Qué paralelos habrán trazado los aldeanos?

_____

Pero si entre los aspectos similares no destacaron una diferencia muy importante, no habían comprendido nada. Compare el esfuerzo que tuvo que hacer Eliseo y lo que hizo Cristo, cada uno como instrumento del poder de resurrección (ver 2 Reyes 4.32-35 y Lucas 7.14-15).

¿Qué diferencia ve usted en el esfuerzo que hizo cada uno? _____

_____

No había comparación en eso. Entre el profeta Eliseo y Jesucristo, el Hijo de Dios, había una diferencia abismal. Con la misma velocidad con que dijo "Hágase la luz" en Génesis 1.3, dio la vida en Lucas 7.15. Nada progresivo. Ningún ligero movimiento que les hiciera dudar si estaban viendo algo en realidad. Ningún aumento gradual de la temperatura corporal a medida que la sangre comenzaba a fluir por miles de capilares. Nada de pasearse por la casa, ni esperar, ni preguntarse qué estaba sucediendo. Nada de sonidos inteligibles de un paciente que lentamente vuelve en sí. Ningún músculo duro por un terrible caso de rígor mortis. Jesús dijo "¡Levántate!", y el muerto se levantó. Instantáneamente.

Las acciones de Cristo acallaron el debate aun antes de causarlo. Se rumoreaba que Juan el Bautista era Elías resucitado de los muertos. Jesús les probó a todos los que estaban escuchando que Él no era, sin lugar a dudas, ninguna versión actualizada del sucesor de Elías: Eliseo.

SEMANA 4: La gloria de los hombres

Mientras el telón cae sobre esta escena los dos grupos de gente se convirtieron en uno y todos, llenos de asombro, alabaron a Dios. ¿Con qué palabras? "Un gran profeta se ha levantado entre nosotros", decían. "Dios ha visitado a su pueblo". Mucho más que un gran profeta se había levantado entre ellos ese día. Dios había llegado en forma humana a visitar a su pueblo.

*S*i ha recibido a Cristo como su Salvador en muchos aspectos esta es su historia también; salvo que la suya es mucho mejor. Lea Efesios 2.1-7 y explique por qué.

_____

_____

DÍA 3

Un ataque de dudas

Algunas veces llega una lección que me encantaría poder sencillamente conversar con usted frente a una taza de aromático café. La lección de hoy es una de esas. En realidad, si no dejo de reflexionar sobre ella y me siento a escribirla, este estudio quizá jamás llegue a la imprenta.

Me encanta estudiar a las personas. También me gusta estudiar las doctrinas bíblicas. Pero lo que más me edifica es cuando ambas chocan. Algunas veces funcionan juntas tan naturalmente como un fósforo y una vela. ¡Otras veces son como una llama y un petardo!

Las personas que viven la fe casi sin fallas me inspiran; pero también me motivan a meditar aquellas que luchan cuerpo a cuerpo con ella. La mayoría de nosotros nos identificamos más con las últimas. Descubro que en lugar de darme "permiso" para dudar, sus historias generalmente nos permiten pasar de la duda a un lugar de amplia fe. Quiera Dios utilizar esta lección con tal fin.

El tesoro de hoy
"Os digo que entre los nacidos de mujeres, no hay mayor profeta que Juan el Bautista; pero el más pequeño en el reino de Dios es mayor que él" (Lucas 7.28).

*P*rimera parte: Lea Lucas 7.18-28.
Si estuviera escribiendo una monografía sobre este pasaje bíblico, ¿qué título y subtítulo le pondría?

_____:_____

La versión que Mateo da de estos hechos casi es idéntica a la de Lucas, con la excepción de un dato adicional. Lea Mateo 11.2.

¿*D*ónde estaba Juan el Bautista en ese momento?
❑ en el exilio   ❑ en el desierto   ❑ en el Jordán
❑ en prisión   ❑ en el templo

Según Marcos 6.17-18, ¿por qué estaba allí?

_____

_____

¿Cómo influiría el lugar donde estaba Juan en la pregunta que envió a sus discípulos para que formularan a Cristo?

_____

Creo que Juan conocía la Palabra. Sabía todas las profecías acerca del Mesías. Prácticamente nadie más que el Hijo de Dios conocía mejor la descripción de tareas de Cristo en Isaías 61.1-2. Lea de nuevo Lucas 7.18.

Según este contexto, ¿a qué cree usted que se refiere la expresión "todas estas cosas"?

_____

¿Qué podría ser más convincente que un hombre muerto que se sienta y habla a la orden de Jesucristo? Pero, aun así, Juan envió a sus discípulos a preguntar: "¿Eres tú el que había de venir, o esperaremos a otro?" Mi corazón se inunda de compasión por ese hombre que estuvo preso hace dos mil años. Las cuatro paredes sin duda limitan la visión. Los hechos que apoyaban la condición de Mesías de Jesús estaban ante sus ojos y estoy segura que Juan lo sabía. Además, el Bautista supo que Jesús era el Mesías desde el mismo momento que lo vio en el río Jordán, antes que Jesús demostrara nada.

No creo que el repentino ataque de duda de Juan haya tenido nada que ver con el mérito público. Era un asunto privado. Juan había oído las maravillas que Cristo había hecho por otros. Creo que quizá su fe estaba vacilando porque él también necesitaba de esas maravillas y al parecer, no las recibía. Juan sabía en su mente que Jesús era el Mesías. Pero sentado en esa celda de la prisión, creo que le resultaba un poco difícil confirmarlo en su corazón.

No creo que a ninguno de nosotros le cueste identificarse con él en esto. ¿Ha conocido usted a Cristo el tiempo suficiente como para ser testigo de sus obras maravillosas? ¿Ha escuchado testimonios de su poder en acción? Aun después de tales evidencias, ¿alguna vez su fe fue sacudida porque Él no hizo algo por usted personalmente?

¿Se ha encontrado alguna vez como Juan: esperando y esperando que Cristo actúe en cierto asunto, mientras se entera que está obrando maravillas en otras situaciones? Exprese lo que siente su corazón al respecto.

_____

_____

Duele, ¿verdad? Podemos ser creyentes en Jesucristo de años, haberlo buscado, hallado y servido... y de repente, tener un ataque de duda. Abrumados por la culpa y el temor, pensamos: "¿Cómo puedo dudar después de todo este tiempo?" ¡Es una sensación horrible! Sin embargo, quisiera decirle que esta clase de dudas es probable que no provengan de nuestra mente. Provienen de nuestro corazón. Nuestros sentimientos. Nuestras emociones. Nuestros dolores.

Tenemos que conocer lo que sabemos, aun cuando no sintamos lo que queremos sentir. Basándome en la afirmación sin precedentes de Jesús sobre Juan en los versículos 24-28, estoy totalmente convencida de que las dudas de Juan provenían de su corazón. No de su mente.

¿Qué cree usted que Cristo quiso decir con la expresión: "¿Una caña sacudida por el viento?" (v. 24)?

_____

SEMANA 4: La gloria de los hombres

Juan no era "una caña sacudida por el viento". Por el contrario, era un hombre de convicciones absolutas. Esto es exactamente lo que significa "fe". *Pistis*, la palabra griega que se traduce como "fe", significa "firme persuasión, convicción". Para lo que respecta a nuestro estudio de hoy, la firme persuasión o convicción representa la "fe mental". Quizá Juan se hacía preguntas, pero no eran suficientes como para "sacudir la caña". Si Juan en realidad se hubiera planteado preguntas profundas sobre la autenticidad de Cristo, no creo que Jesús hubiera dudado en reprenderlo; no dudó en hacerlo con otros. Cristo fue muy suave con Juan. Sencillamente le recordó que Él estaba cumpliendo con las tareas encomendadas hasta el mínimo detalle y que no hallara tropiezo en Él.

Creo que la raíz de la pregunta de Juan era por qué él, el precursor de Cristo, estaba en prisión mientras Jesús andaba haciendo sus cosas por todas partes. Sin duda, Juan se preguntaba cómo se suponía que él podría preparar el camino desde la cárcel. Si Jesús cumplía todos los requisitos de la condición de Mesías, debía estar proclamando libertad a los cautivos (ver Lucas 4.18). Juan conocía a un prisionero al que le hubiera venido muy bien un poco de libertad.

El ministerio de Juan había durado aproximadamente un año. El Bautista no podía haber imaginado que sus propósitos se habían cumplido tan rápidamente. Juan no podía haber previsto que era una estrella fugaz que marcaba el camino durante la noche, hasta que llegara el Amanecer.

Nuestro tema plantea una importante pregunta: Si existe una diferencia real entre las dudas de la mente y las del corazón, entonces ¿las dudas del corazón no son importantes? Cuando nuestras emociones comienzan a pasar por encima de lo que nuestra mente sabe que es verdad, ¿podemos sencillamente rendirnos a ellas? No lo creo. Las dudas de nuestro corazón pueden ser muy peligrosas si nos detenemos en ellas. Pero si luchamos contra ellas con el Señor Jesucristo, cuando lleguemos al otro lado de la crisis, nos encontraremos en medio de un lugar de amplia fe.

En realidad, Dios ha usado todas las dudas surgidas en mi corazón para llevarme a una fe más firme. Cuando finalmente llego al otro lado, Dios ya arregló ese asunto en particular para siempre. Aún recuerdo el primer verdadero ataque de duda que sufrí como cristiana. Narré la historia en mi primer estudio bíblico: *El corazón de Dios*. Una amiga perdió a un hijo que aún no había comenzado la escuela a causa de la leucemia. Cuando se produjo esta tragedia, yo ya era cristiana desde hacía mucho tiempo. Pero cuando Dios no respondió nuestras oraciones pidiendo la sanidad del niño, el "no" nos hizo dudar a todos.

Yo sabía con mi mente que Dios es real, que es Dios, que es bueno, pero repentinamente mi corazón comenzó a cuestionar cada uno de esos hechos. Luché con Dios durante muchos días. ¿Adivine qué sucedió? Aún no sé por qué se llevó a ese niño, pero Él arregló en mí un asunto que no he vuelto a cuestionar desde entonces. Él es suficiente. Podemos superar cualquier cosa. Aún no entiendo por qué debemos hacerlo algunas veces, pero sé que podemos.

¿*Qué* piensa usted? ¿Alguna vez Dios ha utilizado sus dudas para llevarlo a un nivel de mayor fe? ❏ Sí ❏ No   Si así fue, ¿cuál fue el resultado de su lucha?

_____

Nuestro reto es trabajar con nuestras dudas y no permitir que nos aprisionen como las de Juan amenazaban con apresarlo a él. Cristo mencionó el mayor riesgo de la duda en el versículo 23.

*L*ea el versículo con detenimiento. ¿Qué riesgo se implica? _____

La palabra que se traduce como "bienaventurado" es *makarios*. Disfrute de la definición: "Bíblicamente, una persona es llamada bienaventurada cuando Dios está presente y participando en su vida. La mano de Dios está obrando, dirigiendo todos sus asuntos hacia un propósito divino y por ello, en cierto sentido, esta persona vive *coram Deo*, es decir, delante del rostro de Dios".[2] Lucas 7.23 nos dice que estas palabras se refieren a la persona que no halla tropiezo en Cristo.

¿Qué significa esto? La palabra utilizada en el original, *skandalon*, significa "causa de tropiezo". Sume los significados de estas dos definiciones y creo que podemos llegar al siguiente resultado en Lucas 7.23: La mano de Dios está obrando, dirigiendo su divino propósito sobre todos los asuntos de aquel que no permite que la actividad o aparente inactividad de Cristo lo atrape o lo haga tropezar. Es mucho, pero medítelo durante unos minutos.

En el margen, escriba su propia paráfrasis de la definición que hemos dado.

No creo que Lucas 7.23 nos hable de caer en el sentido de apartarnos de la fe en Cristo. Habla de chocar contra una piedra de tropiezo y caer en una trampa. Uno de los argumentos más eficaces de Satanás para hacer que un creyente tropiece es atraparlo con un problema de fe. Satanás trata incluso de usar al mismo Cristo contra nosotros. La trampa de fe más eficaz que Satanás puede tenderle a un creyente es tentarlo a dudar de la bondad, la justicia o el poder de Cristo.

Cristo tenía en gran estima a Juan, aun después de haber sido cuestionado (ver v. 28). Recuerde, nuestro Dios es un Dios de compasión. Juan estaba bajo una terrible presión y su martirio era inminente. ¡Cristo lo sabía! Él podía soportar las preguntas de Juan, porque conocía el corazón y la mente de los cuales provenían. Cristo sabía que Juan estaba sufriendo, pero también sabía que había un plan que estaba en acción y no podía ser modificado.

Después de proclamar que de los nacidos de mujer, ninguno era mayor que Juan, ¿qué dijo Cristo sobre los que estamos en el reino de Dios? (v. 28).

_____

Por favor, comprenda que esta afirmación no resta de alguna manera la importancia de Juan ni su llamado. Cristo sencillamente quería decir que estaba comenzando una nueva era en el calendario del reino, y que ser parte de ella era más que ser un profeta bajo el antiguo pacto. ¡Déle gracias de nuevo a Dios hoy porque vive de este lado del Calvario!

Segunda parte: Lea Lucas 7.29-35.

Tal vez Juan el Bautista no pudo comprender porque estaba en la prisión. No creo que el momento en que Juan fue encarcelado haya sido una casualidad. Vino después de que Cristo comenzara su ministerio público. La tarea de Juan había sido preparar al pueblo para Jesús y cumplió su trabajo fielmente. Ahora su obra estaba completa. Si él continuaba en el ministerio, es posible que algunos hubieran perdido la salvación que él había venido a anunciar.

¿Qué dijo Juan el Bautista en Juan 3.30?

_____

Algunas veces podemos comprender el propósito de nuestro llamado sin comprender plenamente los medios que Dios utiliza. El encarcelamiento de Juan y los hechos que le siguieron fueron parte de la preparación del camino para Jesús. Creo que podemos estar seguros de una cosa acerca de Juan el Bautista: cuando él llegó al cielo, no hubiera cambiado su lugar en el plan del reino por ninguna otra cosa. Entre miles de millones de personas que vivieron en este planeta, él solo fue elegido para preparar el camino para el Mesías. ¿Cómo podría no haber sido costoso semejante llamado?

Cristo no está jugando. Lea de nuevo los versículos 32-35. Cristo no vino a ganar popularidad. Vino a ser el Salvador. Creo que algunas veces nosotros también tocamos música y esperamos que Cristo dance, o nos lamentamos y esperamos que Él llore.

SEMANA 4: La gloria de los hombres

¿Se le ocurre alguna forma en que podamos actuar como la generación que Cristo describe aquí?

Algunas veces medimos la actividad de Cristo según la medida en que Él hace lo que nosotros deseamos. Nuestra actitud es: "Creeré si haces lo que yo te pido". Deberíamos estar agradecidos porque Cristo se atiene a sus planes, sin importar que nosotros pidamos algo diferente. Su falta de disposición para seguir nuestros juegos, sin duda, nos ha salvado más de una vez.

Lo que nace y crece a partir de la sabiduría de Dios siempre será prueba de que Él tiene razón. "La sabiduría es justificada por todos sus hijos" (v. 35). El tiempo siempre dirá que Él es Dios. Créalo con su mente, aun cuando tenga luchas en su corazón.

DÍA 4

Porque amó mucho

Estoy a punto de enseñarle una de mis propias lecciones. Yo he sido la mujer pecadora que estudiamos hoy. Aún me conmueve muy profundamente la infinita gracia que Dios ha derramado sobre mi vida que mis ojos arden de lágrimas mientras escribo estas palabras. Voy a pedirle que me permita hablarle unos momentos de mi testimonio personal para prepararnos para esta lección.

Cuando escribí *¡Sea Libre!*, el enemigo usó todas las artimañas posibles para destruirme. Él es nuestro acusador (ver Apocalipsis 12.10) y un oportunista desvergonzado (ver Lucas 4.13). Él sabía que *¡Sea Libre!* hacía necesario que yo rebuscara profundamente en mi historia, porque ese estudio está basado en mi viaje hacia la libertad. Toda mi vida ha estado siempre desnuda y abierta a los ojos de Dios, pero nunca había estado tan desnuda y abierta delante de mí misma. Por la influencia del enemigo, en cierto momento me encontré tan dolorida por la "basura" de mi historia que no podía imaginar cómo Dios podía llegar a usarme. Literalmente, cuestioné mi propio llamado.

Durante este doloroso tiempo, tuve que ir a hablar en un encuentro, en Louisiana. Generalmente, alguien de la iglesia anfitriona presenta un devocional para el equipo de trabajo de la conferencia antes que esta comience. Ese día, una mujer que no me conocía, que nunca me había oído hablar, que nunca había leído una sola palabra que yo hubiera escrito, entró y acercó una silla adonde yo estaba sentada. Todo el grupo podía oírla, pero el devocional que presentó era para mí.

Se sentó a unos escasos centímetros de mí y a partir de entonces, no me quitó la mirada de encima. Con una unción evidente, contó la historia que vamos a estudiar y dijo: "No te conozco, Beth, y no tengo idea de por qué Dios me envió a darte este mensaje, pero Él me dijo claramente que te dijera estas palabras: 'Dile que sus muchos pecados han sido perdonados, porque amó mucho'". No puedo expresar lo que sentí entonces ni lo que siento ahora.

Este pasaje es el único que tengo en un cuadro sobre mi escritorio. Está al lado de mi computadora. Cuando me siento a escribir comentarios sobre la Palabra de Dios, después de las cosas que he hecho, me quedo mirando ese recordatorio de la gracia que Dios, irrazonablemente, derramó en abundancia sobre mí. Y recuerdo que he sido perdonada. Realmente, ¿cómo no podría alguien como yo amarlo mucho?

Por favor, lea Lucas 7.36-50 y complete lo siguiente:
¿Qué le sugiere el hecho de que Jesús estuviera dispuesto a cenar con un fariseo?

_____

El tesoro de hoy
"Por lo cual te digo que sus muchos pecados le son perdonados, porque amó mucho; mas aquel a quien se le perdona poco, poco ama" (Lucas 7.47).

¿Qué hizo que el fariseo dudara en su interior sobre si Jesús era un profeta?

_____

En el margen, resuma en forma breve la parábola que relató Cristo.

Nuestra escena se desarrolla en el comedor de uno de los más prestigiosos hogares de la aldea. La casa del fariseo era suficientemente grande como para que entraran Jesús y un número no determinado de invitados (ver v. 49). El olor del pan horneado y de la carne asada llenaban la casa. La esposa del fariseo y cualquier otra mujer presente es probable que comieran en otro cuarto. No se consideraba que esto fuera un desaire ya que era normal, en muchos entornos sociales, que los hombres comieran en un lugar aparte. Dicho sea de paso, sus conversaciones masculinas generalmente se convertían en apasionados debates teológicos que ellos disfrutaban inmensamente. Este tipo de conflictos generalmente me pone nerviosa, así que me hubiera quedado gustosa en la cocina con los postres y el café.

¿Le resulta difícil imaginar a Cristo en esa escena? ¿Le parece que nunca hubiera encajado bien en la casa de un fariseo? Creo que Dios desea ampliar nuestro entendimiento y afinar nuestras imágenes mentales de Cristo. Cuanto más estudio su vida terrenal, más comprendo que Él podría encajar perfectamente en cualquier lugar... o en ninguno.

Si mi última afirmación le resultó tan clara como el agua enlodada, ¿qué cree que significa? Mientras piensa sobre esto, no olvide Lucas 5.16 y Lucas 7.34.

_____

Recuerde, Cristo está desprovisto de prejuicios. Él no iba a hacer un estereotipo de todos los fariseos, como tampoco lo hacía con todos los pobres, ciegos o enfermos. Además, estaba igualmente ansioso por salvarlos de sus pecados a ellos también. La diferencia obvia es cuánto anhelaba cada persona esa salvación.

Algunas veces, la bendición que tienen el destituido o el depravado es la mayor conciencia de su pecado y su necesidad. Antes de calificar demasiado duramente a los fariseos, será bueno que recordemos que sus tendencias negativas son como las de cualquier persona que valore la religión y los rituales por encima de la relación con el Salvador. Lo interesante es que en los evangelios no vemos ni siquiera a un fariseo que sea confrontado por la fortaleza del legalismo y la autojustificación que reconozca la veracidad de esa afirmación. Lo que digo es que lo más posible es que uno mismo no se vea culpable de fariseísmo, a menos que en realidad mire dentro de sí con total honestidad, profundidad y valentía. En realidad, el desarrollo de nuestra historia de hoy no indica que el anfitrión de Cristo haya recibido el mensaje que estos hechos le comunicaron.

Pero otra persona recibió el mensaje en algún punto del camino. Mientras las mujeres respetables comían en otro cuarto y los hombres disfrutaban de una animada discusión a la mesa, entró una mujer que había vivido una vida pecaminosa en esa aldea. Tratemos de captar la magnitud de la situación. La palabra utilizada originalmente para referirse a "pecadora" es *hamartolos*, que "con frecuencia denota a una persona que habitualmente practica pecados atroces".[3]

Basándonos en esta definición, ¿cómo habrá sido esta mujer?

_____

Cuando veo la frase "de la ciudad" (v. 37), mi corazón se conmueve. En la época de Cristo, eran contadas las ciudades grandes. La mayoría de las localidades eran aldeas, más que grandes ciudades.

Cualquiera de nosotros que haya pecado habitualmente en un pueblo podrá comprender la vergüenza adicional de la publicidad en contraste con el anonimato. Una comunidad pequeña aumenta el riesgo de que la persona involucrada se sienta tan avergonzada que casi no pueda salir a la calle. Las comunidades eclesiásticas en una ciudad grande pueden llegar a crear el mismo ambiente.

Los ciclos destructivos de pecado ya son suficientemente difíciles de solucionar en privado. La vergüenza que los demás acumulan sobre el "pecador" aumenta el dolor y muchas veces agrega tensión a las cadenas que lo mantienen atado. He tenido el gozo de trabajar con varias personas que estaban liberándose de un pecado habitual. Sin excepciones, uno de los obstáculos principales era el juicio de los demás. Parecía más fácil liberarse del comportamiento pecaminoso que de la desaprobación que este causaba. En el texto de hoy, es obvio que el estilo de vida pecaminoso de la mujer era público; esto lo sabemos por lo mucho que el fariseo sabía sobre ella.

En estas circunstancias, ¿qué implica su decisión de ir a la casa del fariseo con un frasco de alabastro lleno de perfume?

_____

No puedo evitar pensar que la desesperación por cambiar y la determinación de vivir su vida con gratitud, a pesar de lo que todos pensaran, hizo que esta mujer fuera gloriosamente vulnerable a una nueva vida en Cristo Jesús. Ella no pidió que Cristo saliera. Entró directamente por la puerta a la mitad de la cena. ¡Hablando de aguafiestas...! Imagino que la fiesta que ella aguó en la tierra dio lugar a una mucho más grande en el cielo. Su intromisión repentina es probable que hiciera que cada uno de los que estaban cómodamente reclinados se incorporaran de inmediato. Sin duda, todos, menos uno, estaban horrorizados.

Ella trajo un frasco de alabastro con perfume para ungir los pies de Jesús, pero ni siquiera lo había abierto cuando comenzó a ungir sus pies con sus lágrimas. Desde atrás. Imagínese la escena. La palabra que se utiliza en el versículo 38 para referirse a sus lágrimas indica que estaba sollozando.

Para algunos, esta escena ya se había vuelto demasiado personal y demostrativa. Quizá usted no se sienta demasiado cómodo con este derramamiento del corazón de esa mujer. Créalo o no, siento tanta compasión por quien se encuentra incómodo ante la escena como por la mujer que sufría. ¿Sabe? Esta mujer ya no estaba atada. Había sido liberada. Cualquier cosa que nos impida derramar nuestra vida y nuestro corazón sobre Jesús es una atadura. Algunas ataduras parecen cuerdas sucias. Otras parecen cintas de seda. Pero, si nos impiden acercarnos a Aquel que nos libera, todas son ataduras.
Ahora las luces enfocan al fariseo.

¿A quién dirige sus comentarios el fariseo en el versículo 39? _____

Este pensamiento y la inminente respuesta de Cristo son muy importantes, porque nos obligan a darnos cuenta de que Cristo nos hace responsables por las cosas que nos decimos a nosotros mismos. ¡Ay! Sí; Él puede leernos la mente y algunas veces, nuestros pensamientos merecerían la opinión de un expectador.

Estoy aprendiendo mucho en mi viaje con Jesucristo. Son lecciones que quisiera haber aprendido hace mucho tiempo. Estoy conociendo que mi mente y mi corazón tienen mayor importancia para Él que mis palabras y mis obras. Nuestros sentimientos necesitan ser purificados día tras día. Parte del proceso es reconocer y confesar los juicios, las críticas y los pensamientos impuros antes que pasen a nuestra boca y a nuestros actos. Dios puede cambiar nuestros procesos mentales, actitudes y motivos negativos. Pero para este proceso es necesario tiempo y cooperación, porque este tipo de pensamientos son pecados tanto como lo eran las trasgresiones de la mujer de mala reputación.

No pase por alto el hecho de que la disposición de Cristo para permitir que la mujer lavara sus pies hizo que el fariseo se cuestionara si Él era o no un profeta.

¿Qué nos indica esto sobre la impresión que él tenía de los profetas?

_____

Deuteronomio 18.18 es una clara profecía acerca de Jesús. ¿Qué dice Dios que hará con el profeta que levantará de entre sus hermanos?
❏ hará caer fuego del cielo
❏ pondrá sus palabras en la boca del profeta
❏ pronunciará juicio

¿Qué dice Cristo sobre sus palabras en los siguientes pasajes?

Juan 6.63 _____

Juan 17.8 _____

Si Cristo podía hablar solo las palabras que Dios ponía en su boca, podemos conocer el corazón de Dios por lo que Jesús dice. Lucas 7 no solo revela el corazón de un dulce Salvador, sino revela el corazón de Dios mismo, Su Majestad, *El Elyon*, hacia una mujer que cometía habitualmente pecados horribles que se atrevió a ir en contra de la opinión pública y aferrarse a su gracia.

El fariseo quería decir que Jesús, obviamente, no sabía qué clase de mujer era ella. Las palabras usadas en el original son muy interesantes. La expresión "qué clase", en este versículo, deriva de dos palabras griegas: *poios*, que significa "qué" y *dapedon*, que significa "suelo". El comentario del fariseo, en el sentido de que Jesús no sabía de dónde ella venía, significaba, literalmente, "de qué suelo venía". Si puedo tomarme el atrevimiento de decirlo con estas palabras, su actitud expresaba un significado un poco más gráfico de la palabra: "No tiene idea de qué clase de barro viene esta mujer".

¿Sabe qué, amado hermano? El barro es barro, y todos, alguna vez, nos ensuciamos con él, no importa de dónde vengamos. No creo que Cristo considere que una clase de barro sea más sucia que otra. Una cosa es segura: Su sangre puede limpiar cualquier mancha dejada por cualquier clase de barro. Ah, gracias, Señor.

Quisiera señalar las primeras palabras que dijo Cristo después de leer los pensamientos del fariseo: "Simón, una cosa tengo que decirte" (Lucas 7.40). Para que no crea que me siento piadosa por mi profunda compasión por esta pecadora habitual, quiero que sepa que me hace estremecer la cantidad de veces que Cristo tiene algo para decirme a mí. ¡Señor, ten piedad de mi alma!

También me encanta lo que dice el fariseo: "Di, Maestro" (v. 40). Me hace sonreír. Me pregunto qué estaba esperando el fariseo que Jesús dijera. Tengo la sensación de que no era precisamente lo que Cristo dijo. Cristo contó una parábola sobre deudas canceladas y le pidió a Simón que resumiera qué deudor amaba más al acreedor. La respuesta era obvia, pero la respuesta de Simón: "Pienso que..." revela que no tenía muchos deseos de reconocerla. Cuando Simón dijo que era aquel al que se le había perdonado la deuda mayor, Cristo dijo: "Rectamente has juzgado" (v. 43). Lo interesante es, recordemos, que Simón había estado juzgando todo ese tiempo. Pero esta vez fue la primera que juzgó correctamente.

Cristo, entonces, aplicó la parábola a la vida. Según los paralelos que Cristo trazó por medio de la parábola, tanto el fariseo como la mujer tenían deudas que no podían pagar. Los pecados de ella quizá eran considerados diez veces más grandes que los del fariseo, pero, al menos, ella sabía que tenía una deuda.

Cristo comparó la respuesta de ambos ante Él en los versículos 44 al 46. Las tres veces, la descripción de las acciones del fariseo que hace Cristo comienzan con la inquietante palabra "No". Qué agudo. ¿Sabe? Una de las señales más claras de un fariseo, en la época actual, es una vida caracterizada mucho más por lo que no hace, que por lo que sí hace. "No, Simón. Tú no te acostaste con muchas mujeres. No demostraste tu depravación. Pero no me diste agua para mis pies. Tampoco me diste un beso. Ni me ungiste con aceite. No te consideras pecador y no recibiste la gracia; pero ella, sí".

El golpe final se encuentra en el versículo 47: "Por lo cual te digo que sus muchos pecados le son perdonados, porque amó mucho; mas aquel a quien se le perdona poco, poco ama". No porque así deba ser, sino porque esa es la realidad de nuestra tendencia humana. Tendemos a amar poco a aquello que al parecer no llena una necesidad.

Hay dos verdades que me tocan profundamente en esta última frase de confrontación de Cristo:

En ningún momento minimizó su pecado ni le restó importancia. La compasión humana nos hace presentar excusas como: "Bueno, después de todo, lo que hiciste no fue tan malo" o "Después de todo lo que has pasado, no es de extrañarse..." Cristo nunca llama al pecado menos de lo que es. La palabra original que se traduce como "muchos" cuando Cristo menciona las transgresiones de la mujer es *polutropos*, que significa "de muchas formas, de diversas maneras... de diversos modos". En realidad, Jesús conocía pecados de la vida de la mujer que el fariseo ni siquiera imaginaba. Imaginar que Cristo minimiza el pasado pecaminoso de la mujer es pasar por alto el significado básico de este encuentro: aunque sus pecados habían sido muchos, horribles, y habituales, ella había sido perdonada (ver v. 48), salvada (ver v. 50) y liberada para amar generosamente (ver v. 47).

*D*e todos los mandamientos que el fariseo había guardado, ella, más que él, había guardado el más importante. ¿Cuál era ese mandamiento, según Marcos 12.30?

___

La exquisita belleza de amar a Cristo es que hace imposible guardar solo un mandamiento. La Palabra nos dice que la persona que verdaderamente ama a Cristo trata de vivir con obediencia (ver Juan 14.21) y es más posible que persevere en medio de las pruebas (ver Santiago 1.12). Ningún otro mandamiento, más que el de amar a Dios, tiene esa línea vital de conexión con todos los demás.

Cristo nunca predicó que el afecto debía ser eliminado. Él enseñó que el afecto debía ser redirigido. El afecto humano dirigido primero a Dios y filtrado a través de sus manos regresa a nosotros mucho más sano y adecuado para los demás. Esa es una razón por la que se nos ordena amarlo a Él primero, antes de amar a los demás. El amor que pasa primero por Él es filtrado. Antes de concluir la lección de hoy, piense un poco en algunas otras formas en que el redirigir los afectos de esta mujer podría haber contribuido a su liberación, en vista de lo que la esperaba.

Cae el telón sobre la escena con las agudas palabras de Cristo: "Tu fe te ha salvado, ve en paz" (v. 50). Observemos que la fe de la mujer está puesta en la gracia de Jesús; no era el amor de ella lo que la había salvado. Ella fue salvada por el amor de Cristo, no por el suyo propio. Las últimas palabras de Jesús para ella representan mucho más que la habitual bendición final hebrea, *shalom*. La intención para esta mujer que había cometido tales pecados y había sufrido tal vergüenza era que tuviera una paz muy literal. Quizá esta lección hizo que usted se imagine estando en el lugar de esa mujer, como me sucedió a mí. Si usted también ha estado en esta escena con Jesús, quizá conozca la lucha interior que implica un pasado pecaminoso. Cuando comencé esta lección, hablé de mi testimonio sobre cómo Satanás me acusaba. Durante ese difícil período, Cristo no me dijo ni una sola vez: "Lo que hiciste no era tan malo, después de todo..." ni "Después de todo lo que has sufrido, no es de extrañarse...". Sencillamente envió a una mujer para que me diera su Palabra: que yo había sido perdonada. Y susurró a mi espíritu: "Ahora, hija mía, puedes estar en paz". Ah, cómo me gustaría ser esa mujer para usted hoy. Permítame que acerque mi silla adonde usted está y lo mire a los ojos y le diga lo que Él me dijo: "Tus muchos pecados han sido perdonados, porque amaste mucho". Puede irse en paz.

Jesús: el único y suficiente

DÍA 5

Sus verdaderos hermanos y hermanas

El tesoro de hoy
"Él entonces respondiendo, les dijo: Mi madre y mis hermanos son los que oyen la palabra de Dios, y la hacen"
(Lucas 8.21).

Una de las principales metas de este viaje es que sintamos como si nuestros pies hubieran tocado la arena cálida en cada lugar que Jesús pisó. Le pido a Dios que nos dé la visión espiritual de un testigo ocular. A medida que se desarrolla el capítulo 8 de Lucas, tenemos una nueva oportunidad de ajustar nuestra imagen mental para incluir algunas personas más en la escena.

Lea **Lucas 8.1-3 y escriba quiénes estaban viajando con Jesús.**

_____

_____

_____

Jesús llamó de manera enérgica a los doce discípulos a seguirlo. Ya sea que los demás hayan recibido una invitación verbal o no, una fuerza poderosa los atrajo. Creo, basándome en mi propia experiencia que después de todo lo que Cristo había hecho por ellas, estas mujeres no podían evitar seguir a Cristo y servirlo. No es necesario convencer a muchos cautivos que Cristo los ha liberado para que lo sirvan. Como Pablo en 2 Corintios 5.14, el amor de Cristo los constriñe.

Lea **Lucas 8.4-21. Relate la situación que se desarrolló repentinamente en la dinámica de la familia de Cristo.**

_____

Jesús no rechazó a su familia; más bien, la redefinió. Su afirmación muestra inclusión, más que exclusión. Con toda probabilidad, la familia de Cristo había venido para llevarlo a casa para evitar que pareciera un tonto. El tiempo verbal utilizado para expresar su deseo de ver a Jesús indica insistencia. Seguramente no estaban allí para alentarlo. Juan dice que "ni aun sus hermanos creían en él" (Juan 7.5).

Naturalmente, sabemos que María creía, sin dudas, que Él era el Hijo de Dios, pero la presión de los miembros de la familia puede llegar a ser muy fuerte. Quizá sus otros hijos insistían en confrontar a Jesús y ella fue para actuar como pacificadora. ¿Les suena conocido, madres? Pero no es necesario ser madre para imaginar cómo se sentía ella en su situación actual.

Escriba en el margen algunas cosas que cree que María sentía.

Al redefinir su dinámica de la familia, Cristo afirmó: "Mi madre y mis hermanos son los que oyen la palabra de Dios, y la hacen" (Lucas 8.21). Él tenía toda la intención de que sus palabras fueran revolucionarias. Estas palabras son tan importantes para nosotros, hoy, como lo fueron para los que las escucharon entonces. Por favor, no permita que se le pase por alto la profunda importancia de la Palabra de Dios. Basándonos en Lucas 8.21, nuestro parentesco con Jesús se revela directamente por medio de lo que hacemos con la Palabra de Dios. Lo que usted está haciendo ahora —estudiar la Palabra de Dios— no es sencillamente una buena idea. Es la sangre y la vitalidad de la familia: la prueba de que somos de la familia de Jesucristo.

La prioridad de Cristo no es cuánto estudiamos la Palabra, disfrutamos de los estudios bíblicos, comentamos pasajes en pequeños grupos o hacemos nuestras tareas. Su prioridad es que la escuchemos y la practiquemos. Que la recibamos internamente. Que la expresemos externamente. Los dos tiempos verbales de "oyen" y "hacen", en el versículo 21, implican una acción continua o repetida.

El contexto de la afirmación de Cristo en Lucas 8.21 es la parábola del sembrador. Su redefinición de la familia debía ser entendida en relación con su enseñanza sobre la Palabra. Gracias a Dios, Cristo no les dejó a sus discípulos la tarea de descifrar el significado de esta parábola.

¿Qué recibieron los discípulos de Cristo, que no tuvieron los demás? (Lucas 8.10).

_____

A todos nos encanta conocer un maravilloso secreto, no solo porque nos interese la información, sino porque nos encanta la confianza que implica el hecho de conocer un secreto. La palabra "misterio" utilizada en Lucas 8.10 es *musterion*, que significa "una cosa sagrada oculta o secreta, que es naturalmente desconocida para la razón humana y solo puede ser conocida por revelación de Dios". Amado hermano, quiero que comprenda que las cosas profundas de Dios no se limitaban a los primeros doce discípulos de Cristo.

En Juan 8.31, ¿quiénes dijo Cristo que eran sus discípulos?

_____

Tome unos momentos para deleitarse en 1 Corintios 2.9-13. ¿En qué sería diferente nuestra vida si nos convirtiéramos en personas con las que Cristo pudiera compartir las cosas profundas de Dios?

_____

_____

Ah, amigo mío, hay mucho más en este viaje. Mucho más en esta relación divina. Mucho más en la Palabra. Solo hemos rasguñado la superficie. Nuestras vidas con Cristo tienen que ser una gran aventura. Ah, Dios, haznos personas a las que puedas revelar las cosas que tienes en lo profundo de tu corazón.

La parábola del sembrador nos ayuda a comprender los obstáculos que nos limitan y los elementos que darían libertad al Espíritu para enseñarnos las cosas profundas de Dios. Lea de nuevo la interpretación que Cristo hace de la parábola en Lucas 8.11-15.

Identifique cada uno de los siguientes componentes de la parábola:

La semilla _____

Las que caen junto al camino _____

Las que caen sobre la piedra _____

Las que caen entre espinos _____

Las que caen en buena tierra _____

Antes de estudiar las diferencias entre cada uno de ellos, veamos un común denominador que es fundamental. ¿Qué relación tenían los cuatro con la Palabra?
❑ la oyeron ❑ la creyeron ❑ la recibieron

Ningún énfasis que se haga sobre la importancia de obedecer y poner en práctica la Palabra de Dios es demasiado. Los cuatro tipos de suelo escucharon la Palabra, pero solo uno produjo una cosecha. No es suficiente escuchar la Palabra. Acabamos de encontrar lo que es mi mayor preocupación con respecto al cuerpo de Cristo. ¿Cuántas personas asisten a cultos de la iglesia en los que no se enseña la Palabra? Ni siquiera escuchan la Palabra de Dios. Esa idea debería darnos terror.

Además, ¿cuántos son los creyentes que escuchan la Palabra, pero siguen viviendo vidas de derrota, porque no la ponen en práctica? Yo era una de ellos. Necesitaba con urgencia un cambio. Me sentía desdichada por mi cautividad. No entendía que el poder para ser transformada y liberada del yugo de mi pasado estaba en una verdadera aplicación de las Escrituras. Nuestra obediencia no tiene como fin hacer que Dios sienta que Él es el jefe. Créame. Él es el jefe y lo sabe. Nuestra obediencia en aplicar la Palabra de Dios es para que nosotros podamos vivir vidas de victoria que glorifiquen a nuestro Padre que está en los cielos. No basta con solo oír.

Ahora estudiemos cada uno de los tipos de suelo en los que cayó la Palabra de Dios:
La que cayó junto al camino. Observe cómo Satanás actúa en este ejemplo. Muy adecuadamente, en esta parábola se le representa como un ave del cielo.

¿Cómo se llama a Satanás en Efesios 2.2? _____

Lucas 8.12 nos dice que Satanás tiene la capacidad de venir y llevarse la Palabra del corazón de quien la escucha. La palabra que se utiliza en este versículo es *airo*, que significa "levantar y llevarse". La imagen es la de un buitre que se lanza en picada sobre su objetivo, lo atrapa rápidamente entre sus garras y vuelve a elevarse victoriosamente hasta su nido. La Biblia nos permite inferir innumerables razones por las que Satanás está ansioso por quitar la Palabra de nosotros antes que la hayamos internalizado. Contrariamente a lo que algunos esperan, el infierno no será una eterna fiesta de depravación. Nadie estará feliz de estar allí. La eternidad es un largo tiempo para lamentarse. Imagine la naturaleza maligna de aquel que desea evitar que las personas sean salvadas.

La que cayó sobre la piedra. El suelo rocoso representa a los que escuchan superficialmente la Palabra de Dios. Estas personas van un paso más allá que los que están al costado del camino. Ellos reciben la Palabra. La palabra "reciben", en griego, es *dechomai*, que significa "tomar para sí lo que es presentado o traído por otro". Quizá a usted lo preocupó la idea de que Satanás pudiera venir y quitar la Palabra que una persona ha oído. Comprenda que Satanás no puede quitar nada que la persona que escucha y cree, reclame como suya. Una vez que hemos recibido la Palabra, está fuera de su alcance. Puede tratar de distorsionar nuestra comprensión de ella, pero no puede robarla. Pero, como pronto veremos, nosotros podemos entregarla por voluntad propia.

El suelo rocoso no se limitó a recibir la Palabra. ¡La recibió con gozo! ¡Cuánto debería abrirnos los ojos el hecho de que podemos escuchar la Palabra y recibirla con gozo, pero no permitir que penetre con profundidad! Escuche: algunas palabras de Dios son muy duras. Imagino que Él prefiere que recibamos una palabra, luchemos con lágrimas en nuestro interior y le permitamos que eche raíces para siempre, a que saltemos de gozo durante un rato solamente.

SEMANA 4: La gloria de los hombres

El que escucha superficialmente cree hasta que llega el tiempo de la

_____ (v. 13).

¡Qué terrible vergüenza! Nos perdemos una de las experiencias más increíbles de la vida si no llegamos a ver cómo la Palabra de Dios se afirma después de una prueba nuestra. Él quiere demostrarnos que funciona. ¡Quiere demostrarnos que Él funciona! Si dejamos de creer cuando somos tentados, nunca conoceremos el poder y la fidelidad de Dios. Si ha desarrollado algunas raíces profundas de fe, usted, como yo, es probable que recuerde la época en que su fe era más superficial.

*C*omente un ejemplo de algo en su vida que, retrospectivamente, reconoce que era superficial, pero en ese momento usted no sabía que implicaba falta de madurez. (Me encantaría estar en su grupo para escuchar esta respuesta)

_____

_____

Solo piénselo dentro de varios años, si colaboramos con Dios y continuamos creciendo, es probable que sacudamos la cabeza al pensar en algunas cosas que nos caracterizan ahora.

La que cayó entre espinos. Hemos vistos a personas que escuchan la Palabra confrontar los robos del demonio y las adversidades de la vida. A pesar de lo mucho que estos factores pueden influir en nuestra vida, los espinos es probable que sean una amenaza diaria mucho mayor. Estas personas escuchan la Palabra, pero son derrotadas por las distracciones del mundo: afanes, riquezas y placeres. La palabra "afanes", en el original, es *merimna*, que significa "ansiedad, preocupación que turba la personalidad y la mente". Hablaremos sobre la ansiedad en otra lección, por lo que no nos esforzaremos por explicarla aquí. Pero nadie puede discutir que se trata de una batalla constante.

La palabra que se traduce como "riquezas" es *ploutos*, que significa "bienes materiales... abundancia". No es necesario ser rico para que las riquezas nos distraigan. No es necesario tener mucho para querer más. Un claro síntoma de esto es matarnos trabajando para poder pagar más cosas.

La palabra que se traduce "placeres" es *hedone*, de donde obtenemos la palabra "hedonismo". El hedonismo considera que "el placer, la gratificación y el disfrute" son las principales metas de la vida. Por favor, tenga cuidado de no considerar a todas las formas de placer como enemigas del fiel creyente. Pocas cosas me frustran más que las personas que se figuran la vida cristiana como algo lleno de sacrificios, solo apto para mártires. Andar con Cristo es el mayor placer de mi vida. Pero ni siquiera este sagrado placer puede convertirse en mi meta. Conocer y agradar a Cristo debe ser mi meta. Cualquier distracción es mi mayor reto en esta carrera.

*S*olo para tomar conciencia, trate de clasificar cualquier distracción que usted enfrente en este momento dentro de alguna de estas tres categorías:

Afanes	riquezas	placeres
_____	_____	_____
_____	_____	_____
_____	_____	_____

97

Ahora imaginémonos con todas las personas o situaciones que nos preocupan, todos los bienes materiales que estamos luchando por obtener y todas las trampas de nuestra búsqueda de placeres encima de nosotros. Es suficiente como para ahogarnos, ¿verdad? Eso es exactamente lo que Jesús quería decir. La persona que oye y se distrae, se ahoga en sus propios apetitos mundanos. Lucas 8.14 dice que, además, no lleva fruto, que es algo mucho más que lamentable; es una tragedia. La expresión "llevar fruto" proviene de dos palabras griegas: *telos*, que significa "fin, meta, perfección" y *phero*, que significa "llevar, acarrear". El que escucha la Palabra y luego es distraído por el constante llamado del mundo nunca cumplirá el extraordinario plan de Dios para su vida. Usted ya lo ha visto en la lectura anterior de hoy.

Según 1 Corintios 2.9, ¿qué se pierden las personas que escuchan, pero luego se distraen?

_____

La semilla que cayó en buena tierra. La buena tierra representa al que escucha la Palabra y la retiene. La palabra que se traduce como "retiene" es *katecho*, que significa "asegurar, aferrar, tomar, ocupar un lugar". La figura que traza esta definición no es de solo recibir la Palabra en nuestras manos ni ponerla en nuestra boca para ver si tiene buen sabor. Retener la Palabra es masticarla y tragarla hasta que ocupe un lugar en nosotros, hasta que permanezca en nuestro interior. Cuando la Palabra de Dios sea internalizada deliberadamente, será externalizada auténticamente. ¿Por qué? Porque ya no es lo que hacemos, sino que es parte de quienes somos.

Lea Isaías 55.10-12. ¿Qué dicen los versículos 11 y 12 que hará la Palabra de Dios?

_____

La Palabra de Dios no volverá vacía. Eso es un hecho. Pero yo quiero que lo logre en mí, ¿usted no? Cuando esta generación pregunte quiénes son los hermanos y las hermanas de Cristo, yo quiero que Él nos señale gozoso. Para que nuestro parentesco sea obvio, tenemos que escuchar la Palabra de Dios y ponerla en práctica. Cuando Él envíe su Palabra, que halle suelo fértil en cada uno de nosotros.

Entonces, cuando hayamos llegado a la meta para nuestra vida, saldremos con gozo y seremos vueltos en paz; las montañas y las colinas harán canción delante de nosotros, y todos los árboles del campo aplaudirán. Persevere, hacedor de la Palabra. Hay una cosecha por delante.

---

[1] Ronald F. Youngblood, ed., *Nelson's New Illustrated Bible Dictionary* (Nashville, TN: Thomas Nelson Publishers, 1995), 1221.
[2] Spiros Zodhiates, ed., *The Hebrew-Greek Key Study Bible* (Chattanooga, TN: AMG Publishers, 1996), 1647.
[3] Ibid., 1583.

SEMANA 5

El Cristo de Dios

Día 1
El otro lado

Día 2
Maravillas entrelazadas

Día 3
Autoridad conferida

Día 4
Cestas de bendiciones

Día 5
Confesiones del corazón

Al terminar el estudio de esta semana, estaremos en la mitad de nuestro viaje. ¿Puede creerlo? Permítame aplaudirlo por poner en práctica la disciplina personal que este viaje requiere. Dios no toma a la ligera su compromiso. Su Palabra garantiza que usted recibirá una bendición. Él lo está transformando por medio del poder de su Palabra. Ni un momento que usted pase con Él es trivial. Así que ajuste las tiras de sus sandalias y tome un gran trago de Agua viva de su cantimplora. Esta semana tenemos kilómetros emocionantes por recorrer. Veremos a Cristo tratando con todo, desde los demonios hasta los muertos. También estaremos cerca cuando Él confíe parte de su poder y su autoridad a los discípulos. Usted y yo recibiremos un enérgico recordatorio de que sus discípulos originales enfrentaban algunos de los mismos problemas que nos acosan a nosotros. Apenas terminado su momento más brillante, Pedro recibirá una reprimenda que hará que se esconda tras el arbusto más cercano. Gracias a Dios, porque los discípulos no eran perfectos. ¡El hecho de que Dios estuviera dispuesto a usarlos, de todos modos, nos da esperanza a nosotros!

Preguntas principales
Día 1: ¿Qué características "sobrehumanas" tenía el hombre debido a la posesión demoníaca?
Día 2: ¿Puede usted relatar el peculiar giro emocional que experimentó la gente reunida en la casa de Jairo?
Día 3: Según Lucas 9.1, ¿qué les dio Jesús a los doce para realizar ciertas tareas sobrenaturales?
Día 4: ¿Qué cree usted que Cristo podría haber estado probando con sus discípulos?
Día 5: Según Mateo 16.21-23, ¿qué hizo Pedro después que Cristo anunciara su inminente sufrimiento y muerte?

Disfrute a Cristo en esta semana, amado discípulo. Permita que su verdad penetre en los lugares íntimos de su corazón y su mente. Pídale a Dios que grabe su nombre en cada célula de su ser. Eso será su seguridad y su satisfacción.

DÍA 1
El otro lado

El tesoro de hoy
"Y le preguntó Jesús, diciendo: ¿Cómo te llamas? Y él dijo: Legión. Porque muchos demonios habían entrado en él" (Lucas 8.30).

Aunque me encanta que usted y yo hagamos este viaje por medio del papel, espero que también este participando en un grupo pequeño de estudio. Ahora veremos varias relaciones entre los hechos que ocurrieron en el lago antes que Cristo y sus discípulos pasaran al "otro lado".

Eche un vistazo a Lucas 8.22-25 y escriba un breve resumen de lo que sucedió cuando Cristo y sus discípulos cruzaron "al otro lado del lago".

_____

Describa en qué condición estaba el hombre que Cristo encontró en la orilla (Lucas 8.26-33).

_____

¿Qué características "sobrehumanas" tenía el hombre debido a la posesión demoníaca? Incluya tanto las cosas que "sabía" como las que podía hacer.

_____

¿Por qué se llamaba "Legión"? _____

Usted y yo no tenemos, en realidad, ni idea de lo que sucede entre el reino de Dios y el reino de las tinieblas. Si la tuviéramos, nos aterraría. Dios nos ha dicho solo lo que necesitamos saber. Comencemos a recorrer esta escena juntos. En Lucas 8.22, usted recordará que Cristo pidió a sus discípulos que lo acompañaran al otro lado del lago.

Podemos considerar que "el otro lado del lago" es algo así como la parte "sin Dios". Satanás está constantemente trabajando en lo que consideramos el mundo religioso y ciertamente, el pecado abunda; pero, si usted ha estado en un ambiente totalmente desprovisto de toda consideración de Dios, es algo totalmente diferente. Quizás cuanto menos obstáculos encuentra el demonio, más evidente parece su dominio. En el libro *Basic Theology*, Charles Ryrie escribe: "El objetivo de Satanás es crear un sistema que rivalice con el reino de Dios, pero que al mismo tiempo, deje a Dios afuera. Es promover un orden falso".[1] Esta idea nos lleva a nuestra primera reflexión de hoy:

Nuestro Dios es Dios aun sobre los que no tienen Dios. Observemos que apenas Cristo pisó su "terreno", los demonios supieron que Él llevaba su autoridad consigo. ¿Sabe? Por más que el mundo demoníaco trate de mantenerlo fuera, nadie puede mantener a Cristo fuera de ningún lugar donde Él quiera ir. El único lugar donde Él no obliga a recibir su presencia es el corazón humano. Los demonios que recibieron a Cristo en la orilla ese día eran mucho más malvados que ignorantes.

¿Qué postura adoptó el endemoniado cuando vio a Jesús? (v. 28).

_____

_____

Aunque no confundo la rápida reacción del endemoniado al ponerse de rodillas con una actitud de adoración, sin duda era una señal de que los demonios reconocían que Jesús era el Hijo del Altísimo. Nuestra segunda reflexión es más alimento para el pensamiento que doctrina para ser digerida.

Los demonios quizá hayan sabido con anticipación que Cristo iba a llegar allí. Aun mis comentarios más conservadores mencionan la idea de que la tormenta que se produjo camino "al otro lado" podría haber sido un intento del reino de las tinieblas por desalentar a Cristo para que no fuera a esa costa. Vemos un atisbo de esa posibilidad en la forma en que Cristo reprendió al viento y las aguas, casi como si estuvieran desobedeciendo. ¿Será que estaban actuando temporalmente bajo instrucciones del príncipe del aire (ver Efesios 2.2) mientras el Hijo de Dios, que tenía toda autoridad, dormía? Es solo una idea, pero ayudaría a explicar por qué los demonios literalmente recibieron a Cristo en la orilla, sabiendo sin lugar a dudas quién era Él.

Los aspectos más básicos de la dignidad humana son, generalmente, blancos del ataque demoníaco. Estoy segura de que usted no ha pasado por alto la parte más trágica de esta escena. Los demonios no solo habían capturado la mente de este hombre, sino también le habían robado hasta el último pedazo de dignidad. Estaban ausentes algunos de los derechos básicos que cualquier humanista sabe que una persona debe poseer: ropa para su cuerpo y un techo sobre su cabeza. Aquí, en nuestro país, la ley estipula que ni siquiera los criminales condenados a muerte pueden carecer de los derechos humanos. Aunque nuestra ley prohíbe la humillaciones para los prisioneros, usted y yo es probable que hayamos visto humillaciones a ciudadanos comunes en nuestro país. Hay que reconocerlo: ningún gobierno tiene suficiente poder como para controlar el ejercicio de los derechos humanos y obligar a su cumplimiento.

*D*escriba brevemente la escena de humillación más grave que haya visto.

_____

Yo he estado "al otro lado del lago" más de una vez. He visto personas viviendo en condiciones que ningún ser humano debería experimentar... algunas veces, no muy lejos de mi propia comunidad. Aunque ni siquiera sé la mitad de las respuestas a todas las preguntas sobre las injusticias humanas, sé que robar la dignidad es el plan de Satanás y no, de Dios. Por ahora, la Palabra de Dios nos dice que el reino de las tinieblas ha recibido un cierto terreno. Esa es una razón por la que aun los más eficientes y mejor intencionados gobiernos del mundo no pueden terminar con las infracciones a los "derechos humanos". Algo que es mucho más poderoso que un gobierno humano se opone a sus esfuerzos. El comunismo se jactaba de poder remediar todas las injusticias humanas, pero, en realidad, fue una destrucción mayor de la vida y la dignidad humana que cualquier otra forma de gobierno. Según la Palabra de Dios, cuando Cristo regrese, el reino de Dios venga, y su voluntad sea hecha "como en el cielo, así también en la tierra" (Mateo 6.10), ese reino estará desprovisto de toda humillación. ¿Por qué? Porque esta clase de afrentas es producto del gobierno de Satanás, no de Cristo. ¡Ven pronto, Señor Jesús!

Antes de continuar con el próximo punto, lea de nuevo el versículo 27. El

endemoniado no vivía en una casa. ¿Dónde vivía? _____

Si usted estuviera escribiendo este estudio, ¿qué diría acerca de este endemoniado que vivía en los sepulcros? ¿Qué impresión le causa este dato?

_____

_____

Me pregunto cuántas personas viven "en los sepulcros". Cuente un ejemplo de cómo una persona puede vivir (en sentido figurado) "en los sepulcros" en la actualidad.

_____

Conozco a una mujer que todavía está tan oprimida por la desesperación que, décadas después de la pérdida de un ser amado, aún vive "en los sepulcros". No quiero de ninguna manera minimizar el horror de su pérdida; pero me enfurece la forma en que el maligno la ha usado para anular la vida de esta mujer.

*L*os demonios saben que tienen un tiempo limitado. Compare Lucas 8.28 con Mateo 8.29. ¿Qué nuevo concepto agrega la versión de Mateo sobre lo que sabían los demonios?

_____

Según Apocalipsis 12.12, ¿qué sabe Satanás?

_____

Al diablo le molestó terriblemente ver al Verbo envuelto en carne y viviendo entre nosotros, porque sabía que su tiempo se estaba acortando cada vez más. No creo que el plan de que el Hijo de Dios viniera a la tierra como cordero sacrificial fuera ningún secreto. Recuerde que, según la Palabra de Dios, Satanás vivía en el cielo con todos los demás ángeles hasta que su orgullo hizo que fuera expulsado. Creo que Satanás sabía lo que iba a suceder, pero no creo que supiera cuándo. Los demonios que controlaban al hombre gadareno también sabían que les iba a llegar su día. Ver a Cristo en un terreno que ellos habían tomado como propio solo servía para recordarles que su tiempo se estaba acabando. La historia también tiene otra implicación.

Los demonios pueden tener una fuerza sobrenatural. Mateo nos dice que "nadie podía pasar por aquel camino" (Mateo 8.28). Lucas nos dice que los demonios le permitían al hombre poseído romper las cadenas y los grillos con que lo sujetaban (ver Lucas 8.29). Siento la necesidad de subrayar algo con respecto al poder sobrenatural: ¡no siempre proviene de Dios! Ha habido casos en que sentí correr escalofríos por la espalda al escuchar a alguien decir: "¡Pero eso tiene que haber sido de Dios! ¡Fue totalmente sobrenatural!" El Libro del Apocalipsis nos enseña claramente que, algunas veces, Satanás también puede mostrarnos señales y maravillas.

¿*C*ómo se demostró el poder demoníaco en Hechos 19.13-16?

_____

¿Cómo se pudo ver también la humillación?

_____

¿Notó que en ambos casos de encuentros con demonios hay escenas de violencia? Aunque se enmascara como "ángel de luz" (2 Corintios 11.14), a Satanás también le encanta sacarse su disfraz. La violencia es una de las huellas más obvias de Satanás. Pedro lo describe "como león rugiente, [que] anda alrededor buscando a quien devorar" (1 Pedro 5.8). Para tratar de captar cuán grave es la imagen que presenta este conocido pasaje, imagine la sangrienta escena de un predador tras su presa. Ni siquiera tenemos que preguntarnos si la oleada constante de violencia en la sociedad es obra suya.

SEMANA 5: El Cristo de Dios

¡Cómo ha cambiado la vida! Antes, no era extraño que una familia tuviera un arma, pero los hijos no apuntaban con esas armas a sus padres... y mucho menos los padres apuntaban con ellas a sus hijos. Esos crímenes ahora son comunes. Podemos destacar dos verdades en este punto:
- no todo poder sobrenatural proviene de Dios, y
- aunque no toda actividad demoníaca parece ser violenta, prácticamente toda violencia se origina en el poder de las tinieblas.

Recuerde, nuestro Príncipe es el Príncipe de paz. Todo conflicto que Él disponga tiene como objetivo final la paz bajo su justo reinado. ¡Ah, que venga el principado sobre su hombro! (Ver Isaías 9.6-7). Veo que el pasaje sugiere algo más.

Los lugares solitarios pueden ser utilizados por Dios o por Satanás. Lea de nuevo Lucas 8.29. El hombre "era impelido por el demonio a los desiertos".

*H*aga un contraste entre Marcos 1.35 y Mateo 14.13 con Lucas 8.29. ¿Qué tienen en común estos pasajes? _____

En Marcos 6.30-32, ¿a quién incluye Cristo en la necesidad de un lugar solitario?

_____

En el margen, escriba algunas maneras en que podríamos saber si nuestros momentos de soledad son usados por Dios o por el enemigo.

Solo Cristo puede vencer a los poderes demoníacos. Solo por el nombre y el poder de Jesús pueden ser vencidos los demonios. Sin Cristo, ni siquiera una "legión" de seres humanos puede tomar autoridad sobre un solo demonio. Pero Jesús, el único y suficiente, puede tomar instantáneamente autoridad sobre legiones de demonios. El clímax de esta historia revela una ironía que casi nos mueve a la risa. Los demonios rogaron ser echados a un hato de cerdos, en lugar de al abismo. (¡Si cree que voy a decir algo sobre el "jamón del diablo", está equivocado!)

Casi todas las definiciones de "abismo" que he encontrado lo asocian con una profundidad con cierto contenido de agua. Los demonios es probable que se refirieran al abismo que menciona Apocalipsis 20.2-3. Irónicamente, aunque Cristo no envió a la legión al abismo, ciertamente los envió (a través de los cerdos, claro) a un despeñadero.

Sé que tengo un extraño sentido del humor, pero me divierte leer que "los que apacentaban los cerdos, cuando vieron lo que había acontecido, huyeron, y yendo dieron aviso en la ciudad y por los campos" (Lucas 8.34). Después de todo, de repente, ahora tenían bastante tiempo libre. No podemos suponer que lo hayan publicado. Sus acciones en el mercado de valores habían caído en picada.

Bueno, de todos modos, las malas noticias generalmente tienen mucho más público que las buenas. Los habitantes del pueblo salieron de sus casas y se encontraron con que el que había sido el comentario de toda la región ahora estaba sentado a los pies de Jesús, vestido y en pleno uso de sus facultades mentales; un importante testimonio para todos los que piensan que los cristianos son, básicamente, lunáticos. El que desea volver locas a las personas es Satanás.

La gente permitió que el temor oscureciera los hechos que le habían cambiado la vida a ese hombre y acabó pidiéndole a Jesús que se fuera. Él podría haberlos sanado, haberlos salvado, haberles enseñado y, claro que sí, haberlos deleitado. Pero lo único que ellos quisieron fue que Él se fuera.

¿*A*lguna vez supo de algo que sucedió en la vida de una persona, que debería haber hecho que amara a Cristo y que por el contrario, la persona se apartó aún más de Dios? ¿Por qué cree usted que esto puede suceder?

_____

Jesús: el único y suficiente

Jesús se fue de Gadara, sí. Pero no sin dejar un vívido recordatorio de quién era Él y qué podía hacer. Mucho después que se recuperaran del incidente de los cerdos ahogados, habría todavía en la ciudad un hombre con una mente restaurada y verdadera dignidad que no podía callar que Cristo le dijo: "Vuélvete a tu casa, y cuenta cuán grandes cosas ha hecho Dios contigo" (v. 39). ¿Cuánto tiempo cree usted que hacía que este hombre no iba a su casa? No a los sepulcros, sino a su verdadera casa. Vestido. Con un techo sobre su cabeza. Con una mente sana y un mensaje en su lengua. Así fue el hombre y así les contó a todos en el pueblo cuánto había hecho Jesús por él. Ni todos los demonios del aire podían detenerlo, porque sus rodillas se habían inclinado ante una nueva Autoridad.

DÍA 2

Maravillas entrelazadas

Quisiera poder sentarme a los pies de Jesús en el cielo y escucharlo relatar personalmente cómo fue su experiencia en la tierra. No veo la hora de escuchar todos los detalles que faltan y lo que Él pensaba cuando sucedían algunas cosas. Creo que tendremos mucho que decir acerca de su peculiar confinamiento a un caparazón humano. No tenemos ni idea de cuán constreñido debe de haberse sentido en su vestidura de carne. En el texto de hoy, vemos a Jesús en el centro de una multitud, rodeado de grandes necesidades. ¿O acaso hay necesidades que no sean grandes? Algo muy singular sucede en nuestra lectura de hoy. Seremos testigos de dos maravillas entrelazadas.

El tesoro de hoy
"Entonces, cuando la mujer vio que no había quedado oculta, vino temblando, y postrándose a sus pies, le declaró delante de todo el pueblo por qué causa le había tocado, y cómo al instante había sido sanada" (Lucas 8.47).

𝒫or favor, lea Lucas 8.40-56. ¿Por qué es alentador ver la forma en que Jairo —siendo quien era— se acercara a Jesús?

_____

_____

Ejercitemos un poco la imaginación. Se nos dice que Cristo supo que alguien lo había tocado porque "había salido poder de Él" (ver v. 46). No podemos imaginar lo que Él sintió..., ¡pero intentémoslo! Pensemos en alguna experiencia humana que pueda compararse con esta experiencia divina para identificarnos un poco mejor con lo desconocido a través de lo conocido.

✷ ¿𝒬ué analogía usaría usted para describir lo que sintió Jesús?

_____

Describa el peculiar cambio de emociones que se produjo en la casa de Jairo.

_____

¿Se le ocurren algunas razones por las que Dios haya mencionado expresamente el detalle de que la niña se puso de pie inmediatamente y comió?

_____

SEMANA 5: El Cristo de Dios

No dudo que muchas personas piensen que mi forma de ver a Jesús es algo infantil. Por ejemplo, algunas veces, literalmente, dedico gran parte de mi energía mental a tratar de descubrir qué amo más de Él. Tonterías, ¿verdad? Ahora estoy teniendo otro momento "infantil". Estoy tratando de determinar cuál de estas dos maravillas entrelazadas es mi favorita. Por favor, es como para volverme loca. ¡Pasemos directamente a la Biblia!

La escena en el hogar nos presenta el contraste perfecto con la de la partida de Gadara. Jesús fue recibido con tanta calidez de un lado del lago como había sido fríamente despedido del otro lado. Extraño como parece esto, ¿sabe qué es aún más extraño? Cuando son los mismos brazos los que en un momento abrazan y otro empujan, abrazan y empujan. Todos hemos sentido algo así, ¿verdad?

Veamos cómo dice Lucas 8.40 que la multitud lo recibió porque lo estaban esperando. Me encantan los encuentros sorpresivos con Jesús, pero creo que a Él le complace que vivamos con la expectativa de su llegada. Se deleita en la fe que espera fielmente que Él actúe. Quizá no sepamos cuándo o cómo, pero ¡oh, vivir con la certeza de que Cristo aparecerá en nuestras circunstancias porque lo buscamos y le damos la bienvenida!

El versículo 41 nos presenta a un protagonista que no solo fue a darle la bienvenida a Jesús, sino que fue desesperado a buscarlo. En su libro *Fresh Wind, Fresh Fire*, Jim Cymbala escribe: "Descubrí una verdad apabullante: A Dios le atrae la debilidad. No puede resistirse a quienes humilde y honestamente admiten con desesperación que lo necesitan".[2] ¡Amén! Nunca dejo de conmoverme cuando, en algún culto, una persona va hacia el frente para orar. Pero me toca especialmente cuando alguien que al parecer tiene "todo bajo control" admite que la vida lo ha descontrolado y se humilla para orar. Ah, sí, creo que Cristo se siente atraído cuando admitimos abiertamente nuestra desesperación.

*E*stoy segura de que usted ha observado que Jairo era un principal de la sinagoga. ¿Qué dos cosas hizo cuando se acercó a Jesús?

1. _____ 2. _____

Jairo me recuerda al centurión de Lucas 7 que al parecer, comprendía el concepto de autoridad porque estaba él mismo en una posición de autoridad. De la misma manera, el principal de la sinagoga, al parecer comprendía que existía un principal ante quien todos los demás debían inclinarse. No solo este hombre era digno de respeto, sino que Jairo estaba convencido y con razón, de que Él era misericordioso al tiempo que poderoso. Los hechos que siguen entrelazan dos escenas de tal modo que me siento tentada a presentar conceptos que se aplican a ambas. Al considerar los versículos 40-56 como un pasaje integral de las Escrituras, hay algunos aspectos que me llaman la atención:

Lo intenso de la necesidad. Ni Jairo ni la mujer estaban preocupados por un asunto insignificante. Tampoco lo están muchas personas en la actualidad. Mi preciosa madre, que actualmente está tratando de ayudar a Dios con su trabajo en el cielo, en realidad sufrió cuando mis charlas comenzaron a ser menos graciosas y más profundas. Seré sincera con usted. A ella le gustaba mucho más mi ministerio cuando era más gracioso. Una buena razón es que ella era muy simpática y cualquier don de hacer reír que yo tenga, se lo debo a ella. La otra razón es que ella decía que para su generación ese tipo de charla era inadecuada y deprimente. Yo respetaba mucho sus ideas, pero no al punto de desobedecer a Dios. Le aseguro que fue una dura prueba de mi compromiso para con la voluntad del Señor.

Si me preguntaran qué he aprendido de mis viajes, entre otras cosas, le diría que aprendí que ahí afuera hay gente que sufre. Muchas veces esa gente necesita algo más que un chiste sano, aunque eso puede ser muy útil. Necesitan a Jesús. Necesitan mucho de Él.

Tanto para Jairo como para la mujer que estaba entre la multitud, Jesús era, literalmente, su última esperanza. ¿Quién otro podía sanar de la muerte? ¿Y quién podía curar lo que los médicos no habían podido curar —especialmente, sin cobrar—? Realmente, Jesús era la última esperanza de los dos. Quiero que reflexione un momento. ¿A quién conoce usted, que esté tocando fondo, casi sin esperanza? Quizá, como yo, usted conoce a muchos.

Jesús: el único y suficiente

$\mathcal{E}$n el margen, escriba las iniciales de estas personas y describa brevemente su situación "desesperada".

Téngalos dentro de su visión panorámica durante el resto de la lección de hoy. Quiero que observe otro detalle de estas dos maravillas.

Lo prolongado de la necesidad. ¿No cree que es interesante que la mujer haya sufrido su enfermedad durante el mismo tiempo que había vivido la hija de Jairo? Pregúntele a cualquiera que haya sufrido una enfermedad crónica cuánta atención exige y le dirá que es difícil concentrarse en cualquier otra cosa. Pregúntele a cualquier pareja de padres cuánta atención les exige su único hijo y es probable que le digan lo mismo.

Por favor, lea estos pasajes y escriba cualquier referencia que haye sobre la duración de esta situación para la persona:

Lucas 8.27 _____ Lucas 8.43 _____

Juan 5.5 _____ Juan 9.1 _____

Cristo sanó a cada una de estas personas. ¿Qué conclusión puede sacar usted de estos hechos? (Resúmalo en una oración).

_____

Lo profundo del criterio. Leemos en el versículo 42, que la multitud apretaba tanto a Cristo que casi lo aplastaba. Pero una mujer que estaba detrás de Él sencillamente tocó su manto, y Él notó la diferencia. Por favor, tenga en cuenta que la mujer no tocó su piel. ¡Increíble! Observe que, cuando Jesús dijo: "¿Quién es el que me ha tocado?", todos lo negaron. Extraño, ¿verdad? La gente estaba tan cerca que casi lo aplastaba, pero nadie admitió haberlo tocado. Su respuesta me recuerda a los niños que tienen miedo de meterse en problemas si admiten que hicieron algo. ¿No se dieron cuenta de que había pocas cosas que Jesús deseara más que el hecho de que quisieran acercarse a Él?

$\mathcal{L}$ea la respuesta de la mujer en el versículo 47 y complete el siguiente espacio en blanco: "Entonces, cuando la mujer vio que no había quedado _____, vino temblando, y postrándose a sus pies..."

Amado hermano, nadie queda oculto ante Cristo; menos que nadie, una persona que actúa con fe. Esta palabra debería hacernos sentir identificados a todos.

$\mathcal{C}$¿Cuándo fue la última vez que usted temió estar oculto o pasar inadvertido a los ojos de Dios o deseó estarlo?

_____

El hecho es que nunca estamos ocultos a sus ojos. Algunas veces esto nos hace más felices que otras. Me encanta que la mujer se haya acercado temblando, aunque había tenido suficiente fe como para hacer brotar el poder sanador de Jesús. Es bueno saber que los fieles también tiemblan. En realidad, su reverencia es parte vital de su fe. Los que verdaderamente creen son, sin duda, los que verdaderamente se inclinan.

¿Por qué razón cree usted que Cristo le pidió que se diera a conocer?

_____

Creo que una razón puede haber sido para que ella disfrutara de la sanidad que había recibido. La mayoría de las versiones en español no incluye una palabra que se encuentra en la *King James Version* en el versículo 48: "Hija, *anímate*; tu fe te ha salvado; vé en paz". Dicho de esta forma, creo que es como si Cristo le estuviera diciendo: "No te vayas como alguien que siente que ha robado un regalo. ¡Anímate! ¡Yo te lo doy de todo corazón!"

La amplitud del poder. El versículo 42 nos dice que Jesús iba en camino para ayudar a la niña moribunda cuando la mujer tocó el borde de su manto. Cristo mismo relata lo sucedido: "Alguien me ha tocado; porque yo he conocido que ha salido poder de mí" (v. 46).

La palabra que se traduce como "poder" en este versículo es una de mis preferidas. Ya lo hemos comentado anteriormente: *dunamis* significa "poder, especialmente poder para lograr". ¿Sabe? ¡Cuando salía poder de Jesucristo, ese poder lograba algo! Esa es la naturaleza del *dunamis*. Hemos hablado en una clase anterior de que *ischus*, cuando se usa en contraste con *dunamis*, representa, más bien, la realidad concreta del poder de Dios. En otras palabras, podemos considerar que *ischus* es el poder que Dios posee. *Dunamis* representa, entre otras cosas, que Dios está dispuesto a usar el poder que posee.

Lo que quiero dejar en claro, principalmente, es que Cristo liberó suficiente poder como para sanar a una mujer de una hemorragia que sufría desde hacía doce años, pero aún tenía mucho más, como para levantar a la hija de Jairo de los muertos. Procese bien esta idea. Sé que lo entiende, pero quiero que lo reciba en su corazón, también. El poder de Cristo es ilimitado. No es el Mago de Oz, que tenía un número limitado de deseos para cumplir. ¡Esto es real! Y su fuente de poder y misericordia es infinita.

Una noche, en un estudio bíblico, le pedí a todo el grupo que se pusiera de pie para tener un tiempo de oración. Entonces pedí que cualquier persona que tuviera una "necesidad grande" que pareciera "imposible de solucionar" que se sentara. No me da vergüenza reconocer que pocas personas quedaron en pie y a juzgar por sus lágrimas, no creo que estuvieran sencillamente dramatizando la situación. Yo había pensado que quedarían suficientes intercesores de pie como para orar por los que estaban sentados. ¡Error! Durante una fracción de segundo no supe qué hacer, hasta que el Espíritu de Dios habló a mi corazón. ¡Qué gozo inundó mi alma cuando Dios me indicó que me presentara osadamente delante de su trono para pedir un milagro para cada vida porque Él tenía suficiente poder como para resolver todas aquellas necesidades! Eso fue exactamente lo que hice. Los testimonios que me hicieron llegar esa semana fueron inolvidables. Casi todos experimentaron algún tipo de prodigio esa semana.

Ahora escuche esto: Jesús tenía poder más que suficiente. ¿Le parece como si Él estuviera yendo a satisfacer otra necesidad que usted cree más importante que la suya? ¿Más "de vida o muerte"? ¡No hay problema! Extienda su mano y toque el manto. No permanecerá oculto, aunque Cristo esté yendo a resucitar a un muerto.

En este mismo instante, quisiera que escribiera en el margen algunas frases de oración intercesora por la persona o las personas que estén tocando fondo y cuyas iniciales escribió anteriormente.

Ahora, amado hermano, ¿cuál es su mayor necesidad, el más profundo deseo de su corazón? Escríbalo. ¿Tiene dos o tres? Escríbalos; a lo largo de toda la página. No me diga cuán triviales parecen comparados con otros; escríbalos. Después de lo que ha escrito, quisiera que estudie con atención su lista de necesidades. Ahora diga en voz alta: "Jesús, tú tienes poder suficiente".

Ah, amigo, ¿se atreve usted a creer que Él es totalmente capaz? Si Él no le otorga lo que usted le pide en fe, no es, jamás, porque no tenga poder suficiente. Creo que es porque quiere liberar su abrumador

Jesús: el único y suficiente

poder y revelar una gloria aún mayor con otra respuesta. ¿Nos burlaremos de la idea, como los necios que se lamentaban a la salida de la casa de Jairo? ¿O entraremos a la casa para ser testigos del milagro?

DÍA 3

Autoridad conferida

Hasta ahora, en el evangelio de Lucas, los doce han observado a Cristo en acción y han sido testigos de sus milagros, pero aún no han recibido poder para practicar esas maravillas. Las reglas que han conocido los discípulos están a punto de cambiar. Acompañar a Jesús nunca fue algo aburrido. No creo que los discípulos esperaran hacer otra cosa que no fuera mirar, pero estaban a punto de recibir una bienvenida muy especial al mundo agitado de Jesucristo. Mateo relata esta experiencia con mucha mayor amplitud, así que lo entrevistaremos a él también.

El tesoro de hoy
"Habiendo reunido a sus doce discípulos, les dio poder y autoridad sobre todos los demonios, y para sanar enfermedades. Y los envió a predicar el reino de Dios, y a sanar a los enfermos"
(Lucas 9.1-2).

Por favor, lea Lucas 9.1-9 y Mateo 10.1-16. Escriba los nombres de los doce discípulos.

_____

_____

Cristo les dio a los doce _____ y _____ para hacer algunas cosas sobrenaturales (Lucas 9.1). ¿Cuál es la diferencia entre estas dos palabras?

_____

_____

¿Qué debían predicar, y a quién? (Lucas 9.2; Mateo 10.6-7).

_____

Lea Lucas 9.3 y Mateo 10.9. En el margen, escriba la mayor cantidad de razones posibles por las que Cristo puede haber dado esta instrucción.

¿Qué cree usted que quiso decir Cristo con "prudentes" y "sencillos"? (Mateo 10.16).

_____

¿No le encantaría haber podido escuchar las conversaciones entre los discípulos mientras se preparaban para salir? Trate de situarse en el lugar de ellos. ¿Qué clase de emociones cree que sintieron cuando Cristo les dijo para qué los había capacitado?

Comencemos a analizar estos versículos juntos, concepto por concepto. Veamos...

El poder y la autoridad conferidos. Cristo tenía una muy buena razón para darles a sus discípulos poder y autoridad en ese momento. Ellos lo habían visto realizar toda clase de milagros, así que sabían que su poder y su autoridad eran auténticos. Su fe había sido avivada por los hechos. Llegaría un momento en que Cristo se apartaría de ellos y trabajaría por medio de ellos, más que junto a ellos. Cristo, muy sabiamente, les dio a sus discípulos poder y autoridad mientras todavía estaba en la tierra para guiarlos y controlarlos en forma personal y visible. Ellos iban a estar " a cargo" del mensaje del reino, desde un punto de vista terrenal, mucho antes de desear estarlo.

Lo destacado de la tarea. Pensemos en el llamado de los discípulos en Lucas 6.13. Entre ese llamado original y la tarea que les encomienda Jesús en Lucas 9 hay una diferencia muy importante. En Lucas 9.10, vemos que los apóstoles regresaron. En otras palabras, la instrucción que les dio Cristo de ir y ministrar era para una misión o tarea específica. Ellos regresaron para esperar nuevas instrucciones. Su tarea era inmediata, pero el llamado era permanente (con excepción de Judas). Creo que los conceptos de llamado y tarea muchas veces se confunden en el cuerpo de Cristo. Sé que yo los confundí en los primeros años de mi entrega al ministerio.

Cuando tenía poco más de veinte años, mi maravillosa mentora en el ministerio, Marge Caldwell, me ayudó a ver que Dios me había dado algunos dones como oradora. Una vez que comencé a ejercitarlos, supuse que mi llamado era para dar conferencias. Dios pronto me hizo ver claramente que mi llamado era entregar mi vida, cada día, a su voluntad, entregarme a Él y hacer lo que me pidiera, fuera lo que fuera. Recuerdo que lo sentí hablando a mi corazón por medio de su Espíritu, diciendo: "Beth, no quiero que te entregues a una tarea. Quiero que te entregues a mí". Comprendí que Dios no quería que yo dependiera del tipo de tarea que me asignara. En realidad, creo que no quería que me importara en lo más mínimo si me pedía que enseñara la Palabra de Dios a cien personas o que acunara a un bebé en la clase cuna de la iglesia. Mi llamado era entregarme a Él.

Piense en los propósitos que tiene Dios para su vida.
A su leal saber y entender, ¿cuál es su tarea? _____

¿Cuál es su llamado? _____

¿Ve la diferencia? Los doce fueron llamados para ser discípulos de Cristo. También fueron designados apóstoles, lo cual significa que serían enviados.

¿Qué iban a ser enviados a hacer sus discípulos? Cualquier cosa que Él les dijera. En nuestra necesidad humana por la seguridad de lo que permanece igual, queremos que Dios nos asigne una tarea que podamos cumplir durante el resto de nuestra vida. ¡Él es mucho más creativo que eso! Quizá usted se pregunte: "¿No es posible que Dios asigne una tarea para toda la vida, como predicar en una iglesia durante cuarenta años?" ¡Claro que sí! Pero seremos sabios si no damos por sentado que debemos entregarnos a la tarea. Nuestro llamado es rendirnos a Dios.

Piense libremente y escriba en el margen algunos peligros que podríamos evitar si nos entregáramos más a Dios en lugar de una forma particular de ministerio.

¿Cómo cree usted que pudiéramos saber si Dios desea cambiar en algo nuestra misión o la tarea que nos ha asignado?

_____

_____

¡Recuerde el significado de "discípulo"! Alumno, aprendiz. No podemos esperar enterarnos cuándo Él ha preparado un estudio de campo si siempre estamos faltando a clase (es decir, faltando a nuestro tiempo con Dios en la Biblia y en oración). Parte de la emoción del agitado mundo de Jesucristo es que somos desafiados a seguir siempre aprendiendo, creciendo, escuchando y cuando Él lo ordena, a seguir moviéndonos.

Jesús: el único y suficiente

La motivación para dar. No sé si los discípulos, como nosotros, tenían idea de lo que habían recibido. Tenían el privilegio de ser los compañeros terrenales más cercanos del Hijo de Dios. Fueron elegidos para ser testigos del fenómeno más notable de toda la historia humana: el Verbo hecho carne que habitó entre nosotros. Ellos partían el pan con Él, reían con Él y hablaban de las Escrituras con Él. Conocían el sonido de su respiración cuando Él dormía. Sabían cuáles eran sus comidas favoritas. Lo veían sanar a los enfermos, liberar a los poseídos por demonios y resucitar a los muertos. Aunque nunca hubieran recibido nada más, ya tenían un privilegio mayor que cualquier otro. Pero Cristo no se detuvo allí. También les dio poder y autoridad.

Las palabras de Cristo en Mateo 10.8 deberían inspirarnos para derramarnos como ofrendas fragantes durante el resto de nuestra vida. Lea la última frase de Mateo 10.8. La expresión "de gracia" es *dorean*, que significa "libremente, gratis, como un regalo gratuito". Creo que sería muy interesante que viéramos esta misma palabra griega traducida de otra manera a nuestro idioma.

Complete el espacio en blanco en Juan 15.25: "_____ me aborrecieron".

Las palabras que completan el espacio en blanco son la traducción de ese mismo término: dorean. ¿Qué nos señala esto acerca de las cosas que hemos recibido de Cristo?

_____

¡Gracia irrazonable! Nada tiene de razonable el amor de Dios ni los dones que nos da tan libremente. Mateo 10.8 nos dice que aquellos que han recibido "de gracia" también deben dar "de gracia". La palabra que se traduce como "dad" es *didomi*, que significa "dar por voluntad propia, de buena gana".

Como yo, usted ha recibido, por gracia de Dios, tantas cosas que serían innumerables, pero, actualmente, ¿de qué tiene mayor conciencia de haber recibido de gracia, gratuitamente?

_____

¿Esa gracia particular, irrazonable, ha hecho que usted dé gratuitamente de sí mismo, últimamente? Si es así, ¿cómo fue?

_____

El equilibrio de recibir. Jesús les dijo a los discípulos que debían depender enteramente de aquellos que los recibieran, para satisfacer sus necesidades como alimento y refugio. El concepto de que el pueblo de Dios asume la responsabilidad por las necesidades de quienes lo sirven es maravillosamente constante a través de toda la Palabra.

¿De qué forma enseñan un concepto similar los siguientes pasajes?

Deuteronomio 10.8; 12.10-12, 18-19 _____

_____

1 Timoteo 5.17-18 _____

SEMANA 5: El Cristo de Dios

Podemos expresar nuestro cuidado de los siervos de Dios de toda clase de formas, no solamente con un salario. Por ejemplo, una pequeña congregación que se reúne debajo de un árbol en África quizá no tenga dinero para pagarle a su pastor, pero pueden compartir con él un poco de su comida, ropas o un lugar en sus casas. Recuerde, Dios nos ordena ocuparnos de las necesidades, no de los deseos codiciosos. Sí, una congregación también puede decidir llenar de amor a su pastor, pero creo que Dios exige que satisfaga sus necesidades en la mayor medida posible.

Cuando Cristo estableció este concepto de cuidado de sus discípulos "por medio de terceros", creo que tenía algo más que el cuidado físico en mente. Creo que también quería desarrollar las siguientes dos características.

Explique cómo el hecho de que otros proveyeran para los discípulos los ayudaría a desarrollar:

Confianza _____

Humildad _____

La sabiduría de la conciencia. Finalmente, estudiemos la instrucción de Cristo a sus discípulos en Mateo 10.16. Creo que esta palabra es aplicable tanto a los discípulos modernos de Cristo como a los doce originales. Nosotros también debemos ser "prudentes como serpientes y sencillos como palomas". La palabra griega que se traduce como "prudentes" es *phronimos*, que significa "prudente, sensato, con sabiduría práctica para las relaciones con los demás". Cuando entré al ministerio, yo no tenía idea de lo prudente que tendría que ser acerca de las relaciones.

¿Por qué cree usted que los doce habrían necesitado prudencia adicional en sus "ministerios"?

_____

_____

La palabra griega que se traduce como "sencillos" es *akeraios*, que significa "sin mezcla alguna de engaño, sin material contaminante". No importa quiénes seamos o qué hagamos todos, alguna vez, nos sentimos desafiados cuando parece que una mentira nos sería más útil que la verdad. Mire los versículos que siguen y verá la amonestación de Cristo acerca de ser prudentes y sencillos.

Lea Mateo 10.17-20. Escriba una lista de tentaciones que podrían hacer que los discípulos olvidaran su "sencillez" o inocencia en medio de esos retos.

_____

Finalmente, veamos la sabiduría de poseer tanto la prudencia como la sencillez bíblicas, ya que, entre ambas, encontraremos un equilibrio vital. 2 Corintios 11.3 nos habla específicamente de Satanás, pero también nos dice cómo puede ser una serpiente sin inocencia.

Si nuestra prudencia no se complementara con nuestra "sencillez", ¿en qué podríamos convertirnos?

❏ En astutos ❏ En incrédulos ❏ En irrazonables

¿Cómo nos dice Oseas 7.11 que una sencilla paloma podría ser si no tuviera la prudencia bíblica? _____

¿Se le ocurre por qué aquellos que no son engañosos son fáciles de engañar? Dios no quiere que podamos darnos cuenta de que estamos siendo engañados porque nosotros mismos somos maestros del engaño. No quiere que reconozcamos la falsedad porque sabemos cómo torcer la verdad. Dios desea desarrollar una integridad agradable a Él en cada uno de nosotros. Él desea que reconozcamos lo falso porque conocemos muy bien lo verdadero. Quiere que seamos inteligentes sin estar sospechando siempre; inocentes, sin ser ingenuos. El reto es enorme, así que tómelo en serio. Nosotros también somos ovejas en medio de lobos. A mí me han comido viva varias veces y tengo "cicatrices" que lo prueban. ¡Qué daría por ahorrarle algunas cicatrices a usted!

Lo que hay ahí afuera es peligroso. Mi mejor consejo, querido cordero, es que se mantenga cerca de su Pastor.

DÍA 4

Cestas de bendiciones

Me encanta el viejo himno "¡Oh, tu fidelidad!" Realmente, "nada me falta, pues todo provees". Dios ha ido mucho más allá de lo que yo necesito. Eso es lo que me sorprende. El mismo y maravilloso himno canta de la abundancia con que Dios provee: "Tu compasión y bondad nunca fallan"[3] Nunca entenderé cómo Dios puede darnos una bendición y después agregar diez mil más. Esa es la abundancia de la que habla lección de hoy.

Nos dedicaremos a observar el campo en el que miles de personas se han reunido y una sola ha llevado algo para almorzar.

El tesoro de hoy
"Y comieron todos, y se saciaron; y recogieron lo que les sobró, doce cestas de pedazos"
(Lucas 9.17).

Lea Lucas 9.10-17. Si la historia le resulta conocida, pida a Dios que le permita leerla con nuevos ojos.

¿Sabía que este es el único milagro que registran los cuatro evangelios? Cristo realizó tantos otros prodigios y señales que ni un solo evangelio los contiene todos, pero los cuatro incluyen la alimentación de los cinco mil: una prueba de la importancia de este milagro. Hoy vamos a entrevistar a los cuatro escritores, sencillamente, porque podemos. No volveremos a tener de nuevo esta oportunidad.

Compare Lucas 9.10 con Marcos 6.30-32. ¿Por qué quiso retirarse Cristo con sus discípulos? _____

Su tiempo de descanso fue interrumpido por una multitud agitada. Compare Lucas 9.11 con Marcos 6.34. Marcos señala la razón por la que nació la compasión en el corazón de Cristo. El pueblo estaba "como ovejas sin pastor".

¿**Q**ué vio Cristo en ellos, para describirlos de esa manera?

_____

SEMANA 5: **El Cristo de Dios**

Los discípulos se preocuparon por la gente porque era tarde y el lugar era apartado. Me resulta interesante que Cristo les haya devuelto el reto a sus discípulos. En su diálogo con Cristo, Juan menciona los dos principales actores de este grupo. Dado que se dice muy poco de ellos en comparación con Juan, Jacobo y Pedro, prestémosles atención. Lea Juan 6.5-9. Por el momento, trate estos versículos como si fueran los únicos que nos brindan información sobre estos dos discípulos. ¡Sea creativo! Esto es pura conjetura y tiene el propósito de ayudarnos a explorar la dinámica humana.

¿Qué posibles características podrían sugerirnos estos pasajes sobre Felipe y Andrés? Considere sus personalidades y sus procesos de razonamiento.

Felipe _____

Andrés _____

¿Cuánto comió la gente? (Juan 6.11). Elija una opción.
❏ todo lo que había ❏ la mitad de la comida
❏ todo lo que quisieron ❏ todo el pescado

Sabemos que Jesús "sabía lo que había de hacer" (Juan 6.6). Creo que Él planeó todo hasta el último detalle, incluyendo el resultado final. Los cuatro evangelistas nos dicen que quedaron doce cestas de pedazos.

Aunque no sabemos exactamente qué tenía en mente Cristo, piense qué importancia podría tener el número de cestas, según su opinión.

_____

Ahora que ha tenido la oportunidad de expresar sus propias ideas sobre los pasajes, recorramos juntos este lugar. Cualquiera de nosotros que haya quedado agotado después de un intenso tiempo de ministerio puede apreciar profundamente la escena inicial de Lucas 9.10. Se nos dice que los apóstoles habían vuelto (Lucas 9.10). Recuerde la lección anterior.

¿Qué habían estado haciendo? _____

Me encanta la versión que da Marcos del recibimiento que les hizo Cristo. Lea de nuevo Marcos 6.30-32. Imagínelo: Él está rodeado de los doce discípulos que, probablemente, están tan emocionados que hablan todos a la vez. ¡Qué escena más conmovedora! Están tan felices de verlo y Él está feliz de verlos a ellos. ¡Cuánto afecto hay en esta escena! Podemos suponer que Él, en su omnisciencia, sabía todo lo que ellos habían hecho y habían enseñado pero me gusta cómo celebró sus noticias con el entusiasmo de alguien que recibe una sorpresa. Algunas veces me entusiasmo contándole a Dios cada detalle de algo emocionante que ha sucedido, a mil palabras por minuto, hasta que de repente, me doy cuenta y digo: pero supongo que tú ya sabías todo esto. Cada vez que esto sucede, siento que Él me dice: No importa, hija, no te detengas. ¡Sigue contándome! Y eso hago.

Amado hermano, ¿se siente usted en libertad de hablar con Él con el entusiasmo con que hablaría con un amigo? Explique su respuesta.

_____

_____

Cristo no solo ve nuestro entusiasmo. También ve nuestro agotamiento. Me gusta cómo dice Marcos 6.31: "Ni aun tenían tiempo para comer". Él vio la necesidad de ellos de descansar y compartir una comida que renovara sus fuerzas. Su invitación es tan cálida y personal que mi amor por Él se agiganta cada vez que la leo: "Venid vosotros aparte a un lugar desierto, y descansad un poco" (v. 31). No puedo pasar por alto la oportunidad de señalar que la palabra que se traduce como "descansad" es, en el original, *anapauo*. *Pauo* significa "cesar, dar descanso". ¿Adivine qué significa *ana*? ¡Otra vez! No necesitamos esta clase de descanso una sola vez. La necesitamos una y otra vez. No solo tenemos el permiso de Cristo para descansar cuando estamos exhaustos, sino que Él nos dice: ¡Ven a mí, tú que estás tan cansado, y vuelve a descansar!

¿Sabe? En medio de esa escapada privada, apareció la gente. La respuesta de Cristo a la multitud me conmueve: "Él les recibió" (Lucas 9.11); "Eran como ovejas que no tenían pastor" (Marcos 6.34). Desesperados, vulnerables, sin dirección, sin protección, y Él tuvo compasión de ellos. Según Mateo, sería bastante lógico imaginar que al menos diez mil personas se habían reunido en ese lugar. ¿Cuándo fue la última vez que usted estuvo en un grupo de diez mil personas? ¿Se imagina lo impresionante que habría sido esa vista para alguien que fuera menos que Dios hecho carne? Pero su Palabra nos dice que Él "sanaba a los que necesitaban ser curados" (Lucas 9.11). El día avanzó y el sol volvió a descansar sobre las colinas del oeste. Aproximadamente en esos momentos, algo muy interesante sucedió. Estudie conmigo las siguientes observaciones.

Cristo, algunas veces, provoca una pregunta para la que Él pueda ser la respuesta. Me encanta cómo la versión de Juan dice que Cristo planteó la pregunta: "¿De dónde compraremos pan para que coman éstos?" (Juan 6.5). El versículo 6 nos dice: "Pero esto decía para probarle".

¿Qué cree usted que habrá estado probando Cristo en sus discípulos, con esta pregunta?

_____

Una vez más, recuerdo la definición de discípulo: "alumno, aprendiz". Creo que Cristo podría haber estado probando a sus discípulos para que demostraran en la práctica lo que habían aprendido o, como en mi caso, lo que aún tenían que aprender.

¿Qué clase de milagros habían visto y hasta realizado los discípulos para este entonces?

_____

Pero, aun así, ellos no podían imaginar cómo iban a alimentar a todas estas personas hambrientas. Creo que Jesús quizá los probó para ver si comenzaban a pensar según la fe. Su respuesta demuestra que su fe aún estaba fragmentada. Aunque habían visto a Cristo echar fuera demonios y sanar a los enfermos, todavía no se les había ocurrido que podía alimentar a las multitudes. Aún tenían mucho por aprender acerca de la "competencia" total de Cristo.

Cristo puede satisfacer nuestras necesidades espirituales, emocionales y físicas. Él es profundamente espiritual y, al mismo tiempo, completamente práctico. También puede aplicar un milagro a cualquier situación. Cristo les estaba enseñando a verlo a Él, su poder y su autoridad en todas las esferas de la vida. ¡Cuánto necesito yo algo así! ¿Y usted?

SEMANA 5: El Cristo de Dios

¿Ha comenzado a pensar con fe con frecuencia o aún su fe está fragmentada? Escriba su respuesta en forma de ejemplo personal.

_____

_____

Cristo quiere que estemos abiertos a lo que Él puede hacer por medio de nosotros. Estoy segura que no se le ha pasado por alto la forma en que Él dejó en manos de sus discípulos la responsabilidad por la alimentación de esa multitud: "Dadles vosotros de comer" (Lucas 9.13). Le recuerdo que ellos habían recibido poder y autoridad para sanar enfermos y echar fuera demonios, pero se quedaron mirando los dos peces y los cinco panes con que contaban como si fueran todos los recursos disponibles.

Una vez más, creo que Cristo les estaba diciendo: "¡Piensen más en grande, muchachos!" Esta vez, no solo acerca de lo que Él podía hacer, sino de lo que ellos podían hacer en su nombre. En lo que a los discípulos respecta, creo que este hecho sirvió para abrirles la mente. Lea de nuevo y verá que las palabras de Jesús están desprovistas de reproche. No pase por alto el hecho de que Él usó a los discípulos para distribuir la comida. Él quería que sintieran el peso de las cestas y vieran las manos que extendían los que iban a ser alimentados. Poder real, de forma real, en la vida real.

Cristo puede realizar maravillas impresionantes cuando le damos todo lo que tenemos. Mateo 14.17 registra las palabras de los discípulos: "No tenemos aquí sino cinco panes y dos peces". Cristo les responde en el versículo 18: "Traédmelos acá". Amado hermano, quiero que escuche algo claro y fuerte: no importa qué es lo único que usted tiene; cuando se lo trae todo a Jesús, ¡es enorme! Cuando le traemos todo lo que tenemos, Él lo multiplica más allá de nuestros más alocados sueños. Por otro lado, podemos entregarle "un poco" de todo lo que tenemos y ver cómo se reduce prácticamente a nada. No conozco otra manera de decirlo: Cristo es para "todo" y "todos", no para "la mitad" y "algo".

✎ ¿Cuándo fue la última vez que usted vio a Cristo tomar el equivalente de unos pocos panes y peces y multiplicarlos delante de sus ojos?

_____

Cristo guardó una cesta de los sobrantes para cada discípulo. Cuando todos hubieron comido y estaban satisfechos, los discípulos recogieron los sobrantes y llenaron doce canastas. No puedo convencerme de que esto sea una coincidencia. No soy matemática, pero los números me atraen. Doce canastas. Doce discípulos. Yo soy una mujer sencilla. Los discípulos necesitaban algo de reposo ese día. Después de un descanso demasiado breve, les había caído encima una terrible responsabilidad y una cesta. Lo único que hacía falta era todo lo que un niñito dispuesto ofreció y la bendición de Jesús. Lo próximo que sabemos es que la multitud estaba feliz como cachorros al sol y los discípulos estaban allí, con una cesta de los sobrantes para cada uno. Eso es lo que sucede cuando tomamos parte en la provisión de Dios.

Cuando tenía veinte años, a mi hija mayor le pidieron que fuera a hablar a un grupo de jovencitas adolescentes en Oklahoma. Ella es la más vergonzosa de mis dos hijas y se resiste a estar en el candelero. Con un gesto de horror, me dijo que estaba segura de que Dios le indicaba que aceptara. No puedo explicarle cuán lejos de su "terreno conocido" era para ella hacer esto.

Las "mariposas" en el estómago la acompañaron desde el momento en que recibió la invitación hasta que llegó el día de la conferencia. ¡Con cuánta emoción la acompañé hasta el avión para que fuera a dar su charla como tantas veces había hecho ella conmigo! A pesar de sus temores, sobrevivió a la experiencia. Las jóvenes recibieron un sano mensaje de la Palabra, aunque la voz que lo pronunciaba se quebró un par de veces.

¡Piensen en grande, muchachos!
Aún les falta descubrir
Que yo tengo todo el poder
Todo el tiempo.

¡Piensen en grande, muchachos!
Mientras es de día,
Vean lo que hago,
Y hagan lo que digo.

¡Piensen en grande, muchachos!
Vean cada escena
Conmigo en el centro,
Reinando.

¡Piensen en grande, muchachos!
Porque un día me verán
En mi gloria,
Y entonces me dirán

"¡Tendríamos que haber pensado más en grande!"

A la mañana siguiente, me llamó, con tanta dulzura, con la voz quebrada, para decirme: "Mamá, acabo de tener mi tiempo con el Señor y Él fue ¡tan dulce!"

Me di cuenta de que le costaba expresar lo que estaba sintiendo, pero sabía exactamente de qué hablaba, así que le dije: "Hija mía, preciosa, acabas de experimentar aquello por lo que vale la pena vender todas tus posesiones terrenales para ganarlo y aun así, es un regalo de la gracia: la aprobación de Dios. El gesto de asentimiento y la sonrisa de Dios. No hay nada como eso".

Con un suspiro apenas audible, mi pequeña, humilde hija dijo: "Sí".

Tengo que luchar para que no se me escapen las lágrimas al recordarlo. ¿Sabe? Este acto de obediencia fue terriblemente difícil para ella. Se sentía mal preparada, aunque no lo estaba. Podría haber presentado una larga lista de otras jóvenes que consideraba mejores opciones que ella misma. Pero no lo hizo. En realidad, dijo: "Lo único que tengo es este miserable puñado de panes y peces". Y Jesús le dijo: "Tráemelos acá". Cuando todo terminó, ella no estaba segura de qué habían recibido las jovencitas, pero Dios le había dado a ella pan de su Palabra y ella lo había distribuido lo mejor que pudo.

Amanda se alegró de haber sobrevivido pero imagine la sorpresa que se llevó cuando vio que no había sobrevivido simplemente. A la mañana siguiente, mientras se presentaba delante del Señor, Él le entregó una cesta llena de sobrantes. Bendiciones que eran solo para ella y diez mil más. Ella había estado dispuesta a ser su discípula. Su aprendiz. Novata. Él no hubiera permitido que ella se fuera con las manos vacías. Tampoco permitirá que usted se vaya con las manos vacías, amigo mío. No es su estilo.

¡Grande es su fidelidad!

DÍA 5

Confesiones del corazón

El tesoro de hoy
"Él les dijo: ¿Y vosotros, quién decís que soy? Entonces respondiendo Pedro, dijo: El Cristo de Dios"
(Lucas 9.20).

Hoy llegamos a uno de los puntos más cruciales en el ministerio terrenal de Cristo. Vemos una cadena de conversaciones importantes que podemos comprender mejor si las relacionamos. Hoy necesitaremos todo el espacio que consigamos, así que limitaré mis comentarios introductorios a estos: Por favor, comience orando para que Dios le dé un entendimiento que lo lleve más lejos que cualquier comentario mío. Sin duda, yo dejaré muchas cosas por decir. Nuestra lectura se dividirá hoy en cuatro partes.

Primera parte: La confesión de Pedro. La Biblia señala que Cristo estaba orando en privado, pero sabemos que sus discípulos lo acompañaban. Creo que podemos llegar a la conclusión de que Él no estaba orando con ellos, pero sin duda, es posible que estuviera orando por ellos.

*P*or favor, lea Lucas 9.18-21 y Mateo 16.13-19. Observe el contexto de ese intercambio. ¿Qué había estado haciendo Cristo cuando se detuvo y preguntó a sus discípulos quién decía la gente que Él era?

_____

Adelántese y lea por un momento Lucas 9.22. Teniendo en cuenta la pregunta que Él formuló en Lucas 9.18 y la predicción que estaba a punto de hacer, trate de imaginar por qué cosas habrá estado orando Cristo.

SEMANA 5: El Cristo de Dios

*E*scriba lo que se imagine a continuación:

_____

_____

Probablemente la determinación de Herodes de conocer la identidad de Cristo, como se indica en Lucas 9.9, puede haber dado un tema de conversación a la gente. No tenemos por qué dudar que todos los que sabían que Cristo existía estaban tratando de descubrir quién era Él. Teniendo en cuenta los hechos que estaban a punto de ocurrir en los planes terrenales de Cristo, no era fundamental que la gente conociera la identidad plena de Jesús en ese momento, pero sí era muy importante que sus discípulos la conocieran. Ellos necesitarían con urgencia saber quién era Él, aunque no pudieran comprender lo que estaba haciendo. "¿Y vosotros, quién decís que soy?"

Pedro salió a la palestra: "El Cristo de Dios" (Lucas 9.20). El *Christos*. El Ungido. El Mesías. El evangelio de Mateo registra la aprobación divina de Cristo ante la inspirada respuesta de Pedro: "Bienaventurado eres, Simón, hijo de Jonás, porque no te lo reveló carne ni sangre, sino mi Padre que está en los cielos" (Mateo 16.17). ¿Comprende usted, mi querido hermano que si conoce la identidad verdadera de Jesucristo, no es porque ningún predicador o maestro se la haya revelado? El Padre de toda la creación, el Dios que está sentado en el trono del universo, lo buscó entre millones de personas y decidió revelarle a su Hijo. Recuerde esto la próxima vez que se sienta insignificante.

Varias veces, veremos a Pedro actuar como algo así como un vocero de los discípulos. No creo que debamos llegar a la conclusión de que él era el único de los doce que sabía que Cristo era el Mesías de Dios. Pero, sin duda él era un líder de los discípulos y no dudó en responder la pregunta. La respuesta que le da Cristo es sorprendente y el juego de palabras, extraordinario. "Y yo también te digo, que tú eres Pedro, y sobre esta roca edificaré mi iglesia" (Mateo 16.18). El nombre Pedro en su forma original es *petros* que significa "piedra. Una piedra grande, un trozo o fragmento de una piedra, como el que podría arrojar un hombre". Su nombre podría traducirse literalmente como "hombre piedra". ¿No es un nombre extraordinario?

Después de confirmar el nombre que Él mismo le había dado a Pedro, Jesús le dijo: "Sobre esta roca edificaré mi iglesia". ¡Preste atención aquí! En este caso, la palabra "roca" es *petra* que significa "una roca protuberante, un acantilado. Se distingue de la forma masculina *petro* en que *petra* es una masa de roca, mientras que *petro* es una piedra aislada, una piedra que puede ser arrojada o movida fácilmente. Usada metafóricamente para referirse a Cristo y al testimonio relativo a Él que es inalterable, inamovible".

*P*ara fijar el concepto, ¿qué significa cada una de estas dos palabras en Mateo 16.18?

"Pedro": Palabra griega _____ significado _____
"Roca": Palabra griega _____ significado: _____

Al hablar de la roca sobre la cual edificaría su iglesia, creo que Cristo estaba hablando del testimonio inamovible, inalterable de Jesucristo que Pedro acababa de dar. Basándome en las definiciones anteriores, creo que Cristo estaba queriendo decir: "Pedro, el testimonio de mi identidad es la roca inamovible sobre la cual edificaré mi iglesia. Tú, mi "hombre piedra", eres un fragmento de esta roca inamovible al que le daré un tremendo poder". Pedro era un fragmento del inamovible acantilado que era Jesucristo: una piedra que Cristo arrojaría de un lugar a otro como testimonio de la roca de la cual había sido cortado. ¡Con qué belleza Isaías 51.1 aconseja algo que podría haberse aplicado a Pedro y sin duda se aplica a nosotros!

Explique, en sus propias palabras, qué dice. _____

_____

Observe que Cristo dijo específicamente que las puertas del Hades no prevalecerían contra su iglesia. Muchas veces se me ocurre la idea de que Satanás no puede hacer nada para prevalecer contra la iglesia, el cuerpo de creyentes en Cristo, desde afuera. Ninguna perversidad, depravación o persecución, por grande que sea, puede vencer a la Iglesia. Satanás no puede destruirnos desde afuera; por eso trata de trabajar desde adentro con divisiones, amargura entre los creyentes, luchas internas y elitismos denominacionales. Las iglesias locales no mueren a causa de la influencia del mundo; mueren por sus propias enfermedades internas. Estemos alertas para descubrir esos "trabajos internos". Mantengamos a Satanás afuera y ni siquiera las puertas del Hades prevalecerán contra nosotros.

Segunda parte: La predicción de Cristo. Lea Lucas 9.22-23. ¿Lo asombra tanto como a mí leer estos versículos como si nunca antes los hubiera visto? Cristo no habló en parábolas aquí. Nada de verdades veladas. Nada de insinuaciones. Ni un solo mensaje mezclado.

Escriba cada cosa que Cristo les dijo a los discípulos que podían esperar:

_____

_____

La claridad con que Jesús les dijo a sus discípulos lo que podían esperar hará que su deserción sea mucho más compleja cuando llegue el momento. Una vez más me maravilla la conciencia literal que Cristo tenía de cada detalle de lo que iba a enfrentar. "Es necesario que el Hijo del Hombre padezca muchas cosas, [...], y que sea muerto". La palabra griega que se traduce como "es necesario" es *dei*, que significa "inevitable según la naturaleza de las cosas".

Basándose en su propio entendimiento, ¿por qué el sufrimiento y la muerte de Cristo eran inevitables según la naturaleza de las cosas?

_____

Tercera parte: La reacción de Pedro. No es necesario que nos preguntemos si los discípulos quedaron horrorizados ante el futuro sufrimiento y muerte de Cristo. Creo que estaban tan concentrados en la "mala noticia" que pasaron por alto la buena noticia de la gloriosa resurrección. Una vez más, Pedro se adelanta, pero esta vez, lo que dice lo mete en problemas. ¡Sí, con esto también me siento identificada!

¿*Qué* hizo Pedro? (Mateo 16.21-23). _____

_____

Pedro llevó aparte al Cristo, al Hijo del Dios viviente, y lo reprendió. Intente imaginar a Pedro en medio de los discípulos, justo después que Jesús había anunciado su futuro, diciendo algo así como: "Jesús, ¿puedes venir acá un minuto? Disculpen, hermanos. Volveremos enseguida". Y después comenzó a reprenderlo. En mi opinión, el "hombre piedra" puede considerarse afortunado de que Cristo no lo haya lanzado al lago más cercano. Al ver este intercambio de palabras, surgen varias ideas:

SEMANA 5: El Cristo de Dios

En un minuto podemos estar "en el lugar justo" y al minuto siguiente, haber perdido completamente el rumbo. ¿Amén? Sin dudas, algunos de mis mejores momentos vinieron justo antes de mis peores desastres.

¿Cuál es su experiencia? ¿Algún comentario?

Leo y releo estas palabras: "En ninguna manera esto te acontezca". Me pregunto al ver la respuesta de Cristo a Pedro, si en su corazón no habría estado pensando, más bien: "¡En ninguna manera esto *me* acontezca! ¡Yo he dejado todo para seguirte! ¡No te nos puedes morir ahora! ¡Tenemos que construir un reino!" Él no comprendió que el sufrimiento y la muerte de Cristo serían los medios por los cuales Él iba a asegurarse el reino.

Pedro comprendía la identidad de Jesús: el Cristo, el Hijo del Dios viviente. Pero no comprendía el destino de Cristo: la cruz, el sepulcro, la diestra de Dios. Quizá hubiera sido mejor que preguntara: "¿Por qué debes morir?" en lugar de reprenderlo.

Pero Pedro no fue descartado; como tampoco lo somos nosotros, aunque cometamos la peor tontería. ¡Gloria a Dios! Cristo no se retractó del llamamiento que le había hecho a Pedro, pero sin duda le dijo algunas cosas.

Lo único que necesita Satanás para tener una victoria momentánea sobre un discípulo es que pongamos la mira en las cosas de los hombres. Satanás no necesita hacer que pensemos en cosas obviamente satánicas para tener la victoria sobre nosotros. Lo único que necesita es que miremos la vida desde una perspectiva humana en lugar de desde la perspectiva de Dios. ¡Si rendimos nuestra mente a las cosas de Dios, estamos a salvo! No tenemos que estar cuidando constantemente nuestros intereses, porque Él ya los está cuidando. Lo que Pedro no comprendía es que lo que pudiera haber parecido mejor a corto plazo podría haber sido desastroso a largo plazo. Si Jesús les hubiera ahorrado a sus discípulos la ansiedad de su traición, su captura, sus juicios y su muerte, no los habría salvado. Sin la cruz, el hombre no tenía oportunidad de la salvación.

No sé si en algún momento habremos caminado durante tanto tiempo con Cristo en esta tierra que lleguemos a tener perpetuamente en nuestros pensamientos las cosas de Dios en lugar de las cosas de los hombres. Si no tomamos la decisión consciente de poner la mira en las cosas de Dios cuando debemos enfrentar nuestros mayores retos, la mayoría de nosotros, probablemente, volveremos por defecto como una computadora, a nuestro instinto mental natural: las cosas de los hombres.

¿Cuál es el mayor reto que usted enfrenta en estos momentos? _____

_____

¿Ha tomado la decisión consciente de "poner la mira en las cosas de Dios"?
❏ Sí   ❏ No

🔥 Todos vacilamos a veces. Cuando estemos luchando, ¿cómo podemos concentrarnos en las cosas de Dios en lugar de las cosas de los hombres?

_____

El ejemplo de Pedro demuestra nuestra vacilación entre poner la mira en las cosas de Dios o ponerla en las cosas de los hombres. Si comparamos los evangelios de Mateo y de Lucas todos estos hechos, al parecer, sucedieron en una misma escena. En un momento, Pedro hace una afirmación que Cristo dijo que solo podía haberle sido revelada por el Padre. Lo próximo que sabemos de Él es que hace una afirmación que Cristo atribuye al diablo. En un minuto, una piedra; al minuto siguiente, una piedra de tropiezo. ¡Ay! ¡Qué idea tan perturbadora! ¡Cómo debemos estar en guardia!

Cuarta parte: La invitación de Cristo. A la luz del comportamiento de Pedro y su consiguiente represión, vemos una respuesta sorprendente del Señor.

Lea **Mateo 16.24-28 y Lucas 9.23-27. Escriba tres palabras que, según su opinión, caractericen esta invitación:**

_____   _____   _____

Probablemente haya escrito algo así como "extrema". Realmente lo es. Quisiera que nos concentremos en la versión que Lucas nos da de esta invitación, pero antes, por favor no pase por alto el hecho de que Pedro aún estaba invitado a "seguir" a Jesús, después de su horrible paso en falso. Me intriga el hecho de que Pedro, en realidad, escuchó la invitación a seguirlo tres veces antes que Cristo ascendiera a la diestra del Padre: Mateo 4.19, este pasaje y Juan 21.19. Es casi como si estuviera tomando un curso acelerado en la universidad sobre llamado "Seguimiento 101". La primera invitación era para seguir a Jesús como discípulo. La segunda, para seguirlo con una cruz. La tercera, para seguirlo hasta la muerte. No es casualidad que la tradición sostenga que Pedro terminó siguiendo a Cristo hasta la muerte en una cruz.

Trataré **el tema de tomar nuestra cruz en la semana 8, pero por ahora ¿qué cree usted que quería decir Cristo al hablar de tomar la cruz?**

_____

Desarrollar la estructura mental de una persona que continuamente toma su cruz y sigue a Cristo es la base para "poner la mira en las cosas de Dios" más que en las de los hombres. No olvide que el tema que motivó estas palabras fue el de la identificación de Cristo. Cuando estamos dispuestos a llevar nuestras cruces y seguirlo, nos identificamos con Él.

Veamos dos conceptos más que están contenidos en la invitación de Cristo:

Negarnos a nosotros mismos. Quienes aceptan esta invitación son llamados a negarse a sí mismos. En contexto, no creo que Cristo estuviera hablando de las cosas que generalmente consideramos "autonegación". El tema aquí no era ayunar ni privarnos de algo adicional. Tampoco tenía que ver con aborrecernos a nosotros mismos, porque Cristo nos ordenó amar a nuestro prójimo como a nosotros mismos. Una vez más, recordando el concepto original de la identidad de Cristo, creo que el tema principal que implica esta autonegación es negarnos el derecho a ser nuestra propia autoridad.

Hoy creo que llegamos a darnos cuenta de algo que debe hacernos reflexionar, muchas veces lo que pensamos que es nuestra propia autoridad (tener la mira en las cosas de los hombres) puede muy fácilmente pasar a ser autoridad de Satanás. He aprendido a golpes que negarme el derecho de ser mi propia jefa es lo que impide que Satanás me destruya en la batalla. Reconozcamos que eso de "sea su propio jefe" no es más que un mito.

Tomar la cruz cada día. La clave para ser seguidores de Cristo es la renovación diaria del compromiso con su cruz. Una razón por la que me atrae la versión de Lucas de esta invitación, más que la de Mateo es que Lucas incluye dos palabras fundamentales.

Por favor, **complete el espacio en blanco: "Si alguno quiere venir en pos de mí, niéguese a sí mismo, tome su cruz _____, y sígame".**

En mi opinión, el Dr. Lucas escribió la receta para una vida victoriosa y la escribió para todos los que deseamos convertirnos en discípulos de Cristo: vivir la vida rindiéndonos a Él cada día. Mirando al Este. Las manos en la cruz. Y los pies en la tierra.

SEMANA 6

La necesidad

Día 1
Todo es posible

Día 2
El camino a la grandeza

Día 3
Los setenta

Día 4
El corazón de un prójimo

Día 5
La verdadera historia de las dos hermanas

¡Me encanta la parte del viaje que nos espera ahora! Dado que el tema de nuestro estudio es biográfico más que temático, Dios está trabajando en nuestros corazones y mentes sobre muchos temas cada semana, ¿verdad? Sencillamente estamos yendo donde va Jesús. ¡Y Él va a muchos lugares! ¿Le he dicho últimamente cuánto me divierte hacer este viaje con usted? Juntos, somos los discípulos trece y catorce de Jesús. Si en realidad asimiláramos y aplicáramos lo que encontraremos en el estudio de esta semana, nuestro discipulado será totalmente transformado. Dios nos desafiará a vencer la falta de fe, la soberbia y todas las motivaciones erróneas para servirlo. Cristo tiene tanto para decirnos a nosotros en esta semana como tuvo para decirles a quienes estaban cara a cara frente a Él en sus encuentros. No tendremos que buscar formas creativas de aplicar estos encuentros a nuestra vida. Esas sandalias nos calzarán perfectamente si estamos dispuestos a usarlas. También evitarán que nuestros pies resbalen mientras recorremos las millas de ministerio que aún nos faltan. Pidamos a Dios que nos ayude a estar dispuestos a identificarnos con lo que leamos.

Preguntas principales:
Día 1: ¿Qué parte del pedido del padre pasó por alto Jesús en Marcos 9.23?
Día 2: ¿Qué dos sucesos ocurrieron en Lucas 9.28-43 que pueden haber dado origen a la pregunta sobre la grandeza en Lucas 9.46?
Día 3: ¿Cuál es la causa principal por la que los setenta debían estar gozosos, según les dijo Cristo?
Día 4: Basándonos en el relato de Lucas 10.25-37, ¿cómo definiría usted, en una sola frase, la palabra "prójimo"?
Día 5: ¿A quién amaba Jesús: a María o a Marta? ¿Qué le enseña esto a usted?

No dudemos ni un solo momento. El estudio del primer día quizá sea lo que usted necesite en este momento para la situación que está enfrentando. Tome parte con Jesús.

DÍA 1

Todo es posible

El tesoro de hoy
"Jesús le dijo: Si puedes creer, al que cree todo le es posible" (Marcos 9.23).

Hemos pasado la mitad de nuestro viaje. ¡Usted es increíble! Ha hecho un trabajo estupendo. Tenemos varias millas de Galilea tras nosotros, pero aún nos esperan los recorridos más importantes de Cristo. Tomemos unos minutos para renovar nuestro compromiso. Quedémonos en este viaje hasta que lo único que podamos ver sean los pies de Cristo ascendiendo al cielo por sobre nuestras cabezas. Haga una pausa y pídale a Dios que le permita seguir concentrado hasta que hayamos llegado al final.

Para saber lo que ha sucedido justo antes del texto que estudiaremos hoy, lea Lucas 9.28-36. El pasaje para hoy es Lucas 9.37-45. Lea estos versículos con atención, y lea después el relato más detallado en Marcos 9.14-32. Complete lo siguiente basándose en ambos evangelios:

Cuando Cristo, Pedro y Juan bajaron de la montaña, ¿qué estaban haciendo los otros discípulos?
❏ pescando   ❏ durmiendo   ❏ tratando de echar fuera un demonio

Describa la emoción que cree que podría haber sentido Cristo al decir las palabras de Lucas 9.41 y Marcos 9.19.

_____

¿Qué efectos tenía la posesión demoníaca sobre este joven en particular?

_____

¿Qué parte del pedido del padre pasó por alto Cristo en Marcos 9.23?

_____

El evangelio de Lucas no incluye el pedido de los discípulos, de saber por qué no podían echar fuera el demonio. Pero Mateo y Marcos sí lo incluyen.

¿Cómo lo explica Cristo en cada caso?

Marcos 9.29 _____

Mateo 17.20 _____

Quizá usted esté pensando: "¡Otra lección sobre la fe! ¿No acabamos de tener dos lecciones sobre la fe en la semana 5?" ¡Claro que sí! Y tendremos muchas más, porque toda nuestra vida tiene que ver con la fe. En lo que respecta a los hijos de Dios, la fe es todo, porque "sin fe es imposible agradar a Dios" (Hebreos 11.6). Esta serie trata sobre dos cosas: Cristo y nuestra fe. Una apunta al cielo; la otra, a la tierra. Dios usa nuestra fe para demostrar sobre la tierra lo que ya ha logrado a través de Cristo en el cielo.

Bosquejemos la primera escena. El evangelio de Lucas señala el marco temporal como "al día siguiente", mientras que Mateo y Marcos implican que ocurrió en el tiempo inmediatamente posterior a la transfiguración. Esto pudiera indicar que la transfiguración ocurrió durante la noche. Cuando

Cristo y los tres discípulos regresaron de la montaña, los demás discípulos estaban discutiendo con los maestros de la ley. A primera vista, la disputa parece tener escasa relación con los hechos que rodean al joven poseído por demonios, pero Dios quiso específicamente que nos enteráramos de ella. Quisiera sugerir que esta disputa podría tener gran incidencia en el fracaso de los discípulos. Esto nos prepara para el primer punto:

Muchas veces nos es dado más poder que el que ejercemos. En Lucas 9.1, leemos que Jesús dio a los discípulos "les dio poder y autoridad sobre todos los demonios". ¿Cree usted que en este momento les había retirado ese poder? Ellos aún poseían el poder, pero no podían ejercerlo, por alguna razón. ¿Qué había sucedido, que les impedía ejercerlo? Estudiemos algunas posibilidades.

Las mayores influencias positivas estaban ausentes. Tenga en cuenta que no solo Cristo estaba fuera de su vista, sino también los tres discípulos líderes. En momentos como esos, nos damos cuenta de dónde está puesta nuestra confianza. Aunque sea sin mala intención, ¿está puesta en otros creyentes que tienen una fe más firme? Si somos osados cuando otros creyentes que tienen el mismo poder están cerca de nosotros, pero perdemos nuestra osadía cuando ellos no están, ¿será que hemos estado bebiendo del vaso de su fe en lugar de llenar el nuestro?

No le estoy restando importancia al poder del Espíritu que sentimos cuando muchos creyentes se reúnen. Pero, generalmente, no obramos día tras día en esa clase de atmósfera "colectiva". Además, jamás descubriremos lo que Dios nos ha capacitado para que hagamos personalmente si dependemos de la presencia de nuestros líderes. Nunca descubriremos nuestra fortaleza en el poder de Dios si siempre estamos tomando de la fortaleza de otros.

No solo estaban ausentes las mayores influencias positivas, sino que estaban presentes algunas de las mayores influencias negativas. Nada es comparable con tratar de hacer nuestro trabajo estando rodeados de personas a las que les gusta más discutir que comer. La presencia de los maestros de la ley, sin duda, fue terriblemente intimidatoria para estos hombres comparativamente incultos. Tampoco usted y yo estamos siempre rodeados de personas que estimulen nuestra fe.

Toda nuestra vida es un camino de fe. No podemos darnos el lujo de esperar que se den las condiciones ambientales correctas para actuar con el poder de Dios. Creo que Dios nos está enseñando que las peores condiciones pueden brindarnos el mejor ambiente para actuar con fe. Él no quiere que nuestra confianza dependa de nuestro "público". En realidad, si las personas que se burlan de nuestra fe logran hacer temblar nuestra confianza tanto como para quitarnos el poder, puede ser que nuestra confianza esté puesta en nosotros mismos en lugar de estar en Dios. La fortaleza de Dios no depende de quienes lo rodean.

¿*C*uándo fue la última vez que su confianza vaciló y usted no pudo hacer lo que Dios le había dado poder para hacer?

_____

Recuerdo un momento, hace poco tiempo, en que una carta de una egresada de un seminario que me criticaba hizo vacilar mi confianza. Mientras leía la carta, mi confianza se escurría como si alguien hubiera quitado el tapón de un lavabo. Comencé a pensar: "¡Tiene razón! ¿Qué estoy haciendo? No tengo educación teológica formal". Miré algunos errores que ella me señalaba y me dije: "¡Soy una estúpida! ¡Ni siquiera debiera de estar haciendo esto!"

Dios casi me dio un golpe para hacerme despertar. Me recordó, durante todos los días siguientes, que yo tenía razón: no debía estar haciendo eso. El ministerio es de Dios. Si pongo mi confianza en mí misma, estoy en graves problemas. Dios también me aseguró que siempre cometeré errores, pero ellos les servirán a mis lectores como recordatorios de que nunca tengan a su maestra en mayor estima de la que debieran. Solo a una persona puede tomársele cada palabra que diga. Lo que más le importa a Dios es que nuestro corazón sea agradable ante Él. Él siempre se interesará más por tener comunión con nosotros que por que nosotros tengamos muchos títulos universitarios. Creo que la presencia de quienes eran más cultos que los discípulos puede haber minado su confianza para ejercer el derecho y el poder que Dios les había dado.

La oración es el elemento crítico de la fe. Pregunté por qué los discípulos no podían echar fuera al demonio. El evangelio de Mateo dice que fue a causa de su poca fe. El evangelio de Marcos dice que fue a causa de su falta de oración. ¿Representan una discrepancia estas dos respuestas?

¡No! Su poca fe era consecuencia de su falta de oración. ¿Sabe? Sin oración volvemos a caer en nuestras propias fuerzas, en lugar de las fuerzas de Dios. Los discípulos estaban discutiendo con los maestros de la ley cuando debieran haber estado poniendo en práctica la grandeza y el poder de Dios a través de la oración y pidiéndole que demostrara su autoridad. La verdadera oración —no las peticiones hechas a medias, pensando en otra cosa— es lo que ahonda el pozo que Dios quiere llenar con la fe.

¿**Recuerda algún momento en su vida en que realmente trató de ejercitar la fe, pero sin orar intensamente?** ❏ Sí ❏ No

___

Jesús reprueba con dureza la falta de fe. Cristo respondió duramente al fracaso de los discípulos en usar el poder que Él les había dado. Los tres evangelios sinópticos registran sus palabras: "¡Oh generación incrédula! ¿Hasta cuándo he de estar con vosotros? ¿Hasta cuándo os he de soportar?" (Marcos 9.19). Creo que su frase con relación a cuánto tiempo más debería soportarlos era una alusión a la brevedad del tiempo que le quedaba sobre la tierra. Era como si les dijera: "¿Cuánto tardarán en aprender esto, muchachos? ¡No voy a estar en forma visible con ustedes mucho tiempo más!"

Veamos de nuevo los adjetivos con que Cristo calificó a la generación. El primero es "incrédula". La expresión que registra Mateo 17.20: "poca fe" es *apistian*: "falta de fe". Después de tres décadas y media de seguir a Cristo, solo ahora comienzo a darme cuenta de la magnitud del pecado de la incredulidad. La palabra "incrédulo" significa "no digno de confianza, no confiable".

La definición implica que cuando nosotros no tenemos fe, con nuestra actitud y nuestras acciones damos a entender que Cristo no es digno de nuestra confianza que —me cuesta hasta escribirlo— no es confiable. La falta de fe de sus discípulos significaba que estaban dispuestos a permitir que la temperatura de su fe subiera o bajara según la dinámica que los rodeaba y no según la firme Palabra del Señor.

The Bible Knowledge Commentary presenta una afirmación sobre este tema que me hace reflexionar: **¡Oh generación incrédula!** hace énfasis en la causa característica de todo fracaso espiritual: la falta de fe en Dios".[1]

Nombre un ejemplo de "fracaso espiritual". Después, explique cómo podría estar relacionado con la falta de fe en Dios (por ejemplo: idolatría, adulterio, temor paralizante).

___

___

Los discípulos no eran los únicos que sufrían una crisis de fe en esta escena. Pasemos el resto de la lección concentrándonos en la fe del padre de este joven. Lea de nuevo el diálogo en Marcos 9.20-27, cuando Cristo vuelve su atención a estos dos atormentados. Solo el hijo estaba poseído por un demonio, pero no tenemos siquiera que preguntarnos si el padre estaba sufriendo. Trate de imaginar lo que este hombre había vivido.

SEMANA 6: La necesidad

$\mathcal{A}$ continuación, explique lo que usted imagina que habrá sufrido el padre de este joven, usando todos los adjetivos que le parezcan necesarios.

_____

_____

En mi opinión, Marcos 9.22-23 relata uno de los más importantes conflictos espirituales que se reflejan en toda la Palabra de Dios. Casi me siento abrumada de compasión por el padre en esta escena. Lamentablemente, como muchas personas, este hombre conocía mejor el poder del diablo que el poder del Hijo de Dios.

Aun en nuestras iglesias, muchos aprenden más sobre el poder del diablo que sobre la omnipotencia del Dios vivo. Como el padre en la situación que estudiamos hoy, muchos no comprenden que la dinámica que nos rodea, como la duración y la profundidad de la derrota, no influyen absolutamente para nada sobre la capacidad de Cristo para realizar un milagro. Escúchelo otra vez: no influyen para nada. Veamos la dinámica de la duración y la profundidad en el texto de hoy. Ambas se expresan en el versículo 21.

¿$\mathcal{C}$uánto tiempo había estado el joven en este estado? _____

Explique la profundidad de la derrota que se advierte en este versículo.

_____

Cristo no preguntó cuánto tiempo había estado el joven en ese estado porque la respuesta pudiera modificar su capacidad para liberarlo. Hizo esa pregunta para darle un contexto de desesperación al milagro que iba a hacer. El padre declaró el desesperante estado del joven y después dijo algo que es probable que nos emocione mucho a todos los que lo leemos: "Pero si puedes hacer algo, ten misericordia de nosotros, y ayúdanos" (v. 22). Quisiera separar esta oración en varias frases y después estudiar la respuesta de Cristo.

"Pero..." Esta pequeña palabra sugiere que en el corazón del padre existía una minúscula semilla de mostaza de fe; una semilla que Cristo, con amor y compasión, regó. Continuamente me conmueve la disposición de Cristo para no solo encontrarse con nosotros a mitad de camino sino, como en el caso del padre del hijo pródigo, para recorrer toda la distancia, para encontrarnos una vez que hemos dado el primer paso en dirección a Él. La Palabra de Dios está llena de relatos de situaciones desesperadas seguidas de esa pequeña palabra: "Pero..." La palabra en sí no tiene poder, sin embargo nos susurra una apertura a la posibilidad de un cambio. Por su gran compasión, algunas veces ese pequeño susurro es la única invitación que necesita Cristo Jesús para mostrar su poder.

Complete la siguiente frase basándose en su experiencia con Dios:

_____

pero _____.

"...*si puedes*..." Cristo pasó por alto la palabra "si" en el pedido del padre. Cuando la acción es coherente con la Palabra de Dios, la pregunta nunca es si "puede". Puede ser si "desea", pero no si "puede". El padre estaba diciendo, en realidad: "Si tienes suficiente poder o capacidad." Ah, claro que los tiene.

¿Qué dicen los siguientes versículos sobre el poder o la capacidad de Dios?

Génesis 18.14 _____

2 Reyes 3.18 _____

La derrota constante en las vidas de quienes están cerca de Cristo muchas veces está envuelta en una mentalidad de "si puedes..." ¿Todavía oramos diciendo "Si puedes"?

Hay un aspecto, al menos, en el que usted y yo no podemos alegar ignorancia como el padre de este joven. Suponemos que él no conocía a Jesús personalmente. Observe que Jesús no reprende al padre de la misma forma que reprende a los discípulos. Como ellos, usted y yo conocemos a Cristo como mucho más que un maestro del que se dice que posee poderes sobrenaturales. Nosotros lo llamamos Señor. Reflexione sobre lo irónico que es llamarlo amo del universo y después pedirle que nos ayude si puede.

"*...hacer algo...*" Compare las dos palabras: "algo" (v. 22) y "todo" (v. 23). Amado hermano, Cristo no puede hacer solamente "algo". ¡Él puede hacerlo todo! Tengo que gritar "¡Aleluya!" ¡Deje de dudar si Cristo puede hacer algo en su situación y comience a creer que Él puede hacerlo todo glorioso!

Inmediatamente, el padre exclamó: "Creo; ayuda mi incredulidad" (v. 24). No puedo explicarle el aliento que la sinceridad de este padre me ha dado a través de los años. Lea con atención sus dos afirmaciones. Primero exclamó, entusiasmado: "¡Creo!" Después, confesó su incredulidad. Creo que el padre cambió de tono, porque estaba mirando directamente al rostro de la Verdad. Cuanto más cerca estamos de Jesús, más difícil es torcer la verdad. Lo maravilloso de la exclamación del padre es que él se da cuenta de que aunque le falta fe, quiere creer. Entonces, hace exactamente lo que debía hacer: pedir ayuda para vencer su incredulidad. He imitado el comportamiento de este hombre innumerables veces. En mis primeros tiempos con Dios, yo consideraba que la fe era mi disposición de "hablar con fe" en lugar de enfrentar las preguntas que había en mi corazón.

¿Cómo sugiere Romanos 10.10 que yo había "puesto carreta delante de los bueyes"?

Es hora de cambiar drásticamente nuestro enfoque. Si no tenemos una fe osada, comencemos por pedir osadamente la fe que nos falta. Imagine cuánto nos ama Dios, que dice: "Es cierto que sin fe es imposible agradarme, pero estoy tan deseoso de recompensarte con bendiciones que hasta estoy dispuesto a darte la fe que te falta. ¡Pídemela, hijo mío! ¡Pídeme lo que te falta! Yo soy el único que puede ayudarte a vencer tu incredulidad".

DÍA 2

El camino a la grandeza

El tesoro de hoy
Porque el que es más pequeño entre todos vosotros, ése es el más grande" (Lucas 9.48).

No creo que ni el mismo diablo sea tan gran obstáculo para nosotros como nuestro propio yo. Vamos a enfrentar ese obstáculo cara a cara. Será mejor que nos pongamos un par de botas con punta de acero hoy, porque el Espíritu Santo es probable que nos "pise algún callo".

Generalmente yo consideraba el sentido de convicción de pecado como un sentimiento negativo, hasta que comencé a darme cuenta de que nunca he sido libre de un pecado sin primero haber experimentado convicción por ese pecado. ¡Gracias a Dios por la convicción del Espíritu Santo! Sin Él,

SEMANA 6: La necesidad

nunca podríamos cambiar. Digámosle que estamos dispuestos a echar una profunda mirada a nuestro interior hoy, con la esperanza de ver algo completamente diferente mañana. Sin más demora, por favor, lea Lucas 9.43-56.

Antes de darle mi comentario sobre estos pasajes, quiero que piense un poco usted mismo. Lo último que quiero es darle "la comida en la boca". ¡Le haría un gran daño! Mi rol es ofrecerle una "entrada" de la Palabra de Dios, para invitarlo a "probar y ver que el Señor es bueno" (ver Salmos 34.8) y orar para que usted vaya por sí mismo a Él para darse un banquete.

*P*repárese para pensar y lea estas tres imágenes instantáneas de los discípulos en estos tres pasajes. Escriba una oración que explique qué estaban haciendo o en qué forma participaban en cada situación.

Lucas 9.46-48 _____

_____

Lucas 9.49-50 _____

_____

Lucas 9.51-56 _____

_____

¿Qué actitud de los discípulos arroja luz similar sobre estas tres "instantáneas"?

_____

Discúlpeme si lo que digo le parece algo brusco, pero algunas veces en realidad nos creemos que somos demasiado, ¿verdad? No somos muy diferentes de los discípulos originales de Cristo. Veamos cada pasaje individualmente y luego sacaremos algunas conclusiones basándonos en las actitudes que motivaron estas tres escenas.

La pregunta sobre la grandeza (Lucas 9.46-48). No tenemos que buscar mucho para encontrar terreno fértil para una discusión entre quienes deciden tamizar las circunstancias con el tamiz de la carne.

¿*Q*ué dos hechos acababan de suceder en Lucas 9.28-43? _____

_____

¿Cómo estos dos hechos simultáneos podrían haber preparado el terreno para las comparaciones y discusiones sobre la grandeza?

_____

Observemos que Cristo conocía sus pensamientos. Quizá nosotros nunca hayamos discutido abiertamente con alguien acerca de nuestra grandeza, pero Cristo conoce nuestros pensamientos, que producen actitudes similares. Estoy convencida de que si Cristo enviara a la iglesia actual una lista de elogios y críticas como las de Apocalipsis 2 y 3, una de las cosas que tendría "en contra" de nosotros sería nuestra excesiva ambición espiritual. Nuestra sociedad vive de la ambición y si no tenemos mucho discernimiento, llevaremos nuestras ambiciones a la iglesia. Nuestro mayor obstáculo para la grandeza bien puede ser el deseo de ser grandes. No pase por alto el contraste entre Cristo y sus discípulos a esta altura de su aventura terrenal.

¿Cuál era el marco temporal, según Lucas 9.51?
❏ tiempo de la fiesta de las semanas   ❏ tiempo de la cruz
❏ tiempo de que Jesús declarara su condición de Mesías

Complete el espacio en blanco basándose en este mismo pasaje:

"[Jesús]_____ para ir a Jerusalén". ¿Qué cree usted que significan estas palabras?

¿Qué le esperaba a Cristo, según Lucas 9.22, 44?

_____

Cristo estaba, sin duda, en el camino a la grandeza. Su viaje lo llevaría, finalmente, a la diestra de su Padre. Pero el camino a la grandeza lo haría pasar por la traición, el rechazo, el sufrimiento y finalmente, la muerte. Aun así la Biblia nos dice que "afirmó su rostro para ir a Jerusalén" (v. 51).

¿Qué dicen los siguientes versículos sobre el camino a la grandeza de Cristo?

Filipenses 2.6-11 _____

Hebreos 12.2-3 _____

Hebreos 2.9-10 _____

No permita que lo confunda la idea de que el autor de nuestra salvación fue perfeccionado por medio del padecimiento. Cristo siempre fue perfecto en lo que respecta a la falta de pecado. La palabra "perfeccionase" en este versículo es *teleioo* que significa "completar, hacer perfecto alcanzando la meta fijada". Cristo alcanzó la meta —nuestra salvación y su exaltación— por medio del sufrimiento. Su camino a la grandeza fue muy rocoso. Fue doloroso. Él lo sabía de antemano, pero, aun así, afirmó su rostro resueltamente hacia la meta y la logró. Dicho en pocas palabras, para Él valía la pena hacerlo por nosotros.

No importa cuánto podamos resistirnos al llamado, nuestro camino a la verdadera grandeza también es una senda de humildad. Algunas veces, también implicará sufrimiento, rechazo, traición y sí, también la muerte (al yo). La pregunta es: "¿Vale la pena hacerlo por Él?"

Sin duda una de las obras más importantes que Dios ha deseado lograr en mí es ayudarme a salir de mí misma. El proceso ha sido extremadamente doloroso y sin duda durará toda la vida, pero nunca he estado más agradecida por ninguna otra obra suya en mí. No conozco otra manera de decirlo: Dios me hizo llegar a un punto en que me di asco a mí misma. Muchas veces todavía vuelvo la mirada a mi egocentrismo, pero nunca sin que me cause náuseas. Dios y yo ahora tenemos una expresión para designarlo en nuestro tiempo de oración. No espere nada profundamente intelectual o teológico. Sencillamente lo llamamos "las cosas de mi yo". Casi todos los días le pido a Dios que me ayude a enfrentar cualquier "cosa de mi yo" que ande activa y a clavarla a la cruz. Literalmente nombro cualquier cosa que Él me traiga a la mente y la miro de frente, aunque me haga llorar.

SEMANA 6: La necesidad

*L*as siguientes cosas caen dentro de la categoría de "cosas de mi yo". Mírelas bien y marque aquellas con las que más debe luchar:

- ❏ exaltarse a sí mismo
- ❏ su propia voluntad
- ❏ servirse a sí mismo
- ❏ egolatría
- ❏ adorarse a sí mismo
- ❏ protegerse a sí mismo
- ❏ despreciarse a sí mismo
- ❏ promoverse a sí mismo
- ❏ autoengaño
- ❏ otras _____
- ❏ autojustificación
- ❏ autosuficiencia
- ❏ autoindulgencia
- ❏ autocompasión

¿Hay bastante "material", ¿verdad? Si se le ocurren otras, no dude en agregarlas a la lista. ¡Yo, yo, yo! En realidad da náuseas. Esta es la gran mentira: Satanás nos ha convencido de que entregar nuestro yo es un gran sacrificio. Ah, amado hermano, ¡es un engaño! Las cosas de nuestro yo son las que nos hacen sentir más desdichados. ¡Cuán engañoso es estar absorbidos por nosotros mismos!

*¿Q*ué dice Mateo 16.24-25 sobre aquellos que niegan las "cosas de su yo"?

_____

Descubriremos la vida que fue planeada para nosotros aun antes de la fundación del mundo. ¡Nuestro propio 1 Corintios 2.9! ¡Del otro lado del yo hay una vida abundante, hermano!

No puedo enfatizar lo suficiente que esto de vencer al yo es cosa de todos los días. Mientras habitemos en esta tienda de carne, será algo que surgirá en nosotros. Debemos elegir negarnos y tomar nuestra cruz diariamente (ver Lucas 9.23). El reto nos exige una sinceridad total ante Dios. Recuerde, la convicción nunca es para condenación, sino para liberación. ¡Ah, Dios, trabaja de tal modo en nosotros que cuando leas nuestros pensamientos, como hiciste con los discípulos en Lucas 9.47, encuentres pruebas cada vez más convincentes de tu obra en nosotros! Que tengamos el mismo sentir, la misma actitud que tuvo Cristo Jesús. (Ver Filipenses 2.5).

La pregunta sobre la exclusividad. (Lucas 9.49-50). Lea de nuevo la segunda "instantánea" del álbum de la arrogancia en Lucas 9.49-50. Basándonos en este contexto y en lo que destaca la Biblia sobre la actitud de estos discípulos, no creo que a Juan le interesara sencillamente si los actos del hombre eran válidos o no. ¿Sabe? La Biblia nos dice que este hombre estaba, verdaderamente, echando demonios en nombre de Jesús.

*C*ompare con Hechos 19.13-16. ¿Cuál es la diferencia?

_____

Recuerde que los doce apóstoles fueron elegidos entre un grupo mucho mayor de discípulos. Pronto veremos cómo Cristo envía a los setenta, a los que dotará de extraordinaria autoridad. Muchos otros creyeron y si Dios lo hubiera considerado conveniente, su fe podría haberles permitido ejercer cierta autoridad en el nombre de Cristo.

*¿D*e qué manera se puede reconocer la autenticidad de una persona? (Lucas 6.43-44).
❏ por sus palabras ❏ por sus acciones ❏ por su fruto ❏ por su poder

El hombre del que nos habla Lucas 9.49 estaba dando buen fruto. No creo que Juan tuviera problemas con los resultados que obtenía ese hombre. Creo que sentía rivalidad. Juan se molestó porque el hombre no era uno de ellos.

¿No cree usted que algunas veces Cristo nos mira y piensa: "¿Quién te crees que eres?" Pocas cosas hacen enfurecer tanto a Cristo como nuestra actitud de decir: "Esto es un club cerrado y aquí no entra nadie más". Suponemos, equivocadamente que si una persona no es como nosotros o no está entre nosotros, entonces no es uno de nosotros.

Recuerdo el momento en que me di cuenta de que Dios estaba cambiando mi forma de pensar y dándome náuseas al ver mi propia actitud. Íbamos a tener una cena para damas en mi iglesia y fui a la mesa a comprar mi entrada. Una de las señoras que estaba inscribiendo a las damas me dijo: "Nos aseguraremos de sentarte con buena gente, Beth". Yo me volví y le dije: "No es necesario. Me encantará sentarme con cualquiera". No pude sacarme eso de la cabeza durante días. No me ofendió lo que me había dicho. ¿Cómo podría ofenderme? Yo había pensado así durante años. Me ofendió nuestra naturaleza pecaminosa, lastimosamente egoísta. En ese momento supe que no quería que Dios me permitiera volver a tener ninguna actitud elitista.

¿*Recuerda* algún momento en que Dios le abrió los ojos ante una actitud similar? De ser así, describa la situación brevemente al margen.

La pregunta sobre el juicio. (Lucas 9.51-56). Vea ahora la tercera instantánea de este álbum. Lea nuevamente los versículos 51-56. Jacobo y Juan me recuerdan a dos niñitos que quieren disparar sus pistolas de juguete: "¡Déjame disparar! ¡Déjame disparar!" La diferencia es que esto no era un juego. Lo que ellos estaban pidiendo era permiso para ser agentes de una destrucción masiva e irreversible. No hay nada más permanente ni aterrador que la destrucción de los perdidos. Debería darnos terror pedir algo así para alguien. La eternidad es un largo tiempo. Aunque el castigo caiga sobre los que son terriblemente malignos, debemos recordar con profunda seriedad, humildad y agradecimiento que solo la gracia nos salva a nosotros del mismo final.

¿*Qué* nos dicen sobre este tema los siguientes pasajes?

Ezequiel 33.10-11 _____

Jonás 4.1-3, 10-11 _____

Lamentaciones 3.22 _____

Mateo 7.1-2 _____

Sabemos que este mundo está lleno de maldad. Como discípulos de Cristo en esta época, sin duda nos ofenderemos cuando una persona rechace al Salvador, como hizo esa aldea de samaritanos ese día. Pero el deseo de Dios es que oremos pidiendo su misericordia y la convicción de su Espíritu Santo, más que su juicio para que ellos se arrepientan. Cristo dijo aun para los que perforaban con clavos su carne: "Padre, perdónalos, porque no saben lo que hacen" (Lucas 23.34). ¡Ah, gracias, Jesús! Si no fuera por tu misericordia, sin duda yo habría sido destruida.

Dios es verdaderamente el justo Juez. Cuando Cristo regrese, los que lo rechazaron, literalmente, clamarán a las montañas: "Caed sobre nosotros; y a los collados: Cubridnos" (Lucas 23.30).

Llegará el juicio; pero esa idea debería hacernos llorar, rogar y orar. Nunca jactarnos ni sentirnos satisfechos porque hemos sido salvos por gracia (ver Efesios 2.8). Solo una cosa nos separa de los perdidos: una cruz ensangrentada.

Amado hermano, quizá le he parecido muy dura hoy pero aun cuando yo quise ponerme a llorar, Dios se mantuvo firme. Por favor sepa que este mensaje fue escrito con mucho amor. Yo he sido, en muchos sentidos la peor de las pecadoras. No importa cuán comunes sean estas actitudes, son terriblemente ofensivas para Cristo. Humillémonos delante de Él, arrepintámonos y decidamos diariamente entregar nuestro yo.

SEMANA 6: La necesidad

Dios, danos el anhelo, no de que el pecado de este mundo sea juzgado, sino de que los pecadores de este mundo sean perdonados.

DÍA 3

Los setenta

Parte de lo que amo de la Palabra de Dios es que nos llega de todas las formas. No tengo una sola emoción que Dios no haya tocado por medio de su Palabra. He llorado y he reído. Me he ofendido. Me he maravillado. Me he sorprendido. Me he asustado. Me he deleitado. He cambiado. Me encanta, absolutamente. Me encantan aun las cosas de la Palabra que me hacen sentir incómoda porque son pruebas de que Dios está obrando. Si usted aún está "humillado y postrado" después de nuestra lección anterior, prepárese para ponerse de pie y danzar. Lea Lucas 10.1-24 y complete lo siguiente:

¿Cómo le explicaría usted a un nuevo creyente por qué Cristo pide a Dios que envíe obreros en lugar de enviarlos por iniciativa propia?

_____

_____

Lea con suma atención Lucas 10.1-24 y anote cualquier actividad o el rol que cumple cada uno de los tres miembros de la Trinidad:

Dios Padre _____

_____

Dios Hijo _____

_____

Dios Espíritu Santo _____

_____

El tesoro de hoy
"En aquella misma hora Jesús se regocijó en el Espíritu, y dijo: Yo te alabo, oh Padre, Señor del cielo y de la tierra, porque escondiste estas cosas de los sabios y entendidos, y las has revelado a los niños" (Lucas 10.21).

Corazín, Betsaida y Capernaum eran ciudades consideradas religiosas en las que Cristo ministró abiertamente. Tiro y Sidón eran consideradas ciudades paganas.

¿Qué cree usted que quiso decir Jesús cuando dijo que en el juicio "será más tolerable el castigo para Tiro y Sidón" que para las otras (v. 14)?

_____

En el margen, escriba cómo aplicaría usted la advertencia de Cristo a nuestro mundo religioso actual.

Los setenta estaban gozosos porque los demonios se les sujetaban. ¿Cuál era la causa principal por la que debían estar gozosos, según les dijo Cristo?
❑ porque sus nombres estaban escritos en los cielos
❑ porque tenían poder para sanar enfermedades

Estos versículos están tan llenos de verdades para enseñar que no sé dónde comenzar ni qué prioridades establecer. Dado que el envío de los setenta es muy similar al envío de los doce en Lucas 9.19, nos concentraremos en los aspectos adicionales más que en las cosas que se repiten. Destaquemos los siguientes elementos en este pasaje:

"De dos en dos". En el idioma original, esto es *ana duo*. Me gusta el hecho de que Cristo establezca el compañerismo en la obra del evangelio. El punto importante no es que dos sea un número "mágico", a diferencia, por ejemplo, de tres o cuatro sino que iban a ir juntos.

Los siguientes pasajes muestran razones por las que dos son mejores que uno. Escriba cada razón junto al pasaje correspondiente.

Eclesiastés 4.9-12 _____

Deuteronomio 19.15 _____

Existen casos excepcionales en los que somos llamados a estar solos, pero la "regla" en nuestra vida en Cristo es con mayor frecuencia, la comunión, protección, rendición de cuentas y dobles dividendos del servicio conjunto. No puedo explicarle el gozo que mis compañeros de trabajo me producen. Mi mejor amiga y yo nos conocimos sirviendo juntas en una fiesta especial para las madres hace veinte años. ¡Dios nos llamó a trabajar *a duo* y desde entonces siempre hemos sido un dúo! Hace años que no trabajamos juntas en el ministerio pero Dios usó esos primeros años para hacer de nosotras, junto con Cristo, una cuerda de tres dobleces que no se rompe fácilmente.

¿*Cuál* es su experiencia? ¿Tiene algunas relaciones "de tres dobleces" en el evangelio (aunque no correspondan a un ministerio vocacional)? Si es así, descríbalas brevemente.

_____

La transferencia del rechazo. Jesús enseñó otra gran verdad en Lucas 10.1-24:

Lea de nuevo, con detenimiento, el versículo 16. ¿Qué cree que quiso decir Cristo?

Este concepto representa otra cosa que me encanta de Jesús. De muchas formas, Él les dice a quienes le pertenecen y tratan de hacer su voluntad: "No tomes el rechazo como algo personal. Deja que yo lo tome por ti".

¿*Cómo* se ve claramente esta especie de "transferencia" en la comparación entre Hechos 9.1 y Hechos 9.4-5?

_____

¿Puede creer que Cristo toma como algo muy personal las cosas injustas que le suceden a usted? Estudiemos algunas razones por las que es bueno que permitamos que Cristo asuma nuestros rechazos. Solo Cristo puede enfrentar el rechazo sin sentirse personalmente incapacitado u obstaculizado por él. ¿Quién puede calcular lo mucho que gana Satanás con el rechazo? Tenemos una tremenda tendencia

SEMANA 6: La necesidad

a tomarlo como algo personal. Con un poco de rechazo Satanás puede conseguir desde un pequeño desánimo hasta una total desesperación. Cristo nos dice: "Deja que yo lo tome como algo personal por ti. Quizá me duela, pero no me detendrá".

*P*arafrasee Salmos 35.1. _____

_____

Solo Cristo puede asimilar adecuadamente el rechazo. Muchas veces nosotros no tenemos poder para hacer nada al respecto. Nuestros esfuerzos generalmente empeoran las cosas. No comprendemos plenamente lo que constituye el centro de ese rechazo. No podemos juzgar el corazón o los motivos de otra persona.

¿En qué basa Dios su juicio sobre una situación? (Ver Romanos 2.2).

❏ en apariencias   ❏ en rumores   ❏ en la verdad   ❏ en la historia

En ocasiones me gusta escuchar decir a Keith: "Elizabeth, deja que yo me preocupe por eso". Básicamente, Cristo nos dice exactamente lo mismo. Si sufrimos rechazos, permitamos que Él se preocupe por eso. Permitamos que Él lo tome como algo personal, para que no tengamos que hacerlo nosotros. Ahora, lea por última vez Lucas 10.16.

*¿Q*uién lo toma como algo personal en lugar de Cristo? _____

El gozo extremo del buen resultado. Los setenta regresaron gozándose con algo parecido a un inmenso asombro. En el versículo 17, básicamente, dijeron: "¡Sucedió tal como tú lo dijiste! Aun los demonios se nos sujetaron en tu nombre! ¡Qué experiencia!"

En medio de estas expresiones de júbilo, Cristo se tomó un momento para recordarles que tenían muchos motivos para regocijarse, porque sus nombres estaban escritos en el libro de los cielos. Aunque lo vemos celebrar sus victorias, también lo vemos enseñarles a basar su gozo en algo mucho más confiable que los logros o las capacidades. Él quiere que comprendamos que la causa mayor de gozo que tenemos no es lo que hacemos, sino quiénes somos. Somos hijos del eterno *El Elyon*. Nuestros nombres están grabados en los cielos.

🕊 *¿P*or qué sería muy sabio basar nuestro gozo en quiénes somos gracias a Él más que en lo que podemos hacer gracias a Él?

_____

El momento de redirección de Cristo, en el versículo 20 queda en medio de dos increíbles momentos de celebración en los versículos 18-19 y 21. Veamos la expresión deleitosa de su respuesta, y luego veremos cuáles son las dos causas principales de su gozo en este pasaje.

*L*ea con atención el versículo 21 y complete el espacio en blanco:

"En aquella misma hora Jesús _____ en el Espíritu".

He aquí un lugar en que el original es muy divertido. En nuestro idioma, ponemos en un mismo nivel el gozo de los discípulos en el versículo 17 con el gozo de Jesús en el versículo 21. Después de todo, tener gozo y regocijarse es lo mismo, ¿verdad? En el versículo 17, la palabra que se traduce como "gozo" es *chara*, que significa, básicamente, lo que uno supone: "regocijo, alegría". Para nuestro deleite, en el versículo 21, la palabra original es mucho más intensa. La palabra es *agalliao* que significa "regocijarse, saltar de gozo, demostrar el gozo saltando y brincando, denotando un gozo o deleite extremo". En la Septuaginta en los Salmos, "se utiliza con frecuencia para denotar regocijo con cantos y danzas".

Quizá alguien me pregunte: "¿Usted espera que yo crea que Cristo saltaba de gozo?" ¡Yo no tengo ningún problema en creerlo!

¿Esta palabra significará sencillamente que se regocijó en su corazón? Posiblemente, pero la esencia de la palabra *agalliao* es cuando el *chara* se expresa físicamente. Se puede aplicar de cualquiera de las dos maneras, pero yo prefiero dar saltos de alegría con Jesús. Quizá nadie pudo celebrar la grandeza de Dios en forma más demostrativa que David y él fue llamado "un hombre conforme al corazón de Dios". Con todo mi corazón creo que Jesucristo era y es efusivo.

¿Cómo demostró Dios su amor según Romanos 5.8?

_____

Me parece que Cristo y su Padre pueden ser muy expresivos en su demostración de afecto. ¿Qué podría hacer que Jesús saltara de gozo extremo en esta escena (ya sea internamente o externamente)? Al menos dos motivos de gozo colosal aparecen en estos versículos:

La derrota de Satanás. "Yo veía a Satanás caer del cielo como un rayo" (v. 18). Amado hermano, lea con atención Apocalipsis 12.10-12. En algún momento antes que Adán y Eva habitaran en el huerto del Edén, Satanás fue arrojado del cielo por orgullo, rebelión y por su deseo de usurpar al Altísimo (ver también Ezequiel 28.16-17; Isaías 14.12-13). Corriendo el riesgo de simplificar demasiado el asunto por tratar de explicarlo, digamos que desde entonces, él ha estado tratando de vengarse de Dios atacando a quienes Él ama.

Los que estamos en Cristo poseemos el poder por su Palabra y su Espíritu, para evitar ser derrotados por el maligno. El problema es que no siempre ejercemos ese poder. En el pasaje de hoy los discípulos ejercieron la autoridad que Él les había dado y Cristo estaba que saltaba de gozo. Al final del enfrentamiento que registran los versículos 1-16, en la pizarra se leía: Creyentes 70 – Satanás 0. ¡Un resultado como para que Jesús se levantara de un salto, gritando de alegría! Discúlpeme si mis paralelos le resultan ofensivos algunas veces, pero es un misterio para mí cómo un partido de fútbol puede provocar más gritos de alegría que la derrota del diablo por parte de Dios.

¿Cuándo fue la última vez que usted se sintió entusiasmado por la derrota del diablo?

_____

La victoria del siervo. "Yo te alabo, oh Padre, Señor del cielo y de la tierra, porque escondiste estas cosas de los sabios y entendidos, y las has revelado a los niños" (v. 21). El Dios de los cielos reveló la verdad, y los pequeños de la tierra la recibieron. ¿El resultado? El poder abrumador de Dios brilló por medio de simples "vasos de barro" (2 Corintios 4.7). ¡Estoy a punto de empezar a saltar de alegría yo también! ¿Sabe? Los sabios y entendidos de este mundo son, generalmente, demasiado complicados como para lanzar las precauciones por el aire y creer que pueden hacer algo que nunca han hecho que nunca creyeron posible siquiera. Si nos quedamos en nuestra pequeña zona de seguridad donde andamos por vista y no por fe, nunca tendremos espacio para saltar y brincar con Jesús, de puro gozo.

¡Ah, amado hermano, dele una oportunidad de saltar y danzar por usted! Atrévase a hacer lo que Él lo está llamando a hacer. Y no sea siempre tan razonable. Tengo la sensación de que no hay nada que a Cristo le guste más que saltar y danzar de gozo por usted. ¿Qué me dice de usted? Cuando escuche sonar esa música de victoria, ¡levántese de la silla y sacuda las piernas!

DÍA 4

El corazón de un prójimo

Hoy hablaremos del máximo drama sobre el interés humano. Suficientemente sencillo como para captar la imaginación de un preescolar. Suficientemente complejo como para desafiar a un brillante erudito. Moralmente excelente como para dar convicción de pecado al santo más convencido. Esta es la historia del buen samaritano.

Lea Lucas 10.25-37. Léalo lentamente. Imagine cada momento de esta historia como si fuera un testigo presencial que estuviera escondido detrás de una roca en el camino a Jericó.

¿Por qué cree que el intérprete de la ley sentía la necesidad de justificarse?

_____

En el margen haga una lista de los "personajes" de esta escena, aun los menos obvios. Imagine y relate cómo cree que habrá sido cada uno o qué habrá sentido.

Basándose en este relato, defina la palabra "prójimo" en una sola frase. _____

_____

El tesoro de hoy
"*Pero un samaritano, que iba de camino, vino cerca de él, y viéndole, fue movido a misericordia*" (Lucas 10.33).

Concentrémonos primero en el adversario de Cristo, muy seguro de sí mismo en este enfrentamiento de mentes. La Biblia dice que era un intérprete de la ley. Su trabajo era interpretar la ley de Moisés de la misma manera que los abogados en la actualidad interpretan la Constitución. La carrera de los escribas consistía en contestar preguntas como la que él plantea aquí. Este hombre se consideraba tan experto que trató de hacer quedar a Jesús como un tonto. El problema es que no existe ningún tema en que Cristo no sea el experto máximo. El intérprete de la ley no sabía que Cristo conocía el tema mucho mejor que él mismo.

Jesús respondió con una pregunta que no significa mucho para nosotros, pero era muy familiar al intérprete de la ley. Él le dijo: "¿Cómo lees?" Escribas e intérpretes de la ley utilizaban esta pregunta continuamente. Uno le preguntaba al otro cómo interpretaba determinado asunto. Antes de dar su respuesta, este decía: "¿Cómo lees?" El que había hecho la pregunta acababa teniendo que dar su opinión él primero.

Naturalmente, usted y yo sabemos lo que este experto no sabía. Cristo, la plenitud de la divinidad en forma humana, no solo había escrito la ley, sino había venido a cumplirla. El intérprete de la ley estaba desafiando a alguien muy superior a él cuando quiso plantearle una pregunta al Autor del libro.

El experto, que se vio obligado a "salir primero", dio la respuesta correcta según la ley del Antiguo Testamento. En sus propias palabras, ¿cuál fue su respuesta?

_____

La conversación podía haber terminado con la respuesta de Cristo: "Haz esto, y vivirás" (v. 28). Pero el intérprete de la ley tenía que hacer una pregunta más. "¿Y quién es mi prójimo?" (v. 29).

¿Nota usted un cambio en el tono? El hombre quería justificarse a sí mismo —mostrarse justo—, pero ¿por qué? ¿Quién dijo que no era justo? Cristo no le dijo ni una sola palabra de condenación. Sencillamente le dijo que su respuesta era correcta y que fuera a ponerla en práctica.

El hombre no podía dejar el tema. En presencia de Cristo, el abogado se sentía condenado por sus propias palabras. Sabía que Dios deseaba que su pueblo ayudara a los necesitados. Por eso, trató de justificarse a sí mismo hilando lo más fino posible en su definición de un prójimo.

Dios exige que actuemos con compasión, aunque tratemos de escondernos en los recovecos de la terminología. El mecanismo de defensa inmediato del abogado fue tratar de iniciar una discusión. ¿No le resulta familiar esa táctica? ¡Todos somos expertos en eso! Con el solo fin de obtener un resultado positivo, hagamos un ejercicio que podría llegar a resultarnos tan incómodo como un dolor de estómago:

Recuerde un momento en que usted usó la razón para justificar una acción, aunque en su interior sabía que eso no agradaba a Dios.

_____

No es un sentimiento agradable ¿verdad? ¡Lo sé por experiencia! Este sentimiento es probable que se haya aumentado diez veces más en este intérprete de la ley que estaba frente a frente con la encarnación de la gracia divina.

Jesús respondió a la pregunta sobre quién es el prójimo con una de las historias más relatadas del Nuevo Testamento. La escena del crimen es una ruta de unos 24 km entre Jerusalén y Jericó. El camino era tan traicionero que se le conocía como Adumin (Paso de sangre). Aproximadamente doce mil sacerdotes vivían en Jericó y viajaban a Jerusalén cuando eran elegidos por sorteo para servir en el templo.[2]

Anteriormente le pedí que escribiera una lista de todos los "personajes". De alguna forma, todos hemos representado todos estos personajes. Todos hemos herido a alguien de alguna manera y después nos hemos alejado. Quizá hasta les hayamos robado la dignidad o el respeto por sí mismos. Sin duda, todos hemos sido heridos por alguien y hemos sentido que nos han dejado medio muertos. Pasemos unos minutos estudiando los siguientes personajes: el sacerdote y el levita.

La terminología usada por Cristo sugiere que ambos regresaban de Jerusalén a su hogar en Jericó. Dice que ambos descendían por el camino; era un descenso bastante empinado. La ironía de la mala disposición del sacerdote y el levita para ayudar hubiera sido más obvia para el intérprete de la ley que para nosotros. Él habría entendido rápidamente que ambos regresaban a su casa después de realizar el trabajo más importante de sus vidas: cumplir con su breve oportunidad de servicio en el templo. Uno esperaría que fuera el tiempo justo para sentirse más humildes, agradecidos o dispuestos a ayudar pero eso no fue lo que sucedió. En realidad, se nos dice que tanto el sacerdote como el levita pasaron por el otro lado.

¿De qué manera nosotros pasamos por al otro lado en la actualidad?

_____

_____

Lea la ley en Éxodo 23.4-5. ¿Cómo incrimina aún más este pasaje los actos del sacerdote y el levita?

_____

No saquemos conclusiones apresuradas. Cristo, obviamente, no implicó que todos los sacerdotes y levitas fueran a dejar morir a un hombre herido.

*E*n su opinión, ¿por qué Cristo usó como ejemplo a estos dos tipos de líderes religiosos?

_____

Los que hemos sido criados en la iglesia y estamos enraizados profundamente en la religión debemos tener mucho cuidado de que nuestras prácticas religiosas legalistas no estén escondiendo un caso de *sklerokardia* (palabra griega que significa "corazón duro"). El intérprete de la ley se acercó a Jesús para probarlo y terminó respondiendo él mismo su cuestionario. Muchas veces, las pruebas de nuestro corazón son similares. Generalmente tienen que ver con nuestro comportamiento y nuestras reacciones hacia los demás. La forma en que tratamos a las personas puede ser una prueba más certera de cómo está nuestro corazón que la forma en que tratamos a las cosas.

*L*ea una conversación con otro intérprete de la ley en Mateo 22.34-40.
¿Qué dijo Cristo acerca de estos dos mandamientos en el versículo 40?

Lea Éxodo 20.1-17. ¿Cuántos de los diez mandamientos se refieren a las relaciones con Dios o con los demás seres humanos?
❏ dos ❏ cinco ❏ siete ❏ diez

¿Qué quiso decir Cristo cuando dijo que la esencia de la ley dependía de los dos mandamientos a los que dio prioridad en Mateo 22.37-39?

_____

La ley de Dios siempre tuvo mucho más que ver con las relaciones que con los rituales. Por eso Jesús pudo ofrecerse a sí mismo como cumplimiento de toda la ley. El punto máximo de obediencia a la ley humana nunca tuvo que ver con la bondad humana.

Pasemos el resto de nuestro tiempo estudiando al tercer caminante de esta escena. El nombre con que es comúnmente conocida esta parábola hubiera sido una gran contradicción para muchos judíos de esa época. La mayoría no hubiera creído que pudiera existir un samaritano bueno. Los samaritanos eran considerados poco más que perros mestizos. Mitad de raza, mitad callejeros. Esa es precisamente la razón por la que Cristo lo incluye en la historia.

¿*Q*ué cree usted que Cristo quiso demostrar al incluir al samaritano como ejemplo?

_____

La Biblia nos dice que el samaritano vio al hombre y se compadeció de él. Me gusta lo que sugiere el idioma original. La palabra griega que se traduce como "fue movido a misericordia" es *splagchnizomai*, que significa "sentir profundamente tener compasión, misericordia". Uno pensaría que el sacerdote y el levita, al menos hubieran hecho lo correcto debido a su investidura, aunque sintieran lo contrario. El abrupto contraste es que el samaritano llega a la escena sin ningún tipo de obligación y todo en él se conmueve profundamente y lo lleva a la compasión. Él no solo hizo lo correcto; también lo sintió.

Esto es lo que más nos choca: el viajero que estaba casi muerto era un judío. La ruta era utilizada casi exclusivamente por judíos y prácticamente todas las parábolas de Cristo se centraban en experiencias de personas judías. Me encanta la forma en que lo explica un comentario: "Jesús presenta a un samaritano como la única persona, en esa solitaria y peligrosa ruta a Jericó, que estuvo dispuesta

Jesús: el único y suficiente

a ayudar a un judío en una situación desesperada. Justo el hombre de quien ningún judío necesitado podía esperar la menor ayuda fue aquel que la dio".[3]

🔥 ¿**C**uándo en su vida la persona que menos esperaba acudió en su ayuda?

_____

¡Qué hermoso tema de conversación para un grupo pequeño! Si no recuerda ningún ejemplo ahora, pero se le ocurre más tarde, vuelva y complételo. Aun hoy, Dios continúa representando la obra del buen samaritano de innumerables formas.

El buen samaritano tenía la oportunidad para ejercer una venganza en nombre de su pueblo, pero no lo hizo. ¿Por qué? Porque algunas veces el bien se demuestra de la mejor manera cuando la ley del corazón eclipsa a la ley terrenal. Cruzar una barrera para ayudar a alguien, es en algunos casos nuestro primer contacto con la humanidad que compartimos con los del "otro lado". Ofrecer ayuda en un tiempo de necesidad puede ser el primer paso para vencer los prejuicios que deshonran a Dios.

¿**Q**uién dijo Jesús que era nuestro prójimo? _____

Recuerdo un versículo del Antiguo Testamento que describe a un prójimo —un vecino— en la Pascua. Vaya a Éxodo 12 y lea los versículos 1 al 4. Valdrá la pena el viaje.

¿**Q**ué debía hacer una familia si era demasiado pequeña como para comer todo un cordero?

_____

De la parábola de Jesús deducimos que nuestro prójimo es la persona que tiene una necesidad; la persona quebrantada. En Éxodo 12, nuestro prójimo es aquel con quien podemos compartir el Cordero. Como pueblo salvado del ángel de la muerte somos llamados a compartir el Cordero.

DÍA 5

La verdadera historia de las dos hermanas

El tesoro de hoy
"Respondiendo Jesús, le dijo: Marta, Marta, afanada y turbada estás con muchas cosas. Pero sólo una cosa es necesaria; y María ha escogido la buena parte, la cual no le será quitada" (Lucas 10.41-42).

Ya me estoy sonriendo y aún no hemos comenzado. Amo a las mujeres. También aprecio mucho a los hombres pero no comparto su psiquis. Me causan mucha gracia las mujeres. Somos tan mujeres. Las mujeres que me están leyendo saben exactamente qué quiero decir. Con excepción de mi mejor amiga que vive fuera de este estado, la mayoría de mis amigas más queridas trabajan o sirven como voluntarias en mi ministerio. Una razón por la que me encantan es que somos tan graciosamente diferentes. Creo que representamos casi todas las dimensiones concebibles de la femineidad.

Entre todas estamos en las etapas de ser madres jóvenes, tener menopausia y falta de memoria. Tenemos un gran grupo de Marías y Martas. Las Marías nunca dirigen ni planifican los banquetes. Las Martas nunca dirigen el tiempo devocional; excepto cuando tenemos hambre (son las que oran más rápido al dar gracias por los alimentos). Espero que tenga un grupo así en su vida. ¡Son divertidísimas! Basta de independencia y de aislamiento; ¡no son divertidos!

SEMANA 6: La necesidad

María quisiera que nos detuviéramos aquí para meditar sobre todas las relaciones que compartimos en Cristo, pero escucho la voz urgente de Marta: "¡A trabajar! Hay mucho por hacer". Dado que Marta me intimida más que María será mejor que nos pongamos a trabajar y leamos Lucas 10.38-42.

Comencemos por observar cómo son sus personalidades y divirtámonos un poco al mismo tiempo. Cuando estaba en Israel grabando un video descubrí que muchos creen que las tumbas de María y Marta están identificadas en Betania. Supuestamente hasta tienen sus nombres escritos. Me entusiasmé muchísimo con la idea de ir a visitarlas hasta que me di cuenta de que sus nombres iban a estar escritos en hebreo. ¡Otra loca aventura mía frustrada!

Basándose en su lectura y en su imaginación, escriba una breve nota necrológica para María y Marta. Concluya con las palabras que inscribiría en sus lápidas.

Marta _____

_____

María _____

_____

¡Qué daría yo por estar en su grupo pequeño! No tengo dudas de que ha captado la idea. Este fragmento de las Escrituras es absolutamente invaluable. Da mucho para reír, pensar, mucho para convencernos de pecado y motivarnos a cambiar. Antes de llegar al centro de la lección permitamos que Juan 11.5 nos ayude a determinar un dato fundamental.

¿A quién amaba Jesús: a Marta o a María? _____

¿Qué significa esto? _____

_____

La lección de hoy no es un contraste entre "lo bueno y lo malo". Es un contraste entre "lo bueno y lo mejor". Marta era una buena mujer. Jesús la amaba mucho, con delantal y todo. Pero el gozo y la satisfacción de Marta habían sido sacrificados en el altar del servicio elegido por ella misma. En su clásico *My Utmost for His Highest* (En pos de lo supremo), Oswald Chambers escribe: "El gran enemigo de la vida de fe en Dios no es el pecado, sino lo bueno que no es suficientemente bueno. Lo bueno es siempre enemigo de lo mejor".[4]

¿Qué cree usted que Chambers quiso decir con esas palabras? _____

_____

Continuando con nuestro contraste entre lo bueno y lo mejor, estudiemos algunas aplicaciones juntos:

Marta abrió su hogar, pero María abrió su corazón (vv. 38-39). No pase por alto el hecho de que Marta abrió su hogar a Jesús. No fue Lázaro, el jefe de la familia. No fue María, la "profunda" de la familia. Fueron las manos de la casa las que invitaron a Jesús a entrar. De no haber sido así María no habría tenido un par de pies a los cuales sentarse ni Lázaro hubiera tenido un amigo con quien reclinarse. La hospitalidad de Marta fue la que lo llevó allí. Marta debió comprender que Cristo quería más su corazón que su hogar. Tengo un amigo misionero que tiene un culto y predica todos los domingos debajo de un árbol determinado en Nigeria. El hogar bien equipado de Marta era agradable, pero la sombra de cualquier árbol podría haber bastado.

Algunas veces pensamos como Marta en cuanto a las instalaciones de nuestros templos. Estamos tan interesados en tener un templo bien equipado que pasamos por alto la prioridad de tener intimidad con Dios.

Este es un punto en el que las que no somos Martas debemos recibir una cierta convicción de pecado. Aunque me obligo a mantener mi casa ordenada, estoy tan lejos de ser una "Marta" que rara vez abro mi hogar a otras personas. Tengo un ministerio muy público y considero a mi hogar como un santuario con mi familia. No es una mala idea pero creo que la he llevado demasiado lejos. Aunque nuestro hogar está continuamente abierto para las amigas de nuestras hijas, casi nunca invito a alguien para comer algo u orar unos momentos o leer la Palabra. Esas cosas las dejo para la oficina. ¡Ay! Tengo la sensación de que Dios nos está diciendo a las que no somos Martas: "Lo mejor es abrir tu corazón, pero también es bueno abrir tu casa".

¿Cómo es usted? ¿De qué lado está?
❏ Marta: Hospitalidad de primera   ❏ María: ¿Hospitalidad? ¿Qué es eso?

La distracción es el mayor obstáculo para oír que tiene la persona noble (vv. 39-40). Marta no se tapaba los oídos para no escuchar. Sencillamente estaba distraída. En este sentido todas hemos sido Martas. ¿Cuántas veces hemos salido de la iglesia después del culto dándonos cuenta que nos perdimos la mitad del mensaje debido a alguna distracción?

¿Qué es lo que más lo distrae a usted? _____

_____

Ahora imagine que el culto sea una reunión hogareña en su casa, mientras usted está preparando el almuerzo. Hablábamos de distracciones ¿verdad? Mire, yo tengo que apagar la televisión y la radio en mi casa y pedirle a mi familia que salga afuera solamente para leer una receta de cocina. Aun entonces la leo en voz alta y si alguien me interrumpe, tengo que leerla desde el comienzo otra vez. En Lucas 10.40, la palabra que se traduce como "preocupada" es *perispao* que significa "ser tironeado de diferentes lugares al mismo tiempo; de ahí, distraer con cuidados y responsabilidades". ¿Se siente identificado? Verá, nuestra cultura puede ser completamente diferente pero los problemas son los mismos desde el comienzo de los tiempos.

Algunas veces, el ministerio puede ser la preocupación que más nos distraiga de buscar la verdadera intimidad con Dios (v. 40). "Marta se preocupaba con muchos quehaceres". Quizá usted se desmaye cuando le diga cuál es la palabra griega que se traduce como "quehaceres": *diakonia*.. Significa "servicio, asistencia, ministerio". Conocemos mejor la palabra *diakonos* que significa "siervo". La Palabra de Dios nos dice que si no tenemos cuidado, aun nuestros ministerios bien intencionados para satisfacer diversas necesidades pueden preocuparnos y distraernos de lo que es más importante. Mi papá podría contarle que él sirvió a su iglesia incansablemente, haciendo toda clase de cosas buenas durante muchos años, sin tener una relación de corazón a corazón con Jesucristo que cambiara su vida.

He escuchado muchas veces decir que "si Satanás no puede hacer que seamos malos, hará que estemos ocupados". En realidad, él no puede hacernos nada pero tiene mucha ayuda. Recuerdo nuestra lección anterior sobre el buen samaritano. ¡Cuán sabio de parte de nuestro Dios ubicar estos dos relatos contiguos en las Escrituras! El día 4 nos hizo ver la culpabilidad de los siervos de Dios que ministraban en el templo, pero se negaron a ayudar a un hombre moribundo. La lección de hoy nos muestra a una sierva que está demasiado ocupada ayudando como para escuchar lo que Dios tiene en su corazón para ella.

¿Cómo equilibraría usted estas dos lecciones en una ley práctica y sencilla?

_____

Marta olvidó detenerse en el momento adecuado (v. 40). No pasemos por alto una frase muy pequeña: "Marta se preocupaba con muchos quehaceres". Entendamos que estos quehaceres no eran frivolidades. Eran muy importantes. Al realizarlos Marta estaba sirviendo a Cristo de una manera excelente y estaba preparando un ambiente donde Él podría enseñar mejor. Posiblemente le haya servido una comida y se haya preocupado por que Jesús pudiera estar cómodo y practicar su ministerio de la mejor manera.

Yo jamás me atrevería a comparar mi ministerio con el de Cristo, ya que no corresponde. Pero si voy a hospedarme en casa de alguien en mis viajes por el ministerio ¡quiero que sea la casa de una Marta! Uno puede llegar a morirse de hambre en la casa de María y tal vez tenga que dormir debajo del mismo árbol frondoso que le sirvió para enseñar. Los quehaceres de Marta eran importantes. Lo malo es que no terminaron ahí. El problema es que ella continuó trabajando aun cuando había llegado el momento de sentarse a los pies de Jesús y escuchar.

Hablo en muchas conferencias en las que los líderes jamás llegan al templo o si lo hacen, nunca pierden esa mirada preocupada y distraída. Hace poco hablé en una conferencia donde las líderes fueron el grupo que más participo durante el tiempo de estudio bíblico. Cuando pregunté cómo habían hecho, me dijeron: "Ah, trabajamos mucho por anticipado para tenerlo todo listo, de manera que pudiéramos relajarnos cuando llegara el momento". Hicieron todos sus "quehaceres" con anticipación y cuando llegó el momento, los hombres de la iglesia y varios mozos contratados sirvieron mientras ellas asistían a la conferencia. ¡Qué sabio es prepararse con anticipación!

Sus quehaceres previos habían sido fundamentales. ¿Qué habría sucedido si no hubieran planificado para todas esas mujeres? ¿Qué habría sucedido si no hubiera habido inscripción previa y hubiera quedado gente sin poder sentarse? ¿Qué hubiera sucedido si no hubieran buscado un buen equipo de sonido para el equipo de alabanza o un micrófono para la oradora? No creo que Dios hubiera sido honrado con la falta de preparación previa. Pero Dios fue doblemente honrado porque ellas prepararon todo con anticipación y no se perdieron la parte más importante de prepararse ellas mismas. ¿Qué hubiera sucedido si yo no me hubiera preparado para el estudio y me hubiera justificado utilizando el ejemplo de María, esperando sencillamente que el Espíritu me inspirara cuando estuviera frente al micrófono? Dios no se habría sentido honrado por esa falta de preparación. Sencillamente necesitamos hacer todo lo posible para estar preparados de antemano y no tener que trabajar en el momento en que debemos escuchar. ¿Cómo opera esta dinámica en su vida?

¿Cómo puede usted ocuparse de sus quehaceres antes para no perderse la mejor parte de lo que Dios ha planeado para usted?

_____

_____

Los que se preocupan por el servicio son, generalmente, los que no pueden apreciar cuánto Jesús se preocupa por ellos (v. 40). Marta se acercó a Cristo y le preguntó: "Señor, ¿no te da cuidado...?" Tengo la sensación de que si alguien le hubiera preguntado a María al final del día si Jesús se preocupaba por ella, habría respondido afirmativamente sin dudar. Recuerde: Juan 11.5 ya nos ha afirmado que Jesús las amaba mucho a las dos. No creo que sea irrazonable suponer que María haya sentido el amor y el cuidado de Jesús con mucha mayor facilidad que Marta. ¿Por qué? Creo que la clave la tiene Juan 15.9.

$\mathcal{E}$n este versículo, ¿qué nos dice Cristo que hagamos? _____

_____

Amado hermano, cuanto más cultivemos una profunda conciencia de la presencia de Cristo, más percibiremos la grandeza de su amor. El amor de Cristo por nosotros nunca cambia, pero la forma en que sentimos su amor cambia drásticamente, algunas veces. Creo que todos estaremos de acuerdo en que la diferencia no la marcan las dificultades. Puedo sentir el amor y el cuidado de Dios más fácilmente cuando estoy atravesando dificultades que cuando no es así. Creo que el factor determinante es nuestra disposición para permanecer en Él o para tratar de practicar una relación en la que desarrollemos una conciencia más profunda de su presencia.

Algunas veces nos quedamos atónitos cuando una persona que ha servido a Dios desde hace muchos años confiesa que le está resultando difícil creer y tener conciencia del amor y el cuidado de Dios. Podríamos pensar: "¿Cómo puedes decir eso tú? ¡Eres un siervo de Dios tan maravilloso! ¿Cómo puedes dudar siquiera por un momento de cuánto Él te ama?" ¿Será que de alguna manera, la preocupación por el servicio lo ha distraído de la intimidad abundante que le da vida? ¿Se pregunta usted con frecuencia si a Cristo le importa cómo otras personas se descuidan o dejan de ayudarlo? ¿Le da a Cristo amplia oportunidad de derramar sobre usted el amor que Él siempre siente?

¿$\mathcal{Q}$ué explicación podría ofrecer Filipenses 4.6-7 para el hecho de que Marta estaba más preocupada y turbada que María?

_____

Muchas cosas son importantes, pero una sola es necesaria (v. 42). En nuestra lucha por establecer las prioridades correctas, muchas cosas pujan por el primer puesto, pero solo una es necesaria. En última instancia, nuestra relación con Cristo es aquello sin lo que no podemos vivir.

El mensaje de Cristo no es que debemos dejar de lado la familia y las responsabilidades para orar y estudiar la Biblia. Si eso fuera cierto, el hombre de la lección anterior se hubiera muerto. Su mensaje es que muchas cosas son importantes, pero una sola es necesaria: Él. Dicho sea de paso, María demostró ser una de las más grandes siervas ya que derramó sobre Cristo sus más caras ofrendas (ver Juan 12).

Al concluir, quisiera que lea tres sencillas palabras de Lucas 10.42: "María ha escogido". Así será siempre. Una elección. Las prioridades correctas no nos elegirán a nosotros y ni siquiera los peores momentos ni las lecciones más duras harán que las aprendamos. Es cuestión de elegirlas entre muchas otras opciones buenas. La palabra "escogido" proviene del término griego *eklego* que significa "elegir, seleccionar, escoger para sí". No podemos elegir lo que es necesario para ninguna otra persona pero sí podemos darle un ejemplo. El resto de la definición dice: "No necesariamente implica el rechazo de lo que no es elegido sino favorecer al sujeto elegido, manteniendo en la mente la relación a establecer entre quien elige y el objeto elegido. Implica preferencia y selección entre muchas otras opciones".

Eso es lo que me encanta de María y Marta. Su historia comienza haciéndonos reír pero termina haciéndonos pensar. ¿Permitiremos que lo bueno se convierta en enemigo de lo mejor? La elección es nuestra.

---

[1] *The Bible Knowledge Commentary, New Testament,* edited by John F. Walvoord and Roy B. Zuck (Wheaton: Victor, 1983), 144.
[2] Herbert Lockyer, *All the Parables of the Bible* (Grand Rapids, MI: Zondervan Publishing House, 1963), 261-262.
[3] *Ibid.,* 262.
[4] Oswald Chambers, *My Utmost for His Highest* (Grand Rapids, MI: Discovery House Publishers, 1935), 146

SEMANA 7

El tesoro más grande

Día 1
Otro más fuerte

Día 2
El tesoro de Dios y su tesoro

Día 3
Lámparas encendidas

Día 4
Cuántas veces quise...

Día 5
Cuando Dios corre

¿Ya estamos en la séptima semana? ¿Puede creer que hayamos llegado hasta aquí? Entiendo que miles de cosas compiten por su atención y que el maligno ha intentado distraerlo de muchas maneras. Le estoy muy agradecida por continuar aquí. Siga resistiendo la tentación de posponer el estudio aun con la intención de retomarlo "más tarde". "Más tarde" tiene la extraña costumbre de convertirse en "más y más tarde", ¿verdad? Voy a darle una pequeña nueva motivación: ¡Deuteronomio 29.29 dice que las verdades que Dios le revela son suyas para siempre! Usted está permitiéndole a Dios que inscriba su Palabra en las tablas de su corazón. La Biblia se está convirtiendo, literalmente, en parte de usted. A eso se refirió Cristo cuando nos enseñó que su Palabra debía "permanecer" en nosotros (Juan 15.7). La misma Biblia nos dice que su Palabra, al permanecer en nosotros, transforma nuestra vida de oración. Amado hermano, el estudio intenso de la Palabra de Dios tiene efectos asombrosos. Quizá usted sea el último en notarlo, pero le aseguro que la Palabra de Dios nunca vuelve vacía. Dios tiene un propósito específico para este estudio en su vida. Permita que Él cumpla ese propósito extraordinario.

Día 1: ¿Qué cree que representa "el hombre fuerte" y "otro más fuerte que él"?
Día 2: ¿De qué dijo Jesús que no tenemos por qué tener miedo?
Día 3: ¿Qué descripción del "siervo fiel" está implícita en Lucas 12.35-48?
Día 4: ¿Qué dimensión de Cristo nos presenta Lucas 13.34?
Día 5: En Lucas 15, ¿qué hilo común recorre las tres parábolas?

La manera en que Cristo enfrenta las cosas en esta semana se vuelve bastante drástica. Creo que estamos listos para el cambio. La mirada a nuestro Padre en el día 5 nos recordará de nuevo cuán digno es Él, aun cuando seguir el llamado implique un alto costo para nosotros.

DÍA 1

Otro más fuerte

El tesoro de hoy
"Pero cuando viene otro más fuerte que él y le vence, le quita todas sus armas en que confiaba, y reparte el botín" (Lucas 11.22).

Cuando Satanás quiere hacer tropezar a alguien, generalmente su arma más poderosa es distorsionar la Palabra de Dios. En 1 Timoteo 4.1 "el Espíritu dice claramente que [...] algunos apostatarán de la fe, escuchando a espíritus engañadores y a doctrinas de demonios". ¿No es un pensamiento aterrador? ¡Demonios enseñando las doctrinas bíblicas!

A Satanás le encanta distorsionar la comparación entre su reino y el reino de Dios. Ni en su momento de mayor esplendor Satanás y sus legiones de demonios podrán acercarse al poder de Dios. Solo Dios es omnipotente. Solo el poder de Dios es incomparable. Que la lección de hoy sirva para disipar cualquier atisbo de falsa doctrina que hayamos aprendido involuntariamente de la fuente menos confiable del mundo.

Lea Lucas 11.14-28. ¿De qué fue acusado indirectamente Jesús en el versículo 15?

_____

Cristo respondió a la acusación por medio de tres argumentos básicos.

Escriba en una oración el concepto principal que a su entender, Cristo señala en cada uno de los siguientes pasajes de Lucas 11:

Versículos 17-20: _____

_____

Versículos 21-22: _____

_____

Versículos 24-26: _____

_____

Estudiemos cada uno de estos grupos de versículos por separado.

Un reino dividido (Lucas 11.17-20): ¿Se pregunta usted cómo alguien puede haber hecho una acusación tan ridícula? Básicamente Cristo respondió: "Reflexionen un poco conmigo sobre esto. Si yo fuera parte del reino de las tinieblas, ¿por qué trabajaría en mi contra, echando fuera demonios?" Después afirmó algo que seguramente debe de haber trastornado a los líderes religiosos: "Mas si por el dedo de Dios echo yo fuera los demonios, ciertamente el reino de Dios ha llegado a vosotros" (v. 20).

El breve discurso de Cristo implica que existen dos fuentes de poder sobrenatural: el reino de Dios y el reino de Satanás. La lógica inferencia es que si su poder no se originaba en Satanás tenía su origen, obviamente en Dios. Si Cristo realizaba todas esas señales y prodigios por el poder de Dios ¿qué conclusión revolucionaria implicaba ese hecho? El reino de Dios se había acercado a ellos. En otras palabras, estaban mirando al Mesías cara a cara (ver Lucas 7.20, 22).

La frase "el dedo de Dios" es usada muy pocas veces más en la Biblia. Una de esas veces es en Éxodo 8.16-19.

SEMANA 7: El tesoro más grande

¿Puede usted ver alguna similitud entre las conclusiones que se implican en el pasaje de Éxodo y el de Lucas 11.15-20?   q Sí   q No   Si su respuesta es afirmativa, ¿cuál es esa similitud?

_____

Me encanta la referencia al dedo de Dios. Cada vez que la leo, pienso que Dios es tan poderoso que lo único que tiene que hacer es señalar con el dedo y lo que Él quiere se cumple. Permítame decir con una sonrisa que conozco algunas cosas a las que Dios podría señalar con el dedo hoy. ¿Usted, no? Tenemos que confiar en que Dios no solo sabe qué señalar, sino cuándo.

Antes de pasar a la segunda respuesta de Cristo, debo enfatizar las implicaciones de la división en las palabras de Cristo. Satanás sabe que puede obstaculizar al reino de Dios causando la división entre el pueblo de Dios. La forma de actuar más eficaz para Satanás es trabajar desde adentro. Necesitamos con urgencia que la unidad del cuerpo de Cristo sea una prioridad continua.

Un hombre fuerte (Lucas 11.21-22). Recuerde que el contexto de las palabras actuales de Cristo es la comparación entre el reino de Dios y el reino de las tinieblas.

¿A quién cree que representa cada uno de los siguientes?

"El hombre fuerte" _____

"Otro más fuerte que él" _____

¿De qué manera Efesios 6.12-13 implica un principio similar?

_____

Suponiendo que el hombre fuerte de Lucas 11.21 sea Satanás, podemos hacer algunas observaciones muy importantes. La primera parece obvia, pero es necesario recordarla: Satanás es fuerte. La palabra que se utiliza en el original es *ischuros* que significa: "fuerte, poderoso. Figuradamente, significa fuerte en influencia y autoridad".

¿Cuándo fue la última vez que usted recordó cuánta influencia puede tener el diablo?

_____

Será mejor que no subestimemos ni sobreestimemos el poder de Satanás. Él no puede compararse con Dios pero nosotros no podemos compararnos con él. Como leemos en Efesios 6.12-13, podemos enfrentar a Satanás solamente cuando estamos fortalecidos por el poder de Dios. Segundo, observamos que Satanás no solo es fuerte, según Lucas 11.21, sino que también está "armado".

Nombre algunas armas que usted cree que Satanás tiene en su arsenal.

_____

_____

Personalmente he encontrado las armas de la vergüenza, el secreto y el engaño. Si nos basamos en esta breve parábola, una tercera observación es que Satanás guarda su casa.

Así como Dios es posesivo sobre su santa casa, podemos estar seguros de que Satanás es posesivo sobre su casa profana. 2 Corintios 4.4 describe una manera en la que él trata de guardar su casa, es decir, proteger sus intereses. Pablo dice que Satanás "cegó el entendimiento de los incrédulos para que no les resplandezca la luz del evangelio".

Lucas 11.21 sería muy atemorizante sin el versículo que le sigue. Concentrémonos en Lucas 11.22 y podremos hacer algunas observaciones acerca de Cristo.

Primero, enfaticemos lo obvio: **Satanás puede ser fuerte, pero Cristo es más fuerte.** Cuente con ello. Sí, estamos en guerra contra un enemigo muy poderoso pero los que estamos en Cristo estamos en paz con un Dios que es mucho más poderoso.

La segunda observación es motivo de celebración: **Cristo atacará y vencerá a Satanás.** La Biblia no dice "pero si viene otro más fuerte y le vence", sino *cuando* viene otro más fuerte y le vence". Satanás es un enemigo vencido. El golpe de gracia lo dio en realidad, el martillo que clavó los clavos a la cruz. Cristo terminó la obra cuando voluntariamente entregó su vida por nuestros pecados. Dios está ocupado en cumplir todos los tiempos hasta que el calendario de su reino se haya completado y los que acepten su oferta sean redimidos. Entonces, un día el dedo de Dios señalará directamente al hombre fuerte y él deseará no haber existido nunca.

Una tercera observación con relación al otro más fuerte es que: **le quitará a Satanás la "armadura", "el blindaje"**. Creo que la representación de estas armas es todo lo que Satanás "usa" para impedir ser vencido.

Finalmente se nos dice que **Cristo repartirá el botín.** ¿Sabe usted lo que esto significa para nosotros? Jesucristo va a volver a apoderarse de lo que Satanás nos ha robado. ¿Quiere escuchar una noticia aún mejor? No tenemos que esperar al cielo para recuperar todo ese botín.

Puedo citar fácilmente un ejemplo personal. Aunque Satanás me robó muchas cosas por el maltrato que sufrí cuando era niña, finalmente puedo decir que Dios me ha dado más de lo que el enemigo se llevó. El botín que finalmente hizo inclinar la balanza me llegó en forma de cartas de respuesta por el estudio de *¡Sea libre!*. Creo que ahora puedo decir que el regalo de la gracia de ver a otros que son ayudados por el poder del Espíritu Santo ha comenzado a superar las horribles repercusiones del maltrato.

*D*ios no me ama a mí más que a usted. ¿Recuerda alguna manera en que Él ya haya compartido con usted parte del botín de la derrota de Satanás?

_____

Me encanta ese verso del cántico de Moisés, cuando Dios acababa de liberarlos de Egipto: "Jehová es varón de guerra; Jehová es su nombre" (Éxodo 15.3).

El lugar vacante (Lucas 11.24-26). Sacaremos las últimas conclusiones de la tercera respuesta de Cristo a la acusación de que su poder se originaba en el príncipe de los demonios. Relea este pasaje crucial de la Biblia. Una de mis metas es sacar las conclusiones más apropiadas para la clase de personas que leen estudios bíblicos como este. Supongo que la mayoría de nosotros no estamos poseídos por demonios, por lo tanto optaré por una aplicación más conceptual que directa de estos versículos.

*I*ndique si las siguientes afirmaciones son verdaderas (V) o falsas (F) basándose en las inferencias que obtenga de estos tres versículos.

_____ Los demonios jamás vuelven a molestar a aquellos de quienes se han apartado.
_____ Las personas que limpian sus vidas y las ponen en orden son invulnerables a los ataques.
_____ El primer encuentro de una persona con el diablo siempre es el peor.

SEMANA 7: El tesoro más grande

Espero que haya marcado las tres afirmaciones como falsas. Veamos tres afirmaciones que son verdaderas, y después comentaremos brevemente las que son falsas.
1. Los demonios, al parecer se sienten más cómodos donde han estado anteriormente.
2. Quienes somos creyentes en Cristo no podemos ser poseídos por demonios, pero sí oprimidos por ellos.
3. Creo que Satanás prefiere regresar a una persona en la que ya estuvo trabajando a buscar una nueva.

Satanás es muchas cosas, pero no es creativo. Generalmente se limita a aquello en lo que ya ha trabajado. He experimentado esto personalmente, cuando él intentó regresar a un área de mi vida en la que había tenido una fortaleza aunque ya ha sido obligado a irse.

¿Ha experimentado algo similar? Explíquelo brevemente.

_____

Las vidas que han sido limpiadas y puestas en orden son vulnerables a los ataques demoníacos. Amado hermano, escuche con atención. Fuimos creados por Dios para que su Espíritu habitara en nosotros. No fuimos creados para estar vacíos. El vacío que hay en toda vida humana no anhela ser eliminado; anhela ser llenado. Dios puede librarnos de una fortaleza realmente opresiva y podemos verdaderamente limpiar nuestra vida y ponerla en orden, pero si no llenamos el vacío con Él somos susceptibles a las recaídas.

Mi clase de la Escuela Dominical tiene lo que yo llamo alumnas "VP": Vencedoras en Proceso. Cada trimestre hay personas que necesitan oración y un seguimiento especial que se presentan delante de la clase. Durante ese trimestre saben que no podrán pasar por la puerta sin que varias hermanas las abracen y les pregunten sinceramente cómo están. También les damos informes sobre sus progresos a toda la clase. Actualmente, una de nuestras "VP" es una hermosa joven que está reponiéndose de una grave adicción a la cocaína. Esta joven es muy sabia ya que se ha dado cuenta de que no basta con "limpiar" su vida. Para poder estar a salvo tiene que llenar las cavernas vacías dejadas por la cocaína con la presencia liberadora y satisfactoria del Espíritu Santo.

En una segunda vuelta, la misma fortaleza demoníaca puede ser más poderosa que en la primera. Es una perspectiva aterradora para alguien que no esté sellado por el Espíritu Santo (ver Efesios 1.14; 4.30). La mayoría de nosotros estamos más en riesgo de opresión que de posesión, pero el principio sigue siendo válido: una vez que hemos sido liberados de una fortaleza, si nos hacemos vulnerables a ella de nuevo nuestro segundo encuentro puede ser muchísimo peor.

¿Qué razones cree usted que explican el principio enunciado? _____

_____

Yo he encontrado algunas: Satanás detesta perder. Si fue vencido una vez, si se presenta la oportunidad se esforzará mucho más la segunda. Además, un segundo ataque puede causar tal desaliento y sentimientos de desesperación que la víctima estará más débil que nunca. Y finalmente, el espacio vacío si permanece sin ser habitado por Cristo, deja a la víctima con un apetito voraz. La tragedia mayor es que toda esa derrota es innecesaria. Sí, Satanás es fuerte pero Cristo es mucho más fuerte que él. Repetiremos este concepto hasta que esté grabado en nuestra mente: la victoria no es determinada por aquello de lo que hemos sido librados, sino por aquello para lo cual hemos sido librados. El único lugar seguro para todo aquel que ha sido cautivo es el "otro más fuerte". Cuando Satanás venga a rondarnos, que seamos "hallados en Él" (ver Filipenses 3.9).

DÍA 2

El tesoro de Dios y su tesoro

El tesoro de hoy
"¿No valéis vosotros mucho más que las aves?" (Lucas 12.24).

Quiero advertirle algo. Pronto llegaremos a uno de los retos más difíciles que enfrento cuando escribo un estudio bíblico. Tendremos que pasar por alto algunos maravillosos pasajes de la Biblia y dar prioridad a otros. Cuando preparaba el bosquejo del evangelio de Lucas, supe que nunca podríamos estudiarlo versículo por versículo en diez semanas. Dios me ha revelado algunos criterios importantes para ayudarme a determinar a qué porciones les dedicaremos tiempo en este estudio. Nuestra meta específica es captar una imagen más exacta de Cristo en su primera venida. Cuando me veo obligada a elegir entre porciones de la Biblia, trato de discernir cuál nos ayuda a conocer más acerca del "Verbo hecho carne" del que habla Juan 1.14.

Cuando debo elegir entre pasajes bíblicos también recuerdo qué clases de personas serán las que posiblemente participen en un estudio bíblico de esta naturaleza. Estudio los retos del mundo que nos rodea y oro para que Dios me guíe hacia los mensajes que necesitamos con más urgencia. Cuando los pasajes cumplen los dos primeros requisitos pero aún queda mucho por cubrir, me entrego a la dirección del Espíritu Santo y oro para que Él me guíe al pasaje adecuado.

Desde el principio sentí que la porción media del evangelio (donde se encuentran la mayoría de las parábolas) era el lugar donde sería mejor acelerar. Tenga en cuenta que nos daremos prisa ahora para poder ir más lentamente después. Cubriremos diez capítulos de Lucas en las semanas 7 y 8 para poder pasar las semanas 9 y 10 enteras en la conclusión, el clímax de Lucas. Recuerde esto mientras lee Lucas 12.1-34 y complete lo siguiente:

¿Cuál era la "levadura de los fariseos" (v. 1)? _____

¿Cómo definiría usted esta palabra?

_____

¿De qué dijo Jesús que no teníamos por qué tener miedo?

_____

Por el contrario, sí debemos tener miedo de _____.

_____

Comente la afirmación de Cristo en el versículo 20, donde dice: "Lo que has provisto, ¿de quién será?"

_____

¿De qué forma específica nos llama Cristo a ser diferentes de los paganos?

_____

¿Dónde está su tesoro? _____

SEMANA 7: El tesoro más grande

Espero que haya meditado un poco sobre la última pregunta. Yo lo hice. La lección de hoy trata sobre el valor. Lo que Dios valora y lo que nosotros valoramos. Lucas 12.34 revela que podemos encontrar el corazón de una persona si descubrimos lo que esa persona verdaderamente valora. Una de las mejores maneras de conocer más de cerca el corazón de Dios es buscar en las Escrituras y estudiar las cosas que Él valora más. La siguiente pregunta puede parecer muy obvia y básica, pero son demasiadas las cosas que dependen de ella como para sacar falsas conclusiones al respecto.

*E*n cuanto a las cosas terrenales, ¿qué es lo que al parecer valora más Dios, según Lucas 12.24? _____

_____

Mire un momento todas las cosas que lo rodean. Mire la lista de cuentas por pagar. O la lista de las cosas que le quedan por hacer. Todas las cosas que hay para arreglar en la casa. Todo lo que representa un problema para usted. Todo lo que tiene valor para usted. Haga un rápido inventario mental de todas las cosas importantes que le preocupan o constituyen un reto para usted. Después fije sus ojos en esta frase hasta que se grabe a fuego en su alma: "¿No valéis vosotros mucho más?"

*M*arque con un tilde todas las siguientes cosas que son valiosas para usted. Tache las que no se apliquen a usted.

- ❏ trabajo
- ❏ hogar
- ❏ iglesia
- ❏ integridad
- ❏ hijos
- ❏ matrimonio
- ❏ amigos
- ❏ éxito
- ❏ relación con Dios
- ❏ salud
- ❏ salud de sus seres amados
- ❏ una causa

No importa cuánto valor tenga para usted cada cosa que ha marcado; para Dios usted es mucho más valioso. No lo digo sencillamente para hacerlo sentir bien. Mi oración es que la lección de hoy le demuestre que esto es un hecho. Una buena amiga que es oradora y consejera bíblica ha dicho: "Actuamos por lo que creemos, no por lo que sabemos". Nuestras acciones, nuestro estilo de vida y nuestras decisiones son el reflejo de nuestro sistema de creencias. Podemos decir otra cosa, e intelectualmente podemos saber qué es lo mejor, pero lo que vivimos es lo que en realidad creemos.

Quisiera fundamentar el resto de esta lección en un precepto: si creemos verdaderamente lo que Dios dice sobre el valor que tenemos para Él, nuestra vida cambiará drásticamente. Basándome en el pasaje bíblico de hoy quisiera presentarle cinco formas en las que creer esto nos cambiará la vida.

1. Creer que somos de gran valor para Dios nos libera de mucha hipocresía. Cristo inicia sus osadas declaraciones de Lucas 12 con una advertencia sobre la hipocresía. El significado fundamental de esa palabra es "simulación". Por favor, preste especial atención a las personas que le escuchaban. Aunque estaba rodeado de muchos inconversos y líderes religiosos, Jesús "comenzó a decir a sus discípulos, primeramente" (Lucas 12.1). ¿Por qué dirigió estas palabras a sus seguidores?

Los verdaderos discípulos, los que siguen a Cristo y llevan a otros a hacer lo mismo, enfrentan la gran tentación de ser hipócritas. Cristo advirtió: "Guardaos" (v. 1). En otras palabras: para vivir libres de la hipocresía debemos actuar. En resumen, la hipocresía es la necesidad de que la gente piense que nosotros somos más de lo que en realidad somos. Enfrentémoslo. Es más fácil simular que arreglar nuestra vida.

¿Cómo podría influir en nuestra autenticidad y transparencia el hecho de creer en realidad que tenemos gran valor para Dios?

_____

_____

Además de lo que usted haya contestado, quisiera contarle lo que yo pienso. La hipocresía tiene mucho para probar. Irónicamente trata de probar lo que ni siquiera es cierto. Cuando aceptamos nuestro verdadero valor para Dios, no tenemos que probar nada. Podemos ser genuinos acerca de dónde hemos estado, dónde estamos, y dónde queremos estar. No tenemos que encubrir ni ocultar las cosas (v. 2). Podemos ser genuinos porque tenemos un gran valor para el único Juez Verdadero.

2. Creer que somos de gran valor para Dios nos libera de temores innecesarios. Las palabras de Cristo en Lucas 12.4 sacuden todo nuestro sistema: "No temáis a los que matan el cuerpo, y después nada más pueden hacer".

¿Por qué nos resulta tan difícil captar ese punto de vista? Porque estamos más convencidos del "aquí y ahora" que del "después". ¡Qué sorpresa enterarnos de que el "después" es la única razón por la que existe el "aquí y ahora"! La eternidad es una realidad mucho más grande que este breve "aliento" de tiempo. Básicamente Cristo dijo: "No teman a las personas que pueden matarlos ahora, pero no pueden hacerles nada después. El único temor sano es a Aquel que lo controla todo para siempre". Pero si estamos en su rebaño y somos llamados sus amigos, la palabra de Cristo para nosotros es: "No temas; tú vales más".

Escriba todas las maneras en las que estos versículos señalan implícitamente nuestro valor para Dios.

_____

_____

Keith y yo tenemos un comedero para pájaros en el porche posterior de nuestra casa. Yo me siento junto a la ventana y veo cómo los gorriones esparcen las semillas mientras aletean. No son tan bonitos como los cardenales o los colibríes que tenemos en el jardín; son comunes y poco atractivos. Pero me encanta saber que Dios no olvida ni siquiera a uno de ellos. Cuando el miedo amenaza con abatirme, me acerco a la ventana y una vez más recuerdo que si Él cuida de ellos, sin duda me valora mucho más a mí. Después de este breve tiempo hay un más allá mucho más largo.

3. Creer que tenemos gran valor para Dios nos da la libertad de reconocerlo sin vergüenza. Por favor, no pase por alto la custión fundamental de reconocer a Cristo como Señor ante los demás. No creo que Cristo esté hablando de una sola profesión de fe pública, aunque sin duda comprendo que esto es importante. Creo que Él está hablando de que no nos avergoncemos de Él y reconozcamos abiertamente su señorío sobre nosotros en cualquier momento que sea necesario.

Lea con detenimiento el versículo 8. Cristo Jesús no ve la hora de confesarnos delante de los ángeles de Dios. Aun después de todos nuestros fracasos y nuestras debilidades. (Lea Judas 24). Si Él no se avergüenza de nosotros a pesar de todas nuestras imperfecciones, ¿cómo nos avergonzaremos nosotros de Él, nuestro Redentor y Libertador? No esconda la cabeza con vergüenza detrás de la mesa del desayuno. Escuche: Satanás es el que alimenta toda nuestra vergüenza. En un momento u otro, todos hemos enfrentado la tentación de no confesar publicamente y sin reservas a Cristo.

SEMANA 7: El tesoro más grande

𝓡elate una ocasión en la que en realidad se sintió incómodo frente a una oportunidad de confesar públicamente a Cristo como Señor. ¡No se preocupe! A todos nos ha pasado al menos alguna vez.

_____

_____

He aprendido una de las mejores maneras de superar nuestros ataques de vergüenza. ¡Hágalo una y otra vez hasta que pierda su poder intimidatorio! Cuanto más lo practicamos, más fácil es. Dígale a Dios que tiene miedo y cuéntele por qué, después pida que el poder del Espíritu Santo venga sobre usted y lo convierta en un testigo poderoso (vea Hechos 1.8). ¡Él lo hará! Y, un día Él lo confesará a usted delante de los ángeles.

4. Creer que somos de gran valor para Dios nos libera de la necesidad de las riquezas. En el versículo 15, Cristo también nos advierte. "Mirad, y guardaos de toda avaricia". Su siguiente afirmación es aún más sorprendente.

𝓔scriba el resto del versículo: _____

¿No está agradecido de que sea así? Sin embargo, una vez más recuerdo lo que dijo mi amiga: "Actuamos según lo que creemos, no según lo que sabemos". Si creemos en el valor que tenemos para Dios y creemos que nuestra vida no consiste en la abundancia de nuestras posesiones ¿por qué tenemos tantas posesiones?

Quizá conocemos Lucas 12.15 con nuestra mente, pero no lo creemos en realidad con nuestro corazón. Hay dos cosas que me hacen recordar la abundancia de posesiones que tenemos en nuestro país. Primero, mis viajes a países del Tercer Mundo me hacen sentir asqueada por la abundancia de nuestras posesiones. Segundo, veo una compañía de depósito de muebles y objetos tras otra. ¡Es un gran negocio! Tenemos tantas cosas que no tenemos lugar para guardarlas en nuestras grandes casas, así que les pagamos a estos negocios para que nos las guarden.

𝓒olosenses 3.5 dice que la avaricia es "_____". Explique brevemente cómo es esto.

_____

🔥 ¿De qué forma podemos guardarnos de la avaricia?

_____

Santiago 1.17 nos dice que nuestro Padre es el Dador de toda buena dádiva y don perfecto. Durante toda la eternidad gozaremos de la ilimitada riqueza del Director Ejecutivo del universo. Hasta ese momento demostramos que somos hijos e hijas del Dios verdadero cuando damos, damos y damos. Entreguemos de esa abundancia a los que están necesitados y Dios acumulará tesoros para nosotros en su depósito divino.

5. Creer que somos de gran valor para Dios nos libera de muchas preocupaciones. Lea de nuevo los versículos 22-34. Tiene que ser una broma. ¿"La vida es más que la comida" (v. 23)? Necesito un recordatorio con esta frase para mi cocina. Pero el asunto de la comida no es lo más importante. El problema importante es la preocupación. No sé si hay muchas cosas que se comparen con el reto que implica dejar de preocuparse.

Jesús: el único y suficiente

¿*P*or qué cree usted que es tan difícil controlar la tendencia a preocuparnos?

Me encantaría escuchar sus respuestas. ¡Supongo que si me limitara a una sola, diría que es porque tenemos muchísimas oportunidades para preocuparnos! Nunca vamos a vencer la preocupación eliminando las razones para preocuparnos. Quédese tranquilo; la vida no se va a arreglar toda de repente. Siempre tendremos muchas oportunidades para tener un ataque de ansiedad. Dios desea que venzamos las preocupaciones aun cuando nos sobren motivos para preocuparnos.

¿*C*uántas razones tiene usted para preocuparse? Escriba algunas en el margen.

Cristo resumió la inutilidad de preocuparnos en los versículos 25 y 26. Dicho en pocas palabras, es inútil preocuparnos. Lucas 12.25 me ha ayudado con un problema mucho más grande que mi propia vida. Me ha ayudado con las vidas de mis hijas. Tengo tendencia a preocuparme muy poco por mí, pero me preocupo demasiado por ellas. Toda la preocupación que es provocada por nuestro amor no logra absolutamente nada. Pero cualquier oración en el nombre de Jesús puede lograr que Dios haga lo que sea necesario. ¿Cuándo aprenderemos a esforzarnos más por orar que por preocuparnos?

El remedio de Cristo para las preocupaciones es que seamos como los lirios y las aves: que confiemos en que Dios hará su tarea. La confianza es la receta para combatir la preocupación. La confianza es de aquellos que le toman la palabra a Dios. Relea las razones para preocuparse que ha escrito y escriba la palabra CONFIANZA en letras grandes y gruesas encima de esa lista. Después, búsquelo a Él y a su reino con todo lo que tiene y todas las cosas adecuadas le serán añadidas (ver Mateo 6.33).

Para concluir, deleite sus ojos con el versículo 32: "No temáis, manada pequeña, porque a vuestro Padre le ha placido daros el reino". ¡Qué palabras tan dulces! ¿Siente el amor de Jesús en ellas? ¿Siente su cuidado? Con una mirada al espejo más cercano podrá ver el reflejo del corazón de Dios. Porque donde está su tesoro también está su corazón.

"Porque tú eres pueblo santo para Jehová tu Dios; Jehová tu Dios te ha escogido para serle un pueblo especial, más que todos los pueblos que están sobre la tierra" (Deuteronomio 7.6).

El tesoro de hoy
"*Estén ceñidos vuestros lomos, y vuestras lámparas encendidas; y vosotros sed semejantes a hombres que aguardan a que su señor regrese de las bodas, para que cuando llegue y llame, le abran en seguida*" *(Lucas 12.35-36).*

DÍA 3

Lámparas encendidas

Hace muchos años una perra callejera se instaló en el portal de la entrada de mi casa. Lo último que necesitábamos era una nueva mascota, así que le hice prometer a Michael que no le iba a dar de comer ni se iba a encariñar con ella. Él no me obedeció. ¡Y eso me hace muy feliz! Esa perrita es uno de los miembros más queridos de nuestra familia.

Un vecinito le preguntó a Michael de qué raza era Sunny. Michael muy orgulloso le dijo: "¡Es un perro guardián!" Sunny se sienta en el portal todas las noches hasta que todos los miembros de la familia estamos a salvo adentro. Si yo estoy fuera de la ciudad, se sienta en el borde del jardín y vigila hasta que mi auto da vuelta a la esquina. Si vuela un pájaro mientras estamos afuera, ella lo persigue y ladra furiosamente para evitarnos problemas. Ser el perro guardián de los Moore es algo muy serio. La lección de hoy nos muestra que podríamos aprender varias cosas de Sunny. Lea Lucas 12.35-48 y complete lo siguiente:

SEMANA 7: El tesoro más grande

*E*n el margen, escriba todas las características de un siervo fiel que encuentre en este pasaje.

Cristo empleaba ejemplos fácilmente comprensibles para enseñar algo que no era tan fácilmente comprensible. Debemos evitar las interpretaciones dogmáticas para estas parábolas que son claras como el agua. Un ejemplo común y muy fácil de entender para un habitante del Medio Oriente no sería tan común para nosotros. Además, no siempre estamos seguros de cuándo Cristo usó hipérboles o cuándo podemos deducir paralelismos muy literales.

*T*eniendo en cuenta estas cosas, escriba las respuestas que cada uno de los siguientes siervos recibió de su amo a su regreso:

Los siervos que velaron (v. 37) _____

El mayordomo fiel y prudente (v. 42) _____

El siervo infiel (vv. 45-46) _____

El siervo que "conociendo la voluntad de su señor, no se preparó ni hizo conforme a su voluntad" (v. 47)

_____

El siervo que "que sin conocerla [la voluntad de su amo] hizo cosas dignas

de azotes" (v. 48) _____

Cristo resumió el tema de la parábola en la última frase del versículo 48. ¿Cómo lo explicaría usted en sus propias palabras?

_____

_____

Versículos angustiosos, ¿verdad? Recuerde: nuestra meta es llegar a tener una imagen de Cristo más exacta. El retrato del evangelio no cabe dentro de una sola categoría. Cristo es multifacético, como el diamante más brillante. El denominador común de cada dimensión es su perfección. Espero que Dios use este estudio para echar luz sobre las facetas de su perfecto Diamante. Tómese unos momentos para reflexionar sobre nuestro estudio. Le sugiero que lo relea rápidamente.

*E*n el margen, escriba las dimensiones de la personalidad de Cristo que pudiera haber descubierto.

Sin duda hemos visto la profunda compasión de Cristo. Su abundante misericordia. Su amor generoso. También lo hemos visto ir directo al centro de muchos asuntos, evitando las palabras vanas. Ahora comenzamos a ver que la multitud que lo seguía crecía exponencialmente. Pero eran pocos los que lo seguían por motivos puros. La mayoría sencillamente quería ver prodigios y señales. Otros tenían un motivo completamente diferente.

¿*C*uál era el estado de ánimo y el motivo de los que describe Lucas 11.53-54?

___

La temperatura está subiendo. Si usted escucha con atención podrá oír cómo sube el tono del mensaje de Cristo. Hoy veo al menos dos dimensiones de Él muy claramente: su justicia y su desprecio por la irresponsabilidad. Creo que veremos estas dos dimensiones con mayor claridad si aplicamos los conceptos que ilustran estos pasajes:

1. Cristo quiere que su pueblo esté listo y esperando. No importa si usted es premilenialista, postmilenialista, amilenialista, dispensacionalista o no tiene idea de lo que significan estas palabras. Cristo volverá. Todo ojo lo verá. Algunas cosas de los caminos de Dios me hacen sonreír, como la forma en que conoce nuestra tendencia a ser profetas aficionados. Él nos pone en nuestro lugar a todos los que estamos tratando de descubrir el día y la hora diciéndonos básicamente: "Lo único que te diré sobre mi próxima visita es que no estarás esperándome". Es urgente que estemos listos en cualquier momento.

¿*P*or qué cree usted que Cristo desea que tengamos las lámparas encendidas? (v. 35).

___

La versión moderna de tener encendida nuestra lámpara es dejar la luz encendida para alguien que vuelve a casa tarde por la noche. Una de las *sorpresas* del "nido vacío" es no tener que esperar que alguien vuelva tarde. Los que tenemos hijos grandes hemos experimentado esa dificultad para dormirnos profundamente cuando ellos no han regresado a la casa. Quizás podamos dormitar pero no dormimos tranquilos hasta que estén seguros dentro de la casa. Aunque esperar despiertos es agotador, nos hace recordar las relaciones cercanas de la familia y nuestra responsabilidad.

En este momento en particular de mi vida, mi corazón se anima al saber que tenemos a alguien por quien "dejar la luz encendida". Hace cinco años una buena amiga mía perdió a su hijo único que ya era un joven. La semana pasada esta mujer perdió a su esposo. Yo he sufrido por su soledad. Estoy agradecida porque los que estamos en Cristo tenemos a alguien a quien podemos esperar con expectativa en todo momento. Cristo nos llama a estar velando por Él cuando regrese (v. 37). No en forma inactiva, sino como siervos (v. 35). Lucas 12.37 nos dice: "Bienaventurados aquellos siervos a los cuales su señor, cuando venga, halle velando".

El deseo más profundo de Cristo es que vivamos nuestra vida tan relacionados con Él que lo único que nos falte sea verlo cara a cara. ¡Ah, quiera Dios crear en cada uno de nosotros tal aguda conciencia y fe en su presencia eterna que no seamos sorprendidos con la guardia baja! Que nuestra fe sea, sencillamente, hecha vista. Que seamos gloriosamente sorprendidos, pero no avergonzados. Creo que el apóstol Pablo vivía de esa manera.

¿*C*ómo manifiesta Pablo esta forma de vivir en sus palabras en 2 Timoteo 4.6-8?

___

Dios, crea en nosotros el anhelo por tu venida, para que nuestras lámparas estén siempre encendidas. No puedo imaginar lo que Cristo quiso decir cuando señaló que aquellos a los que encuentre alertas y esperando se reclinarán a la mesa y Él los servirá (v. 37). Mi mente no puede imaginar tal cosa. Bendito Señor ¿qué amor tan maravilloso es este? ¿Necesitamos mayor recompensa que el solo hecho de verte?

Para aquellos que conocen a Dios, el costo de la maldad durante la espera es astronómico. No creo que podamos escuchar palabras más duras de la boca de Cristo que las del versículo 46: "le castigará

SEMANA 7: **El tesoro más grande**

duramente, y le pondrá con los infieles". Creo que Cristo estaba hablando posiblemente con personas como las que describió en Lucas 11.52.

*C*ómo las describió? _____

_____

Son personas que han recibido los conocimientos, pero no entraron a él. Tienen conocimientos pero no fe en la verdad. El ejemplo de muchos de los fariseos nos brinda un constante recordatorio de que podemos tener la cabeza llena de conocimientos y el alma llena de muerte. Por favor, observe el comportamiento del siervo en Lucas 12.45. Mucho queda representado en la imagen de este siervo golpeando a los criados y las criadas. Creo que Cristo dirigió sus palabras fundamentalmente a los líderes religiosos. Lea de nuevo Lucas 11.46.

¿*Q*ué habían hecho los intérpretes de la ley? _____

_____

Mi idea es que la imagen del siervo principal golpeando a los criados y criadas mientras el amo estaba afuera representa al abuso espiritual. Líderes, ¿comprenden que Dios nos hará responsables por cualquier abuso espiritual? Reflexionen sobre este concepto.

*D*é algunos ejemplos de lo que usted cree que puede constituir un abuso espiritual.

_____

Se me ocurren muchos ejemplos pero instantáneamente hay uno que se destaca en mi mente: el del predicador que predica fuego eterno y condenación desde su púlpito, condenando piadosamente a su rebaño por cualquier clase de mal, mientras maltrata a su esposa y sus hijos en su casa. Quisiera poder decirle que solo he escuchado este testimonio una o dos veces. Quisiera destacar que aún creo que la inmensa mayoría de los cristianos se resiste a esa clase de hipocresía, pero el abuso espiritual de esta clase existe mucho más de lo que quisiéramos creer.

Otra forma de abuso espiritual es usar la Biblia o el nombre de Dios para manipular a los demás. No tengo dudas de que seremos llamados a dar cuentas de las veces que hemos usado el nombre de Dios para lograr lo que queremos. Cristo desprecia toda forma de opresión humana. Un terrible castigo espera a aquellos que poseen el conocimiento de Dios pero persisten en la maldad y la autoindulgencia. Perdóneme si observa que levanto temperatura, pero si no fuera por los auténticos ejemplos de temor de Dios que conozco, me desesperaría todo el abuso que he visto en la comunidad religiosa.

2. El futuro castigo para los infieles será justo. Concluyamos con una última mirada a nuestro pasaje central de hoy: "Porque a todo aquel a quien se haya dado mucho, mucho se le demandará; y al que mucho se le haya confiado, más se le pedirá (v. 48). Es justo, pero es serio.

*E*n Lucas 12.45-48, ¿qué nos indica que el juicio es justo?

_____

_____

¿De qué forma implica claramente lo mismo Apocalipsis 20.11-13?

_____

_____

155

Jesús: el único y suficiente

Amado hermano, creo que algunas veces Cristo rió hasta las lágrimas. Creo que es muy posible que haya hecho bromas y haya contado historias cómicas. Es obvio que Jesús tenía una personalidad extremadamente magnética. La conclusión del evangelio de Juan nos dice que Él dijo e hizo mucho más de lo que jamás podría escribirse. Creo que las cosas secretas de Dios que su Palabra no nos dice y que serán reveladas en los cielos, serán maravillosas y extraordinarias, más allá de toda descripción. Los secretos que Él guarda son grandes y gloriosos, pero tuvo cuidado de no guardarse ninguna advertencia. Los que tienen acceso a las Escrituras no podrán llegar a la eternidad y decirle a Dios: "¿Por qué no nos advertiste?"

¡He recibido tanto! Sencillamente debo aceptar el hecho de que también se me pide mucho.

¿Cuál es su situación? ¿De qué manera ha recibido mucho?

_____

_____

Este es nuestro gozo y nuestra seguridad en medio de lo mucho que se nos pide: Cristo nunca es autor del abuso espiritual. Cada cosa que se nos pida será ampliamente recompensada mucho más allá de nuestra imaginación. Hasta entonces tenga encendida la luz del portal. Su Señor está por regresar.

DÍA 4

Cuántas veces quise...

El tesoro de hoy
¡Jerusalén, Jerusalén, que matas a los profetas, y apedreas a los que te son enviados! ¡Cuántas veces quise juntar a tus hijos, como la gallina a sus polluelos debajo de sus alas, y no quisiste! (Lucas 13.34).

Hoy es uno de esos días de los que le advertí. Vamos a tener que pasar por alto material que me hubiera encantado estudiar. Estoy convencida de que hoy Dios nos está llevando a centrar nuestros pensamientos en la última parte de Lucas 13, pero quiero que comience leyendo todo el capítulo. Si siente que Dios desea hablarle mediante otra parte de este capítulo, ¡deténgase y escuche! Sin duda Él no necesita que yo le enseñe a usted. Algunos de los momentos más significativos con Dios a lo largo de este viaje serán esos desvíos estratégicos que Él prefiera tomar con usted. Por favor, vaya con Él.

Después de leer el capítulo 13 de Lucas, por favor concéntrese especialmente en nuestro pasaje principal de hoy: los versículos 31 al 35. En nuestra lección anterior comparamos las facetas multidimensionales del carácter y la personalidad de Cristo con un diamante. En la lección de hoy, la luz de la Palabra de Dios iluminará una dimensión de Cristo muy diferente.

Medite sobre el versículo 34 y describa lo que ve en Cristo.

_____

Algunos fariseos fueron a advertirle a Jesús que Herodes quería matarlo. Su advertencia quizá fuera bien intencionada o quizás no. Los pasajes que rodean estos versículos ofrecen más evidencias sobre su mala intención que sobre su buena intención.

Si la seguridad de Cristo no les preocupaba ¿cuál podría haber sido su motivación?

_____

156

SEMANA 7: El tesoro más grande

Para ser justos, debemos recordar que al menos entre los fariseos había un pequeño número de seguidores de Cristo. Sin importar cuál fuera la motivación de su advertencia, bien podrían haberse callado.

¿Cómo calificaría usted la respuesta de Cristo?

_____

Me encantan las últimas palabras de Cristo en el versículo 32: "Al tercer día termino mi obra". No importa si las condiciones son las adecuadas o no. No importa si ustedes cooperan o no. No depende de que yo mismo esté vivo. "Termino mi obra". Amado hermano ¡qué seguridad nos da el hecho de que no hay nada fortuito en la actividad de Dios! Él tiene una meta y un plan definitivo que se ejecuta precisamente según su voluntad. Sin duda usted ha observado la fraseología simbólica de Cristo.

Complete los espacios en blanco según los versículos 32 y 33: "He aquí,

echo fuera demonios y hago curaciones _____ y _____, y al

_____ _____ termino mi obra. Sin embargo, es necesario que

_____ y _____ y _____ _____ siga mi camino".

En cierto sentido, la fraseología de Cristo tiene el estilo de una parábola. Cuando dijo "hoy" y "mañana", seguido por "el tercer día" y "pasado mañana", no estaba hablando en un sentido inmediato, sino en tiempo futuro. Dado que tenemos la ventaja de ver estos hechos en perspectiva, escuchamos el inconfundible indicio de los tres días que comienzan con la cruz y terminan con su gloriosa resurrección. Me encanta no solo el tono profético de sus palabras, sino también el tono práctico. Básicamente Cristo dijo: "Tengo una meta. Tengo trabajo para hacer hoy para lograr esa meta. Tengo trabajo para hacer mañana para lograr esa meta. Pero muy pronto, la meta estará cumplida".

Quizás el uso que hace Cristo de las palabras hoy, mañana y el tercer día también sugieran tres partes de nuestra vida. Hoy es nuestro ahora. El tercer día representaría nuestro entonces, es decir, el cumplimiento de las metas de Dios en nuestra vida cuando seamos completados en el cielo. Mañana podría representar todos los momentos entre el ahora y el entonces.

El mensaje que Cristo envió a Herodes hacía énfasis en que nada podía disuadirlo de completar su meta. Ni Herodes ni ninguna otra persona era una amenaza para el plan. Ellos serían usados sencillamente como marionetas para cumplirlo. Cuando vivimos nuestra vida siguiendo la voluntad de Dios, no creo que ningún "Herodes" del mundo pueda frustrar nuestros esfuerzos por alcanzar la meta de Dios. Ni un "Herodes" de enfermedad, ni un "Herodes" de crisis. Ni siquiera un "Herodes" que parezca entregarnos a la muerte. Cuando nuestra vida está rendida a la autoridad de Jesucristo, nuestros "Herodes" pueden ser usados solo como marionetas para llevar a cabo la voluntad de Dios, pero no son amenaza alguna para el plan. Quiero que vea un ejemplo muy intrigante.

Lea Apocalipsis 11.1-14. Resuma los hechos en pocas palabras.

_____

_____

_____

157

Jesús: el único y suficiente

Lo que les sucedió a los dos testigos es un perfecto ejemplo del principio que hemos mencionado. Quisiera darle nombre a este principio. Llamémoslo "inmunidad". Para nuestros fines, hoy definiremos la inmunidad como el refugio de toda imposición maligna sobre el plan de Dios. Elegí a los dos testigos como ejemplo, porque el relato es tan dramático que los elementos de la inmunidad son fácilmente identificables.

¿De quién obtienen su poder los dos testigos? (Apocalipsis 11.3).

_____

¿Qué sucede cuando sufren oposición? (v. 5)._____

¿Cómo son muertos? (v. 7). _____

Ahora, lea con atención la primera parte del versículo 7. ¿Cómo explica por qué los dos testigos son inmunes a cualquier amenaza sobre su llamado por un tiempo, pero finalmente son muertos por la bestia?

_____

Si le presenté la pregunta claramente, espero que haya respondido que no se le permitió a la bestia matarlos hasta que hubieron terminado su testimonio. Además observe que sus muertes no fueron, de ninguna manera un final trágico para su historia. Dios los levantó de los muertos y se burló de su enemigo.

Aunque la profecía de los dos testigos es mucho más dramática de lo que es probable que sea la historia de nuestra vida, ellos ilustran un principio que yo creo que Dios aplica también a nosotros. Cuando vivimos bajo el paraguas de la autoridad de Dios y tratamos de obedecer sus mandatos, el enemigo puede oponerse a nosotros y hasta oprimirnos pero no puede frustrar el cumplimiento del plan de Dios para nuestra vida. Cualquier permiso que reciba para oponerse a nosotros solo será dado con el fin de lograr una mayor victoria de Dios. La muerte no puede llegar a los hijos obedientes de Dios hasta que hayan terminado su testimonio. Cuando entregamos nuestra voluntad a la voluntad de nuestro Padre, encontramos un lugar de bendita inmunidad. Fortalecidos por su poder y escudados en su protección, alcanzaremos nuestra meta.

Leamos de nuevo Lucas 13.31-35. Observe las palabras de Cristo después de su respuesta a la amenaza de Herodes. Para ventaja nuestra, Cristo presenta una figura muy vívida con palabras que describen ese bendito lugar de inmunidad en estos mismos versículos.

¿Qué había querido hacer Jesús tantas veces? (v. 34). _____

_____

¿Por qué no lo había hecho? _____

Durante el resto de la lección comentaremos las respuestas a estas dos preguntas. Primero, la Biblia nos dice que Cristo había deseado reunir a los hijos de Israel en sus brazos "como la gallina a sus polluelos debajo de sus alas". ¿Qué imagen podría presentar más tiernamente el amor protector de Cristo? Sí, la mano justa de Dios debe traer juicio y justicia. El pecado lo exige. Pero su tierno y amante corazón anhela tenernos en sus brazos y protegernos del peligro eterno. La cruz del Calvario es la forma en que Él cumplió ambas obras para aquellos que hallarían inmunidad del juicio confiando en su sacrificio.

Ahora es el momento perfecto de aprender el significado de una palabra poderosa. Lea Romanos 12.17-21.

*S*e nos dice que no nos venguemos, sino que dejemos lugar "a la _____ de Dios".

La palabra original que se traduce como "ira" significa "total aborrecimiento del pecado, pero anhelo mezclado con dolor por quienes viven en él". Permita que esto sea absorbido totalmente por su mente y después por su corazón. Aun en su ira Dios es misericordioso. Él juzgará a quienes se nieguen a recibir la bendita inmunidad de la cruz, pero la palabra no pinta una figura de un Dios que se deleita en el juicio, sino más bien que se lamenta por la pérdida.

El corazón de Dios está bellamente ilustrado en su Hijo cuando exclama: "¡Jerusalén, Jerusalén, que matas a los profetas, y apedreas a los que te son enviados! ¡Cuántas veces quise juntar a tus hijos, como la gallina a sus polluelos debajo de sus alas, y no quisiste!" El Antiguo Testamento pinta una figura similar en Salmos 91.1-4. Estas palabras caen como una manta de consolación del cielo.

*¿C*ómo describen una especie de inmunidad? _____

La palabra hebrea que se traduce como "abrigo" significa "cubierta, escondite, protección, lugar secreto" (*Strong"s*). Este versículo implica la idea de que existe un lugar de seguridad o un cierto nivel de inmunidad a los ataques malignos para quienes deciden morar allí. El concepto de morar en Salmos 91.1 es prácticamente sinónimo del concepto de obedecer o permanecer en Juan 15.10.

*¿C*ómo moramos o permanecemos en Cristo y en su amor?

_____

La obediencia a los mandatos de nuestro Padre es la clave para la inmunidad frente al enemigo. La obediencia es lo que nos ubica a la sombra del Altísimo. Cualquier mal que venga contra nosotros debe pasar primero por Dios. Cristo vivió con un propósito: hacer la voluntad de aquel que lo envió (ver Juan 6.38). Dado que estaba completamente entregado a la voluntad de su Padre, la amenaza de Herodes no tenía poder sobre Él. Cuando llegó el momento, las autoridades y los sumos sacerdotes fueron solo marionetas en manos de Dios, con el fin de darle mayor gloria.

De la misma manera los dos testigos de Apocalipsis viven para hacer la voluntad de Dios. Aunque tienen mucha oposición poseen un poder que Dios les ha dado para vencerlo. Cuando llega el momento de su muerte, la bestia es sencillamente una marioneta utilizada por Dios para darle mayor gloria.

Estoy convencida de que lo mismo se aplica a nosotros. El lugar en que somos inmunes a la obstrucción del plan de Dios para nuestra vida se obtiene por medio de la obediencia a su voluntad.

Este punto responde la segunda pregunta que planteamos anteriormente: Cristo ansiaba reunir a los hijos de Israel en sus brazos como una gallina reúne a sus pollitos bajo sus alas, pero no lo hizo. ¿Por qué? Porque ellos no quisieron. Prefirieron su propia voluntad en lugar de la de Cristo abandonando así el abrigo de sus alas. El resultado fue desolación y derrota (ver Lucas 13.35; 19.43).

La misma negativa puede tener resultados similares en la actualidad. Como creyentes en Cristo hay dos formas diferentes de inmunidad que se aplica a nosotros. Todos los que recibimos personalmente el regalo de la gracia de Dios tenemos inmunidad ante el juicio eterno. Estamos a la sombra de la cruz. El juicio que debería haber caído sobre nosotros, cayó en cambio sobre Cristo.

Hay una segunda clase de inmunidad que no se produce automáticamente junto con nuestra salvación. Es el resultado de rendir nuestra voluntad a la voluntad del Padre y nuestra obediencia a su Palabra. Cuando nos inclinamos ante su autoridad nos volvemos inmunes a la derrota y a todas las amenazas al plan de Dios para nuestra vida personal. No quiero decir que seamos inmunes a los problemas, las tribulaciones o incluso a un cierto grado de opresión, pero no podrán vencernos porque poseeremos y pondremos en práctica el poder dado por Dios para vencerlos y el plan no será interrumpido.

Conozco estos principios porque los he experimentado. Tengo completa seguridad de que soy salva. Estoy convencida de que la cruz me ha inmunizado contra todo juicio por el pecado. Pero a lo largo de mi vida, sin duda me he visto vencida temporalmente por el enemigo y he hecho cosas que no eran parte del plan de Dios para mi vida. Al entregarme a mi propia voluntad, en algunas ocasiones salí fuera del abrigo de la sombra del Altísimo y aunque no podía atraparme, el enemigo sin duda se divirtió bastante conmigo. Soy un "plan B" vivita y coleando. Pero soy un "plan B" que ha aprendido algunas dolorosas lecciones que han cambiado mi práctica. Actualmente salto de la cama con un plan principal de ataque para el día: esconderme bajo las alas protectoras del Altísimo para que el enemigo tenga que pasar por Él para llegar hasta mí. Para concluir el estudio de hoy, quiero que lea Salmos 17.7-9.

🔥 **Personalice estos versículos como si cada palabra hubiera sido escrita solo para usted. Use el espacio a continuación para convertir estos versículos en sus propias palabras de fe y gratitud al Dios que lo invita a un bendito lugar de inmunidad.**

_____
_____
_____

Cristo Jesús ansía cobijarnos bajo sus alas, tan cerca de su costado que podamos escuchar el dulce latido de su corazón. Anhela derramar sobre nosotros su amor, posesivo y protector. Anhela protegernosde tantos peligros innecesarios.

Hay un lugar secreto. Vaya amado hermano y ocúltese allí.

DÍA 5

Cuando Dios corre

El tesoro de hoy
"Y levantándose, vino a su padre. Y cuando aún estaba lejos, lo vio su padre, y fue movido a misericordia, y corrió, y se echó sobre su cuello, y le besó"
(Lucas 15.20).

Quizá la doctrina más inusitada de la Palabra de Dios es que el Creador y Sostenedor del universo, que mora en una luz inaccesible nos busca. A nosotros, los seres humanos caídos. ¿Cómo puede ser? Nunca entenderé por qué, pero su Palabra nos asegura que es así. Amado hermano, Dios lo está buscando. Él usa las nubes como carruaje para perseguirlo. Lo ha elegido, no por obligación sino por amor. El suyo es un amor que no lo dejará ir. Quiera Dios que su Palabra nos brinde hoy un recordatorio oportuno.

Hoy estudiaremos un pasaje bíblico en forma muy similar a la que lo hicimos ayer. Por favor, lea todo Lucas 15, prestando atención especial a nuestro pasaje central en los versículos 11 al 32. Después de terminar su lectura, por favor complete lo siguiente:

SEMANA 7: El tesoro más grande

¿Qué motivó a Jesús a relatar las tres parábolas que incluye este capítulo?

_____

¿Qué tema en común tienen estas tres parábolas?

_____

No se me ocurre un resumen más destacado de este capítulo de la Biblia que las palabras de Cristo en Lucas 19.10. Por favor, escríbalas a continuación.

_____

_____

Cristo no vino para salvar a los santurrones ni a los perfectos. Vino a buscar y a salvar a los perdidos. Algunas veces he descendido de un punto de arrepentimiento adecuado en el que me lamentaba por mis pecados a una posición inadecuada de odio a mí misma en la que me lamentaba porque Cristo se hubiera visto "obligado" (como si tal cosa pudiera suceder) a salvarme. He llegado a desear haber sido una pecadora más "agradable". Más agradable de salvar. La emoción me embarga al recordar hoy nuevamente que Cristo vino por los pecadores como yo. Él quiso salvarme. Nuestro Salvador vino a buscar y a salvar a los que estaban perdidos. Los que no tenían esperanzas. Los tontos. Los débiles. Los depravados. En sus propias palabras: "Los que están sanos no tienen necesidad de médico, sino los enfermos. No he venido a llamar a justos, sino a pecadores al arrepentimiento" (Lucas 5.31-32).

No tengo idea de cuántas veces he leído e incluso enseñado la historia del hijo pródigo, pero aún ahora me hace llorar. Yo soy un producto acabado de esta clase de amor de padre. Quizá usted también lo sea. Si no, quizá pueda identificarse más fácilmente con el hijo mayor y la Palabra de Dios tiene riquezas para usted. Esta parábola ofrece una herencia invaluable para todos. En lugar de tratar de agotar todo el pasaje y aplicar todos los conceptos que puedan aplicarse, prefiero concentrarme con calma en unos pocos. Estúdielos conmigo.

1. Un hijo cansado de su hogar. Cuando el telón se levanta, el hijo menor le pide a su padre su parte de la herencia. Aunque su padre no estaba obligado a dársela, lo hizo. El sabio padre sabía que su hijo era un necio, pero algunas veces permitirle a un joven persistente que haga lo que no es sabio lo lleva a la sabiduría, aun cuando el camino sea doloroso. El hijo partió hacia un país distante. No era un hijo maltratado y el suyo no era un hogar disfuncional.

¿Qué clases de cosas motivan a una persona a dejar un ambiente sano, lleno de amor e incluso de riqueza? Cuénteme su opinión.

_____

_____

Quizá nosotros, los pródigos, nos distanciamos de lo bueno para que ello no nos persiga dentro de lo malo. Algunas veces buscamos neciamente ensuciar nuestra conciencia, sin tener idea de que será un destino peor que la muerte. En la tierra distante, el hijo despilfarró su riqueza viviendo perdidamente. La palabra "pródigo" proviene de la definición de "salvaje" en griego. *Asotos* significa "pródigamente, alborotadamente, libertinamente". Un elemento muy importante surge en la definición de *asotia*, el sustantivo femenino de *asotos*. Describe al hijo pródigo como "sin esperanza de seguridad".

Jesús: el único y suficiente

*D*escriba la forma desordenada de vivir del hijo pródigo según Lucas 15.14-16.

_____

_____

Considere las palabras "sin esperanza de seguridad" a la luz de nuestra lección anterior. ¿Recuerda todo lo que aprendimos ayer? Recuerde que el padre representa a Dios y el hijo más joven representa a todo pródigo.

*¿P*or qué no se aplicaba a él la situación que describe Salmos 91.1-4?

_____

_____

Cuando el hijo pródigo decidió salir del paraguas protector de la autoridad de su padre, abandonó también esa protección. No perdió el amor de su padre, pero sí el escudo de su padre. ¿Cuántos de nosotros hemos estado en la misma situación? El diablo es muy astuto. Nos tienta para que pensemos que Dios está, de alguna manera deseando tentarnos.

*M*arque si se ha sentido tentado a pensar alguna de estas cosas:
- ❏ Dios busca aprisionarme y quitarme toda la diversión.
- ❏ Pasaré toda la eternidad haciendo lo que Dios quiere. ¡Ahora quiero hacer lo que yo quiero!
- ❏ Lo único que Dios quiere es convertirme en un robot.

Cuando comenzamos a crecer en Él y en su Palabra, comprendemos que nada podría estar más lejos de la verdad. Nuestra libertad, nuestra vida abundante, nuestra dignidad, nuestros sueños cumplidos, todos se encuentran dentro de la gloriosa voluntad de Dios. Finalmente aprendemos que bajo el paraguas protector de Dios somos libres para cantar bajo la lluvia. Fuera de esa protección, nos ahogamos en la inundación.

2. Una vida pródiga que cae en espiral. Al principio, es tan emocionante que marea. Poco después los efectos vertiginosos caen en espiral y la verdad da paso a las consecuencias.

*E*n el margen dibuje una espiral descendente. Escriba sobre la espiral todos aquellos aspectos en que se identifica con el hijo pródigo.

Ahora vuelva a cada punto descendiente que el pródigo experimentó y escriba algunas emociones o sentimientos que usted cree que pueden corresponder a cada uno. Tenga en cuenta que él era un joven que había sido bien criado. Imagine sus sentimientos y sus reacciones basándose en esa crianza. De una manera que nosotros, como gentiles, no podemos imaginar, este joven judío tocó fondo. Venía de un hogar donde los cerdos eran considerados animales impuros. Le aseguro que su padre no traía tocino a la casa y su madre no lo freía en la sartén. ¡Pero él no solo se vio obligado a trabajar alimentando cerdos, sino que hasta deseaba comer su comida!

*¿C*uántas veces podría haber regresado corriendo a su hogar antes de tocar fondo?

_____

Una de las cosas más maravillosas que Dios me ha enseñado de mi pasado es que no siempre tenemos que tocar fondo. Cuando nos sentimos tentados a desviarnos, podemos volver a Él pronto. El método más eficaz con que Dios me ha enseñado este principio es el recuerdo de las consecuencias atroces del pasado. Tendría que volverme loca para querer volver a algunos lugares donde he estado.

He visto a Dios tomar a una joven a la que le tengo un gran cariño y restaurarla poniéndola sobre el camino recto después de un "desvío pródigo". Cierta vez, ella me preguntó llorando: "¿Cuándo terminarán estas dolorosas repercusiones?"

Y yo le contesté: "No terminarán hasta que la sola idea de desviarte te traiga imágenes tan dolorosas que ya casi nunca te sientas tentada a apartarte de nuevo de su voluntad". Dios quiere susurrar a nuestro corazón: "¿Estás seguro de que quieres volver a eso?" y escucharnos decir: "¡No! No quiero volver a sufrir ese dolor".

¿*Ve* usted de qué forma las consecuencias dolorosas pueden ser parte del concepto que presenta Hebreos 12.5-11?

❏ Sí   ❏ No   De ser así, explíquelo.

_____

_____

Dios es demasiado fiel como para permitir que la vida pródiga no tenga un precio. En realidad, piense que si se nos permitiera pecar sin consecuencias, tendríamos un problema mucho mayor. Si podemos permanecer fuera de la protección de la autoridad de Dios durante un período prolongado sin sentir sus efectos negativos quizá no seamos salvos. El Espíritu Santo nunca falla en su trabajo. No sentir convicción por el pecado por un período prolongado de tiempo es una seria señal de que el Espíritu Santo quizá no reside dentro de nosotros. Si no experimentamos castigo quizá no seamos "hijos". Podemos apagar el Espíritu pero no podemos "desconectarlo". Ahora veamos lo que está por enfrentar el hijo pródigo.

3. Un hijo que extraña el hogar. Las palabras del versículo 17: "volviendo en sí", presentan un giro en la historia. Pocas cosas nos obligan a mirar hacia arriba más que estar totalmente en el fondo. El hijo comprendió que considerando quién era y de dónde venía, la forma en que estaba viviendo no tenía sentido.

Lo mismo se aplica a usted y a mí. Cuando recibimos a Cristo, somos hechos parte de una familia de "más que vencedores" (Romanos 8.37). Vivir en derrota, sencillamente no tiene sentido. Ser golpeado por las durezas de la vida cuando podríamos estar protegidos de tantas cosas es una locura. Bajo el paraguas de la autoridad de Dios, no somos inmunes a algunos vientos fuertes y a que la lluvia que golpea furiosamente nos dé en la cara, pero sin embargo no nos vencerán. ¡Quiera Dios que volvamos pronto en nosotros cuando estemos viviendo de otra manera!

Lucas 15.17 nos dice que el hijo recordó la abundancia de la que disfrutaban los jornaleros de su padre y se dio cuenta de la locura que era morirse de hambre. Esperó para volver a su casa hasta que su desesperación superara a su orgullo. Lo que el pródigo planeaba decir es una indicación de lo difícil que le resultaba regresar. Literalmente practicó lo que iba a decir cuando llegara a su casa.

Explique brevemente cómo pensaba presentar la situación. _____

_____

_____

4. Un padre que extrañaba a su hijo. No pase por alto ni una sola referencia a este padre: "Y cuando aún estaba lejos, lo vio su padre" (v. 20). El padre del pródigo estaba mirando el camino, buscando a su hijo a lo lejos. Imagino que cada día, desde que su hijo se fue, el padre escudriñaba el horizonte buscando la silueta de su hijo.

Me pregunto si el hijo caminaba y caminaba de un lado a otro. Ya podía ver su hogar en la distancia, pero quizá, no tenía fuerzas para recorrer esa última milla. Observó la extensa propiedad de su padre y miró el estado en que él se encontraba. Sus ropas estaban gastadas y sucias. Sus uñas estaban negras. Quizá su cabello estaba largo y enmarañado o totalmente rapado, para no ser invadido por los piojos. De repente, quizá se dio cuenta de su espantoso olor. Estaba despojado de todo. Degradado.

Pero "lo vio su padre, y fue movido a misericordia" (v. 20). La palabra que se traduce como "misericordia" en este versículo significa "sentir profundamente o visceralmente, anhelar, tener compasión, piedad". Así como el hijo hambriento anhelaba comida, el padre lo había anhelado a él. El suyo era un tipo de anhelo tan profundo que ningún trabajo podía calmarlo. Los miembros de la familia no podían aplacarlo. Era un anhelo del que nada podía distraerlo. Ah, amigo, ¿puede entrever aquí el corazón de Dios? ¿Comprende que cuando usted huye de Él, Dios lo anhela cada minuto y nada distrae su pensamiento de usted?

*E*n Salmos 139.7-12, lea las expresiones de alguien que pensó en escapar de la presencia de Dios. ¿Cómo describe el salmista a Dios?

_____

_____

_____

Cuando Dios ve nuestro pobre estado y los devastadores efectos de nuestras necias decisiones, no se queda sentado diciendo: "Se lo merecía". Él se llena de compasión y anhela traernos de regreso al hogar. Sí, tendremos que enfrentar las consecuencias pero esas consecuencias son un amoroso llamado de nuestro Padre a regresar a Él.

En uno de los momentos más conmovedores de la Biblia, Lucas 15.20 señala que el padre "corrió, y se echó sobre su cuello". La Biblia muchas veces utiliza antropomorfismos (descripciones de Dios como si tuviera un cuerpo humano). Podemos leer que Dios camina (en medio de su pueblo) o que se sienta sobre las nubes (como si fueran su carruaje), pero esta es la única vez que vemos en toda la Palabra de Dios que Él corrió.

¿Qué es lo que hace correr a Dios? ¡Un hijo pródigo que vuelve al hogar! ¿Cómo resistirlo? ¿Cómo no devolver ese amor tan generoso?

¿Cuándo fue la última vez que usted vio correr a un hombre adulto, padre de hijos adultos? ¿Quiere imaginarlo ahora? ¿Escucha el fuerte latido de su corazón en el pecho? ¿Lo escucha jadear? Nada le impedirá reencontrarse con su hijo.

*C*uando alcanzó a su hijo, ¿qué hizo el padre? (v. 20).

_____

_____

El hijo trató de dar el discurso que había preparado, pero sus esfuerzos no dieron resultado. En toda la palabrería sobre su indignidad, no se había dado cuenta de que era indigno aun antes de irse de su casa. Era hijo, no porque se hubiera ganado el derecho de serlo sino porque había nacido de ese padre. Podía salirse del ámbito de la protección de su padre pero no podía salir fuera del alcance del amor de su padre. "Sacad el mejor vestido, y vestidle; y poned un anillo en su mano, y calzado en sus pies. Y traed el becerro gordo y matadlo, y comamos y hagamos fiesta; porque este mi hijo muerto era, y ha revivido; se había perdido, y es hallado" (vv. 22-24).

La forma en que Herbert Lockyer expresa esta escena me conmueve profundamente. ¡Que estas palabras también lo conmuevan a usted!

"El hijo pródigo no llegó a expresar todo lo que había preparado para decir cuando se encontrara con su padre. Los besos de este cubrieron los labios del pródigo que había regresado a casa y eso era lo único que importaba. El original deja implícito que el padre 'lo cubrió de besos'. Tantas veces había mirado al camino esperando este momento y ahora, este desborde de compasión y la libre, abrumadora manifestación de su tierno abrazo eran pruebas del amor por su hijo que en ningún momento se había extinguido. ¡Cómo nos sugiere esto la bienvenida que el padre dio al hijo! Una vez que está rodeado por los brazos de su padre ya no cuentan los pecados. Dios 'borra el pasado con besos'".[3]

¡Misericordioso Salvador! ¡Dios de gracia! Tú has borrado con besos el pasado de esta pródiga. Aunque los burladores me acusen, aunque los chismosos se hagan un festín conmigo, aunque los hermanos me desprecien por celos, ¡yo celebraré! ¡Suene la música, comiencen las danzas! Porque yo estaba muerta, y he vuelto a vivir. Estaba perdida, y fui hallada.

---

[1]Herbert Lockyer, *All the Parables of the Bible* (Grand Rapids, MI: Zondervan Publishing House, 1963), 287.

SEMANA 8

La respuesta

Día 1
Hacer que otros pequen

Día 2
¿Dónde están los otros nueve?

Día 3
Una cosa te falta

Día 4
El hombrecito

Día 5
Señales de su venida

Una de las cosas que me encantan de la Palabra de Dios es que es gloriosamente inacabable. Aunque en cierto modo me frustra que no tengamos el espacio suficiente para estudiar cada pasaje del evangelio de Lucas, suelo recordar que aun así no llegaríamos a estudiar la totalidad de la vida de Cristo. Colosenses 2.3 dice que en Cristo "están escondidos todos los tesoros de la sabiduría y del conocimiento". Nunca agotaremos todos los tesoros que Él está dispuesto a revelar. Que nuestra actual "búsqueda del tesoro" sencillamente haga que usted desee buscar más. La semana de estudio que nos espera es algo polémica. Espero que esté comenzando a considerar que esto es algo bueno. No recuerdo ni un solo cambio radical en mi vida que no haya tenido como catalizador un enfrentamiento radical de Dios. Podemos tener esperanza por la certeza que tenemos de que Dios nunca confronta para condenar; por el contrario, nos enfrenta para completar lo que falta. En medio de ciertas palabras muy directas de Dios, en esta semana tendremos, también, ocasión de sonreír un poco. Tenemos que subir a un árbol con un hombrecito muy especial. Anímese pensando en esto cuando las cosas se pongan difíciles.

Preguntas principales:
Día 1: ¿Cómo representa Cristo la gravedad de hacer que otra persona peque?
Día 2: ¿Qué evidencia ve usted de "contar manchas" en Lucas 18.9-14?
Día 3: ¿Qué diferencias básicas existen entre creer que Cristo es bueno y creer que Cristo es Dios?
Día 4: ¿Qué noción acerca de la riqueza de Zaqueo encontramos en Proverbios 15.27 y 28.25?
Día 5: Según Lucas 12.40, ¿por qué intentar predecir el momento del regreso de Cristo sería una pérdida de tiempo?

Dicho sea de paso: ¿le ha recordado alguien últimamente que Cristo regresará? Es un hecho. Un hecho que estudiaremos brevemente antes que concluya esta semana. Comencemos.

SEMANA 8: **La respuesta**

DÍA 1
Hacer que otros pequen

En las semanas 7 y 8, hemos destacado ciertos pasajes bíblicos y no otros tratando de acelerar nuestro recorrido por la parte central de las parábolas en Lucas. Nuestra meta es hacer más lento el paso en los últimos días de Cristo en la tierra en las semanas 9 y 10. Hoy, el pasaje central en el libro de Lucas será comparativamente breve, pero su importancia es tremenda. Por favor, lea Lucas 17.1-5 y responda lo siguiente:

¿A quiénes les hablaba Cristo? _____

_____

¿Por qué cree usted que es imposible "que no vengan tropiezos" (v. 1)?

_____

¿Cómo representa Cristo la gravedad de hacer que otra persona peque?

_____

¿Cuál es la aparente postura de Cristo con relación al tema del perdón?

_____

¿Qué pidieron los apóstoles al terminar esta breve enseñanza? (v. 5).

_____

El tesoro de hoy
"*Dijo Jesús a sus discípulos: Imposible es que no vengan tropiezos; mas ¡ay de aquel por quien vienen!*" (Lucas 17.1).

Señalemos un hecho muy serio en relación con Lucas 17: hay sucesos o situaciones que pueden en verdad, hacer que una persona peque. Antes de intentar interpretar las palabras de Cristo, asegurémonos de comprender lo que Él no quiso decir. No quiso decir que en algunos casos una persona no tiene más remedio que pecar. No absolvió a la persona que peca de la responsabilidad de arrepentirse. Sí quiso decir que puede haber condiciones y pueden suceder cosas que aumenten a tal punto la tendencia hacia el pecado que a la parte responsable le corresponde una terrible aflicción.

¿Cuáles son esos "tropiezos", es decir las cosas que hacen que la gente peque? Confío en que usted encontrará la palabra original algo intrigante. La palabra griega es *skandalon*. La idea de nuestra palabra castellana "vergüenza", está presente en la palabra griega. *Skandalon* es "el disparador de una trampa en la cual se coloca la carnada y que al ser tocada por el animal, salta y hace que se cierre atrapándolo. *Skandalon* siempre denota seducir para provocar una conducta que podría arruinar a la persona en cuestión".

*R*epase la definición con cuidado y después lea Lucas 17.1. En este versículo, ¿a quién se dirigiría la represión?

Si usted captó el concepto, sin duda ha respondido que la represión se aplica a la persona que puso la trampa o se convirtió, hablando en sentido figurado, en el disparador de la trampa. La represión es para la persona que le pone una carnada a otra para que peque.

Si hacemos una comparación cuidadosa entre Lucas 17.1 y la definición, vemos que hay otra persona involucrada. Cristo dijo que la víctima de la trampa también peca, aunque otro haya diseñado la trampa; por lo tanto, llamaremos a estos dos personajes el cazador y el pecador.

Lea una vez más la definición de skandalon. ¿Cuál fue el punto inicial de pecado para el pecador? Marque la respuesta correcta:
❏ confiar en el cazador ❏ morder la carnada ❏ ver la carnada

Si estoy presentando los conceptos claramente, usted debe haber respondido que el punto inicial de pecado fue morder la carnada. Sin duda he caído en trampas, pero para ser liberada no debo echarle toda la culpa al cazador. Lamentablemente son muchas las veces que yo mordí la carnada. Para vivir continuamente fuera de la trampa, debo reconocer mi propia responsabilidad por lo menos de tres maneras.

Soy responsable de:
1. Arrepentirme del pecado de morder la carnada.
2. Saber por qué mordí la carnada.
3. Pedirle a Dios que refuerce y fortifique los lugares débiles de la estructura de mi corazón, mi alma y mi mente para que no continúe viviendo como una víctima.

Una parte vital de mi libertad ha sido pedirle a Dios que me ayude a escudriñar mi corazón, mi mente y mi alma en busca de los puntos vulnerables que me llevaron a tomar decisiones necias. ¿Por qué es tan importante este paso?

_____

_____

Hacerme responsable de estas cosas ha rendido los frutos más abundantes en mi vida. Aprendí a abrir mi corazón totalmente delante de Él, a invitarlo a que revele mis debilidades y fallas y a no tener vergüenza. También desarrollé una dependencia diaria de Dios porque mis viejos puntos vulnerables se habían convertido en hábitos, prácticas y formas de vida.

Vimos el pecado de la víctima en Lucas 17.1; ahora concentrémonos en el pecado del cazador. Las ramificaciones del pecado del cazador son tan grandes que esta persona se convierte en objeto de una aflicción que significa: "desastre, calamidad".

Cristo dijo "¡ay!" de cualquier persona que haga que otra peque. Pero veamos la represión contra cualquiera que haga que uno de estos "pequeñitos" peque. ¿Quiénes son los pequeñitos? La palabra original es *mikros*. Estudie la siguiente definición: "en edad significa pequeño, joven, no adulto; en un grado comparativo, significa menos, más joven que en sentido figurado, con respecto a dignidad o autoridad, significa humilde".

Según la definición, ¿qué clases de personas pueden ser consideradas mikros?

_____

_____

Sin duda, sabemos que la referencia de Cristo a los pequeñitos incluía a los niños ya que en la versión de Mateo dice: "llamando Jesús a un niño, lo puso en medio de ellos" antes de decir estas palabras (Mateo 18.2).

SEMANA 8: La respuesta

¿Se le ocurre alguna manera en la que ponerle una trampa a un niño podría hacerlo ser más vulnerable al pecado? Escriba varias de estas maneras en el margen.

Si prestamos verdadera atención a la definición de *mikros*, veremos que quienes no son adultos están comprendidos en la categoría de pequeñitos. Un jovencito de 16 años puede tener el cuerpo de un adulto, pero sin duda no es un adulto. Si un adulto lo seduce, se trata de una trampa aunque el joven haya "pecado" con un determinado nivel de participación voluntaria.

La referencia a los pequeñitos que da Cristo destaca a los pequeños en el sentido de la edad, pero quizá su intención haya sido incluir a otras personas también. Creo que Cristo incluye a aquellos que son como niños o inferiores al cazador en conocimiento, experiencia, autoridad o poder; cualquier persona de la que sería fácil aprovecharse. Decir que Cristo hace muy responsable al cazador es un eufemismo. Parece que estuviera diciendo: "Si has hecho caer en una trampa a una persona más débil y más vulnerable, desearás haberte ahogado en el mar más profundo antes que enfrentarte conmigo".

La mayoría de nosotros nos hemos preguntado: "¿Por qué suceden estas cosas?" Lucas 17.1 nos dice que "es imposible" que no sucedan estas atrocidades. La versión de Mateo sugiere una razón.

Complete el siguiente espacio en blanco según Mateo 18.7:

"¡Ay del mundo por los tropiezos! porque _____ que vengan tropiezos, pero ¡ay de aquel hombre por quien viene el tropiezo!"

La palabra original que se traduce como "es necesario" significa "fuerza irresistible, en oposición a una acción voluntaria como resultado de la depravación y maldad de los hombres, es moralmente inevitable que se produzca el tropiezo". Agregue el reino de las tinieblas a la depravación de los seres humanos y tendrá la formula perfecta para el mal que vemos en nuestro mundo.

¿Por qué la obra lograda a través del skandalon es particularmente importante para Satanás cuando la dirige a los cristianos?

_____

Llegará el día de la rendición de cuentas. Ningún cazador podrá ocultar su trampa, sea de tipo humano o de tipo espiritual. No podrá escapar de los ojos de *El Roi*, el Dios que ve. Es lógico que sintamos gratitud y alivio, pero no nos enorgullezcamos.

¿De qué forma sugiere Lucas 17.3 que el cazador no siempre es "el otro"?

Le pedí que buscara a quiénes les hablaba Cristo. La respuesta correcta es que les hablaba a sus discípulos. Cristo no estaba simplemente advirtiendo de las horribles consecuencias que sufriría el cazador. También estaba advirtiendo a sus discípulos que lo mejor para ellos sería que no estuvieran entre los cazadores. Si a Cristo lo hacen levantar temperatura los cazadores inconversos, ¿se imagina lo que será cuando el cazador lleva su nombre? ¡Dios no lo quiera!

La mayoría de nosotros ya no somos tan ingenuos como para pensar que esta clase de tropiezos no se producen en las familias que van a la iglesia. Quisiera destacar un aspecto al que no se le da mucha publicidad, pero en el que hay gran riesgo de tropiezos en la iglesia.

En cuanto a nuestras iglesias locales, ¿quiénes podrían ser considerados pequeñitos, además de los jóvenes en edad?

_____

¿Recuerda cuando hablamos la semana pasada sobre el abuso espiritual? Debemos guardar con gran cuidado a los jóvenes o débiles en la fe del abuso espiritual.

¿De qué formas podría un nuevo creyente caer en una trampa de un creyente mayor y más experimentado?

_____

Los nuevos creyentes son muy impresionables. Algunas veces su celo excede su conocimiento. Pueden llegar a creer casi cualquier cosa que les diga un cristiano más experimentado. Las doctrinas bíblicas pueden ser deformadas hasta convertirse en falsas enseñanzas que hagan caer a los nuevos creyentes en toda clase de pecados. Si Dios juzga a los que están fuera de su familia, creo que podemos estar seguros de que disciplinará a los suyos. No comencemos a sentirnos culpables por alguna atrocidad que quizá no hemos cometido, pero por favor, estemos en guardia para nunca hacer que otra persona caiga. La Palabra dice claramente que tenemos el potencial para hacerlo.

Ahora permítame que le muestre el tema del perdón que Cristo trató en Lucas 17.3-4. Cristo cambió, repentinamente, a un tema que parece no tener relación alguna con las cosas que hacen pecar a las personas. Pero yo quisiera mostrarle una fuerte relación entre ambas. Pocas cosas hacen que la gente peque tanto como la falta de perdón.

Partiendo del principio de que la falta de perdón es en sí un pecado ¿qué otros pecados puede causar?

_____

🔥 **Las circunstancias "difíciles de perdonar" pueden constituir una trampa. ¿Cómo usa Satanás la falta de perdón como carnada para hacernos caer en la trampa y pecar? (2 Corintios 2.10-11).**

_____

Mordemos la carnada cuando elegimos la falta de perdón sobre la liberación que nos permite lograr el Espíritu Santo. Por favor vuelva a leer Lucas 17.3.

¿A quién se señala como el que comete el pecado? _____

Por favor observe que la observación específica de Cristo en Lucas 17.3-4 es a los creyentes cuando pecan contra otros creyentes. Alguien podría preguntar: "¿Significa esto que solo debo perdonar a los que son cristianos?" No, claro que no.

¿A quién debemos perdonar, según Lucas 11.4? _____

La diferencia quizá no esté en el perdón, sino en la represión. Creo que Cristo sugiere un método diferente de trabajar con el pecado de un hermano o una hermana. Él ordenó que al creyente se le reprenda. Cuando tratamos con los que no son salvos, debemos perdonar pero no necesariamente reprenderlos. Aunque la reprensión de un cristiano a uno que no es creyente puede caer en oídos sordos, en el cuerpo de Cristo se nos llama a ser diferentes. Si funcionamos como un cuerpo sano, debemos poder poner sobre la mesa aquellas cosas que nos afectan, dialogar y cuando sea necesario, aun reprender o recibir una reprensión. Esta clase de trato exige una gran madurez de la que habla Efesios 4.14-15. Por favor, lea estos versículos.

SEMANA 8: La respuesta

¿Qué regla rápida encontramos en el versículo 15 para reprender a un creyente? Marque la respuesta correcta.
❑ Que vuestra conversación sea siempre sazonada con sal y siempre esté llena de gracia.
❑ Hablad la verdad en amor.
❑ Apartaos del hombre necio.

¿Cómo se debe administrar la reprensión, según 2 Timoteo 4.2?

_____

Es obvio que la persona que reprende a otra carga con una tremenda responsabilidad. Una reprensión adecuada es hablar la verdad con amor "con gran paciencia y cuidadosa instrucción". Quizá no estemos muy lejos de la verdad si decimos que una reprensión que causa enojo y amargura podría considerarse como una trampa para hacer pecar. Obviamente el que recibe la reprensión también tiene una tremenda responsabilidad. Estoy aprendiendo que una parte importante de nuestra madurez como creyentes es saber cómo recibir una reprensión.

¿Sabe qué se me ocurre al terminar la lección? Si aprendiéramos el arte de dar y recibir una reprensión adecuada en las primeras etapas del pecado, nos guardaríamos más eficazmente contra los tropiezos mayores. No sé usted, pero yo estaré meditando sobre esta lección hasta tarde esta noche. Gracias por estudiar tan profundamente conmigo hoy. Usted es fantástico.

DÍA 2

¿Dónde están los otros nueve?

En casa tenemos una broma recurrente. Cuando alguno de nosotros elogia a otro, el que recibe el elogio dice: "Gracias. Pero después de todo, no puedo ser menos de lo que soy". Esa respuesta siempre provoca risas o que alguien le arroje una almohada desde el otro extremo de la habitación. ¡Lo que hace que la respuesta sea tan ridícula es que los cuatro somos muy conscientes de que sin Cristo, en realidad no podríamos ser menos!

Con Cristo somos algo importante, pero frecuentemente actuamos como mucho menos de lo que somos. Cristo Jesús por el contrario, en realidad no puede ser menos de quien Él es. Sin importar lo que le esperaba, Él nunca dejó de lado su posición como Hijo del Hombre, Libertador y Sanador.

Hoy lo encontraremos en su viaje a Jerusalén. Cristo sabía todo lo que le iba a suceder. Creo que hasta a los mejores de nosotros nos distraería saber que nos esperan sufrimientos y la muerte.

¿Quién no hubiera entendido si Cristo hubiera elegido un camino apartado para llegar a Jerusalén, lejos del acoso de los necesitados? Pero durante todo el camino hacia esa ciudad que se burlaría de Él, Cristo continuó ministrando, sanando, enseñando y advirtiendo. ¿Por qué? Porque sencillamente no podía ser menos de lo que era. Por favor lea Lucas 17.11-19 y complete lo que sigue:

En este momento ¿en qué punto de su viaje a Jerusalén se encontraba Cristo?

_____

El tesoro de hoy
"Entonces uno de ellos, viendo que había sido sanado, volvió, glorificando a Dios a gran voz" (Lucas 17.15).

Según la ley de Moisés, los que tenían enfermedades de la piel no podían ir al interior de la ciudad para presentarse ante un sacerdote a menos que hubieran sido sanados. Lea Lucas 17.14 con especial atención.

¿Qué pista ve usted allí de que Cristo requirió que ellos ejercitaran su fe?

___

¿En qué se diferenció uno de los leprosos de los demás? ___

Cuando ministré en la India, muchas veces me sorprendí por lo que Dios me permitía hacer. Parecía que Él me elevaba por encima de mis sentidos carnales y me permitía ministrar en circunstancias extremas. Solo hubo una cosa que no pude hacer y que hasta el día de hoy me persigue. Yo había planeado, confiadamente, ministrar en una colonia de leprosos. La oportunidad no se presentó fácilmente, pero después de pasar muy cerca de varias colonias, no quise insistir.

La razón no era la falta de interés. En realidad yo tenía miedo de ofenderlos sintiendo náuseas. ¿Sabe? Casi me daba náuseas el solo hecho de pasar cerca. Nada podría haberme preparado para lo que vi o lo que olí. Había estado en lugares de extremada pobreza sin problemas, pero el olor de la carne enferma y putrefacta era más de lo que yo podía soportar.

No sé si Dios se molestó conmigo, pero yo sí. Mi experiencia me ayuda a apreciar de manera especial la historia de hoy. Destaquemos varios datos importantes sobre los leprosos en el texto de hoy:

Los leprosos estaban fuera de las puertas de la ciudad. ¿Qué puede ser peor que verse obligado a estar aislado? No soporto pensar en las ramificaciones emocionales que esta horrible enfermedad conlleva y que conllevaba, especialmente, en la sociedad antigua.

¿Qué decía la ley de Moisés sobre los leprosos en Levítico 13.46?

___

Muchos de nosotros aun tenemos cicatrices emocionales como consecuencia de haber sido excluidos de algún grupo en nuestra juventud; pero en comparación eso no es nada. Intente imaginar la situación. Presumiblemente la escena se desarrolla ante las puertas de la ciudad. Cristo se encontró con los leprosos cuando estaba por entrar a ella. Se nos dice que estos hombres "se pararon de lejos" (v. 12). Estaban obedeciendo la ley que regía el control de la propagación de esta enfermedad que es altamente contagiosa.

Amado hermano, estoy tan agradecida porque nosotros no tenemos que estar a distancia de Cristo. No solo Él no puede contagiarse de nuestra "enfermedad" sino que nunca se niega a abrazarnos.

¿Qué nos dice Salmos 34.18 sobre nuestro Señor?

___

¿Quién podría tener el corazón más destrozado y el espíritu más abatido que estos marginados? Aunque Cristo honraba su respeto por la ley, su Espíritu sanador sin duda se acercó a ellos y los bañó con su bálsamo tranquilizante.

Los leprosos clamaron a gran voz. No pase por alto el hecho de que cada palabra que se atribuye a los leprosos fue dicha "a gran voz" (v. 15, ver también v. 13). La distancia explica que inicialmente hayan tenido que levantar la voz. Pero ¿por qué el que regresó y cayó a los pies de Jesús también clamó a gran voz?

SEMANA 8: La respuesta

Quisiera sugerir que es probable que estuvieran acostumbrados a tener que gritar. Yo le pedí que leyera Levítico 13.46. Ahora quisiera que leyera el versículo anterior. Levítico 13.45 es probable que le resulte tan difícil de leer como a mí.

Mi madre y mi abuela me criaron para alentar a los perdedores. En casa se consideraba algo peor que la muerte despreciar a alguien que no pudiera hacer nada para cambiar su situación. Cuando leo este versículo del Antiguo Testamento, casi no puedo soportar la idea de la aterradora mezcla de exclusión y publicidad.

¿*C*ómo debía identificarse el leproso? _____

Imagínese la escena. Fuera de las puertas de la ciudad, sin poder trabajar, dependiendo por completo de la caridad ajena, excluido pero al mismo tiempo obligado a atraer la atención gritando: "¡Inmundo! ¡Inmundo!" No se pierda la descripción: **gritando,** pero a los leprosos se les obligaba a taparse la boca para evitar el contagio de la enfermedad.

Por la naturaleza de este ministerio y por mi propio testimonio, me he encontrado a mucha gente que vive como vivían estos diez leprosos. Son esclavos del pecado o de las consecuencias del mismo. Con frecuencia me encuentro con creyentes que andan llevando su vergüenza como un manto que los cubre con letras escarlatas bordadas cerca de su corazón. Tal vez vayan en silencio pero la expresión de sus rostros va gritando: "¡Inmundo! ¡Inmundo!". Ellos se sienten excluidos de la parte "agradable" del cuerpo de Cristo. Sienten que su vergüenza está a la vista para que todos la vean. Mi corazón se acongoja cada vez que pienso en esto.

En Lucas 17.13, los leprosos clamaron: "¡Jesús, Maestro, ten misericordia de nosotros!" Observe la definición de la palabra que se traduce como "misericordia" en el original: "Mostrar misericordia, compasión, extender ayuda para la consecución del pecado. Es lo opuesto de *sklerunomai*, que significa endurecerse. El significado general es tener compasión o misericordia de una persona que está en circunstancias desafortunadas, implica no solo un sentimiento por la desdicha de otra persona que mueve a compasión, sino también un activo deseo de quitar esa desdicha". Según esta definición, los leprosos no estaban pidiendo solamente misericordia.

¿*Q*ué estaban pidiendo? _____

Amado hermano, toda la compasión del mundo no hubiera podido cambiar la miserable condición de esos diez leprosos. Ellos necesitaban mucho más que la compasión de la gente. Necesitaban que alguien les cambiara la vida. Jesús era el único que podía hacerlo. Parte de mi terrible lucha con respecto a ir a la colonia de leprosos en la India fue tener la conciencia de que yo no podía hacer nada para ayudarlos a sanar.

Algunas veces endurecemos nuestro corazón para protegernos del dolor de sufrir por los demás. Pero es mejor mirar y sufrir que ignorar o endurecerse. El dolor es parte de lo que nos recuerda que estamos vivos y aún seguimos conectados. Desearíamos poder hacer más, pero conocemos a Alguien que puede hacer más. Cristo, aún hoy, rebosa de una misericordia que no solo se compadece sino que cambia las situaciones. Físicamente, muchas veces. Espiritualmente, siempre. Ahora observe:

La situación común a todos eclipsaba sus diferencias. La aldea que es escena de la historia de hoy estaba ubicada junto al límite entre Samaria y Galilea. Tanto los samaritanos como los judíos que se despreciaban mutuamente, vivían en esta región. Los leprosos seguramente eran una mezcla de samaritanos y judíos. Cristo nunca hubiera comentado que un "extranjero" era el único que había regresado a agradecerle si ninguno de los diez hubieran sido judíos.

La trágica situación que vivían los leprosos les daba mucho más en común que sus diferencias como judíos y gentiles. En realidad ¿no actuamos nosotros igual? Antes de ser redimidos, ninguno de nosotros es mejor que el otro. Estamos todos en el mismo triste estado: leprosos fuera de la ciudad. Perdidos y aislados. Arruinados e inmundos ya sea que hayamos mentido o engañado, devaluado a otro ser humano o cometido adulterio. Perdido es perdido. Además, hallado es hallado. Todos los que estamos en Cristo hemos recibido el don gratuito de la salvación de la misma y única manera: por gracia. Cuando juzgamos el pecado de un hermano o una hermana como mucho peor que el nuestro, somos como leprosos que cuentan las manchas: "Ella tiene más que yo".

Lea **Lucas 18.9-14. ¿Qué evidencias ve usted de "contar manchas"?**

___

Admitámoslo. Todos hemos tenido lepra, y nuestra cura costó una vida, ya sea que tuviéramos diez manchas o mil. Nos apartamos de todo tipo de constumbres, pero nuestra enfermedad en realidad, era la misma, como lo fue nuestra curación.

¿Puede **recordar usted alguna experiencia en un grupo de personas que haya eclipsado todas las diferencias y le haya hecho recordar cuánto se parecían en realidad?**

___

Los leprosos fueron limpiados mientras caminaban por fe a ver al sacerdote. Antes de sanarlos, Cristo les dijo que fueran y se mostraran al sacerdote. Lea las directivas de Levítico 14.1-9 para quienes eran sanados de alguna enfermedad infecciosa de la piel, como la lepra.

¿*Qué* debía hacer el sacerdote? ___

En lugar de esperar que el sacerdote fuera a examinarlos, Cristo les dijo que fueran ellos a ver a los sacerdotes. Recuerde que los sacerdotes estaban dentro de las puertas de la ciudad. Los leprosos se exponían a ser expulsados, ridiculizados, despreciados y lastimados con toda otra clase de insultos humanos. La Palabra nos dice: "mientras iban, fueron limpiados" (Lucas 17.14).

Imagínelos caminando por fe, paso por paso. Es probable que notaran primero que sus pies habían sanado, porque la enfermedad es muy desfigurante y hace que hasta el simple hecho de caminar sea dificultoso, si no imposible. Quizá lo que notaron después fueron las manos. ¡Qué visión gloriosa! ¿Sabe? Su sanidad no fue una cuestión de limpiar la piel. Literalmente les fueron restaurados sus dedos. La insensibilidad de sus miembros dio lugar al sentido del tacto.

¿Se los imagina dando vuelta a las manos, maravillados, corriendo unos hacia los otros, riendo y expresando su gozo "en estéreo"? Cuando aplaudían celebrando su sanidad, podían sentir el anhelado golpe en la carne sana. ¡Qué desfile el que atravesó las calles de esa sencilla aldea aquel día! ¿Quién podría perdérselo? Diez leprosos sanados. Su cabello aún estaba enmarañado y sus ropas rotas, pero eso ya no les importaba. Eran un espectáculo de gozo en vivo.

Cuando me estaba preparando estudiando cómo era la vida de un leproso, aprendí algo que en realidad me hizo pensar. La ley mosaica era muy específica con relación a los métodos adecuados de purificación para alguien que había sido curado de la lepra. Lo extraño es que "la Biblia nunca deja implícito que la lepra pueda ser curada por medio de algo que no sea un milagro, aun cuando contiene pautas para readmitir a los leprosos curados en la sociedad normal". La lepra era incurable.[1]

¿*Qué* sugiere 2 Reyes 5.7? ___

Solo unos pocos pasajes del Antiguo Testamento registran casos de leprosos que son sanados pero ninguno fue por medios naturales. ¿No le resulta algo extraño que la ley del Antiguo Testamento brindara instrucciones tan complejas para la purificación y reinserción en la sociedad después de la sanidad y esto nunca sucediera fuera de alguna rara intervención divina?

¡Ah! ¿Pero no dijo Cristo que Él había venido a cumplir la ley? Todos esos siglos ellos habían estado esperando la cura que, según la ley del Antiguo Testamento dejaba entrever, era posible. Los diez leprosos sabían qué hacer cuando fueran sanados, pero nunca habían encontrado una cura hasta un día en que la cura los encontró a ellos.

Me encanta la manera en que la Biblia se refiere a su sanidad como el hecho de "ser limpiados". Ah, amado hermano eso es lo que la sanidad significó para mí. Ser hecha limpia. ¿Sabe por qué reconozco a los que andan como cubiertos por un manto de vergüenza? ¿Con la letra escarlata sobre el pecho? Porque yo también anduve así. Pero ya no.

¿Qué nos dice Hechos 10.15 que no hagamos? _____

_____

Podemos estar seguros de que el sacerdote de la aldea nunca había practicado el rito de purificación para declarar limpio a un leproso. Casi me lo imagino leyendo las instrucciones de Levítico 14, tratando de familiarizarse con el proceso paso a paso, como cuando leemos una nueva receta de cocina. ¡Qué historia para contarle a su esposa esa noche! Pero claro, como buena mujer es poco probable que ella se haya perdido el desfile de los diez ex leprosos danzando por la calle principal.

Un leproso volvió y dio gloria a Dios. Me pregunto si habrá tratado de convencer a los otros nueve para que fueran con él. O si, de repente, se detuvo en seco al darse cuenta de que no había dado las gracias y salió corriendo, impulsivamente, dejándolos para ir a buscar a Cristo. El hecho es que su sanidad lo hizo pensar en su Sanador y no solo en él mismo. Lamentablemente los otros nunca conocieron a Cristo más que a distancia. Cuando este regresó ya no tenía prejuicios: cayó a los pies de Cristo y le dio gracias.

Una sola pregunta continúa rondando en mi cabeza: ¿Sería el que había tenido más manchas?

DÍA 3

Una cosa te falta

El tesoro de hoy
"Jesús, oyendo esto, le dijo: Aún te falta una cosa: vende todo lo que tienes, y dalo a los pobres, y tendrás tesoro en el cielo; y ven, sígueme" (Lucas 18.22).

Conozco algunos héroes de la fe de carne y hueso. Estoy segura de que usted también. Permítame presentarle una ahora. Se llama Scotty Sanders. Es una mujer hermosa, varios años mayor que yo que ama a Dios. Tenemos el privilegio de servir en la misma iglesia. Scotty ha tenido de todo: dinero, prestigio, estatus. Conoce a personas famosas en todo el mundo. Personas sobre las que usted y yo leemos en las revistas, a ella la llaman su amiga. Pero la pasión de Scotty son las misiones en los barrios pobres de la ciudad. Día tras día ella dedica su energía a estas vidas sin privilegios.

"¿Por qué no iba a hacerlo?" podría preguntarse alguien. "Después de todo, por las noches ella regresa a su mansión donde su mucama la atenderá en todo lo que necesite". ¡No! Cada noche Scotty estaciona su auto en una zona peligrosa de Houston y vuelve a su casa: un apartamento minúsculo en un edificio bastante destruido, justo en medio del barrio en el que ella sirve.

Para mí, llamar amiga a Scotty es un honor imposible de expresar. Conozco a muchas personas pudientes que sirven a Dios generosamente por medio de sus riquezas. Aunque creo que Él siempre requiere que los creyentes que son ricos sean excelentes administradores de lo que Él les ha confiado, Dios no siempre requiere que ellos dejen todo para vivir entre los pobres. Eso es lo que mi amiga Scotty, sintió que Él le decía. El sacrificio ha sido tremendo, pero jamás escucharemos una nota de sufrimiento en la voz de Scotty. Yo quisiera estar ahí en el cielo cuando Dios le entregue la mansión que le ha preparado. ¡Va a ser algo espectacular! Pero yo conozco bien a Scotty: inmediatamente llamará a todos los que tienen mansiones menores para que se muden a la suya.

Por favor lea Lucas 18.18-30 y complete lo siguiente:

Compare la versión de Marcos en Marcos 10.17-31. ¿Qué otros datos nos da Marcos en cuanto a la forma en que este joven rico se dirigió a Jesús?

_____

¿Por qué cree usted que Cristo le preguntó: "¿Por qué me llamas bueno?"

_____

Imagine que usted conoce personalmente a este hombre. Quizá le caiga bien. Quizá, no. Basándose en lo que ha leído en estos pasajes, piense en forma creativa y agregue algo de ficción a los hechos. Describa en el margen cómo es él.

¿Por qué cree que es tan difícil para los ricos entrar al reino de Dios?

_____

¿Qué dijo Jesús acerca de los sacrificios que se hacen por el reino de Dios?

_____

Tenga en cuenta que este es un encuentro real, no una parábola. Aunque el joven rico poseía mucho de lo que la tierra puede ofrecer, era lo suficientemente sabio como para darse cuenta de que esta vida no es todo. ¡Qué gracia la de Dios al crearnos con un espíritu que de alguna manera sabe que debe de existir algo más! Ese "saber" tiene como fin impulsarnos a buscar a Dios que promete hacerse hallar. Estudiemos varias dimensiones de este interesante encuentro.

"¿Por qué me llamas bueno?" (Lucas 18.19). ¡Qué pregunta intrigante! ¿Por qué iba Cristo a hacer semejante pregunta? Yo creo que estaba probando hasta qué punto el joven rico conocía su identidad. Cuando le dijo: "Ninguno hay bueno, sino sólo Dios", creo que estaba motivando al joven a pensar en el origen de la bondad de Cristo. Ese hombre quizá haya considerado que la base de la bondad de Cristo eran sus buenas obras. Aparte de Dios ningún ser humano es inherentemente bueno.

¿*Qué dijo el apóstol Pablo sobre la lucha del hombre por la bondad? (Romanos 7.18-25).*

_____

_____

Algunas veces, justo cuando estoy buscando y sirviendo a Dios, viviendo más allá de todas las "cosas del yo", de repente sucede algo que me hace reaccionar de una manera que me recuerda que ***"en mí, esto es, en mi carne, no mora el bien"***. Algunas veces una experiencia como esa me hace llorar de frustración. Otras veces, sencillamente me arrodillo y le doy gracias a Cristo otra vez por humillarme y demostrarme que solo Él es bueno, porque solo Él es Dios. Cualquier cosa buena que yo tenga es de Él.

*¿C*uándo fue la última vez que vio algo en usted que le recordó lo mismo que a mí? Responda en forma específica o general, según se sienta más cómodo.

_____

El joven rico no comprendía la relación obligatoria entre la bondad y Dios. Cristo le sugirió su deidad en este encuentro, atrayéndolo hacia un punto de definición. Pensemos que muchas religiones del mundo consideran que Jesús fue muy bueno. El detalle es que no creen que sea Dios.

*E*n su opinión, ¿por qué es vital esta diferencia?

Después de definir la verdad, Cristo dijo unas palabras en reconocimiento del joven: "Los mandamientos sabes" (v. 20). No hay nada más peligroso que un ser humano en una posición de preeminencia que se ve por encima de toda regla. Creo que este hombre respetaba a Dios como verdadero soberano, solo que posiblemente no tenía una imagen muy exacta de sí mismo.

Cristo comenzó por recordarle los mandamientos que él ya conocía. Lo interesante es que cada uno de los mandamientos que menciona Cristo tienen que ver con la relación entre los seres humanos.

Sin dudar en lo más mínimo, el joven dijo que él había guardado todos esos mandamientos desde su niñez. ¡Ay, ay, ay! Si se me permite decirlo, esta respuesta refleja el importante dato que Mateo nos presenta en Mateo 19.20. Este rico era joven. Si hubiera sido un anciano quizá tampoco hubiera entregado su riqueza, pero no creo que se hubiera adjudicado una puntuación tan alta con tanta facilidad. Cuando recuerdo algunas cosas que yo decía y pensaba cuando tenía poco más de veinte años, siento ganas de morirme. ¡Hablando de personas que se creen buenas! Y yo amigo mío, no tenía ningún motivo para sentirme "buena".

No es de extrañarse que Dios haya tenido que humillarme. Y estoy muy agradecida porque lo hizo. Sería desagradable si fuera tan intachable como desearía haber sido. Quizá otras personas puedan soportar ser intachables, pero yo no podría hacer el ministerio que hago si lo fuera.

En realidad no creo que el joven rico tuviera una hoja de servicios intachable tampoco. Veamos la lista abreviada de los mandamientos que Cristo menciona. Juguemos a algo, no para juzgar a nadie, sino para reflexionar un poco sobre nosotros mismos. Lea cada mandato que él dijo haber cumplido desde su niñez y marque con un tilde los que sean más probables que en realidad haya cumplido y con una X aquellos que parecen menos probables.

"No adulterarás" (v. 20). Bueno, este puede haber sido uno que rápidamente marcamos con un tilde claro si él no sabía lo que Cristo dijo en Mateo 5.27-28.

*¿C*ómo agrega Jesús una pequeña redefinición al tema?

_____

Estoy dispuesta a darle al joven rico el beneficio de la duda. Quizá tuviera una vida muy disciplinada y no alimentaba su carne con cosas que sugirieran ideas equivocadas. Coloquemos un tilde aquí.

"No matarás" (v. 20). Por supuesto, está el pequeño asunto de la "ira" del que habla Jesús en Mateo 5.21-22, pero coloquemos otro tilde aquí y sigamos adelante.

"No hurtarás" (v. 20). La clase de sustracción que se sugiere en el lenguaje utilizado en este versículo es la que realiza un *kleptes*, no un *lestes*. Un *lestes* roba "con violencia y abiertamente". El *kleptes* hurta, es decir, "sustrae por fraude y en secreto". Quizá nunca hayamos robado a alguien en la calle ni hayamos tomado una golosina en un negocio, pero ¿alguna vez defraudamos secretamente o hurtamos algo de una naturaleza menos tangible a otra persona? Quizá sí. ¡Aún estoy dispuesta a marcar con un tilde esta opción, pero debo confesar que estoy muy impresionada!

"No dirás falso testimonio" (v. 20). Este mandamiento es simple: nunca digas nada falso o que no sea verdadero. Cualquier exageración entra en la categoría de falso testimonio. Imaginémonos a los diecisiete años, hablando con un amigo por teléfono, dándole nuestra versión de esta historia. Quizá en este caso el joven rico tenía la ventaja de no ser una jovencita de diecisiete años y no tener teléfono. Esperemos que nunca haya tenido tiempo para pescar, tampoco. A él podemos darle un tilde, si insiste pero creo que yo me pondría una X.

"Honra a tu padre y a tu madre" (v. 20). Veamos. Rara vez he deshonrado a mis padres delante de ellos, pero ¿se cuenta como falta si alguna vez, a sus espaldas he hecho algo que ellos me habían dicho que no hiciera? ¡Ay! Sí, claro, marquemos con un tilde el casillero del "joven maravilla" pero yo me llevo otra X.

¿Cómo le fue a usted con el juego? Marque una sola respuesta.
❑ Pueden llamarme "la perfección personificada".
❑ Quizá mi halo esté cayéndose un poco hacia un costado.
❑ Salí del juego en el primer descanso

¡Dios mío qué agradecida estoy de tener un Salvador! Este joven rico también necesitaba un Salvador. Su intachable "hoja de servicios" sin duda le había empañado el espejo. No me malentienda; el joven me cae bien. Hasta me impresiona. Pero prefiero ser salva a ser como él. La respuesta de Cristo al joven rico se comprende mejor al leerla en Mateo 19.21.

Complete los siguientes espacios en blanco:

"Jesús le dijo: Si quieres ser _____, anda, vende lo que tienes, y dalo a los pobres, y tendrás tesoro en el cielo; y ven y sígueme" (Mateo 19.21).

Si este fuera un programa televisivo de preguntas y respuestas, habría sonado la campana para indicar que se ha pronunciado la palabra correcta. La vida eterna con Dios exige perfección. Alguien tiene que ser perfecto. O nosotros o alguien que ocupe nuestro lugar. Este hombre quería con ansias ser perfecto él mismo. Pero a pesar de lo bueno que había sido y de lo mucho que se había esforzado, aún le faltaba algo. Cristo entonces le clava un alfiler en el talón de Aquiles: sus posesiones.

Uno de los principales propósitos de este aguijoneo divino era mostrarle al hombre que él no era perfecto y que jamás lo sería. En realidad creo que un segundo propósito de Cristo pudiera haber sido ofrecerle una auténtica invitación a seguirlo. Recordemos que Jesús no tenía solo doce discípulos. Tenía doce apóstoles entre un número mayor de discípulos. Si el joven rico hubiera hecho lo que Cristo le indicó ¿podría haberlo seguido? ¡Sin duda! Él solo necesitaba aligerar su carga y librarse del peso de las riquezas. Un camión lleno de posesiones, sin duda era una gran carga.

También creo que Cristo tuvo un propósito puramente benevolente para este pedido al parecer tan duro. Jesús miró a este joven rico y vio a un prisionero. El hombre no era, en realidad, dueño de sus riquezas. Las riquezas eran dueñas de él. Jesús le señaló el único camino hacia la libertad. Algunas veces, cuando nuestras posesiones nos poseen, tenemos que deshacernos de ellas para ser libres.

Por supuesto, Cristo sabía de antemano lo que el joven iba a elegir. Cuando llega el momento, todos seguimos a quien es nuestro "dios". La ironía de esta historia, sin embargo, es que el joven rico se entristeció mucho por la decisión que había tomado. Se alejó muy triste o como se dice en griego, *"perilupos"*: "muy acongojado, muy entristecido". A menos que su corazón haya cambiado en algún punto del camino, él vivió el resto de su vida con toda esa riqueza, y con un corazón vacío. La pregunta, sin duda, lo persiguió constantemente: "¿Qué más me falta?" (Mateo 19.20). La perfección o un Sustituto perfecto. Él no tenía ninguna de las dos cosas. Le faltaba Jesús.

Me pregunto si el joven se quedó cerca el tiempo suficiente como para escuchar el resto de la conversación entre Cristo y sus discípulos. Cristo dijo algo así como: "Sí, una herencia eterna significa sacrificio aquí en la tierra, pero cualquier cosa que ustedes abandonen por mí, la recibirán multiplicada por cien en la eternidad" (ver Mateo 19.29).

¿Cómo se puede aplicar erróneamente Lucas 18.29-30 si se lo saca de contexto y se le considera fuera de la totalidad de la enseñanza del Nuevo Testamento?

_____

Dios me ha llamado a hacer algunos sacrificios en lo que respecta a mi familia, pero Él nunca bendeciría que yo descuidara mi papel de madre o esposa. Él me ha dado el ministerio de ser esposa y madre. No puedo dar la espalda a mi ministerio, ya sea dentro o fuera de casa. Los retos de ambos me obligan a buscar continuamente su voluntad. Sin duda, no siempre hago las cosas bien, pero Dios me mantiene cerca, y creo que buscar con corazón sincero su voluntad es una gran parte de lo que Dios honra. Cuando él me envió a Israel, lloré por tener que dejar a mi familia. Entonces, Dios me recordó estos versículos. Si hubiera escapado de mi responsabilidad, no creo que estos versículos se hubieran aplicado.

La escena de hoy llega al final con una fuerte reacción de los discípulos: "¿Quién, pues, podrá ser salvo?" (Lucas 18.26). ¿Siente el temor en sus voces? Creo que ellos habrán pensado: "Si un hombre rico que ha hecho prácticamente todo bien no tiene herencia en los cielos, entonces, ¿qué sucederá con los que son como nosotros?" La respuesta de Jesús es una gloriosa esperanza para todo hombre, mujer y niño, sin importar qué puntuación obtengan en la evaluación según los Diez Mandamientos: "Para los hombres esto es imposible; mas para Dios todo es posible" (v. 27). ¡Gracias a Dios!

¿Cómo dice 2 Corintios 8.9 que Él ha hecho posible nuestra salvación?

_____

Solo Dios puede cambiar nuestro sistema de valores y mostrarnos qué es lo que nos falta. Aun cuando lo que nos falte sea pobreza, Él puede hacernos verdaderamente ricos. Si no, pregúntele a mi amiga Scotty.

DÍA 4

El hombrecito

El tesoro de hoy
"Cuando Jesús llegó a aquel lugar, mirando hacia arriba, le vio, y le dijo: Zaqueo, date prisa, desciende, porque hoy es necesario que pose yo en tu casa" (Lucas 19.5).

Me encanta saber que tenemos distintos contextos. Algunos crecimos en iglesias donde se enseñaba la Biblia. Otros iban los domingos, pero conocían poco la Palabra. Algunos solo asistían en la Semana Santa y Navidad y otros quizá nunca antes hayan asistido y recién ahora hayan comenzado a buscar a Dios en las Escrituras. Tantos contextos diferentes, y aquí estamos todos, estudiando juntos. ¡Extraordinario! Pero en este momento, desearía que todos pudiéramos sentarnos en las sillitas de la clase de preescolares de la Escuela Dominical para escuchar a mi maestra dramatizando el encuentro de hoy. Es una de mis historias bíblicas favoritas desde mi niñez.

Una razón por la que me gusta tanto esta historia es que tiene una canción muy apta para la dramatización, que ha pasado de generación en generación. Yo les enseñé a mis hijas la misma canción que mis maestras me enseñaron a mí. Aún veo las manitas cerradas de mis hijas, con el pulgar y el índice marcando una pequeña altura, cantando: "Zaqueo era un hombre chiquitico que quería ver a Jesús y se subió en un árbol grande que había en el camino..." La parte dramática de la canción comenzaba cuando el índice se agitaba, autoritario, mientras cantaban: "Zaqueo, baja porque a tu casa yo quiero ir. ¡Porque contigo yo quiero cenar!"

No creo que pueda contar la historia tan bien como mi maestra de la Escuela Dominical, pero lo intentaré. Por favor, lea Lucas 19.1-10.

*S*in duda, usted ha notado que esta visita causó gran conmoción en la comunidad. ¿Cuál podría haber sido el titular de un periódico imaginario de la ciudad llamado "La Crónica de Jericó"?

_____

Como medio de estudio creativo, tratemos de captar algunas de las frases más aptas para una crónica periodística que podrían haber aparecido en el artículo del periódico. Las frases en negrita que verá a continuación son ficticias y sencillamente representarán lo que un periodista podría haber dicho sobre este encuentro, pero el comentario reflejará lo que enseña el texto bíblico.

"El famoso Jesús de Nazaret pasó ayer por Jericó". Jesús solo pasaba por allí. Pero parece que no podía "pasar" por ningún lugar sin involucrarse. Parece que atraía el polvo de todas las aldeas a sus sandalias, sin importar cuán resuelto estuviera a llegar a Jerusalén. Me pregunto si sus discípulos alguna vez se molestaron porque Él no podía ir a ningún lado sin que lo entretuvieran de una manera u otra. Para cuando llegaban a cada aldea, lo más posible es que estuvieran cansados, sedientos y muertos de hambre, pero se encontraban con una conmoción tras otras. Antes, vimos que no pudo pasar por las puertas de una ciudad sin sanar a diez leprosos. Estoy segura de que sus seguidores se sorprendieron y se maravillaron por lo que hizo, pero de vez en cuando sentimos en sus voces un tono de impaciencia.

*L*ea rápidamente Lucas 18.15-17. ¿Qué pruebas vemos allí de que los discípulos estaban molestos?

_____

No sé qué fue lo que más molestó a los discípulos: ¡si los padres o los niños! Su reacción de reprender a los padres motivó una reprimenda aún más dura para ellos. Si los discípulos de Cristo eran como la mayoría de nosotros, probablemente, algunas veces, querían marcar ciertos límites para Él, límites que desaparecían bajo las huellas de las sandalias de Jesús. Él pasaba por un pueblo, pero nunca pasaba de largo.

"Importante recaudador de impuestos fue visto trepando a un árbol". Zaqueo no era un publicano común. Era el jefe. Había hecho una fortuna en un negocio que ofrecía no pocas oportunidades de engañar a los contribuyentes y robarles su dinero. La gente de la zona generalmente estaba a merced de los despiadados. La única regla que la mayoría de los publicanos debían cumplir era que Roma recibiera lo que le correspondía. Lo que los recaudadores pudieran robar en el proceso quedaba todo para ellos.

Ese día, algo causó una conmoción aún mayor que los impuestos. Jesús iba a la ciudad. Lucas 19.3 dice que Zaqueo "procuraba ver quién era Jesús". Sin duda, deseaba tanto verlo que hizo algo que una persona adulta no suele hacer. Me hace sonreír porque si el personal de mi oficina y yo hubiéramos estado en Jericó ese día, sé exactamente cuál de nosotras se hubiera visto obligada a subir al árbol. La que tiene un banquito en su oficina. Tengo la sensación de que Zaqueo debe de haber sido aún más pequeño que ella. Al menos así lo describía mi maestra de la Escuela Dominical. Ella decía que seguramente Zaqueo le habría llegado hasta la cintura y yo siempre pensé que ella era una experta en esa clase de apreciaciones.

SEMANA 8: La respuesta

Imagine a este hombre adulto corriendo delante de la procesión de gente, buscando un árbol que le permitiera tener una buena visión. ¿Saltó para alcanzar una rama gruesa, o el sicómoro le ofreció una rama justo a una altura cómoda para que subiera? De cualquier manera fue sin duda, un interesante espectáculo. El jefe de los publicanos no era, seguramente, un hombre joven. Tuvo que trabajar bastante para llegar hasta esa posición.

¿Lo oye jadear y resoplar mientras sube al árbol? ¿Vestido con una túnica, nada menos? No hay nada como subir a un árbol con un vestido largo. ¿Cuánto tiempo ha pasado desde la última vez que usted se subió a un árbol? La última vez que yo lo hice fue en 1965. Mi hermana mayor y su amiga estaban en la casa de muñecas del árbol y yo las espiaba. ¿Por qué lo recuerdo tan bien? Porque la rama se partió. Gracias a Dios que Zaqueo no se subió a una rama seca para mirar.

Uno de mis versículos favoritos del Antiguo Testamento es Jeremías 29.13. ¿Cómo se aplica a la escena de hoy?

_____

"El viajero solicitó la hospitalidad del jefe de los publicanos". ¡Me encanta el versículo 5! "Cuando Jesús llegó a aquel lugar, mirando hacia arriba, le vio..." ¿No es muy propio de Jesús? Él descendió a nosotros, sí, pero no vino para mirarnos desde arriba; ni siquiera al menos digno de nosotros. Casi puedo imaginarme a Jesús atravesando la multitud como si no tuviera la menor idea de que ese hombre bajito estaba subido a ese árbol tan alto.

"Jesús llegó a aquel lugar". ¿Qué lugar? El lugar de su cita divina. De repente, miró hacia arriba con total familiaridad: "Zaqueo", le dijo. ¿Cómo hizo Jesús para saber su nombre? Quizá de la misma manera que supo el nombre de Natanael unos años antes.

¿Qué posibilidades podría sugerir el encuentro de Juan 1.43-50 sobre Jesús y Zaqueo?

_____

Podemos estar debajo de un árbol, arriba de un árbol o en el medio del mar y aún así, Jesús nos vería. En realidad, Jeremías 1.4 nos dice que: "Antes que te formase en el vientre te conocí". Salmos 139.15 nos dice que nuestro cuerpo no estuvo oculto de Él cuando nos entretejió en el vientre de nuestra madre. Dios tejió con gran cuidado las piernas cortas de un cierto recaudador de impuestos, sabiendo que un día las usaría para apresurarse a subir a un árbol para poder ver a su Hijo.

"Zaqueo, date prisa, desciende, porque hoy es necesario que pose yo en tu casa" (Lucas 19.5).

¿Por qué era necesario para Él? Quizá, porque el Hijo vivía para hacer la voluntad de su Padre, y Él sencillamente no podía resistirse a esta clase de demostración de interés en su Hijo. El Padre y el Hijo tienen una sociedad de admiración mutua sin paralelos. Ese día, quizá Zaqueo haya quedado con las rodillas y los codos rasguñados, algo que, sin duda, le valió una dosis extra de afecto de parte del Padre.

Lucas 19.6 dice: "Entonces él descendió aprisa, y le recibió gozoso". Aprisa. No creo que haya nada que Dios honre más que una respuesta pronta a su Hijo.

¿Qué dice Apocalipsis 3.20 con respecto a Cristo?

_____

¿Cuándo fue la última vez que usted estuvo delante de una puerta y golpeó, golpeó, golpeó y golpeó? ¿No es más frustrante aun cuando usted sabe que hay alguien en casa? Alabo a Dios porque Cristo generalmente está dispuesto a golpear muchas veces a la puerta. Pero ese día, en Jericó, no tuvo que hacerlo. Zaqueo le abrió la puerta de su corazón. Sin dudas, el jefe de los recaudadores tenía muchas cosas de las que arrepentirse en su vida, pero no se arrepentiría del tiempo que pasó entre la invitación de Cristo y su bienvenida.

"Jefe de publicanos es descubierto regocijándose". Lucas 19.6 nos dice que Zaqueo no solo descendió rápidamente, sino que recibió a Jesús "gozoso", feliz. No creo que nos alejemos de la verdad si imaginamos que esta repentina muestra de alegría era algo poco común en su carácter. La Palabra no nos retrata a los recaudadores de impuestos como personas queridas por todos. ¿No le encanta cómo Cristo puede cambiar toda una personalidad? No solo puede hacer que un ciego vea, sino también puede lograr algo mucho mayor: ¡hacer que un gruñón se regocije! Los bancos de nuestras iglesias no tendrían tantos lugares vacíos si invitáramos a Jesús a que nos hiciera así de alegres. La buena nueva, dicha por personas con mal carácter, disminuye, en cierto modo, la efectividad del mensaje.

¿No cree usted que Cristo se deleita en nuestras respuestas gozosas, cuando nos regocijamos en obedecerlo? Quiero dejar en claro que Dios honra nuestra obediencia, aun cuando lo hagamos pataleando y quejándonos a gritos. ¿Imagina usted cuánto bendice a Dios que estemos deseosos de hacer su voluntad?

$\mathcal{E}$scriba la respuesta del salmista en Salmos 119.14-16.

_____

Creo que hoy el Espíritu Santo nos está desafiando a buscar oportunidades, en esta semana, para decir: "Señor, me deleito en hacer tu voluntad", oportunidades para responder con alegría y recibirlo en un nuevo lugar de nuestra vida donde Él desee quedarse (ver Lucas 19.5).

"Famoso predicador cena con pecador". Creo que le gustará la definición de "posar" en Lucas 19.7. La palabra significa "desatar lo que estaba atado o asegurado. Refrescarse, dar alojamiento o ser alojado. Se refiere, adecuadamente, a los viajeros que desatan sus cargas o las de sus animales cuando se alojan en una casa durante un viaje". En efecto, la hospitalidad de Zaqueo le estaba comunicando a Cristo: "Ven a mi casa y quítate una carga. Deja tu carga a un costado y refréscate. Para mí, será un honor tenerte". ¡Qué extraordinario! Al mismo tiempo, Cristo le estaba diciendo a Zaqueo: "Déjame que entre en tu casa y tome tu carga. Baja tu carga y refréscate. Para mí, será un honor tenerte".

"El residente más rico de Jericó entrega la mitad de sus posesiones a los pobres y cancela sus deudas con intereses". Lucas 19.8 dice que Zaqueo se puso de pie y le dijo al Señor: "He aquí, Señor, [...] doy [...]; y [...] devuelvo". Un hombre pequeño que nunca había sido tan gran hombre. No detecto en su voz ni la más mínima resistencia, ¿y usted? Casi parece ansioso de librarse de algunas cosas. Quizá la riqueza había sido más una maldición que una bendición para él.

¿$\mathcal{Q}$ué podemos deducir de Proverbios 15.27 y 28.25 acerca de la riqueza de Zaqueo?

_____

Mire el ejemplo de Zaqueo en Lucas 19.8. ¿Se le ocurre alguna razón por la que "aquí y ahora" es el mejor momento para actuar cuando el Espíritu nos mueve?

_____

_____

En el momento en que el Espíritu de Dios me mueve, generalmente siento mayor poder para responder generosamente. Cuanto más tiempo permito que pase, más posibilidades hay de que mi egoísmo se despierte.

Por favor, recuerde que Zaqueo no recibió la salvación por haber dado a los pobres y devuelto a cada

SEMANA 8: La respuesta

uno lo que le debía. En realidad, sus acciones fueron la prueba de que se había producido en él un verdadero cambio: la esencia del auténtico arrepentimiento. Antes, hemos hablado del probable cambio en la actitud del jefe de los publicanos cuando respondió con alegría.

¿Cuál es la diferencia más clara que Cristo ha marcado en su vida ya sea en comportamiento o en actitud?

_____

_____

Dios es sorprendente, ¿verdad? No recuerdo mucho de mi vida antes de la salvación, porque yo era muy pequeña, pero puedo decirle que la autoridad de Cristo sobre mi vida ha cambiado drásticamente tanto mi comportamiento como mis hábitos. Yo era demasiado sensible y muy temerosa, y prefería diez veces más ver la televisión que estudiar su Palabra. También se notaba en mi carácter. Tengo mucho camino por recorrer, pero el cambio no solo es posible, también es gloriosamente inevitable. El que comenzó en mí la buena obra, la completará (Filipenses 1.6).

Estudiante de la Palabra de Dios, he esperado hasta ahora para pedirle que reflexione sobre el día anterior. Por favor, lea rápidamente Lucas 18.24-25.

¿Cuán difícil era para Zaqueo entrar al reino de Dios?

_____

Un joven rico. Un jefe de los publicanos. Ambos eran ricos. Uno se alejó, perdido. La salvación se hospedó en el hogar del otro. Reflexione varios minutos sobre esta pregunta.

¿Cuáles cree usted que son las cosas que los diferencian?

_____

La salvación no era imposible para ninguno de estos dos hombres ricos. Ambos tenían al Hijo de Dios parado delante de ellos, deseoso de librarlos, capaz de hacerlo. La diferencia fue que uno se fijó en lo que tenía que perder. El otro se fijó en lo que tenía para ganar.

Observe que Cristo no le pidió a Zaqueo que vendiera todo lo que tenía y se lo entregara a los pobres. Quizá, porque una vez que Zaqueo considerara a Cristo como su verdadero Tesoro, su riqueza no significaría tanto para él, lo cual creo que es probablemente, lo que Dios desea más de las personas pudientes.

Un cínico diría: "¿Por qué solo le dio la mitad a los pobres?" ¡Probablemente le haya costado más que toda otra mitad devolver el dinero a todos los que había defraudado! De todos modos, Dios no nos va a quitar nuestras posesiones. Solo quiere que su Hijo sea nuestra mayor posesión.

¿Tiene usted algunos raspones y lastimaduras porque se ha esforzado por ver a Jesús? ¿Algunos rasguños en sus mejores ropas? ¿Se ha puesto en ridículo delante de los que lo miraban porque estaba buscando a Cristo, alguna vez? Si es así, lo felicito.

Sigamos subiendo y extendiéndonos para llegar a lugares desde donde podamos ver mejor. Él nunca permitirá que la multitud le impida vernos subidos al árbol.

Jesús: el único y suficiente

DÍA 5

Señales de su venida

El tesoro de hoy
"Cuando estas cosas comiencen a suceder, erguíos y levantad vuestra cabeza, porque vuestra redención está cerca" (Lucas 21.28).

Me encanta la escatología (una palabra difícil que se usa para referirse a los últimos tiempos). Pocos temas son más emocionantes para el estudio que el glorioso futuro que nos espera. ¡Pero no pierda la cabeza por eso! Estos temas no deben convertirse en el centro de nuestro estudio; ni siquiera otros temas fundamentales, como la santidad o el servicio. El centro de nuestro estudio es Jesús.

Recuerde: la meta principal del enemigo es desconectarnos de la Cabeza. Colosenses 2.19 habla de la persona que se interesa más por las cosas espirituales que por el Espíritu de Cristo, "no asiéndose de la Cabeza". Por eso debemos tener mucho cuidado cuando tratamos temas emocionantes, como la escatología. Por favor, lea Lucas 17.20-36; 21.5-38. Complete lo siguiente:

*E*l regreso de Cristo será inconfundible. Dos versículos de la lectura de hoy nos explican por qué. Parafrasee los siguientes versículos.

Lucas 17.24 _____

Lucas 21.27 _____

Según Apocalipsis 1.7, ¿cómo sabemos que será imposible ignorar el regreso de Cristo a esta tierra?

_____

Compare cuidadosamente Lucas 21.7 con Mateo 24.3. ¿Acerca de qué dos eventos preguntaron los discípulos?

_____

Creo que los discípulos pensaron que estaban haciendo solo una pregunta, cuando, en realidad, preguntaron sobre dos eventos separados por milenios: la destrucción del templo y el regreso de Cristo. El templo fue destruido en el año 70 de nuestra era, pero aún continuamos esperando el regreso de Cristo.

*E*scriba algunas frases de Lucas 21.8-38 que correspondan a estas tres categorías:

Sobre la destrucción de Jerusalén _____

_____

Sobre el regreso de Cristo _____

_____

Sobre cualquiera de las anteriores _____

_____

SEMANA 8: La respuesta

Confieso que quisiera sacudir a estos discípulos y decirles que vuelvan y hagan mejores preguntas. ¿Por qué supone usted que Jesús prefirió no ser más claro al hablar de estos hechos? ¿No le gustaría tener una hoja de ruta o un cronograma más claro? Ya sea que podamos responder todas las preguntas o no, usted y yo vivimos en una época, en el calendario del reino, cuyo clímax será el regreso visible de Cristo.

Se puede ver la importancia de la doble pregunta en las palabras de Jesús: "De cierto os digo, que no pasará esta generación hasta que todo esto acontezca" (Lucas 21.32). La destrucción de Jerusalén se produjo en la generación de los seguidores inmediatos de Jesús, pero Él, obviamente, no se refería exclusivamente a esa generación específica. La palabra original que se traduce como "generación" significa, literalmente: "espacio de tiempo, círculo de tiempo línea descendiente o genealógica de ancestros o descendientes". Las palabras de Jesús se aplican, igualmente, a la línea genealógica a través de la que continúa su descendencia: sus descendientes espirituales. Él levantará descendientes espirituales como testigos suyos en toda generación, hasta su retorno.

Enfaticemos algunos hechos relativos al final de la era y el regreso de Cristo:

Los cristianos anhelarán el regreso de Cristo mucho antes que el mundo lo vea (ver Lucas 17.22). En realidad, creo que Lucas 17.22 sugiere que una de las señales de su venida será un anhelo más marcado. Cristo, sin duda, regresará; pero la Palabra sugiere que no será tan pronto como los creyentes lo esperamos al ver el trágico estado de la tierra.

Experimento lo que sugiere Lucas 17.22 cada vez que veo un documental sobre un pueblo que sufre y muere de hambre o escucho un relato horrible de violencia y maltrato. Mi única reacción es orar: "Señor Jesús, ¡por favor, ven pronto!" No dudo de que usted también vive momentos que lo superan, en que anhela profundamente que Cristo regrese y arregle todos los males.

¿*C*uándo fue la última vez que recuerda haberse sentido así?

_____

Tanto en Lucas 17.23 como en Lucas 21.8, Cristo advirtió que cuando se aproxime el final de los tiempos tal como los conocemos, muchos vendrán diciendo ser Él. El hecho de que el regreso de Cristo será plenamente visible es una razón por la que los creyentes nunca deberían caer en tal tipo de engaño. Cuando Cristo regrese, la gente no tendrá que enterarse leyendo el periódico. Todo ojo lo verá. Cualquier rumor de su regreso es, automáticamente, falso. Todo el mundo lo sabrá.

Basándose en su experiencia, usted puede creer que esta señal en particular aún no se ha cumplido. Pero, en realidad, continuamente aparecen falsos mesías en muchos lugares del mundo, y hay una secta importante en los Estados Unidos que enseña que el regreso de Cristo ya se ha producido. Todos los días, hay personas que son engañadas por los falsos mesías.

La maldad se multiplicará dramáticamente. Una palabra clave que caracterizará a la conclusión de esta era es la palabra "multiplicación". La Palabra de Dios describe a los eventos de los últimos tiempos como "principio de dolores" (ver Mateo 24.8), indicando que las pruebas serán cada vez más frecuentes y duras. Por favor, lea Mateo 24.12.

La versión de Mateo caracteriza claramente al final de los tiempos con la multiplicación de la _____.

¿Por qué cree usted que tal multiplicación hará que el amor de muchos se enfríe?

_____

Jesús: el único y suficiente

En el evangelio de Lucas, Cristo hace dos comparaciones que muestran la trágica multiplicación de la maldad. Escriba cada comparación junto al versículo correspondiente:

Lucas 17.26 _____

Lucas 17.28 _____

El Antiguo Testamento nos da importantes datos sobre el estado de las sociedades que rodeaban tanto a Noé como a Lot. Si Cristo quiso hacer paralelos específicos entre la vida en el pasado distante y la vida en el futuro, ¿cómo podrá ser la vida antes de su regreso, si nos basamos en los siguientes pasajes?

Génesis 6.5, 11 (la época de Noé) _____
_____

Génesis 19.4-5 (la época de Lot) _____
_____

El pecado sexual está implícito en una parte impresionante de la maldad y la depravación humanas. Creo que el final de los tiempos será paralelo a la época de Noé y de Lot en muchas formas, pero entre ellas estará la dramática multiplicación de la perversidad. ¿Puede alguien negar que estamos viviendo en un tiempo de un terrible aumento del pecado sexual? Creo que nuestra sociedad está siendo atacada sexualmente por el diablo. Estoy convencida de que muchas características de los últimos tiempos ya han comenzado. Sin embargo, naturalmente, no puedo fijar la fecha del regreso de Cristo.

*B*asándonos en Lucas 12.40, ¿por qué sería una pérdida de tiempo intentar predecir el momento en que Cristo regresará?

_____
_____

Aunque Cristo no quiere que fijemos fechas, sí quiere que estemos preparados. La Biblia no nos dice cuánto durarán los últimos tiempos, pero debemos estar preparados, como Noé, para ser personas justas rodeadas por un mar de injusticia. Gran parte de esa injusticia estará centrada en la sexualidad. No tenemos más recurso que negarnos de plano a cooperar y decidir luchar activamente en contra de esto. Para ser victoriosos en la sociedad de los últimos tiempos, debemos ser mucho más defensivos y ofensivos en nuestra lucha. Pedro aprendió a los golpes que debemos estar listos para cuando Satanás nos ataque. Y nos dio un excelente consejo, tanto para la defensa como para el ataque.

*P*ara la defensa, parafrasee 1 Pedro 5.8. _____
_____

Para el ataque, parafrasee 2 Pedro 3.11 _____
_____

SEMANA 8: La respuesta

¡Ah, hermano creyente, protejámonos a nosotros y protejamos a nuestras familias! El diablo es astuto y extremadamente seductor. Creo que Dios está llamando a su Iglesia a actuar en forma decidida en lugar de sencillamente reaccionar. La maldad no será lo único que se multiplique

La Palabra de Dios dice claramente que los últimos días serán caracterizados por un **notable aumento de la violencia y de los cataclismos.** Lucas 21.10 nos dice que "Se levantará nación contra nación, y reino contra reino" y Lucas 21.12, 16 y Mateo 24.9 nos advierten sobre la escalada de la persecución y el martirio de los cristianos. Lo único que tenemos que hacer es hojear un ejemplar de "La voz de los mártires" para ver cuántos cristianos están muriendo por su fe actualmente. Los que vivimos en Occidente preferimos pensar que la persecución y el martirio no son característicos de nuestra generación de creyentes, pero estamos equivocados. Hay partes del Cuerpo que están sufriendo terriblemente en muchos lugares del mundo.

¿Son demasiadas malas noticias por ahora? ¡Para mí también! ¿Qué le parece una buena noticia sobre los últimos días? En ellos habrá, también, *una multiplicación de los testigos del evangelio de Jesucristo en todo el mundo.*

¿**Q**ué dijo Jesús que sucedería antes del fin? (Mateo 24.14)._____

¡Nuestro Dios es un Dios de gran misericordia! Él no juzgará la maldad de la tierra hasta que el testimonio de su Hijo haya llegado a todas las naciones. ¿Qué clase de multiplicación simultánea requiere esta profecía? Una multiplicación en el número de misioneros. El Dr. Jerry Rankin, de la Junta de Misiones Internacionales de los Bautistas del Sur de los Estados Unidos, me dijo que el número de personas que se dedican a las misiones internacionales está creciendo tan exponencialmente que no puede explicarse sino llegando a la conclusión de que Dios está cumpliendo su profecía. ¡Regocijémonos con el hecho de que habrá una cosecha de almas que ningún hombre puede contar, de toda tribu, lengua y nación (ver Apocalipsis 7.9)!

Según Hechos 1.8, el poder para testificar con efectividad en los últimos días vendrá del Espíritu Santo. Esto nos lleva a la última multiplicación que destacaremos hoy para concluir nuestra lección con un espíritu de celebración: *la multiplicación de la actividad del Espíritu Santo.*

Complete el espacio en blanco con Hechos 2.17.

"Y en los postreros días, dice Dios, _____ sobre toda carne, y vuestros hijos y vuestras hijas profetizarán".

Creo que Dios estaba insinuando un insaciable apetito por conocer y enseñar la Palabra de Dios. Amado hermano, su amor por la Biblia es la prueba de esa cosecha. No es que esta generación sepa hacer mejor las cosas, y por eso estudiemos la Palabra de Dios. ¡Es el derramamiento del Espíritu Santo! ¡Cantidades sin precedentes de personas están armándose con la espada del Espíritu, porque estamos entrando en una guerra espiritual sin precedentes!

Estoy agradecida por vivir en este tiempo extraordinario en el calendario del reino. de cierta manera, vivimos en el peor de los tiempos que haya vivido hasta ahora. Pero en otros sentidos, vivimos en el mejor tiempo. Están soplando vientos de verdadera adoración. El Espíritu de Dios se está moviendo, y yo no quiero quedarme sentada, inmóvil, en el banco de mi iglesia. ¡Quiero moverme con Él!

He aquí que Él hace una cosa nueva; pronto saldrá a luz; ¿no la conoceremos? Otra vez abrirá camino en el desierto, y ríos en la soledad. (Ver Isaías 43.19).

¿Qué debe hacer el creyente? Buscar el río, y zambullirse en él.

---

[1] Ronald F. Youngblood, ed., *Nelson's New Illustrated Bible Dictionary* (Nashville: Thomas Nelson Publishers, 1995), 759-60.

SEMANA 9
El Cordero de Dios

Día 1
Un conspirador disponible

Día 2
La Última Cena

Día 3
Zarandeados como el trigo

Día 4
El beso de la traición

Día 5
Un caso grave de negación

Usted y yo pronto agradeceremos haber terminado la semana pasada con un recordatorio de que el regreso de Jesús es seguro. ¿Por qué? Porque la semana próxima y la mitad de esta tratan sobre su violenta partida. Sabíamos que llegaría este momento. La mayoría de nosotros conocemos esta parte de la historia mejor que cualquier otro hecho ocurrido durante la vida de Jesús. Pero al ver los acontecimientos desde el llano, parecerán más traumáticos. Después de todo hemos caminado junto con Él durante ocho semanas. Quizá ahora comprenderemos mejor algunos sentimientos y reacciones de los discípulos de Cristo que son muy humanos. Quizá lleguemos a preguntarnos si nosotros hubiéramos permanecido con Él mucho tiempo como lo hicieron ellos. Esta semana, Juan 1.11 cobrará vida delante de nuestros propios ojos: "A lo suyo vino, y los suyos no le recibieron". No solo veremos que lo rechazan sino también observaremos cómo la envidia y los celos desatan una insaciable sed de sangre. Quédese conmigo, mi querido hermano y compañero en este estudio. Para conocer a Cristo debemos conocer en detalle el camino de su cruz.

Preguntas principales:
Día 1: ¿Cómo fue que Judas y los principales sacerdotes y los escribas se convirtieron unos a otros en medios para un fin?
Día 2: ¿Cuál fue la actitud de Jesús con respecto a observar la Pascua con sus discípulos?
Día 3: ¿Qué cree usted que Cristo quiso decir cuando usó esta figura al decirle a Pedro: "Satanás os ha pedido para zarandearos como a trigo" (Lucas 22.31)?
Día 4: Según Mateo 26.53, ¿qué podría haber hecho Cristo en lugar de permitir que lo arrestaran?
Día 5: Basándose en lo que recuerda de este viaje a través de Lucas ¿puede recordar algunos encuentros de Jesús con Pedro que hagan que su negación sea aún más chocante?

Pídale a Dios que le dé un encuentro nuevo con Él esta semana. Descubra cada encuentro como si nunca lo hubiera leído antes. Amado hermano, Dios tiene algo nuevo que mostrarle.

SEMANA 9: El Cordero de Dios

DÍA 1

Un conspirador disponible

Hemos llegado a la encrucijada más crítica de nuestro viaje. Después de acelerar en las parábolas, ahora, nuestro camino se hace más lento, casi como si nos arrastráramos con una lupa en la mano para atravesar los últimos tres capítulos. Pasaremos cada momento de las semanas 9 y 10 intentando convertirnos en testigos oculares de los sucesos que se encuentran en el final de este evangelio.

Lucas 9.51 señala que Jesús "afirmó su rostro para ir a Jerusalén". Él realizó muchos milagros y dio mensajes vitales a lo largo del camino. Lucas 19.28-48 indica que la presencia de Cristo llegó a ser, repentinamente más de lo que sus opositores podían soportar. En Betania Cristo resucitó a un hombre que había estado muerto cuatro días. Para la religión institucionalizada, esta obra extraordinaria fue la gota que colmó el vaso. Antes de "alcanzar" a Cristo para ver cómo obra en la ciudad de Jerusalén, veamos Lucas 21.37-38.

El tesoro de hoy
"Y entró Satanás en Judas, por sobrenombre Iscariote, el cual era uno del número de los doce" (Lucas 22.3).

¿Cuáles fueron los hábitos de Cristo durante su última semana en Jerusalén?

_____

_____

La ciudad de Jerusalén vista desde el Monte de los Olivos.

Desearía que todos pudiéramos sentarnos juntos sobre el monte de los Olivos y mirar la Ciudad Santa por un rato. Imagine esto. El huerto donde Jesús se retiró estaba en la colina directamente enfrente del altar del sacrificio sobre el monte del templo. Jesús enseñaba en el templo durante el día y por la noche se retiraba al monte de los Olivos que daba al templo.

Hace poco pude sentarme cerca del lugar donde Cristo se retiraba. No pude evitar preguntarme qué pasaría por la mente de Cristo durante los días que registra Lucas 21.37-38. En ese monte del templo Dios había provisto la ofrenda para sustituir a Isaac (ver Génesis 22.1-19 y 2 Crónicas 3.1). Pablo escribió que por medio de Abraham Dios había dado una "muestra anticipada" del evangelio de gracia (Gálatas 3.8). Avancemos rápidamente la escena dos mil años hasta el momento en que Cristo se ha instalado en la montaña que está paralela al lugar del sacrificio en el templo. Él estaba decidido a cumplir el evangelio que le había sido predicado a Abraham. En la lectura de hoy usted verá que era inminente la llegada de ese momento. Lea Lucas 22.1-6 y complete lo siguiente:

¿Cómo se convirtieron Judas y los principales sacerdotes y escribas unos a otros en medios para un fin?

_____

¿Se le ocurre algo para explicar cómo Satanás pudo haber entrado en uno de los doce discípulos de Cristo?

_____

¿Quién fue el que propuso el plan? (v. 4). _____

¿Cómo respondieron ellos? _____

¿Por qué cree usted que los principales sacerdotes y los escribas tenían miedo del pueblo?

___

Mi forma preferida de estudiar y enseñar es exponer "mucho acerca de poco" en lugar de "poco acerca de mucho". Tomemos el pasaje versículo a versículo para analizarlo.

Versículo 1: *"Estaba cerca la fiesta de los panes sin levadura, que se llama la pascua".* Los tiempos de Dios nunca son coincidencia, pero, quizá, nunca fueron más deliberados que en la secuencia de hechos que se desarrollan en Lucas 22.

¿En qué época del año se celebraba la Pascua y la subsiguiente fiesta de los panes sin levadura, según Levítico 23.4-6?

___

Acababa de comenzar un nuevo año en el calendario sagrado de Israel. Lea Lucas 4.18-19 donde Cristo presenta la descripción de tareas que Dios le había dado directamente de Isaías. Si interpretamos la palabra "año" en Lucas 4.19 como un año literal, seguramente ya estaba sobre ellos mientras esta Pascua se aproximaba. El año más sagrado y fundamental de la historia humana estaba comenzando: "el año agradable del Señor".

El favor de Dios estaba a punto de ser demostrado por medio de la ofrenda de su perfecto Hijo. En sentido literal acababa de comenzar el año más importante de todos los tiempos. Estaba desarrollándose la era de la obra redentora de Dios. ¿Se imagina la expectativa que habría en los lugares invisibles? El reino de Dios y el reino de las tinieblas estaban llegando a un clímax del calendario divino.

Versículo 2: *Los principales sacerdotes y los escribas "buscaban cómo matarle".* Este versículo también nos dice que ellos "temían al pueblo". Creo que repentinamente sintieron que ya no tenían el control. Estuvieron tranquilos mientras pudieron controlar al pueblo, pero de repente la opinión del pueblo se había vuelto hacia aquel que amenazaba sus posiciones de autoexaltación.

Me parece interesante que cuando Cristo está cerca tiene una forma muy particular de hacer que quienes no lo tienen como Señor se sientan fuera de control. Dado que ellos prefieren controlarse a sí mismos y a los que los rodean, quieren librarse de Él. Pero la gente que se somete a su autoridad experimenta todo lo contrario: seguridad y paz.

Cuando las circunstancias parecen repentinamente fuera de nuestro control, nuestras reacciones pueden definir la naturaleza de nuestra relación con Cristo. Tenga por seguro que los principales sacerdotes y los escribas sentían que el control se les había escapado de las manos, porque Cristo había captado la atención de sus seguidores. Necesitaban un plan para enfrentar su problema. Pero los mismos principales sacerdotes y escribas pronto descubrirían por las malas cuán difícil sería eliminar ese problema.

Versículo 3: *"Y entró Satanás en Judas, por sobrenombre Iscariote, el cual era uno del número de los doce".* Me pregunto si Judas se habrá dado cuenta de que Satanás había entrado en él. Quizá la entrada del espíritu profano tiene algunas falsas similitudes con la entrada del Espíritu Santo. La mayoría de nosotros no recordamos haber "sentido" cuando el Espíritu Santo entró a morar en nosotros, cuando confiamos en Cristo como nuestro Salvador, pero Él pronto dio pruebas de ello a través de los frutos que produjo en nuestra vida. No tenemos forma de saber si Judas "sintió" que el espíritu profano entraba a morar en él pero sin dudas no pasó mucho tiempo antes que se revelaran los frutos de la maldad.

Si usted está comenzando a estudiar las Escrituras, la idea de que Satanás pueda entrar a un discípulo quizá le resulte aterradora. Por favor recuerde que el hecho de que una persona parezca seguir a Cristo no necesariamente significa que haya puesto una fe salvadora en Él.

SEMANA 9: **El Cordero de Dios**

¿Qué sugieren los siguientes versículos sobre Judas?

Juan 12.1-6 _____

1 Juan 2.19 _____

Recuerde que Satanás entró en Judas y no en Pedro, Jacobo o Juan aunque algunas veces cada uno de ellos había revelado debilidades de carácter. Satanás pudo entrar en Judas porque Judas estaba disponible. Judas siguió a Cristo durante varios años sin darle jamás su corazón. La fe auténtica de los otros los protegió de ser poseídos por el demonio —aunque no de ser oprimidos— así como nos protege a nosotros. Judas demostró que era un fraude ya sea que inicialmente haya tenido buenas intenciones o no.[1]

Versículo 4: *"[Judas] fue y habló [...] de cómo se lo entregaría".* En otras palabras, Judas tenía un plan. Quisiera indicar que no creo que lo haya planeado por sí solo. Creo que el orden de los hechos que se presenta en Lucas 22.3-4 sugiere que tuvo algo de ayuda de su nuevo inquilino.

Escuche esto y escúchelo bien: Satanás tiene un plan. Efesios 6.11-12 nos advierte enfáticamente sobre las asechanzas del enemigo. El significado de la palabra original, *methodeia* (asechanzas), me sobresaltó y me hizo reflexionar tanto que he decidido expresarlo en casi todos los estudios que he escrito. La definición dice: "método; seguir o perseguir un procedimiento ordenado y técnico en el manejo de un asunto".

¿De qué forma el maligno ha buscado trabajar en su vida siguiendo un plan metódico últimamente?

_____

La planificación metódica de Satanás copia con falsedad la obra extraordinaria de Dios. Así como nuestro Dios tiene un santo plan que ejecuta ordenadamente, el enemigo de nuestras almas tiene un plan profano que también ejecuta con orden.

Satanás no tiene éxito desde hace siglos porque sea estúpido. Cuando recuerdo los procedimientos técnicos que ha utilizado en mi vida, me deja pasmada su conocimiento práctico de mis puntos vulnerables que están tan bien ocultos. Al decir "ocultos" no me refiero únicamente a los puntos vulnerables que escondí de los demás, sino también a algunos que estaban ocultos aun para mí. Algo nuevo que aprendí de él es que posee una sorprendente cantidad de paciencia para entretejer hechos al parecer inofensivos hasta armar desastres que sus víctimas muchas veces jamás esperan.

¿Cuál es nuestra defensa? La Palabra nos dice que no seamos ignorantes. Saber lo que la Palabra dice sobre la autoridad de Cristo y las maquinaciones del diablo me ha permitido torcer algunas veces los planes malignos de Satanás para mi vida.

Versículo 5: *"Ellos se alegraron, y convinieron en darle dinero".* Estos hechos no solo demuestran que Satanás tiene sus planes sino que también usa a las personas. Repase cómo Satanás usó a Judas. El enemigo convenció a Judas de que la traición era para beneficio del discípulo traidor. Judas sentía debilidad por el dinero y eso fue lo que utilizó Satanás.

Uno de los trucos que mejores resultados le da a Satanás es convencer a sus títeres de que tienen mucho para ganar. En realidad, Satanás no tiene amigos verdaderos. Nunca usa a nadie a quien no traicione después. No habrá amigos del alma en el infierno. Satanás habrá traicionado a todos sus habitantes usando el interés propio de cada uno.

Judas no es la única persona que Satanás utilizó en la escena de hoy. Aunque no "entró" en los principales sacerdotes y escribas, sin dudas, los usó. Una vez más se aprovechó de su codicia personal. Usó su hambre de poder y de control para hacerlos partícipes voluntarios de una alianza maligna.

Lucas 22.5 registra que los líderes religiosos "se alegraron" con la propuesta de Judas y que "convinieron en darle dinero". No solamente estaban poniéndose de acuerdo con un ladrón y un traidor. Estaban pactando con el mismo diablo. La idea me da escalofríos. Por favor tenga en cuenta que estamos hablando de los líderes de la comunidad religiosa. Quienes nos sentamos en los bancos de la iglesia no podemos darnos el lujo de ignorar las maquinaciones del enemigo. Los ataques más eficaces del infierno generalmente son consecuencia de tratos que las personas religiosas hacen, sin saberlo, con el diablo.

Si hubieran sido acusados de hacer un pacto con el diablo, estos líderes religiosos se hubieran horrorizado y hubieran negado vehementemente haber pensado siquiera en ello. Es fácil cooperar con los planes del enemigo sin tener intenciones de hacerlo. ¿Recuerda lo que Cristo le respondió a Pedro cuando este lo llevó aparte y lo reprendió por lo que había dicho acerca de la cruz?

¿Cómo demuestra la repuesta de Cristo en Mateo 16.23 que Satanás aprovecha los intereses egoístas de las personas?

_____

Versículo 6: "Y él se comprometió, y buscaba una oportunidad para entregárselo". ¿No cree usted que el concepto de que Judas "se comprometió" es interesante? El plan era idea suya. Algunas veces, creo que así obra Satanás. Trata de hacernos pensar que el plan fue siempre nuestra idea, y que él solo hace lo posible por ayudar. Cualquier cosa que implique una traición a Jesucristo en nuestra vida es idea de Satanás. Cualquier cosa. Él no tiene que morar dentro de una persona para tentarla para que traicione a Cristo. Los líderes religiosos de la escena de hoy son prueba de ello. Recuerde que Satanás aprovecha nuestra codicia, ya sea por poder, dinero, control o placeres sensuales. Tengamos cuidado de no "vendernos" por una ganancia personal, traicionando el hecho de que somos llamados a ser discípulos de Cristo. Asegúrese de que Satanás sepa que no puede "comprar" su colaboración.

Cae el telón sobre esta preocupante escena con Judas en busca de la ocasión perfecta.

Reflexione sobre Lucas 4.13. ¿Cómo reflejaba Judas los hábitos del maligno que habitaba en él?

_____

_____

Una vez más, Satanás es un oportunista. ¿Qué contraataque activo nos ofrece Efesios 5.11-17 contra el oportunismo de Satanás?

_____

_____

Bíblicamente hemos visto que Satanás planifica y usa a las personas. Busca oportunidades para utilizarlas para cumplir sus planes. Se viste con saco y corbata, se peina con gomina y ofrece todo lo que puede para ayudar a los seres humanos a sacar un provecho personal. Es el mayor falso administrador de riquezas. Las personas invierten con intenciones de sacar altos intereses, y Satanás termina quedándose con la ganancia. Es el traidor de los traidores. Tengan cuidado quienes piensen contratarlo.

SEMANA 9: El Cordero de Dios

DÍA 2

La Última Cena

En una fresca mañana de primavera, el sol se levantó sobre el monte de los Olivos y echó su luz sobre una ciudad que se preparaba para la celebración más importante del calendario judío. Ningún otro día tenía la misma importancia que el día catorce del Nisán. Había llegado la Pascua.

La Biblia nos asegura que Cristo sabía todo lo que le iba a suceder. Me pregunto si habrá podido cerrar los ojos, aunque sea por un momento, en esa víspera de Pascua. El ventajoso punto de observación con que Jesús contaba le daba una visión a vuelo de pájaro del templo y de todos los peregrinos que entraban a la ciudad. En realidad cuando el sol se levantó esa mañana, muy apropiadamente, se levantó también justo sobre su cabeza. Malaquías 4.2 dice: "nacerá el Sol de justicia, y en sus alas traerá salvación". En este día el Sol de justicia comenzó a caminar hacia la cruz. Sin duda, las vestiduras de carne de Cristo nunca habían sido tan incómodas para Él.

Mientras los últimos granos caían en el reloj de arena, sin duda la sangre corría más violentamente por sus venas y su corazón trabajaba en exceso. ¿Le habría permitido Dios evitar la tensión de la temida expectativa que había en su pecho? ¿Habría interferido para que su Hijo no experimentara toda la gama de expectativa involuntaria en el cuerpo humano? ¿Permitió Dios que temblaran las manos de su Hijo? Ah, yo creo que Cristo sintió todo, hasta el último latido.

El temor no es pecado. La desobediencia, sí. Creo que la humanidad de Cristo nunca fue más restrictiva ni alarmante. Y era solo el comienzo. Por favor lea Lucas 22.7-23:

¿Cómo iban a identificar Pedro y Juan el lugar donde debían preparar la Pascua?

_____

¿Cuál fue la actitud de Jesús en cuanto a celebrar la Pascua con sus discípulos?

_____

El pueblo de Israel había celebrado la Pascua durante quince siglos. Pero esa noche en particular algo sucedió. Cristo no solo observó la antigua celebración de la Pascua, sino instituyó algo nuevo.

Describa el nuevo mandato que Cristo instituyó _____

_____

Es evidente, según lo que leemos en el versículo 15 que Jesús había reflexionado mucho sobre la fiesta que se acercaba: "¡Cuánto he deseado comer con vosotros esta pascua antes que padezca!" Si leyéramos la frase con la fuerza de la doble construcción del idioma original, podría traducirse en forma más exacta como: "he deseado con deseo".[2] Aun cuando nunca captemos plenamente la importancia de esta noche, nuestra percepción quedará profundamente marcada por el hecho de que Jesús la consideró muye significativa.

Nada relativo a esta noche fue insignificante o accidental. Con la misma omnisciencia que ejerció para organizar las circunstancias del lugar donde se celebraría, Cristo también eligió a sus dos embajadores. Hasta ahora rara vez habíamos visto a Pedro y a Juan trabajando juntos y solos. Hemos visto a Cristo encontrándose con cada uno de ellos personalmente, pero cuando estaban reunidos fuera de los doce, casi siempre era con la presencia de Jacobo, el hermano de Juan.

El tesoro de hoy
"Y tomó el pan y dio gracias, y lo partió y les dio, diciendo: Esto es mi cuerpo, que por vosotros es dado; haced esto en memoria de mí" (Lucas 22.19).

No creo que Cristo sencillamente haya levantado la vista, haya visto a Pedro y a Juan y haya decidido que ellos serían tan buenos como cualquier otro para preparar la Pascua. Todo lo contrario; esta profunda obra estaba preparada de antemano para que ellos la llevaran a cabo (ver Efesios 2.10). Es muy posible que los dos hombres desearan que otro hubiera sido elegido para esas tareas, algunas de las cuales, generalmente eran asignadas a las mujeres. La Pascua implicaba una comida muy elaborada en un ambiente muy específico. Quizá se hayan quejado como solemos hacer nosotros. ¿Por qué? Porque quizá no tengamos idea de la importancia de la tarea que Dios nos ha llamado a hacer. Reflexione unos momentos sobre el trabajo que Pedro y Juan hicieron. Lea sobre la Pascua original en Éxodo 12.1-14.

¿*Qué* tres comidas simbólicas debían comerse durante toda celebración de la Pascua? (v. 8).

_____

¿Cuál es la importancia del pan sin levadura? (1 Corintios 5.6-8).

_____

Las hierbas amargas simbolizaban la amargura del sufrimiento inmortalizado por la observación de la Pascua; la amargura de la esclavitud, de la muerte, de la sustitución con un cordero inocente. Las hierbas, comidas en diversos momentos durante la cena, tenían como fin llenar sus ojos de lágrimas ante el recuerdo del dolor con que se les relacionaba.

Aunque todas las partes de la cena eran altamente simbólicas, nada tendría ningún significado sin el cordero. El preparativo más importante que debieron hacer Pedro y Juan fue conseguir y preparar el cordero de la Pascua. Ellos sabían o comprendían que la detallada preparación a la que se debía someter ese cordero pronto sería cumplida en Jesucristo. Quizá no hayan captado la importancia de ello en ese momento, pero finalmente lo comprendieron.

¿*Quién* escribió los siguientes versículos bajo la inspiración del Espíritu Santo y básicamente qué dicen?

1 Pedro 1.18-20 _____

Apocalipsis 5.6-8, 12-13 _____

Pedro y Juan son los únicos dos de los doce de los que está registrado que se refieren a Jesús como el Cordero. ¿Coincidencia? No, por supuesto que no. La meta final de Cristo en cualquier tarea que Él nos asigna es revelarse a sí mismo, por medio de nosotros o a nosotros. Las tareas que Él les asignó ese día fueron utilizadas por el Espíritu Santo para revelarles el Cordero de Dios a ellos. Las imágenes y los recuerdos quedaron profundamente grabados en la mente de Juan. Muchos años después, recibió la inspiración para referirse a Jesús como el Cordero, al menos treinta veces en el Apocalipsis. Amado hermano, las tareas que Dios le da para hacer nunca son insignificantes. Más que ninguna otra cosa, Él desea revelarse a usted y por medio de usted.

¿*Se* le ocurre alguna forma en la que Él se le ha revelado por medio de alguna tarea que le haya encargado?
❑ Sí ❑ No

De ser así, escriba lo que aprendió en el margen.

SEMANA 9: El Cordero de Dios

Cuando llegó la hora, Jesús y sus discípulos se reclinaron a la mesa. La Pascua era una fiesta para la familia y los parientes más cercanos. Cristo estaba rodeado por sus familiares más cercanos. Pueden haber sido débiles, egoístas y llenos de orgullo, sin fundamento, pero eran de Él. Y Él deseaba pasar su tiempo con ellos.

Imagínese la escena. Creo que nos hemos representado erróneamente esta cena como un momento en el que se compartieron pan y vino. Cristo y sus discípulos celebraron toda la comida de la Pascua. Después Él instituyó el nuevo pacto, representado por el pan y el vino.

Cuando se reunieron alrededor de la mesa al anochecer, Cristo cumplió el rol del padre en la celebración. Poco después de reunirse todos, Cristo sirvió la primera de las cuatro copas de vino y pidió a todos que se levantaran de la mesa. Entonces, elevó la copa al cielo y recitó el *kadesh*, la oración de purificación que seguramente incluía estas palabras o algunas muy similares: "Bendito eres tú, oh Señor, nuestro Dios, Rey del universo que creaste el fruto de la vid. Bendito eres tú, oh Señor nuestro Dios que nos has elegido para tu servicio entre las naciones. Bendito eres tú, oh Señor nuestro Dios, Rey del universo que nos has guardado con vida que nos has preservado y nos has permitido llegar a este tiempo".[3] Esta es, posiblemente, la oración con que dio gracias según Lucas 22.17.

Lea las palabras del kadesh. ¿Qué parte de esta oración es especialmente elocuente si tenemos en cuenta que estas palabras fueron pronunciadas por Cristo? ¿Por qué?

_____

_____

Si Cristo y sus discípulos siguieron la tradición, tomaron la primera copa de vino, pidieron la bendición según la oración que ya mencionamos, cumplieron con un lavamiento ceremonial y partieron el pan sin levadura. Estas prácticas eran seguidas inmediatamente por una representación literal de Éxodo 12.26-27. El niño más pequeño presente en la ceremonia hacía las tradicionales preguntas de la Pascua, originando las respuestas del padre que cuenta la historia del éxodo. Muchos eruditos piensan que Juan puede haber sido quien hizo estas preguntas debido a su posición en la mesa.

¿*Dónde* estaba Juan durante la ceremonia según Juan 13.23? (Juan es el apóstol llamado "el discípulo al que Jesús amaba").

_____

Lea el versículo siguiente. ¿Qué quería Simón Pedro que hiciera Juan?

_____

La tradición de la Iglesia primitiva señala a Juan como el discípulo más joven.[4] Probablemente Juan asumió el rol del hijo más pequeño de la familia y formuló las preguntas tradicionales que dieron pie a Cristo para contar la historia de la Pascua. ¿Será esta la razón por la que Pedro le hizo señas a Juan para que hiciera una pregunta más?

Las cuatro copas de vino servidas en la cena de la Pascua representaban las cuatro expresiones o acciones de la liberación prometida por Dios en Éxodo 6.6-7. A esta altura de la cena, Cristo sirvió la segunda copa y narró la historia del éxodo de Israel en respuesta a las preguntas. Ah amigo, ¿lo imagina? ¡Cristo, el Cordero de Dios, sentado en esa mesa contando la historia de la redención! Relató la historia como solo Él podía hacerlo y al día siguiente, al anochecer siguiente ¡la cumplió! ¡Ah, cuánto ruego que Él la cuente otra vez para que podamos escucharla, cuando participemos de ella en el reino!

Aquel que fue enviado "a proclamar libertad a los cautivos" (ver Lucas 4.18) relató la historia de cautivos que eran liberados, librados de la muerte por la sangre del Cordero. Ah, el perfecto plan de la redención confirmado desde antes que Dios diera aliento de vida a un solo hombre. ¿Lo ve amado hermano? La creación de la humanidad no habría tenido sentido sin este extraordinario plan de redención. Antes de que llegáramos a tener vida para enfrentar nuestra primera tentación, Dios preparó "una salida" para todos los que la eligieran. En realidad la decisión de redimir ya estaba sellada y Cristo fue nombrado el Cordero expiatorio, aún antes de la creación del mundo (ver Apocalipsis 13.8). ¡Aleluya!

Comieron la cena entre la segunda y la tercera copa. Ahora observe el marco temporal que señala Lucas 22.20.

¿Cuándo tomaron esta copa? _____

Aunque seguramente en la Última Cena se tomaron las cuatro copas, Lucas no las menciona todas. Pero sabemos exactamente de qué copa se habla en Lucas 22.20 por su ubicación dentro de la ceremonia. La tercera copa se tomaba después de terminada la comida. Representa la tercera acción prometida por Dios en Éxodo 6.6-7.

Complete esta acción: "Os _____ con brazo extendido, y con juicios grandes".

Esta es la copa de la redención. Estoy convencida de que esta copa es también la copa simbólica a la que Cristo se refirió solo una hora después en el huerto de Getsemaní, cuando le pidió a Dios que quitara de Él esa copa (ver Lucas 22.42). Esta era una copa de la que solo podía participar con los brazos extendidos sobre la cruz.

El inminente cumplimiento de la copa de la redención señaló el punto de partida del nuevo pacto que sería escrito con sangre. Sabemos que Cristo no bebió literalmente de esta tercera copa, porque en Lucas 22.18 dijo que no bebería otra copa hasta que llegara el reino de Dios. En lugar de beber la copa, Él iba a hacer algo tan importante que destruiría el pecado. Básicamente Él iba a convertirse en la copa para derramar su vida por la redención del hombre.

¿De quién era la Pascua, según Éxodo 12.11? _____

Ese fin de semana, realmente santo, la Pascua fue cumplida por completo. "Nuestra pascua, que es Cristo, ya fue sacrificada por nosotros" (1 Corintios 5.7). Dios indicó al pueblo hebreo que continuara la fiesta de la Pascua celebrándola como una ordenanza (ver Éxodo 12.14). Como creyentes gentiles tenemos mucho que aprender y apreciar acerca de la Pascua, pero se nos ordena recordar la muerte de Cristo cada vez que celebremos la Cena del Señor (ver 1 Corintios 11.26).

¿Con cuánta seriedad debemos realizar esta celebración? (1 Corintios 11.27-31).

_____

Cristo nunca tomó nada más en serio que la copa de la redención que enfrentó en esa última cena de la Pascua. Su cuerpo pronto sería roto para que el pan de vida pudiera ser distribuido a todos los que se sentaran a su mesa. El vino de su sangre sería derramado en los odres nuevos de todos los que quisieran participar. Era la noche perfecta de todos los tiempos; la noche en la que las últimas puntadas del hilo de la antigua Pascua se entrelazarían con la trama de la tierra para formar una cruz. Siéntese unos momentos y reflexione.

> Ah, perfecto Cordero de la Pascua,
> No permitas que corra en el recuerdo.
> Recuérdame otra vez el santo relato
> Y dime cómo el plan fue formado
> Para que yo, esclavo de Egipto y sus placeres,
> Prisionero de los lugares más oscuros,
> Fuera condenado a una cruz...
> Y, en cambio, te encontrara en ella a ti clavado.

DÍA 3

Zarandeados como el trigo

El tesoro de hoy
"Simón, Simón, he aquí Satanás os ha pedido para zarandearos como a trigo"
(Lucas 22.31).

Hoy acercamos nuestras sillas a la mesa de la Pascua. Ya ha terminado la cena. La tercera copa de vino ha sido distribuida entre los discípulos como representación de la sangre de Jesús que será derramada por ellos. En lugar de beber la copa de la redención, Cristo pronto se convertirá en la ofrenda.

Una vez más me toma por sorpresa el tremendo amor de Cristo. Él conoce las batallas que libramos con nuestros egos. Él conoce todos nuestros secretos puntos vulnerables. Él conoce el resultado de todos los conflictos. En un momento en el que su propio e inminente sufrimiento podría comprensiblemente haber consumido toda su atención, lo encontramos pensando en los demás. Subamos las escaleras, regresemos al aposento alto y una vez más sentémonos a su mesa. Para captar el contexto la lectura de hoy se superpondrá en una parte con la del día 2. Lea Lucas 22.14-38.

En el margen, escriba los temas de conversación antes que dejaran la mesa, según los versículos 24 al 38.

¿Qué implica el versículo 23 en relación a cómo Jesús trató a Judas?

_____

Me intriga el hecho de que los discípulos no tuvieran idea de que Judas era el traidor. Obviamente, Jesús nunca lo trató de forma diferente a los demás. Jesús tuvo comunión con él, comió con él, oró con él, rió con él y lo amó como a los demás sabiendo todo el tiempo que Judas iba a traicionarlo. ¡Increíble!

No sé usted, pero si yo trabajara todos los días con alguien que sé que no siente ningún afecto por mí y que va a traicionarme, me costaría mucho no hacer diferencias. ¡Ah, cómo quiero ser como Jesús pero cómo me resisto a los dolorosos conflictos que aceleran el proceso!

¿Es usted como yo? ¿Quiere ser hecho como Él pero más a través de sus victorias que de sus sufrimientos? Gracias a Dios porque tenemos un Salvador que está dispuesto a caminar fielmente con nosotros, aunque demos tres pasos adelante y dos atrás. Hoy veremos los matices de esa disposición pintados como en un mural sobre las paredes del aposento alto.

Muchas veces encontramos un gran contraste entre nuestro carácter y el carácter perfecto de Jesús, no somos muy diferentes de sus discípulos originales. Su incapacidad para determinar quién era el peor entre ellos en la mesa de la Pascua los llevó a una disputa acerca de quién era el más grande. ¿Acaso Cristo no había tratado con ellos este tema antes? Pero, antes de juzgar demasiado a los discípulos, será mejor que nos fijemos si sus sandalias nos calzan. Le pregunto a usted, con toda dulzura (pero me lo pregunto a mí misma con un poco menos de paciencia): ¿cuántas lecciones hemos aprendido de Cristo la primera vez que Él nos las presentó?

Supongo que, si las sandalias de los discípulos calzan bien en nuestros pies, será mejor que las usemos. Pero gloria a Dios, no será por mucho tiempo. Por favor lea Juan 13.1-17. Estos hechos ocurrieron en aquella misma cena.

¿De qué forma la demostración de Cristo nos presenta un contraste inolvidable con el concepto que los discípulos tenían de grandeza?

_____

La solución para nuestro problema de ego no radica sencillamente en admitir que somos egocéntricos, buscadores de estatus que como los discípulos somos lentos para aprender y rápidos para juzgar. El reconocimiento de la culpa solo nos condena. Si nos quedamos en eso, no obtenemos nada para cambiarnos.

Cuando reconozcamos que las sandalias de los discípulos calzan en nuestros pies, permitamos que Cristo se arrodille delante de nosotros, las saque y lave nuestros pies. ¡Ah, cuánto necesitamos que Cristo nos enseñe la humildad! Sin ella, el ministerio que Él puede hacer a través de nosotros quedará muy limitado.

Aunque la lección fue muy eficaz, Cristo aún no había cerrado el asunto de la grandeza. Sabía que el problema era tan fundamental que tendría que probar con una experiencia de aprendizaje lo que había enseñado en teoría en el aula. Yo tendría que darme algunos golpes por obligarlo a hacerme experimentar las cosas que podría haber aprendido en el aula, pero no me molesta admitir que las experiencias de aprendizaje práctico son muy eficaces. Me temo que la lección sobre la grandeza rara vez se aprende solo por teoría.

Pocas horas después, cada uno de esos discípulos descubriría su "grandeza". Todos iban a abandonar a Cristo huyendo (ver Mateo 26.56). Pero la lección que había sido enseñada y demostrada en el aposento alto (el aula) y luego había sido confirmada con una experiencia sumamente concreta, finalmente quedaría grabada en ellos. Cristo convirtió a esos once buscadores de estatus en siervos humildes.

Una vez más me sorprende el carácter de Cristo. Justo cuando no lo hubiéramos culpado si les hubiera arrojado un balde de agua encima a todos sus discípulos, les lavó los pies. Y justo cuando ellos se peleaban por saber cuál era el más importante, les hizo el cumplido más grande.

¿Qué dijo acerca de ellos en Lucas 22.28? _____

_____

Ahora lea los siguientes dos versículos. Básicamente, ¿no estaba diciendo: "Ustedes pueden arrodillarse y lavar pies ahora, porque un día van a estar sentados en tronos en mi reino"? En realidad no les debía ese tipo de motivación positiva, ¿verdad?

Por favor no pierda de vista el hecho de que Cristo sabía que esos discípulos lo abandonarían tanto como sabía que Judas iba a traicionarlo. Él conocía cada movimiento que haría cada discípulo. Inmediatamente después de conferir el reino Jesús dirigió su atención a Pedro y le dijo: "Simón, Simón, he aquí Satanás os ha pedido para zarandearos como a trigo" (v. 31).

¿Qué cree usted que significa esta expresión?

_____

Según vemos en el texto, Satanás pidió zarandear a los discípulos como trigo (v. 31) y después Cristo especifica la situación particular de Pedro en el v. 32, la diferencia es más clara en griego [5]. Pienso que la Biblia deja implícito que Cristo permitió que Satanás atacara a Pedro con más fuerza que a los demás. De ser así quizá nos preguntemos por qué. Creo que estos versículos sugieren varias razones.

1. Pedro era, muy posiblemente, el líder natural entre los discípulos. Cristo parece haberlo identificado como líder en Lucas 22.31, cuando dirigió las palabras relativas a todos los discípulos a Pedro: "Simón, Simón, he aquí Satanás os ha pedido [a todos vosotros] para zarandearos como a trigo". Es posible que Cristo haya pensado que Pedro, como líder entre los discípulos o bien podía soportar un tratamiento más duro o bien lo necesitaba. Tengo la corazonada de que ambas posibilidades son correctas. Permita que lo aliente el hecho de que Satanás no puede sencillamente jactarse de poder zarandear a un creyente como el trigo. Creo que este precedente neotestamentario indica que para hacerlo, primero debe tener permiso de Cristo. (Compare con Job 1). Cristo no le dará permiso al diablo para hacer nada que no pueda ser usado para la gloria de Dios y para nuestro bien, si nosotros lo permitimos.

También quisiera creer, basándome en el mismo precedente que si Cristo le da al enemigo "un poco más de cuerda" en cuanto a nosotros, también ora por nosotros. La palabra que se traduce como "he orado" en Lucas 22.32 es *deomai* que significa "hacer conocer la propia necesidad". Esta palabra en particular, utilizada con respecto de la oración implica pedir lo que a uno le falta. No creo que la petición de Cristo por Pedro se refiriera solamente a lo que necesitaba para obtener la victoria ante tanto zarandeo. Creo que Cristo vio que el zarandeo mismo era lo que Pedro necesitaba.

¿*Qué cosas podría necesitar alguien en el lugar de Pedro que un buen zarandeo pudiera darle?*

❑ fortaleza   ❑ paciencia   ❑ poder   ❑ humildad
❑ honestidad   ❑ empatía   ❑ otra: _____

Aunque se me ocurren muchas cosas, las que más rápido me vienen a la mente son humildad como siervo de Dios y sentido de alerta por ser el blanco del enemigo. Pedro era un líder natural y podría haber liderado en la carne si no hubiera tenido la oportunidad de comprobar su terrible debilidad y el peligro que corría. Aproximadamente cincuenta y un días después, Cristo iba a convertirlo en el "motor impulsor" entre los discípulos (ver Hechos 2). Necesitaba un curso acelerado que solo un buen zarandeo podía darle.

Los que están en posiciones importantes no son los únicos que pueden beneficiarse con un buen zarandeo. Por favor créame que si alguna vez encontré la horma de mi zapato, fue en este caso. Yo también como sierva necesitaba con urgencia un zarandeo y le aseguro que Dios fue suficientemente fiel como para permitirlo. Ser zarandeado como el trigo no consiste en enfrentar una tentación común. Es un ataque directo del "todo por el todo" del enemigo para destruirnos y hacernos desistir. Hace surgir lo que más odiamos de nosotros mismos y revela lo horrible que es nuestro yo. No todos tienen —o necesitan— tal experiencia.

¿*Alguna vez fue usted zarandeado o conoce a alguien que lo fue?*   ❑ Sí   ❑ No

Si su respuesta es afirmativa, ¿cuál fue el resultado? _____

Los horrores del zarandeo que sufrí son tan reales como ayer, pero mi oración es que también lo sea el grano que ha quedado de él. El método que se usa para zarandear el trigo es colocarlo en un cernidor y sacudirlo hasta que la basura, las pequeñas piedritas y quizá, alguna cizaña salgan a la superficie. El propósito es que el verdadero grano pueda ser separado y molido para hacerlo comestible.[6] ¿Sabe? El propósito de Satanás al zarandearnos es burlarse de nosotros mostrando que somos solo basura y nada de trigo. Pero Cristo por el contrario, permite que seamos zarandeados para separar lo real de lo irreal, la basura de lo bueno. El grano que prueba que podemos ser usados por Dios es el auténtico grano con el cual Cristo puede hacer pan.

¡Gloria al fiel nombre de Cristo! Satanás convirtió la experiencia práctica de Pedro en una terrible prueba, pero no consiguió que todo Pedro fuera desechado. El tiro le salió por la culata. Sacó a la superficie bastante basura, pero Pedro y Cristo la observaron bien. Después Cristo la sopló, tomó los granos que quedaban y demostró su calidad como panadero. Cristo tenía otras razones para permitir que Pedro fuera zarandeado.

2. Cristo sabía que Pedro iba a volver. "Pero yo he rogado por ti, que tu fe no falte; y tú, una vez vuelto,..." (Lucas 22.32). No dice "si vuelves" sino "cuando hayas vuelto". Somos como libros que Satanás puede leer solamente desde afuera. Su comentario sobre el libro se limita a lo que él supone que hay adentro, a partir de lo que lee en la "cubierta" de nuestro libro. No puede leernos por dentro como Cristo.

Algunas veces, Satanás observó la aparente audacia de Pedro, su excesiva confianza y su propensión a la soberbia. Entonces llegó a la conclusión de que cuando llegara el zarandeo, todas las páginas de ese libro serían basura. Pero estaba equivocado. Cristo conocía el corazón de Pedro. Sabía que debajo de su exterior vanidoso había un hombre con un genuino amor por Dios. Jesús sabía que Pedro podía negar a Cristo ante los otros, pero jamás podría negarlo ante sí mismo. Él iba a volver, como una edición revisada con una nueva cubierta.

3. Cristo sabía cómo el regreso y la "revisión" de Pedro podían ser de utilidad a otros. "Y tú, una vez vuelto, confirma a tus hermanos" (v. 32). La palabra "confirma", en el original, es "asegurar, fijar firmemente quedar fijo". A partir de su caída, Pedro iba a aprender cómo permanecer en pie. Observe la respuesta de Pedro a la advertencia de Cristo en Lucas 22.33; después lea la versión ampliada de esta conversación en Marcos 14.27-31.

¿*C*ómo se aplicaría 1 Corintios 10.12 a Pedro en ese momento?

_____

Pedro iba a caer pero su fe no decaería. Las maravillosas palabras de Miqueas 7.8 se iban a cumplir en la vida de Pedro: "Tú, enemiga mía, no te alegres de mí, porque aunque caí, me levantaré". Claro que iba a levantarse. E iba a usar todo lo que Cristo le había enseñado para fortalecer a sus hermanos. ¿Sabe? Cristo no quería sacarle el carácter de líder a Simón Pedro. Solo quería sacar todo lo que había de Simón Pedro en ese líder. Su meta era permitir que Satanás tamizara todo lo que había de Pedro para que Cristo pudiera usar lo que quedara: un humilde vaso de barro sin confianza en su carne. ¿Funcionó el plan? Véalo usted mismo en 1 Pedro 5.6-11.

*E*scriba todo indicio que vea de que Pedro usó lo que había aprendido para fortalecer a los hermanos como usted y yo y ayudarnos a estar firmes.

_____

_____

No todos tienen que caer para aprender a estar de pie. Hay mejores maneras de aprender, pero me temo que yo aprendí casi como Pedro. Finalmente aprendí a pararme sobre los pies de Cristo porque mis pies de barro resultaban demasiado inestables.

Yo no fui muy diferente a Pedro. Era pequeña cuando entregué mi vida a Cristo y tenía completa confianza de que nada podía hacer tambalear mi compromiso. Discúlpeme por ser tan franca pero yo era una idiota. No recuerdo una lección más difícil que la que mi zarandeo me enseñó, pero tampoco recuerdo una lección que me haya quedado tan bien grabada. Han pasado muchos años pero aun hoy no vivo un solo día sin recordarla y temer más que a la muerte la posibilidad de apartarme otra vez de la autoridad de Cristo.

A la luz del estudio de hoy, si nunca ha vivido un zarandeo ¿cuál sería una buena manera de evitarlo?

_____

_____

No le deseo un zarandeo a nadie, pero si es eso lo que se requiere para tener una vida que produzca frutos entonces que Dios lo use tan ampliamente que el enemigo termine lamentándose por haber pedido permiso para hacerlo. Amado hermano, los compromisos pueden tambalearse, pero Cristo no. Cuando llegue una sacudida que los frescos vientos de Dios soplen toda la basura hasta que lo único que quede sea el pan de vida.

DÍA 4

El beso de la traición

El tesoro de hoy
"Entonces Jesús le dijo: Judas, ¿con un beso entregas al Hijo del Hombre?" (Lucas 22.48).

Decenas de miles de judíos celebraron la Pascua ese año en Jerusalén, reunidos alrededor de una mesa preparada con cordero asado, pan sin levadura y hierbas amargas. Para muchos la celebración de ese año no tenía nada diferente del anterior. No tenían idea de que muy cerca de ellos, el Cordero de Dios levantaba la copa de la redención y la ofrecía a todos. En el aposento alto los estómagos de los discípulos estaban llenos, sus recuerdos se habían revivido y sus pies habían sido lavados por el Hijo del Hombre. "Como había amado a los suyos que estaban en el mundo, los amó hasta el fin" (Juan 13.1). Aquel que había creado el tiempo ahora se sometía a él. En el mismo orden perfecto en el que fueron creados los cielos y la tierra, la historia de la salvación debía desarrollarse como un libro ya escrito, redactado antes de la fundación del mundo. El Espíritu de Dios abrió de un soplido la siguiente página en el capítulo llamado "Agonía". El huerto esperaba.

"Y cuando hubieron cantado el himno, salieron al monte de los Olivos" (Mateo 26.30). ¡Jesús cantando! ¡Cómo me gustaría escuchar ese sonido! Cuando Él cantaba ¿hacían silencio los ángeles del cielo para escuchar su voz? ¿O hacían coro con Él? ¿Era Cristo tenor? ¿Bajo? ¿Cantaban Cristo y sus discípulos en armonía o todos cantaban la melodía? ¿Cantaba Jesús con frecuencia o fue este un momento inusual?

¡Cuán adecuado que en esta misma noche Jesús, el Rey que venía, cantara cánticos escritos siglos antes solo para Él! Tradicionalmente cada celebración de la Pascua terminaba con la última mitad del *Hallel* compuesto por los Salmos 115 al 118. Es probable que Cristo y sus discípulos hayan cantado de estos Salmos.

*C*omplete los siguientes espacios en blanco e imagine al Hijo de Dios cantando estas palabras mientras las manecillas del reloj se acercaban a la hora de la cruz. En el margen, escriba qué importancia cree usted que cada versículo puede haber tenido para Cristo en ese preciso momento de su vida.

Jesús: el único y suficiente

Salmos 116.12-14: "¿Qué pagaré a Jehová por todos sus beneficios para conmigo?

Tomaré la _____, e invocaré el nombre de Jehová.

Ahora _____ a Jehová _____".

Salmos 118:6-7: "Jehová está conmigo; no temeré _____.

Jehová está conmigo entre los que me ayudan; por tanto, yo veré _____

en los que me aborrecen".

Salmos 118.22-24: "La piedra que _____ los edificadores ha venido

a ser _____. De parte de Jehová es esto, y es _____.

Este es _____; nos gozaremos y alegraremos en él".

¿Cuántas veces hemos cantado "Este es el día que hizo el Señor?" ¿Sabía usted que en su contexto este Salmo habla específicamente de este día que Cristo debía enfrentar? El día en que "la piedra que desecharon los edificadores" se convirtió en "cabeza del ángulo". Imagine a Cristo consciente de todo lo que le esperaba, cantando "Este es el día que hizo el Señor".

Sea lo que haya sido lo que Cristo cantó esa noche, al terminar la cena de la Pascua las palabras tenían para Él un significado que los demás jamás podrían haber comprendido. Me pregunto si su voz se quebró por la emoción. ¿O cantó con júbilo? Quizá hizo ambas cosas, así como usted y yo hemos hecho en esos momentos terriblemente dulces y amargos a la vez, mientras nuestros ojos se llenan de lágrimas. Una cosa sabemos: Cristo, a diferencia de todos los demás, sabía que estaba cantando más que palabras. Esa noche Cristo cantó su destino.

A nuestra propia manera, muchos de nosotros hemos vivido algo similar. Quizá hemos cantado un himno o una canción cientos de veces y repentinamente las palabras significan tanto que apenas podemos pronunciarlas.

¿*P*uede recordar alguna vez en su vida en la que algo muy conocido, repentinamente vino a usted con un significado totalmente nuevo?

❏ Sí   ❏ No

Si su respuesta es afirmativa, describa la situación.

_____

_____

Ahora lea los relatos de la agonía de Cristo en el huerto en los tres evangelios sinópticos para poder concentrarse en la visión panorámica. Probablemente, el evangelio de Mateo ofrezca más detalles. Lea Mateo 26.36-46. Después compare Marcos 14.32-42 y Lucas 22.39-46. Por favor registre todos los datos que los evangelios de Marcos y Lucas agregan al relato de Mateo.

SEMANA 9: El Cordero de Dios

Marcos: Lucas:

_____   _____

_____   _____

_____   _____

_____   _____

Sin el evangelio de Marcos, no sabríamos que Cristo clamó a su Padre usando el nombre *Abba*. No suelo citar pasajes extensos de un libro, pero este captó mi alma y me llevó a una meditación muy profunda y rica; espero que también lo sea la suya. *The Dictionary of New Testament Theology* explica:

> «En arameo, *'abba* es, originalmente, [...] una palabra derivada del lenguaje de los bebés. Cuando un niño es destetado, "aprende a decir *'abba* (papá) e *'imma* (mamá)". [...] también la utilizan los hijos e hijas adultos. [...] *'abba* adquirió el sonido familiar y cálido que muchos sienten en una expresión como "querido papá". En ningún otro lugar de la inmensa literatura devocional producida por el antiguo judaísmo encontramos que *'abba* se use como una forma de dirigirse a Dios. El judío piadoso era demasiado consciente del enorme abismo que existía entre el hombre y Dios como para sentirse en libertad de dirigirse a Dios con la palabra común utilizada en la vida familiar cotidiana. [...] encontramos solo un ejemplo de *'abba* usado con referencia a Dios. Se encuentra en un relato escrito en el Talmud babilónico: "Cuando el mundo tenía necesidad de lluvia, nuestros maestros solían enviar a los niños escolares al rabí Hanan ha Nehba [a fines del primer siglo antes de Cristo], y ellos tomaban el borde de su manto y exclamaban: 'Querido papá (*'abba*), querido papá (*'abba*), danos lluvia'. Él decía delante de Dios: 'Soberano del mundo, hazlo por amor a estos, que no pueden distinguir entre un *'abba* que puede dar lluvia y un *'abba* que no puede dar lluvia'».[7]

Cuando Cristo Jesús se postró sobre su rostro y clamó: "*Abba*, Padre", clamó al *Abba* que puede dar la lluvia. El Soberano del mundo era su papá. Todo era posible para Él, incluso quitar la copa de aflicción.

Nunca minimice este momento pensando que Dios no podría haber quitado esa copa. Haciendo una comparación terriblemente despareja, piense que quitarle la libertad de elegir a Dios sería para nosotros como quitarnos a nosotros la libertad de elegir con respecto a Él. De hecho ¿no creó Dios a la humanidad con la libertad de elegir? Ah, sí. Y de esta forma somos creados a la imagen de Dios. Él desea y atrae pero no se obliga a sí mismo ni obliga a su creación. La plenitud de gozo para nosotros, está en la elección. Obviamente Dios nunca elige el pecado, pero sin duda tiene libertad de elegir. "Nos escogió en él antes de la fundación del mundo" (Efesios 1.4). "Que Dios os haya escogido desde el principio." (2 Tesalonicenses 2.13) No elimine la libertad de elección de Dios de esta escena. Dios puede ceder, si lo desea. Después de todo, Él es el Soberano del mundo.

🔥 ¿*C*uál es su reacción al pensar que Dios podría haberle ahorrado ese sufrimiento a Jesús y haber permitido que nosotros sufriéramos las consecuencias de nuestros propios pecados?

_____

_____

Que Dios hubiera podido detener el proceso pero no lo hizo, es en sí una demostración incomparable de amor. ¿Se le ocurre pensar en alguien por quien usted permitiría que su único hijo fuera torturado hasta la muerte? "Abba, Padre, todas las cosas son posibles para ti; aparta de mí esta copa", dijo Él en Marcos 14.36.

El pedido que Cristo le hizo a su Padre debería hacer que contuviéramos el aliento. Ascendió al cielo entre sollozos de dolor. El Amado de Dios estaba abrumado por el dolor, hasta el punto de la muerte. El evangelio de Lucas nos dice que su sudor caía al suelo como sangre, algo que prácticamente no ocurre jamás a menos que el cuerpo físico esté en una situación de mayor estrés y dolor que el que puede soportar. ¿Creeremos que Dios estaba en su trono observando esta situación sin conmoverse? Nuestros corazones tendrían que detener su latido por un instante. Cristo podría haber evitado la cruz. Podría haberlo hecho, pero no lo hizo. Lucas 22.47 nos dice: "Mientras él aún hablaba, se presentó una turba". Imagine la escena que ellos vieron en ese momento.

Por favor, trate de captar en qué condiciones físicas estaba Cristo justo antes que llegara esa multitud al monte de los Olivos para atraparlo. Como un cuerpo que rechaza un órgano trasplantado, el cuerpo humano de Jesús prácticamente se estaba destrozando. El peso total del impacto y la emoción divina era casi más de lo que un cuerpo humano podía soportar. El estrés casi le había dado vuelta de adentro para afuera. No hago énfasis en esto para destacar su debilidad. Todo lo contrario. Por favor lea la escena que registra Juan 18.1-6.

¿Qué sucedió cuando Cristo dijo: "Yo soy" ante la pregunta de la multitud acerca de Jesús de Nazaret?

_____

Aun cuando Cristo estaba abrumado por el dolor hasta el punto de la muerte, su presencia proclamada los hizo caer a tierra. No lea más por un momento. Deténgase y medite.

Querido, dulce Señor Jesús. No tenemos idea de quién eres, ¿verdad? Tu deidad no disminuyó en ningún momento, ni dentro ni fuera de esa prisión de carne. Señor, no permitas que lo olvidemos. Tú que te entregaste en manos de hombres pecadores, eras mucho Dios.

Mientras dejamos que el Espíritu Santo nos conduzca a un punto de renovación y gratitud, estudiemos no solo lo que Dios ha hecho por nosotros sin tener obligación de hacerlo, sino también lo que no hizo, aunque podía haberlo hecho. Dios merece nuestra alabanza, tanto por lo que ha hecho, como por lo que no ha hecho.

¿Qué podría haber hecho Cristo según Mateo 26.53?

_____

Según Mateo 26.54-56 ¿por qué no lo hizo?

_____

El recordatorio del inmenso poder de Cristo y su completa deidad hacen que la traición de Judas sea aún más descarada. Vuelva conmigo para observar de nuevo la escena. Lucas 22.47 nos dice que Judas "se acercó hasta Jesús para besarle". Con la precisión de un médico, Lucas da a conocer su versión de los hechos ocurridos en el huerto pero Mateo, el recaudador de impuestos, recogió los datos como si fuera un abogado buscando evidencias para establecer la premeditación del hecho. Lea Mateo 26.47-49. ¿No es suficiente para darnos náuseas? La traición ya es de por sí, suficientemente horrible pero ser traicionado por un camarada con un beso en la mejilla es demasiado para soportar.

SEMANA 9: El Cordero de Dios

*E*scriba cómo llamó Cristo a Judas inmediatamente después que él lo traicionara con un beso. (Mateo 26.50).

_____

_____

_____

Lea Salmos 55.12-14, 20-21. ¿Qué eco familiar tienen estas palabras—escritas por un hombre conforme al corazón de Dios— con la escena de esa noche en el monte de los Olivos?

_____

_____

_____

Pocas cosas destrozan el corazón tanto como la traición. Los ojos de Jesús atravesaron la sonriente fachada de Judas con tal rapidez que su adrenalina probablemente se disparó al cielo. Me interesaría saber cuánto tiempo Satanás se quedó en el cuerpo de Judas. ¡El diablo es ese tipo de usuario! Es probable que haya soltado al impostor tan pronto la traición estuvo consumada. Imagínese a Judas solo, dándose cuenta de lo que acababa de hacer. En realidad era más de lo que podía soportar. No podía decir que el diablo "había hecho que él hiciera eso", pero sin duda le había dado poder para hacerlo. Otro "trabajito" desde adentro; la forma favorita de actuar de Satanás. En el sentido más literal posible, Judas se acercó a Cristo con sus labios esa noche pero su corazón estaba lejos de Él (ver Isaías 29.13).

La lección de hoy concluye dramáticamente. Pedro le cortó la oreja a un hombre antes que los demás discípulos pudieran siquiera preguntar si podían sacar la espada. Si Cristo no fuera omnisciente, casi puedo imaginarlo pensando: "La próxima vez tengo que acordarme de no permitir que Pedro traiga la espada".

Lucas nunca menciona al discípulo que sacó la espada pero Juan, el amigo de Pedro, nos cuenta "el chisme".

Casi podemos escuchar a Pedro: "¡Yo quería cortarle la cabeza!" El siervo debe de haber visto venir el golpe y giró la cabeza hacia el hombro izquierdo dejando solo su oreja derecha expuesta al filo de la espada. No dudo que también recibiera un corte de cabello y una afeitada

El doctor Lucas precisa que Jesús "tocando su oreja, le sanó" (v. 51). No pase por alto esta acción. Reflexione sobre el hecho de que el siervo del sumo sacerdote sabía, sin duda que Jesús no era un hombre común ni, mucho menos un criminal. ¿Comprende usted cuánta gente se confrontó con la verdad de que este linchamiento era equivocado, al estar frente a frente con la justicia? Solo el cielo sabe cuántas personas no pudieron jamás volver a dormir en paz.

La hora había llegado; la hora en que reinarían las tinieblas (ver Lucas 22.53). Pero aún en la oscuridad muchos sabían que lo que estaban haciendo estaba mal. Una cosa acerca de Dios: siempre podemos confiar en que Él va a volver a encender la luz. "Hasta que venga el Señor, el cual aclarará también lo oculto de las tinieblas, y manifestará las intenciones de los corazones; y entonces cada uno recibirá su alabanza de Dios" (1 Corintios 4.5).

Jesús: el único y suficiente

DÍA 5

El tesoro de hoy

"Entonces, vuelto el Señor, miró a Pedro; y Pedro se acordó de la palabra del Señor, que le había dicho: Antes que el gallo cante, me negarás tres veces" **(Lucas 22.61).**

Un caso grave de negación

Nuestra próxima escena no se "despliega"; "estalla" en un momento, de manera tan acusadora que nuestras mentes deben hacer un trabajo extra para comprenderla. Como un fragmento de un filme de actividad desenfrenada que debe ser visto una y otra vez para poder asimilar los detalles. Si Dios hubiera levantado una videocámara sobre la ciudad de Jerusalén esa noche especial, veríamos varias escenas secundarias dentro de una escena principal. Trataremos de captar algunas de ellas. Nuestra lectura se superpondrá ligeramente a la de ayer para reestablecer el contexto. Por favor lea Lucas 22.47-62.

Quizá usted ya conozca bien la historia de la negación de Pedro. ¿El hecho de haber estado esta vez más familiarizado con la secuencia de la historia hace que algún detalle del relato cobre mayor fuerza para usted?

❏ Sí   ❏ No   Si su respuesta es afirmativa, por favor, explíquela.

_____

_____

Sabemos que Cristo y los discípulos se encontraron de manera espectacular con toda la multitud de soldados, sacerdotes y fariseos en el monte de los Olivos. Aunque el evangelio de Lucas solo dice que ellos lo prendieron y se lo llevaron, el evangelio de Juan es un poco más preciso. Por favor, lea Juan 18.12-14.

¿Cómo y dónde encontraron a Jesús? _____

¿Quién era Anás? _____

_____

¿Quién era Caifás? _____

_____

¿Se ha fijado en el vocabulario utilizado? Este grupo grande de soldados ató a Jesús (ver Juan 18.12). No tenían forma de saber que ni siquiera todas las cuerdas de Israel podrían haberlo atado si Él hubiera decidido que no fuera así. Le había llegado el momento de someterse a un plan que incluía a esas personas. Jesús no necesitaba ser atado. Él se dirigió resuelto a Jerusalén precisamente para esto.

El evangelio de Juan nos dice que Cristo fue llevado primero a Anás, el suegro de Caifás que era el sumo sacerdote. Los juicios pueden ser muy confusos, especialmente porque no están relatados en forma precisa en cada evangelio. Tenga en cuenta que Cristo fue sometido a seis juicios: tres religiosos y tres civiles. Quizá la siguiente lista de juicios, en el orden en que se produjeron le ayude. Es probable que de aquí en adelante tenga que volver a mirar esta lista varias veces hasta que concluya nuestro estudio sobre las últimas horas de Cristo antes de la crucifixión.

SEMANA 9: El Cordero de Dios

Juicios religiosos

Ante Anás:	Juan 18.12-14, 19-23
Ante Caifás y el Sanedrín:	Mateo 26.57-68; Marcos 14.53-65; Lucas 22.54, 63-65; Juan 18.24
Ante el Sanedrín:	Mateo 27.1-2; Marcos 15.1; Lucas 22.66-71

Juicios civiles

Ante Pilato:	Mateo 27.2, 11-14; Marcos 15.1-5; Lucas 23.1-7; Juan 18.28-38
Ante Herodes:	Lucas 23.6-12
Ante Pilato:	Mateo 27.15-26; Marcos 15.6-15; Lucas 23.13-25

Anás era sumo sacerdote cuando Juan el Bautista comenzó su ministerio (ver Lucas 3.2). Para este entonces, había sido depuesto y seguido en el cargo por sus cinco hijos, un nieto y su yerno, pero aún tenía una enorme influencia. Cristo fue llevado primero ante Anás que después lo envió a Caifás, su yerno que era el sumo sacerdote que presidía estos juicios.

Dios obviamente consideró tan importante la negación de Pedro que inspiró a los cuatro evangelistas a que la incluyeran en sus escritos. Por lo tanto, prestaremos mucha atención a esta "escena dentro de la escena". El evangelio de Lucas comienza el relato en Lucas 22.54, en la casa de Caifás.

Estoy convencida de que una de las razones por las que Dios colocó el relato de la negación de Pedro en los cuatro evangelios fue para que reflexionemos sobre el hecho de que si Pedro pudo negar a Cristo, cualquiera de nosotros podría hacerlo también. Nunca olvide que Pedro estaba muy seguro de que no podrían "atraparlo". Por favor, no minimice la magnitud de la falta de Pedro ni por un instante. Oiga estas palabras como si nunca las hubiera escuchado: Pedro negó a Cristo. No, una vez. No, dos. Tres veces. Negar a Cristo es algo tremendo.

*B*asándose en lo que recuerde de este viaje a través de Lucas, ¿puede recordar algunos encuentros de Jesús con Pedro que hagan que su negación sea aún más chocante?

Cuando se produjo el arresto de Cristo, los discípulos se dispersaron como conejos asustados. Juan 18.15-16 nos dice que Pedro y Juan siguieron a Cristo hasta la casa del sumo sacerdote, pero Pedro tuvo que esperar afuera. Él no era conocido del sumo sacerdote como lo era Juan. Lo extraño es que la presencia de Pedro allí era de cierto modo una especie de confesión de que él conocía a Cristo, pero sin embargo, él lo negó con sus palabras.

Observe que los otros nueve habían desaparecido de la escena. Los seguidores de Cristo pueden negar que lo conocen de diversas maneras. Aunque nunca he dicho: "No lo conozco" con mi boca, sin duda he sugerido algo al respecto con mi vida y algunas veces con mi silencio.

¿*D*e qué otra manera, además de la que lo hizo Pedro, podemos negar a Cristo?

_____

_____

¿Cree usted que los latigazos que Cristo soportó le dolieron más que la negación de Pedro? Creo que el Espíritu Santo se contrista mucho cuando nuestra vida "niega" a Cristo.

Deseo profundamente que nos identifiquemos con las acciones de Pedro y que apliquemos esta lección de forma personal, pero no quiero minimizar el pecado que Pedro cometió en ese patio. Firmemente y varias veces Pedro negó siquiera conocer a Cristo. Al comienzo de nuestra lección le pregunté si algo en la negación de Pedro ha cobrado más fuerza para usted. Los siguientes elementos son particularmente significativos para mí. A medida que estudiemos cada uno, espero que reconozcamos aquellas cosas que prepararon a Pedro para fallar de manera que podamos evitarlas en nuestra vida.

Pedro estaba dispuesto a matar por Jesús, pero no muy dispuesto a morir por Él. Recuerde el factor tiempo. Solo aproximadamente una hora antes de negar a Cristo para salvar su pellejo, Pedro había sacado la espada y le había cortado una oreja a un hombre. Quizá la prisa de Pedro por usar la espada no solo estaba motivada por su deseo de defender a Cristo, sino también porque le preocupaba defenderse a sí mismo.

Nada demuestra cuánto nos amamos a nosotros mismos como una crisis. Los discípulos de Cristo, entonces y ahora son llamados a vivir por encima de esa línea básica en la que lo único que importa es la propia supervivencia.

¿*Qué había llamado Cristo a hacer a Pedro y a sus discípulos en Lucas 9.23-24?*

_____

Si Pedro se hubiera negado a sí mismo, no habría negado a Cristo. Dios tenía una misión futura para Pedro, por lo que no permitiría que la autonegación de él tuviera consecuencias desastrosas. Pedro naturalmente no tenía manera de saber que confesar a Cristo no le costaría la prisión o la vida, pero Cristo, indudablemente, lo había llamado a seguirlo costara lo que costara.

Podemos "olvidarnos" de nosotros mismos porque Cristo nunca se olvida de nosotros. Podemos darnos el lujo de ser menos importantes para nosotros mismos porque somos de gran importancia para Dios. Podemos, voluntariamente, ser crucificados con Cristo porque somos resucitados para andar en la vida de la resurrección. La autonegación bíblica jamás dejará de ser a favor nuestro y no en nuestra contra ya sea aquí o en la eternidad. Cuando Pedro decidió negar a Cristo en lugar de negarse a sí mismo, en realidad estaba eligiendo las limitaciones humanas en lugar de la intervención divina.

Practique una cierta "santa especulación". En el margen, escriba lo que usted cree que podría haber sucedido si Pedro hubiera decidido no negar a Cristo.

Pedro seguía a Jesús, pero a distancia. Obviamente, si hubiera estado aferrado a las mangas de su camisa no podría haberlo negado. Aunque Cristo pidió a los soldados que dejaran ir a sus discípulos (ver Juan 18.8), después de todos los milagros y pruebas que los doce habían visto ¿por qué ni siquiera uno insistió en quedarse con Él? Desde el punto de vista divino la respuesta es la soberanía de Dios para cumplir la profecía de que Cristo sería abandonado y quedaría solo. Desde un punto de vista humano la respuesta es puro miedo.

La escena me recuerda a 2 Reyes 2 cuando Dios estaba a punto de llevarse al profeta Elías en un torbellino. Elías hizo varias escalas en su recorrido hasta el Jordán e intentó varias veces despedirse de su siervo Eliseo. Las tres veces Eliseo le dijo: "Vive Jehová, y vive tu alma, que no te dejaré". Si Pedro hubiera sido tan insistente como Eliseo, Satanás no hubiera tenido lugar para meterse entre él y su amo con un cernidor para zarandearlo como al trigo. Las acciones de Eliseo demostraban una determinación absoluta de seguir a su maestro hasta el final de su vida terrenal.

Imagine ahora dos pares de huellas en cada escena: las de Elías y Eliseo en la primera escena y las de Cristo y Pedro en la segunda escena. En la primera escena, la segunda serie de huellas (las de Eliseo)

SEMANA 9: El Cordero de Dios

estaban cerca de las otras y estaban bien marcadas. En la segunda escena vemos una serie de huellas (las de Pedro) a una distancia mucho mayor que las primeras y vacilantes, casi como si fueran huellas de alguien que camina en las puntas de los pies. Creo que podemos decir, sin temor a equivocarnos, que es mucho más posible que caigamos si andamos en puntas de pie detrás de Cristo que cuando estamos pisando fuerte con botas con casquillos de acero en la puntera.

Estudie las siguientes afirmaciones. Elija una, enciérrela en un círculo y explique por qué cree que es cierta.
1. *Un andar vacilante lleva casi seguramente a un desvío.*
2. *La distancia deja lugar para la negación.*

_____

_____

Cuando andamos en la punta de los pies para no hacer ruido o para poder escondernos en un lugar seguro y no ser reconocidos ya estamos desviándonos hacia la negación.

Pedro se sentó con la oposición y se calentó las manos con el mismo fuego que ellos. Juan 18.18 dice con quiénes compartió Pedro el fuego en medio del patio.

¿Quiénes eran? _____

Le aseguro que la noche era realmente fría; yo he estado en Jerusalén a comienzos de la primavera. El clima semidesértico puede hacer que un día de primavera sea muy caluroso, pero que la temperatura caiga bruscamente cuando el sol se ponga. Dado que el temor generalmente agudiza los sentidos, es probable que estemos en lo cierto si imaginamos a Pedro como un joven que temblaba casi incontrolablemente al inclinarse sobre ese fuego. Creo que Pedro eligió muy mal su compañía en ese patio. Aun sin tener intención de hacerlo, terminó rodeado de otras personas que de hecho negaban a Cristo. El riesgo de fracasar aumentó mucho en ese momento.

¡He aquí una buena aplicación para nosotros! Ser enviados por Dios a ser testigos a aquellos que "niegan" a Cristo es una cosa. Calentarnos las manos con el mismo fuego que ellos es otra cosa.

¿Se le ocurre algún ejemplo de alguna ocasión en la que se incrementó el riesgo de que usted negara a Cristo por haber elegido mal sus compañías? ❑ Sí ❑ No *Si su respuesta es afirmativa, explíquela.*

_____

_____

Lea Juan 18.25-27. Una vez más el amigo de Pedro nos recuerda el incidente de la oreja. ¿Quién estaba casualmente calentándose las manos con el mismo fuego?

_____

Pedro terminó haciendo lo último que hubiera esperado. Negó a Cristo. Satanás sin dudas, lo zarandeó como al trigo. El enemigo estaba contando las negaciones. Pero, gracias a Dios no tuvo en cuenta la misericordia de Cristo.

La acción repetitiva de Pedro iba más allá de toda excusa posible. Buscar una excusa racional para su decisión de negar a Cristo y ganarse la simpatía de los demás no habría servido para ayudar a Pedro a convertirse en un hombre que Cristo pudiera "crucificar" para luego usar. Pedro tenía que enfrentarse cara a cara con el hecho de que en él no había nada bueno. Solo entonces estaría dispuesto a negarse a sí mismo y a existir solamente para que Cristo fuera glorificado.

No puedo evitar identificarme con Pedro en algunos tiempos de derrota. Sé que lamentaré cada día de mi vida algunas decisiones que he tomado. Como Pedro también he tomado, en el pasado, algunas decisiones que no se pueden explicar con excusas racionales. ¡Agradezco tanto que sea así! Cualquier parte de mí que yo hubiera podido "excusar" estaría aún "vivita y coleando". Escuche con atención esto que le digo porque sale de mi corazón: no quiero a ninguna parte de mí misma. Ninguna. Quiero que Jesús me consuma de tal manera que mi "yo" deje de existir. "Yo" soy demasiado destructiva. "Yo" haría demasiado para negar su señorío. Algo que jamás lamentaré es que Dios me haya hecho "terminar conmigo misma" permitiéndome que confrontara la verdad de que en mí no hay nada bueno.

¿Puede usted identificarse con Pedro en algún aspecto en este momento?
❏ Sí   ❏ No   Si su respuesta es afirmativa, explique en cuál.

_____

_____

La escena termina en Lucas 22.61-62 con una espada invisible que atraviesa el corazón de Pedro de una forma que no podría haberlo hecho ningún soldado. El Señor se volvió y lo miró directamente a los ojos. Por tratar de protegerse de una espada, Pedro cayó presa de otra mucho más filosa: la mirada de Jesús. Ah, no creo que la herida haya sido provocada por una mirada de condenación. Más bien imagino que el corazón de Pedro se desangró por la penetrante mirada de ver la realidad desnuda y el amor de Cristo.

No dudo que el rostro de Cristo estuviera lleno de dolor cuando sus ojos se encontraron en ese patio, pero creo que la total ausencia de condenación atravesó limpiamente el corazón de Pedro. Me pregunto si la mirada fija de Cristo le habrá dicho algo así como: "Recuerda Pedro, yo soy el Cristo. Tú lo sabes y yo lo sé. Yo te llamé. Te di un nuevo nombre. Te invité a seguirme. No olvides quién soy. No olvides lo que eres capaz de hacer. Y hagas lo que hagas, no permitas que esto te destruya. Cuando hayas vuelto fortalece a tus hermanos".

Sin duda, nada nos lleva al arrepentimiento —en quienes tienen el corazón tierno para recibirla— como la bondad de Dios (ver Romanos 2.4). Pedro estaba destruido. Al concluir la lección de hoy, siéntese unos momentos y escúchelo llorar. ¿Hay algo más doloroso que escuchar los sollozos incontenibles de un hombre? Pedro salió fuera y lloró amargamente. La palabra utilizada en el original sugiere que exteriorizó su dolor de todas las formas posibles. Gimió. Quizá se rasgó las vestiduras. Quizá tomó un puñado de arena y se lo arrojó sobre la cabeza.

El conflicto de su alma brotó como una oleada de tristeza, traicionando su verdadera identidad. Su fe no era vergonzosa. Su negación, sí.

SEMANA 10
La esperanza resucitada

Día 1
La farsa del juicio

Día 2
Hacia la cruz

Día 3
¡Ha resucitado!

Día 4
Un corazón que arde

Día 5
Jesús mismo

Al meditar en la semana que tenemos por delante, las palabras del apóstol Pablo ocupan todos mis pensamientos: "Pero lejos esté de mí gloriarme, sino en la cruz de nuestro Señor Jesucristo, por quien el mundo me es crucificado a mí, y yo al mundo" (Gálatas 6.14). El costo de que cada uno de nosotros fuera una nueva creación fue mucho mayor de cualquier cosa que podamos imaginar. Aunque solo veremos un atisbo de lo que fue, mi deseo es que una nueva ola de fe nos lleve a postrarnos ante el Señor. Que una nueva mirada a la cruz nos haga estar más crucificados a este mundo. Quiero hacerle una advertencia: no hay nada de hermoso en las lecciones del comienzo de esta semana, pero era necesario vencer a la tumba. No cedamos a la tentación de huir de la cruz como hicieron los discípulos originales de Jesús. Vayamos con Él, paso a paso. Llevemos su cruz en lugar de permitir que Simón lo haga. Escuchemos el ruido de los clavos, los gritos. Quedémonos junto a Él hasta que exhale su último aliento. Entonces, ayudemos a José a bajar su cuerpo de la cruz y llevarlo a la sepultura. Después, esperaremos con las mujeres. Tan seguro como que la tierra temblará el viernes es que una piedra rodará el domingo. Ah, amado hermano ¡no se pierda ni un segundo de todo esto!

Preguntas principales:
Día 1: ¿Por qué fue necesario Pilato?
Día 2: Según Colosenses 2.13-14, ¿qué fue clavado en la cruz de Jesús?
Día 3: ¿Qué encontraron María Magdalena y la otra María en la tumba?
Día 4: ¿En qué estado de ánimo estaban Cleofas y su compañero cuando Cristo les preguntó de qué hablaban?
Día 5: ¿Qué significado especial tienen las palabras de Cristo en Lucas 24.36 según Efesios 2.14?

Aunque todos hemos ido a la cruz para ser salvos, Gálatas 2.20 nos invita a ir a la cruz para ser crucificados. No para vivir como los muertos, sino para morir a la muerte y vivir en el poder de la resurrección de Cristo. No nos limitemos a leer los estudios de esta semana, mi hermano. Vivámoslos con Él.

Jesús: el único y suficiente

DÍA 1

La farsa del juicio

El tesoro de hoy
"Dijeron todos: ¿Luego eres tú el Hijo de Dios? Y él les dijo: Vosotros decís que lo soy" (Lucas 22.70).

La de hoy será una de esas lecciones que nos hará bajar la cabeza y susurrar: "Dios, por favor ten misericordia de la humanidad". Si nos entregamos a nuestras pasiones e instintos naturales, seremos más violentos y peligrosos que las bestias salvajes.

Recuerdo un juego de mi infancia que yo trataba de evitar a toda costa. Se llamaba "El rey de la montaña". Los jugadores establecían algún lugar elevado como "montaña". El rey era el que podía defender su territorio pateando o empujando a cualquiera que se acercara. Era un juego sucio. Pero nosotros jugamos muchos juegos sucios, ¿verdad? Y no solo cuando somos pequeños. Los juegos pueden parecer más complejos y aceptables cuando somos adultos pero también pueden ser mucho más sucios.

Desearía poder evitar esta lección, pero no podemos porque Cristo no la evitó. Prepárese. Vamos a ver el lado inhumano de la humanidad. Lea Lucas 22.63-23.25; después, lea los sucesos inmediatamente posteriores en Mateo 27.27-31. Complete lo que sigue:

Teniendo en cuenta los versículos que leyó en Mateo, ¿cómo comienza y cómo termina la escena?

_____

A continuación, escriba, por orden, los hechos más importantes ocurridos en estos juicios que fueron verdaderas farsas, según Lucas 22.66-23.25.

_____	_____
_____	_____
_____	_____
_____	_____

¿Captó esta vez algún detalle que no haya notado nunca antes? ¿Algo lo hizo reaccionar de manera distinta? De ser así, explíquelo.

_____

_____

¿Cuántas veces dijo o sugirió Pilato que no hallaba fundamento para las acusaciones contra Jesús? _____

Escriba un breve análisis del carácter de Herodes. ¿En su opinión, cómo era él?

_____

_____

¿Quién era Barrabás? _____

Analicemos, primero, Lucas 22.66-23.25, para luego concluir con una mirada a los hechos "finales" en Lucas 22.63-65 y Mateo 27.27-31. Analizaremos la escena destacando a los líderes de la oposición en cada etapa, pero no olvide el papel que cumplió el pueblo.

El consejo de ancianos. Para cuando se desarrolla Lucas 22.66, Cristo había sido mantenido despierto toda la noche, sujeto a una serie de procedimientos ilegales. Esta mañana, el sol se levanta sobre el monte los Olivos como una luz enfocada directamente sobre el consejo de los ancianos: los principales sacerdotes y escribas. Sus vestiduras de autojustificación parecen particularmente mal colocadas. Les ha resultado muy difícil esconder sus frentes de piedra detrás de las filacterias. En el versículo 67, exigen: "¿Eres tú el Cristo? Dínoslo". Cristo, inmediatamente, señala tres verdades:

"Si os lo dijere, no creeréis" (v. 67). En otras palabras: "Mi respuesta no cambiaría nada, ¿verdad?"

"Si os preguntare, no me responderéis" (v. 68). Creo que estas palabras se refieren a las profecías mesiánicas sobre las sanidades y los milagros. Cristo estaba diciendo que, si Él les preguntara acerca de esas profecías, se negarían a responderle.

"El Hijo del Hombre se sentará a la diestra del poder de Dios" (v. 69). En otras palabras: "De todos modos, lo que ustedes piensen no cambia las cosas. La misión será cumplida y yo reinaré con mi Padre sobre el reino".

Entonces el consejo de ancianos hizo la pregunta que, según esperaban, provocaría la respuesta incriminatoria que ellos necesitaban. "¿Luego eres tú el Hijo de Dios?" (v. 70).

Mientras imagina cada parte de este "juicio", por favor no olvide estas palabras. Imagine cada hecho desarrollándose en una pantalla gigante de TV. Durante toda esta horrible situación, las palabras "el Hijo de Dios" pasan repitiéndose una y otra vez en la parte inferior de la pantalla. Lo irónico de este caso es que la única razón por la que Cristo estaba delante de ellos, era porque Él era lo que ellos decían que que Él pretendía ser. Aunque sus acusadores no podían saber la verdad por sí mismos, Cristo fue hallado culpable de ser el Hijo de Dios. Ellos terminarían por liberar al insurrecto y crucificar al Salvador del mundo.

Me encanta la respuesta de Cristo: "Vosotros decís que lo soy" (v. 70). Cristo les repitió unas palabras que no eran muy distintas a las que su Padre le dijo a Moisés en Éxodo 3.14: "Yo soy el que soy".

¿No está usted agradecido porque la humanidad puede "juzgar" a Cristo por ser cualquier cosa que ellos elijan, pero Él es quien es? Ninguna incredulidad puede cambiarlo o conmoverlo. ¿Por qué no creyeron los principales sacerdotes y los escribas? ¿Por qué no aceptaron a el Mesías? Porque querían ser los "reyes de la montaña", al estilo del viejo juego infantil.

La respuesta de estos hombres me hace estremecer: "¿Qué más testimonio necesitamos? porque nosotros mismos lo hemos oído de su boca" (v. 71). Tenían razón. Ya no necesitaban más testimonios. Los que creían tenían todas las pruebas que necesitaban; los que estaban decididos a no creer, tenían todas las evidencias que les hacían falta para condenarlo. Ninguna de las dos partes necesitaba más testimonios. El cielo y el infierno estaban preparados para el enfrentamiento más grande de todos los tiempos.

Pilato. Lucas 23 nos presenta a Pilato, el quinto prefecto romano de Judea, que gobernó desde el año 26 hasta el 36 de esta era. Juan 18.31 nos dice exactamente por qué los líderes religiosos llevaron a Cristo ante Pilato. Espero que este hecho le produzca una conmoción totalmente nueva.

¿*Por* qué era necesario Pilato? _____

No permita que esto se le pase por alto: Pilato ofreció varias veces simplemente castigar a Jesús con una fuerte paliza pero los líderes religiosos (lea estas dos palabras una y otra vez) no quisieron aceptarlo. Querían que Él muriera. Jesús había amenazado de tal manera su "montaña" que el solo hecho de lastimarlo no era suficiente. La única manera de mantenerlo lejos de ella era matarlo. Pilato tenía la autoridad que ellos necesitaban.

En Pilato vemos a un consumado político sin principios. Él sencillamente deseaba poder. No era motivado por la convicción ni por la fe sino solo por la necesidad de continuar en el cargo. Pilato entendió la situación con sorprendente claridad. Primero reconoció claramente que se había encontrado, prácticamente, con un linchamiento por parte de la multitud pero le faltó el coraje necesario para desafiar a esa multitud. Marcos 15.9-10 registra una cosa más que él reconoció claramente.

¿*Qué fue?* _____

En el margen escriba algunas características de Cristo que en su opinión, podrían haber causado aquella envidia en los líderes religiosos.

La palabra original que se traduce como "envidia" en Marcos 15.10 es *fthónos*, que significa "envidia, dolor que se siente y maldad que se concibe ante la vista de la excelencia o la felicidad". Las personas acomodadas no soportan ver la excelencia, y las personas miserables no soportan ver la felicidad. La definición continúa explicando que la *fhthónos* "es incapaz del bien y siempre es usada con un significado de maldad". La envidia no tiene nada de bondad. Nos consume como un cáncer sin tratamiento. La envidia es mortal. Puede matar cualquier cosa, desde la alegría hasta las relaciones con las personas.

¿*Ha visto usted personalmente matar a la envidia?* ❑ Sí ❑ No
Si su respuesta es afirmativa, por favor explíquela.

_____

Pilato no solo reconoció personalmente la maldad de los líderes religiosos, sino también tuvo varias otras fuentes de información que lo hicieron cuestionar los hechos que estaban ocurriendo. La primera razón por la que Pilato actuó con cautela se explica en Mateo 27.19.

¿*Qué advertencia recibió Pilato y por parte de quién?* _____

_____

Me pregunto qué clase de conversación tuvieron Pilato y su esposa. esa noche. Pilato se negó a aceptar una advertencia de su esposa que confirmaba su percepción de la inocencia de Jesús. Ahora veamos el intercambio que registra Juan 19.8-11. Pilato le formuló dos preguntas a Jesús: una que Él respondió y otra que no respondió. La primera fue: "¿De dónde eres tú?" (v. 9). El hecho de que Cristo sabía la respuesta le dio la valentía y la motivación para permanecer firme delante de ese tribunal que era solo una farsa.

¿*Qué sabía Cristo, según Juan 13.3?* _____

_____

La segunda pregunta de Pilato, sin duda resonó con un eco de ironía en los lugares celestiales. "¿No sabes que tengo autoridad para crucificarte, y que tengo autoridad para soltarte?" (v. 10). Casi puedo ver a los ángeles mirándose entre sí y gritando con voces que Pilato no podía oír: "No, es al revés. ¿No te das cuenta de que Él tiene poder para soltarte o para crucificarte?" Basándonos en lo que hizo "desde entonces" (Juan 19.12), creo que en su interior, Pilato sabía que Jesús era exactamente quien decía ser.

SEMANA 10: La esperanza resucitada

¿Qué hizo Pilato "desde entonces"? _____

Entonces, ¿por qué Pilato cedió a las exigencias de los líderes religiosos y de la multitud? Tenía miedo de que si no lo hacía, no podría continuar siendo el "rey de la montaña" en su pequeña colina.

Herodes. El Herodes de Lucas 23 era uno de los hijos de Herodes el Grande. Su nombre era Antipas y es el mismo que puso en una bandeja la cabeza de Juan el Bautista.

Herodes personifica la arrogancia humana. Su contribución a la farsa del juicio aparece en Lucas 23.8-12. Acosó a Jesús con preguntas. ¿Por qué no le respondió Él? Es probable que por la misma razón por la que no hizo los milagros que Herodes deseaba. Él quería una actuación, no pruebas. No tenía intenciones de creer.

El silencio de Cristo me recuerda a Mateo 7.6: "No [...] echéis vuestras perlas delante de los cerdos". Cuanto más Cristo se mantenía en silencio, más lo acusaban los principales sacerdotes y los escribas (ver Lucas 23.10). ¿No es típica de los seres humanos, su respuesta? Cuando tenemos la razón no podemos darnos el lujo de callar y algunas veces sentimos que no podemos darnos el lujo de estar equivocados. Este pasaje me recuerda el mal que mora en mí lejos de Cristo.

Estoy segura de que ha visto que en medio del frenesí de los acontecimientos, nació una nueva amistad. ¿Cuál es en su opinión, la base de esa "amistad"? (Lucas 23.12).

_____

Ni Pilato ni Herodes pudieron encontrar fundamento para las acusaciones (ver Lucas 23.14-15). Herodes envió a Jesús de regreso a Pilato, pero solo después de hacer lo inimaginable. Se burló del Hijo de Dios sencillamente para sentirse como "el rey de la montaña". Durante algunos momentos que sin duda le serán muy difíciles, por favor lea las escenas que relata cada uno de los siguientes pasajes.

Escriba lo que relata cada pasaje:

Lucas 22.64-65 _____

Juan 19.1-3 _____

Mateo 27.27-31 _____

¿Cómo describe Isaías la apariencia de Cristo al terminar todo esto?

_____

Desnudo. Burlado. Escupido. Golpeado una y otra vez. Con las marcas de los latigazos. Irreconocible. La plenitud de la Divinidad en forma humana. El brillante Lucero de la mañana. El Alfa y la Omega. El Ungido del Señor. El amado Hijo de Dios. La radiante Gloria de su Padre. La Luz del mundo. La Esperanza de gloria. El Lirio de los valles. El Príncipe de paz. La Raíz de David. El Sol de justicia. El bendito y único Potentado, el Rey de Reyes y Señor de señores. Emanuel. Dios con nosotros.

La verdad más aterradora que una humanidad burlona puede enfrentar jamás es que no importa cuánto trate de minimizar a Cristo, Él no puede ser menos de lo que es. Él es el Rey.

"Pero en mi santo monte, en el alto monte de Israel, dice Jehová el Señor, allí me servirá toda la casa de Israel, toda ella en la tierra; allí los aceptaré" (Ezequiel 20.40).

DÍA 2

Hacia la cruz

Había llegado el momento en el que los segundos no transcurrirían normalmente sino que latirían violentamente al ritmo de un martillo. Desde que la espada flameante se revolvió a un lado y a otro para prohibir a la humanidad la entrada al huerto de la intimidad divina, Dios había tachado cada día en su divino calendario y había preparado cielo y tierra para esta jornada. El peor día y al mismo tiempo el mejor. Lo invito a que vayamos juntos hacia la cruz. Por favor lea Lucas 23.26-49 y complete lo siguiente.

El tesoro de hoy
"Y cuando llegaron al lugar llamado de la Calavera, le crucificaron allí"
(Lucas 23.33).

¿Qué cosas habrá pensado Simón o qué habrá sentido mientras llevaba la cruz de Jesús?

_____

Lea de nuevo las palabras de Cristo en Lucas 23.34. Hacía algún tiempo que los líderes religiosos estaban conspirando contra Jesús y habían estado esperando el momento perfecto para atraparlo. La Biblia deja en claro que su meta no era que Él fuera castigado, sino muerto. Humanamente hablando, parecía que sabían exactamente lo que estaban haciendo.

¿Qué cree usted que Cristo quiso decir cuando dijo que no lo sabían?

_____

La versión de Juan nos da una información muy interesante sobre el "título escrito con letras griegas, latinas y hebreas: ESTE ES EL REY DE LOS JUDÍOS" (Lucas 23.38). Juan tenía relaciones que los otros no tenían, lo cual explicaría la información adicional que tenía (ver Juan 18.15).

¿Qué sucedió detrás de bambalinas con relación a esta inscripción, según Juan 19.19-22?

_____

En el margen escriba las reacciones contrastantes de los dos ladrones que fueron crucificados junto a Él. ¿Qué diferencia marcaron, al parecer sus reacciones? (Lucas 23.39-43).

¿Qué explicación da Lucas 23.45 en cuanto a las tinieblas?

_____

¿Qué detalle adicional presenta Mateo 27.51 acerca del velo que se partió aproximadamente en el momento en el que Cristo exhaló su último aliento?

_____

Compare Lucas 23.20, 23, 35 con Lucas 23.48. ¿Cómo podría explicar el repentino cambio de ánimo de la multitud?

_____

Cuando comienza esta historia, se nos dice que un inocente espectador que llegaba desde el interior fue obligado a cargar con la cruz. Lucas 23.26 nos dice que obligaron a Simón a cargar la cruz detrás de Jesús. ¿Se imagina lo horrible que debe de haber sido caminar detrás de un hombre cuya espalda había sido destrozada por látigos con puntas de metal filoso? Cristo había sido golpeado de tal manera que apenas podía soportar el peso de la cruz. La dureza de los golpes antes de la crucifixión, generalmente dependía de cuánto tiempo deseaban las autoridades que el condenado viviera. Podía llegar a vivir hasta seis días. Es muy posible que los golpes que sufrió Cristo hayan sido extremadamente brutales, no para evitarle una lenta agonía, sino para que los líderes religiosos pudieran irse a cenar a sus casas temprano. Después de todo era un fin de semana de fiesta.

Cientos de personas se sumaron a la procesión como si fuera un desfile festivo. El camino zigzagueaba y atravesaba la ciudad con destino al Gólgota. Lucas 23.32 nos dice que otros dos hombres también fueron llevados con Él para ser crucificados. La única descripción que la Biblia nos da de estos dos hombres es que eran criminales, con lo cual se cumple la profecía de Isaías en el sentido de que Cristo "fue contado con los pecadores" (Isaías 53.12). Después con pasmosa brevedad Lucas registra el hecho más importante: "Y cuando llegaron al lugar llamado de la Calavera, le crucificaron allí".

Según las antiguas costumbres, la cruz —o al menos el brazo transversal— se apoyó en tierra y Cristo fue colocado sobre ella. No puedo imaginarme que fuera la persona que tuvo la tarea de decidir en qué lugar sería mejor hincar el clavo y dar el golpe. ¿Cree usted que trató de evitar la mirada de Cristo a toda costa? Es probable que le ataran las manos antes que los pies para que sus brazos no se agitaran cuando le clavaran los pies. Muchas veces nos imaginamos las heridas de los clavos en las palmas de las manos, pero los huesos de las manos no podían sostener a la víctima sobre la cruz. Los clavos generalmente se clavaban atravezando las muñecas. Los hebreos consideraban la muñeca parte de la mano en lugar de parte del brazo.

Sin ser más gráficos de lo que es necesario, digamos que la crucifixión casi siempre era precedida por azotes casi hasta la muerte, era inimaginablemente dolorosa e inhumana. Esta clase de pena capital tenía como fin desalentar a los esclavos que quisieran rebelarse y estaba prohibida para cualquier ciudadano romano, sin importar cuán grave fuera el delito que hubiera cometido.

La crucifixión era una forma de muerte totalmente inhumana, aunque los que murieran fueran criminales. ¡Pero este era el Rey de gloria! Ellos clavaron al "Verbo hecho carne" con clavos.

Quiero que se siente y "escuche" el ruido del martillo. No estoy tratando de ser melodramática. Sencillamente quiero que nos acerquemos lo más posible para ser testigos oculares. No es necesario que abra sus ojos y "mire" pero sí quiero que escuche. Acérquese lo suficiente como para escuchar la conversación del hombre que clava las manos y los pies de Cristo. Tendrá que empujar a la gente agolpada allí para acercarse. Después, escuche el golpe del martillo sobre el clavo, varias veces en cada pie y en cada mano, para asegurarse de que quede bien firme. No estoy tratando de provocarle una mueca de dolor. Solo quiero que escuche el ruido de los clavos que atraviesan la madera.

Ahora quiero que lea unas palabras que se aplican de forma tan bella a Cristo en este momento. En un sentido estricto, se aplican a Eliaquim, pero usted verá su significado último en cuanto a la cruz de nuestro Cristo. Por favor, lea Isaías 22.20-25.

¿Cómo dijo Dios que daría a su siervo la llave de la casa de David para abrir una puerta que nadie puede cerrar según Isaías 22.23?

Y lo _____.

Jesús: el único y suficiente

Este pasaje prefigura a Cristo de forma notable. Aunque a usted y a mí nos resulte incomprensible, la cruz fue el medio por el cual Dios eligió ubicar a Cristo en el lugar de honor en la casa de su Padre. La cruz es la puerta abierta que nadie puede cerrar.

Isaías 22.23 dice: "Y lo hincaré como clavo en lugar firme". La palabra original que se traduce como "firme" es *aman*: "en un sentido transitivo, afirmar, confirmar, mantenerse firme, soportar, confiar".

No hay nada de accidental en la cruz de Cristo. El Hijo de Dios no fue vencido repentinamente por la maldad del hombre y clavado a una cruz. Por el contrario, la cruz fue el medio por el cual el Hijo de Dios venció la maldad del hombre. Para conseguir las llaves de la casa de David y abrir la puerta de la salvación para todos los que deseen entrar, Dios hincó a su Hijo como un clavo en un lugar seguro. Un lugar firme. Un lugar permanente.

Por más que el sonido de los clavos y el martillo suene horrible en nuestros oídos espirituales, por favor lea Colosenses 2.13-14 y escriba lo que fue clavado a su cruz.

___

Feliz yo me siento al saber que Jesús
Libróme del yugo opresor;
Quitó mi pecado, clavólo en la cruz:
Gloria demos al buen Salvador.[1]

Nunca comprenderé totalmente cómo tales atrocidades pudieron ocurrir por el libre albedrío del hombre y al mismo tiempo, Dios las usó para desarrollar su perfecto, divino plan redentor. Cristo fue clavado a la cruz como el único ser humano perfecto. Él fue el cumplimiento de la ley en todas sus formas. Cuando hincó a su Hijo como clavo en un lugar firme, Dios tomó el código escrito, que finalmente se había cumplido en su Hijo y canceló la deuda que aquel expresaba. Dios estaba clavando la redención.

Después que los soldados clavaron el cuerpo de Cristo a la madera o la viga transversal, esta fue fijada a una viga preparada con una ranura a tal efecto. Entonces toda la cruz fue levantada con cuerdas y luego insertada en un hueco en la tierra para mantenerla erguida. Imagine la cruz levantada por encima de las cabezas de la gente, con Cristo a la vista de todos.

Lea las palabras de Cristo en Juan 12.31-32. ¿Qué dijo Él para demostrar la clase de muerte que iba a sufrir? (v. 33)

___

Aunque las heridas físicas que Cristo sufrió fueron más que suficientes, no eran estas heridas las que provocaban la muerte a los crucificados. La muerte se infiltraba lentamente en ellos por agotamiento y asfixia, debido a su creciente incapacidad de sostenerse lo suficiente como para respirar. Si alguna vez usted ha experimentado algo similar a un dolor "intolerable", ¿imagina cuán difícil habrá sido hablar en esa situación?

Sin importar cuántas veces haya escuchado sermones sobre las siguientes palabras de Cristo, no deje de prestarles atención. No bien las palabras se formaron en su lengua y su voz consiguió cierto volumen, Jesús dijo: "Padre, perdónalos, porque no saben lo que hacen" (v. 34).

No pidió: "Padre, consúmelos", sino "Padre, perdónalos". Esta quizá sea la frase más perfecta pronunciada en el momento más perfecto desde que Dios dio el don del habla. Por más que su pedido haya sido inimaginable, ¡fue muy apropiado, al mismo tiempo! Si la cruz tiene un tema, es el perdón. El perdón de los más incorregibles y de los que menos lo merecen.

No creo que esa frase haya sido pronunciada en un momento cualquiera. Fue lo primero que dijo después de haber sido clavado sobre la cruz y expuesto a las miradas de la gente. Su pedido inmediato por el perdón del Padre santificó la cruz para su obra permanente para todos los tiempos. Su pedido bautizó a una madera ordinaria para un propósito divino.

Le ruego que comprenda que la cruz en sí misma no tenía poder. Tampoco tenía por objetivo convertirse en un ídolo; pero representa algo tan divino y poderoso que el apóstol Pablo dijo: "Pero lejos esté de mí gloriarme, sino en la cruz de nuestro Señor Jesucristo, por quien el mundo me es crucificado a mí, y yo al mundo" (Gálatas 6.14).

El doctor Lucas fue el único al que Dios inspiró para que registrara este pedido de perdón. Es muy adecuado que un médico sea quien escriba palabras tan sanadoras. Sin duda, en los días siguientes muchos de los que estuvieron en esta escena se sentirían perseguidos por sus conciencias. Es posible que muchos de los que integraban esa multitud que observaba la crucifixión fueran salvados en el día de Pentecostés, ya que ambos hechos sucedieron en Jerusalén con un intervalo de solo unas pocas semanas y durante la celebración de festividades importantes. Pero la razón principal por la que podemos creer que estas fueron las mismas personas es que Dios no se niega a complacer el pedido de su Hijo. ¿Imagina cuántos de los que lamentaban su participación en la crucifixión de Jesús encontraron sanidad en el pedido de perdón de Jesús para ellos?

El telón cae sobre nuestra escena en forma de tinieblas que duraron tres horas. Cristo dijo en Lucas 22.53 que esta sería la hora de "la potestad de las tinieblas". Que Lucas incluyera el hecho de que el sol dejó de brillar es significativo. La Luz del mundo estaba a punto de ser extinguida aunque solo fuera por un breve tiempo. Justo antes de exhalar su último aliento, Jesús clamó a gran voz: "Padre, en tus manos encomiendo mi espíritu" (23.46). ¡Cuán apropiado que haya usado su último aliento para expresar la confianza en la que había descansado toda su vida! No creo que podamos apreciar adecuadamente esas palabras de fe, a menos que veamos las que había pronunciado apenas momentos antes.

*C*omplete las palabras que predice la profecía de Salmos 22.1 y escribe Mateo en Mateo 27.46:
"Dios mío, Dios mío, ¿_____?"

Creo que este grito marcó el momento exacto en el que los pecados de toda la humanidad —pasados, presentes y futuros— fueron arrojados sobre Cristo y la copa entera de la ira de Dios se derramó sobre Él. De alguna forma, creo que para soportar el pecado Jesús también debió soportar la separación. Aunque Jesús tuvo que sufrir la agonía incomparable de la separación de la comunión de su Padre mientras el pecado era juzgado, me conmueve que Él haya exhalado su último aliento con la plena seguridad de que su Padre era confiable.

El cuerpo humano del Dador de la vida colgaba de la cruz, sin vida. Estaba consumado. Había entregado su último aliento para no tener que entregar a la humanidad. Trate de asimilar lo que había sucedido. Jesucristo "siendo en forma de Dios, no estimó el ser igual a Dios como cosa a que aferrarse, sino que se despojó a sí mismo, tomando forma de siervo, hecho semejante a los hombres; y estando en la condición de hombre, se humilló a sí mismo, haciéndose obediente hasta la muerte, y muerte de cruz" (Filipenses 2.6-8).

Hace poco tuve el privilegio de participar de una solemne asamblea de 30,000 estudiantes universitarios reunidos en un enorme terreno en Memphis, Tennessee. Escuchamos un magnífico mensaje sobre la cruz. Mientras respondíamos con cánticos de alabanza, dos jóvenes comenzaron a caminar colina abajo cargando una gran cruz de madera. Los dos estudiantes, doblados por el peso, llevaron la pesada cruz por en medio de la multitud hasta un lugar delante de la plataforma y la colocaron allí, como una ayuda visual. Nadie tenía forma de saber lo que iba a suceder después.

Los jóvenes comenzaron a correr hacia la cruz con una ansiedad que no puedo describir, ni siquiera recordar sin ponerme a sollozar. Salieron corriendo de todas partes de entre la multitud. Sus sollozos resonaban en el aire. Levantaron la cruz y comenzaron a pasársela con las manos por encima de sus cabezas. La pasaron de mano en mano por encima de la multitud y subieron con ella la colina. Me hace estremecer el recordar la escena en que los que se arrepintieron y encontraron refugio en la cruz.

¿Hemos estado lejos por demasiado tiempo, perdidos en nuestras complejidades y en la seguridad de que conocemos esta historia desde hace mucho tiempo? Corramos hacia la cruz.

DÍA 3

¡Ha resucitado!

El tesoro de hoy
"¿Por qué buscáis entre los muertos al que vive? No está aquí, sino que ha resucitado"
(Lucas 24.5-6).

Cuando supe que Jesús había sido crucificado, también sabía que Él había resucitado; pero aquí estoy gritando como una niña. ¡Cómo desearía poder expresar mis sentimientos con palabras! La perdedora que hay en mí siente ganas de saltar de alegría gritando que ganó "el bueno de la película". La romántica no soporta que el hombre de mis sueños esté un minuto más en esa tumba. La débil que hay en mí anhela con ansias el poder de la resurrección. La optimista fracasa si no tiene esperanza.

El suceso que veremos hoy significa mucho para nosotros. Haga una pausa para meditar durante su lectura. Trate de imaginarlo. Escucharlo. Sentirlo. Leeremos en dos partes: Lucas 23.50-56 y Lucas 24.1-12. Por favor, lea Lucas 23.50-56 y complete lo siguiente:

¿Qué clase de hombre era José según esta porción de las Escrituras?

❏ anciano   ❏ bueno   ❏ religioso   ❏ recto   ❏ callado

Lucas 23.52 nos dice que José de Arimatea fue a ver a Pilato para pedir el cuerpo de Jesús. Detengámonos aquí un minuto. Permita que su imaginación lo ayude a imaginar parte de la dinámica que operó en el salón donde se reunieron. Dos hombres de posición se enfrentaban: un hombre de principios, el otro, un político ambicioso.

❧ **¿Qué cree usted que cada uno pensaba del otro en ese encuentro?**

José acerca de Pilato:

Pilato acerca de José:

Imagine cuán difícil y osado fue el pedido de José. Le pregunto ahora: ¿Cómo se baja un cuerpo de una cruz? ¿Especialmente este? Apenas puedo soportar la idea. Este cuerpo humano destruido había alojado la plenitud de la Divinidad, el resplandor de la gloria del Padre. Estos ojos fijos habían atravesado con su mirada a todos los que se cruzaron en su camino. Esos labios partidos por la fiebre, la sed y la muerte no habían pronunciado nada más que la verdad. Esas manos, adiestradas en la carpintería habían reconstruido vidas y habían resucitado muertos, para después sucumbir ante un martillo y unos clavos. No olvide esto. Esta ex "casa" de la plenitud del Espíritu Santo era preciosa.

Imagine con cuánto cuidado José tomó, cariñosamente, el cuerpo en sus brazos. Me pregunto si lloraba. ¿Se habrá pinchado los dedos al quitarle la corona de espinas hincada en la cabeza? ¿Le habrá quitado los cabellos del rostro? ¿Le habrá hablado a Jesús como yo le hablé a mi madre mientras acariciaba su mano sin vida? No tengo idea de lo que José pensó o sintió o experimentó, pero no puede haber sido nada que no fuera profundo. Él envolvió el cuerpo de Jesús en un paño de lino y lo colocó en un sepulcro cavado en la roca, ya que el día de reposo estaba por comenzar.

SEMANA 10: La esperanza resucitada

¡Cuán lentamente habrán pasado las horas del día de reposo para las mujeres! Habían preparado las especias y los perfumes pero se vieron obligadas a descansar el día de reposo. Habían llegado con Jesús desde Galilea, por lo que podemos presumir que estaban invitadas en hogares que no eran suyos. Sin duda, el tiempo les parecería una eternidad. Las mujeres de hace dos mil años no eran muy diferentes de lo que son ahora. Siempre queremos hacer algo. Sentirse necesitada, es algunas veces precisamente lo que mantiene en movimiento a una mujer. Durante meses, ellas "le seguían y le servían" (Marcos 15.41). Ahora lo único que quedaba por hacer era servirlo con respeto a su memoria. Estas mujeres necesitaban llegar a la tumba y hacer lo último que podían hacer por su Señor.

¿Cuál es su situación? ¿Cuándo fue la última vez que usted tuvo que esperar y "descansar" en medio de una crisis, aunque con urgencia necesitaba hacer algo?

_____

_____

A medida que pasaban las horas, estoy segura que estas mujeres recordaban con horror los hechos sucedidos en los últimos días. Sin duda, algunas veces se quedaron sentadas en silencio, cada una llorando en su dolorosa soledad mientras recordaba los encuentros que había tenido con Él. Jesús tenía una forma especial de hacer sentir a una persona como si fuera la niña de sus ojos. Aún la tiene.

Ahora lea Lucas 24.1-12. Aunque haya escuchado el relato de la tumba vacía cien veces, escriba en el margen cualquier cosa que le salte a la vista ahora.

Las mujeres "descansaron" en ese atardecer del día de reposo que dio paso, para su frustración, a la noche (ver 23.56). Más espera. Es probable que no hayan podido siquiera cerrar los ojos y estuvieron en camino hacia la tumba antes de que cantaran los gallos. Juan 20.1, haciendo énfasis en María Magdalena, nos dice que ella fue a la tumba "siendo aún oscuro".

¿Qué se preguntaban las mujeres mientras iban a la tumba? (Marcos 16.1-3).

_____

Las mujeres esperaban que las autoridades les permitieran que alguien rodara la piedra, de manera que ellas pudieran aplicar las especias y los perfumes al cuerpo. Pasmadas, vieron que la piedra "que era muy grande" había sido removida. Las mujeres no tenían forma, en ese momento, de saber lo que dice Mateo 28.2-4.

¿Qué había sucedido? _____

Me encanta la forma en que lo expresa Mateo 28.2: "Y hubo un gran terremoto; porque un ángel del Señor, descendiendo del cielo y llegando, removió la piedra, y se sentó sobre ella". ¿Se imagina usted el horror de los ángeles cuando los seres humanos se burlaban del Hijo de Dios, lo escupían, lo golpeaban, lo azotaban y finalmente, lo crucificaban?

Imagine el gozo del ángel cuya tormentosa llegada hizo que la tierra temblara. Dios lo eligió para ser el que hiciera rodar la piedra; no para liberar a Jesús sino para revelar que Él ya no estaba allí. ¿Se imagina el rostro radiante del ángel mientras empujaba la piedra? Los guardas tuvieron tanto miedo que temblaron y quedaron como muertos. En el cementerio faltaban algunos cadáveres, ya que algunos que habían estado muertos repentinamente aparecieron caminando por las calles (ver Mateo 27.52-53). ¡Tengo que gritar "Aleluya"! Las mujeres entraron en la tumba pero no encontraron el cuerpo.

*L*ea Hechos 2.24. ¿Por qué Cristo fue resucitado de los muertos?

_____

Hay algunas cosas que sencillamente son imposibles y que la muerte atrape a Jesús es una de ellas. Tenga en cuenta que las mujeres aún no comprendían lo que había sucedido. Lucas 24.4 nos dice que "estando ellas perplejas por esto, he aquí se pararon junto a ellas dos varones con vestiduras resplandecientes". La versión de Juan nos da una pista de la tarea que cumplieron estos dos embajadores celestiales.

*C*uando María Magdalena miró dentro de la tumba ¿cómo estaban ubicados los ángeles, según Juan 20.12?

_____

Probablemente estos ángeles también habían guardado el cuerpo de Jesús mientras Él permaneció en la tumba. El arca del pacto representaba la presencia misma de Dios. En Éxodo 25.17-22, lea las instrucciones para el propiciatorio en el arca del pacto.

¿*C*ómo estaban ubicados los querubines? _____

¿Ve la imagen? No, no puedo ser dogmática y afirmar que los querubines prefiguraban a los ángeles a la cabeza y a los pies de Cristo, pero estoy convencida. Jesús siempre había sido el medio por el cual Dios "se encontraba con el pueblo" (ver Éxodo 25.22).

Si los querubines prefiguraban a los ángeles en la tumba ¿imagina usted cómo habrán guardado al cuerpo durante la espera? Estaban frente a frente, cubriendo a Jesús con la sombra de sus alas. Imagine su reacción cuando el cuerpo glorificado de Jesús se sentó, apartó la mortaja y salió de la tumba atravesando la piedra. ¿No le hubiera fascinado estar allí para escuchar cuando Jesús les dio las gracias por sus servicios?

¡Gloria a Dios! Aunque la noticia resonó por todos los lugares celestiales en el mismo instante en que Cristo resucitó, probablemente los ángeles ansiaran que Dios elevara el volumen en la tierra y lo anunciara a los mortales. Al ver a los ángeles, las mujeres se postraron sobre sus rostros. Los guardias celestiales les dijeron: "¿Por qué buscáis entre los muertos al que vive?" ¿Al qué? ¡Al que vive! "No está aquí" (Lucas 24.5-6).

*L*e doy el gozo de completar la frase:

_____

_____

¡Ah, glorioso, misericordioso, omnipotente Dios! ¡Verdaderamente ha resucitado! Las siguientes palabras de los ángeles son preciosas para mí. "Acordaos de lo que os habló" (v. 6). Amado hermano ¿ha olvidado usted algo que Él le haya dicho? Cristo, nuestro Señor, es fiel a sus promesas. Si usted actualmente no lo "ve" trabajando en sus problemas, no viva como si Él no tuviera vida y usted no tuviera esperanza. Créale y espere que le revele el poder de su resurrección.

Los ángeles les recordaron a las mujeres los tres hechos que Jesús había predicho, no solo a sus discípulos sino evidentemente a ellas también.

$\mathcal{E}$scriba los tres hechos que registra Lucas 24.7: "Es necesario que el Hijo del Hombre..."

1. _____

2. _____

3. _____

Todo tenía que cumplirse exactamente según el plan. Ningún punto era negociable. Después que los heraldos presentaron su sermón de tres puntos, "ellas se acordaron de sus palabras" (v. 8). Lucas salta inmediatamente a su partida y su intento de contarles a los once, pero Mateo echa luz sobre algo que sucedió en el camino.

¿$\mathcal{Q}$ué sucedió según Mateo 28.8-10?

_____

Espero que Dios haya grabado esta escena para que podamos ver la repetición en el cielo. A pesar de lo difícil que debe de haber sido alejarse de la presencia visible de Cristo, las mujeres hicieron lo que Él les ordenó. Lucas 24.9 registra una de mis razones preferidas por las que creo que Dios podría haber decidido revelar la tumba vacía a estas mujeres primero.

¿$\mathcal{Q}$ué hicieron cuando volvieron de la tumba?

_____

Si se me permite decirlo con una sonrisa, una razón posible por la que Dios decidió revelar la resurrección a las mujeres primero ¡es que sabe que puede estar seguro de que nosotras haremos correr la noticia! Pero nada puede desinflar tanto la alegría de una mujer entusiasmada como un oyente que duda de sus palabras. Lucas 24.11 dice que a los apóstoles "les parecían locura las palabras de ellas, y no las creían".

Hermanas, no se ofendan por esta escena de Lucas 24.11. Por el contrario, siéntanse bendecidas porque Dios tenía entre manos algo importante aun en un detalle al parecer insignificante como este. ¿Saben? "El testimonio de las mujeres no era [siquiera] aceptable en esa época".[2] Las mujeres no podían actuar como testigos.

¿No es esto muy propio de mi Jesús? Él amenazó el statu quo de incontables formas y en muchas de las más importantes había mujeres. Las invitó a estudios bíblicos (ver Lucas 10.39) después de que ellas pasaran siglos aprendiendo de la Biblia lo poco que podían aprender de sus esposos. Honró su servicio en un tiempo en el que los hombres eran los únicos que ministraban públicamente (ver Marcos 15.41). Sanó, perdonó, liberó y reconstituyó las vidas de aquellas a las que la sociedad rechazaba. Algunas mujeres de mala reputación.

El hecho de que Jesús señalara a estas mujeres como las primeras para dar a conocer la noticia de su resurrección fue definitivamente una sacudida para las costumbres de la época. Jesús sabía que los apóstoles no les creerían, pero quizá pensó que si lo que ellas decían era cierto esto les haría ganar el respeto. Después de todo mire el primer listado de miembros que encontramos en la Iglesia del Nuevo Testamento después de la ascensión de Jesús y verá quiénes formaban el primer grupo de células del Nuevo Testamento (ver Hechos 1.13-14).

Durante siglos, la sinagoga había mantenido a los hombres y las mujeres separados. De repente, iban a trabajar, orar y adorar hombro con hombro. Cristo construyó su Iglesia sobre un fundamento de respeto mutuo. No me malentienda. Cristo no dio prioridad a las mujeres por sobre los hombres. Él sencillamente bajó la escalera al sótano, donde la sociedad había hecho descender a las mujeres y con sus manos heridas por los clavos, las elevó a un lugar de respeto y credibilidad.

Lo último que debemos querer las mujeres en el *"cuerpo de Cristo"* es tomar el lugar de los hombres. ¡Para mi gusto, tienen demasiadas responsabilidades! Pero por favor, ¡tomemos, hermanas, el lugar que sí nos corresponde! Nosotras también hemos sido llamadas a ser testigos creíbles del Señor Jesucristo.

¡Ah, cuánto he disfrutado esta lección! Casi pude verlo. Casi pude sentir que se me erizaba la piel cuando María se asomó en la tumba y vio a los dos ángeles. Pude oler la tierra cuando las mujeres cayeron sobre sus rostros al ver a los ángeles. Podría correr por las calles ahora mismo y proclamarles a todos los que dudan: "¡Ha resucitado!" Y si me encontrara con Él en el camino, mis rodillas se doblarían involuntariamente, caería al suelo, me aferraría a sus pies y los bañaría con mis lágrimas. Me aferraría a Él, lo adoraría y nunca querría dejarlo ir. Algún día, mis queridos amigos tendremos la oportunidad de hacer todo esto.

Hasta entonces "no temáis; id y contad".

DÍA 4

Un corazón que arde

El tesoro de hoy
"Y se decían el uno al otro: ¿No ardía nuestro corazón en nosotros, mientras nos hablaba en el camino, y cuando nos abría las Escrituras?"
(Lucas 24.32).

Leer la Biblia es como recorrer a toda velocidad un terreno muy extenso, pero en lugar de preguntarnos cuáles serán las historias de las personas que encontraremos fugazmente en el camino, tenemos la oportunidad de detenernos y verlas cara a cara. Yo he cuidado ovejas con Moisés en el desierto. He reído a carcajadas con Sarai en la tienda de Abraham. He gritado con Josué ante los muros de Jericó. He danzado con David por las calles de Jerusalén y he naufragado con Pablo. ¡Qué viaje! Hoy el camino nos llevará hacia Emaús, donde bajaremos de la montaña rusa y podremos caminar un rato. Por favor, lea Lucas 24.13-35 y complete lo siguiente:

*E*n Lucas 24.13 leemos las palabras: "...el mismo día". Compruebe cuál es el contexto. ¿Qué día era?
❏ Sábado   ❏ Domingo   ❏ Lunes

¿A qué distancia estaban de su destino? _____

Describa el estado de ánimo de los discípulos cuando Cristo les preguntó de qué hablaban.

_____

¿Cómo respondió Cristo a su relato de los hechos recientes? (vv. 25-27).
❏ con gran gozo   ❏ con una lección bíblica   ❏ con una reprimenda
❏ con un elogio

¿En qué momento reconocieron estos hombres a Jesús? _____

SEMANA 10: La esperanza resucitada

¡Me encanta esta historia! Caminemos con Cleofas y su compañero ese mismo domingo en que resucitó Jesús. No puedo evitar preguntarme si Jesús se habrá divertido en grande ese día sorprendiendo a la gente. Al parecer, los dos hombres con los que caminamos eran seguidores de Cristo. Se refirieron a las mujeres que descubrieron la tumba vacía como "unas mujeres de entre nosotros" (v. 22). También podemos presumir que eran parte del mismo grupo al que Cristo le habló sobre su captura, crucifixión y aun su resurrección.

En esta escena hay un par de bocas que van más rápido que los pies. Lucas 24.15-16 nos dice que Jesús se unió a ellos en el camino pero evitó que lo reconocieran. Cristo quizá no tenga el hábito de acercarse a nosotros caminando en forma humana, pero creo que muchas veces "se nos une" en nuestras circunstancias de maneras que no lo reconocemos.

¿Recuerda alguna ocasión en que Cristo caminó junto a usted, pero usted no lo reconoció hasta "después del hecho"? Si su respuesta es afirmativa, explíquela brevemente.

_____

_____

La siguiente escena es impresionante. Cristo les preguntó de qué hablaban. Con sus rostros tristes, le contestaron. Congele el cuadro un momento. Cambie de lugar con Cleofas y ponga la expresión de él en su propio rostro. ¿Se imagina cuán ridículos parecemos con un rostro triste y desesperanzado cuando el inmortal Hijo de Dios está parado justo al lado de nosotros?

Imagine que Dios ha decorado la mansión que tiene para usted en la gloria con fotografías de dos de sus favoritos: usted y Cristo. Las fotografías los muestran a los dos durante ocasiones muy importantes en esta tierra. Usted no podía ver a Cristo con sus ojos, pero Él estaba allí en cada momento, a todo color. Esperemos que cada uno de nosotros haya caminado tanto con Él que tengamos algunas fotos especiales en las que nuestra expresión indique que preferimos mirar con los ojos de la fe en lugar de los ojos humanos.

Reflexione sobre algunos momentos de victoria en su viaje. En el margen describa una imagen de usted mismo con Cristo que desee destacar.

Casi puedo imaginarme a Cristo en el cielo con pequeños grupos de nosotros, sacando el álbum de fotos y señalando algunas expresiones de tristeza. Imagine cómo nos cubriríamos la cara, riendo avergonzados, colorados como tomates. Sin duda, la instantánea de Cleofas en Lucas 24.17 es de las que provocaría algunas risas en el cielo. Pero Cristo no lo encontró tan divertido aquí en la tierra. Observe que los hechos relativos a la crucifixión de Cristo habían sido tan publicados que Cleofas sugirió que Cristo tenía que ser alguien ajeno a la ciudad, para no saber lo que había sucedido. Después se dedicó a hablarle a Cristo sobre Él mismo. ¿Se imagina estar en las sandalias de Cleofas? ¿No le hubiera gustado asegurarse de que todos los hechos fueran relatados correctamente? Vamos a imaginar otra situación. Cristo pasó gran parte de su vida en la tierra como maestro.

Si Cristo hubiera sido un maestro y hubiera tenido que calificar el "examen oral" que estaba dando Cleofas, ¿qué calificación cree usted que le habría dado y por qué?

_____

Si yo hubiera calificado el examen oral de Cleofas, no le habría restado puntos hasta escuchar esa desafortunada frase en Lucas 24.21: "Pero nosotros esperábamos que él era el que había de redimir a

Israel". Imagine el rostro abatido y el cuerpo inclinado. Escuche el tono de su voz. Si necesita alguna pista, escuche la respuesta indignada de Cristo en Lucas 24.25. Parecía como si Cleofas estuviera diciendo: "Nosotros esperábamos, pero él nos defraudó". Cleofas necesitaba una dosis del Salmo 43.

Me encanta cómo los Salmos reflejan el proceso que atraviesa quien los escribe. El salmista, sintiéndose rechazado por Dios, se hunde en un lamento. En Salmos 43.5 el salmista escribe su propia receta para el alma abatida: "¿Por qué te abates, oh alma mía, y por qué te turbas dentro de mí? Espera en Dios; porque aún he de alabarle, salvación mía y Dios mío". En griego, la palabra "esperanza" incluye mucho más que desear que suceda algo bueno. Significa esperar con confianza. Cristo les dijo a sus seguidores lo que podían esperar y les recordó que después del trágico medio, seguiría un final victorioso. Cuando Cristo nos da su Palabra, Él quiere que vivamos con la expectativa absoluta de su cumplimiento, confiando en que tarde o temprano se cumplirá.

Lea los siguientes pasajes y escriba sus propias recetas para tener esperanza.

Romanos 15.4 _____

Romanos 15.13 _____

Efesios 1.18 _____

¿Cómo se le llama a Cristo en 1 Timoteo 1.1? _____

Cleofas y su amigo habían permitido que la misma evidencia que podía haber encendido sus esperanzas, se las quitara. Recuerde que las mujeres habían dado el testimonio de que Cristo estaba vivo. Comprendo que estoy tomando lo que sigue fuera de contexto, pero me resulta muy gracioso lo que dice Cleofas en Lucas 24.22: "Aunque también nos han asombrado unas mujeres de entre nosotros, las que antes del día fueron al sepulcro". Ahí está. Las mujeres somos asombrosas. Es absolutamente bíblico. Naturalmente, "asombroso" puede significar muchas cosas. La expresión coloquial más comúnmente utilizada como sinónimo de "asombroso" es "algo que nos vuela la cabeza". Yo "le vuelo la cabeza" a Keith todo el tiempo, pero no siempre es un buen "vuelo". Algunas veces, él sencillamente se queda mirándome con cara de "no puede ser tan tonta".

Cristo demostró claramente que la incredulidad de estos hombres le desagradaba. Los reprendió, pero a esta reprensión le sigue uno de los momentos más asombrosos de la Biblia: "Comenzando desde Moisés, y siguiendo por todos los profetas, les declaraba en todas las Escrituras lo que de él decían" (v. 27). ¡Qué no daría yo por escuchar esa completa disertación! Cristo comenzó con los libros de Moisés, pasó por los profetas y explicó lo que todas las Escrituras decían sobre Él. Parte del cielo, para mí será escuchar una repetición de este sermón. Todo el Antiguo Testamento fue escrito acerca de Cristo o en anticipación de Él. Imagine a Jesús mismo explicando los cientos de formas en que la Biblia predice su venida y nos prepara para ella. Yo podría enseñar sobre este tema durante horas y no conozco ni una mínima parte de las formas en las que se enseña sobre Cristo en el Antiguo Testamento.

En el margen, escriba las formas en que usted sabe que las Escrituras predecían a Cristo.

Lea de nuevo Lucas 24.27. Lucas usa la palabra "declaraba" para referirse a la forma de enseñar de Cristo, esta que significa "interpretar, traducir, explicar clara y exactamente". No veo la hora de saber exactamente qué significan algunos pasajes. A diferencia de mí, Cristo nunca tuvo que decir: "Creo que" o "Me parece que esto significa" Él sabía. ¡Qué lección bíblica para esos dos hombres! Una lección que hubiera requerido cuarenta años de vagar en el desierto para mí, Cristo la presentó con gloriosa precisión durante el recorrido de unos pocos kilómetros hasta Emaús.

SEMANA 10: La esperanza resucitada

No es de extrañarse que a los dos hombres les resultara tan difícil separarse de Jesús. "Él hizo como que iba más lejos. Mas ellos le obligaron a quedarse, diciendo: Quédate con nosotros" (vv. 28-29).

¿No le encanta la parte de la película en la que se revela la sorpresa? Hemos llegado a ese momento de clímax. Permítame prepararle la mesa. Los hombres invitaron a Jesús al hogar de uno de ellos. Se preparó una sencilla comida. Se reclinaron a la mesa. Cristo tomó el rol de servir. Partió el pan y pidió el favor divino por medio de una oración. Les entregó una porción de pan a cada uno. Y, como si el velo del lugar santísimo volviera a rasgarse delante de sus propios ojos, ¡lo reconocieron! Entonces, Él desapareció. Hablando de fotos que me gustaría ver en el álbum del cielo, ¿se imagina sus expresiones? Tengo la sensación de que "abatimiento" no sería una buena descripción.

Pocas cosas me gustan más que ser testigo de la primera reacción de alguien ante Jesucristo. Tenemos la gran bendición de que Dios decidió contarnos lo que los hombres dijeron cuando lograron cerrar la boca y volver a abrirla. "¿No ardía nuestro corazón en nosotros, mientras nos hablaba en el camino, y cuando nos abría las Escrituras?" (Lucas 24.32). ¡Ah, esta pregunta está tan llena de riquezas que casi estoy demasiado entusiasmada como para enseñar sobre ella! Primero, ¿notó usted que es bíblico tener un corazón ardiente? ¡Claro que sí! "¿No ardía nuestro corazón...?"

La palabra "arder" significa exactamente lo que usted piensa: "hacer quemar, llameante, consumir con fuego". Amado hermano, si alguna vez le ha prestado algo de atención a algo que yo haya escrito sobre la clave para tener una relación apasionada con Cristo, preste atención ahora. Su corazón significa mucho más para Cristo que cualquier otra cosa. El hecho de que su corazón esté totalmente enamorado de Cristo es más importante que cualquier servicio que pueda rendirle o cualquiera regla que pueda cumplir. Si Cristo tiene su corazón, tendrá su obediencia (ver Juan 14.21). Dios desea cautivar su corazón por completo y hacer que arda de pasión por Él. Esa es la absoluta prioridad para usted, según Marcos 12.30 si esto no existe el gozo y la satisfacción huirán de usted. Existen dos llaves inmutables que encienden nuestro espíritu e inflaman la pasión santa en nosotros. Ambas se encuentran engarzadas como rubíes en las ascuas de Lucas 24.32.

*C*omplete los espacios en blanco: "¿No ardía nuestro corazón en nosotros, mientras nos

(1.) _____ en el camino, y cuando nos

(2.) _____ las _____?"

Para mí, "nos hablaba en el camino" es una representación maravillosamente personal y tierna de la oración, y "nos abría las Escrituras" es una perfecta representación del estudio bíblico. Amado hermano, quizá no hagamos muchas otras cosas para avivar la llama de nuestra pasión espiritual por Cristo pero todos los demás esfuerzos serán en vano si no frotamos los dos palitos de la oración y el estudio bíblico para encender el fuego.

Mañana concluiremos esta aventura y quizá nuestros pasos no vuelvan a cruzarse de este lado del cielo. Nuestros corazones han ardido juntos como un incendio y lo extrañaré terriblemente, pero usted sin duda no me necesita a mí. Siempre puede saber lo que hace que un corazón arda en la presencia de Jesucristo.

Algunos dirán: "Sí, pero yo he orado antes y he asistido muchas veces a la Escuela Dominical y mi corazón no ardía". No me refiero a oraciones "flecha" y lecciones rápidas. Estoy hablando de entablar una relación de amor con Jesucristo en oración, en la que usted le hable durante todo el día y Él, aunque invisible, sea una realidad mayor que los que usted puede ver. Estoy hablando de abrir la Palabra, echar atrás la cabeza con el rostro hacia el cielo y decir: "Maravíllame con tu Palabra" (ver Salmos 119.18). Desarrollar esta clase de intimidad con Dios lleva tiempo, pero el recorrido solo ya es gran parte de lo interesante.

No confunda una relación apasionada con Dios con un estado poco realista de permanente exaltación. Estoy hablando de dos vidas que se entrelazan, la suya y la de Cristo, encendiendo cada vez más y atrapando todo el corazón, el alma, la mente y las fuerzas. Dios está más que deseoso de darle un corazón lleno de fuego por su Hijo. Dígale que lo quiere más que la bendición o que su pan diario. ¡Amado hermano, prométame que no se conformará con lo mediocre! Cuando Jesús, el Alfa y la Omega, el Autor y Consumador de nuestra fe tome el volante, a usted no le faltará emoción, ni diversión ni un asiento con una buena vista. Él tiene en mente para usted nada menos que una gran aventura. Lo espera un paseo por la montaña rusa. ¿Ya están todos a bordo?

DÍA 5

Jesús mismo

El tesoro de hoy
"*Mirad mis manos y mis pies, que yo mismo soy; palpad, y ved*" *(Lucas 24.39).*

¿Nuestro último día? ¿Cómo puede ser? Parece que últimamente los meses vuelan en el calendario, cada vez más rápidos. En un segundo, nuestra vida sobre la tierra se evaporará como una nube, pero cada momento que hemos pasado con la Palabra es una inversión eterna en el tesoro del cielo. ¡Permanezca en la Palabra de Dios! Estudie con maestros sanos y bíblicos para convertirse en un seguidor de Cristo y no en un seguidor del mundo. Adore solamente a Cristo. Intégrese a un grupo de creyentes y sirva a Dios con gozo contagioso. Le prometo que yo haré lo mismo. Si nunca llegamos a conocernos en la tierra, no veo la hora de que nos conozcamos en el cielo. Por favor, pase por mi casa y comparta una taza de café celestial conmigo. Venga a decirme cuánto ama a Jesús y cómo se sintió cuando lo vio por primera vez cara a cara.

Me faltan las palabras para expresarle mi gratitud. Que una persona de su carácter eligiera recorrer la Palabra de Dios con alguien como yo, una que ha vivido en el pozo y a la que tanto le queda por aprender me hace sentir muy humilde. No puedo asimilarlo. Sencillamente entrego el privilegio, como una rosa perfecta, a los pies de mi Salvador. Como siempre los ojos arden de lágrimas cuando nos encontramos con una página gastada de la Palabra de Dios para nuestra última lectura juntos. Por favor, regocíjese en Lucas 24.36-53 y complete lo siguiente:

¿Cómo quisiera titular y subtitular la escena que describen los versículos 36-49?

_____

¿Cuál es su parte preferida, y por qué? _____

_____

¿Por qué cree usted que Cristo comió en un momento como este?_____

¿Qué había prometido el Padre? (Hechos 2.32-33). _____

_____

¿Por qué cree usted que Cristo les dijo que esperaran la llegada de la promesa?

_____

¿Qué estaba haciendo Cristo en el momento en que partió?

_____

En Lucas 24.51, un grupo de seguidores disfrutó de la última imagen de su Maestro. ¿Por qué cree usted que estaban llenos de gozo, aun cuando Él había partido y ya no podían verlo físicamente?

_____

Presentemos el escenario de los hechos que se relatan en Lucas 24.36. Después que Cristo se reveló en la mesa para después desaparecer. Cleofas y su compañero caminaron esas poco más de once millas de regreso a Jerusalén, más rápido que nunca en su vida. Cuando llegaron adonde estaban los once, los discípulos estaban llenos de entusiasmo por la aparición de Cristo a Pedro. Finalmente, proclamaron: "Ha resucitado el Señor verdaderamente" (v. 34).

Me encanta cómo Cristo organiza las cosas para lograr un mayor efecto: "Mientras ellos aún hablaban de estas cosas..." (v. 36). ¿Quiénes hablaban? ¡Los hombres de Emaús! Seguían entusiasmados, dando testimonio de Jesús pero creo que esta vez recibieron una calificación mucho mejor. Jesús mismo se presentó entre ellos. ¡Ah, día glorioso! Después de todas las conjeturas, no fue Gabriel, no fueron las huestes celestiales, no fue una visión, no fue una aparición. ¡Jesús! Amado hermano, cuando de sus ojos caiga el velo para que pueda ver lo celestial, veremos a Jesús mismo. "Porque el Señor mismo [...], descenderá del cielo; [...], y así estaremos siempre con el Señor" (1 Tesalonicenses 4.16-17). ¡Aquieta tus latidos, corazón mío!

¿Cuáles fueron las primeras palabras de la boca de Jesús cuando apareció

en la escena de Lucas 24.36? _____

"Paz" o *shalom* es el saludo más común entre los hebreos, pero este saludo de la noche de resurrección no tenía nada de común.

¿Qué especial importancia tienen estas palabras, según Efesios 2.14?

_____

Me hace reír a carcajadas la ironía de que los discípulos casi se hayan muerto de miedo cuando Jesús los saludó con su paz (ver Lucas 24.37). Juan 20.19 ayuda a explicar por qué la sorpresa que les dio Cristo les causó mucho miedo. Los discípulos estaban encerrados por temor a los judíos.

Lucas 24.37 usa dos palabras griegas muy fuertes para describir el terror que sintieron los discípulos. Baste decir que no podían haber estado más atemorizados. Creo que si hubieran podido moverse, habrían corrido por sus vidas. Observemos que solo minutos antes estaban diciendo, gozosos: "¡Es cierto, ha resucitado!"; pero cuando se encontraron cara a cara con Jesús, por alguna razón, verlo fue más de lo que ellos podían soportar. Me deleita saber que nuestro futuro será algo similar. Usted y yo hemos apostado toda nuestra vida al hecho de que Jesús está vivo, pero tengo la sensación de que, cuando en realidad podamos contemplarlo, solo la vida eterna impedirá que caigamos muertos. Cristo respondió al temor de sus discípulos preguntándoles: "¿Por qué estáis turbados, y vienen a vuestro corazón estos pensamientos?" La palabra griega que se traduce como "turbados" implica una súbita turbulencia de toda clase de emociones.

$\mathcal{E}$l temor es obviamente una de las emociones que sintieron los discípulos. ¿Se le ocurren otras emociones que pudieran haber estallado repentinamente en ellos? Explíque su respuesta.

_____

_____

La palabra original que se traduce como "pensamientos" en Lucas 24.38 es *dialogismos*. Tiene la misma raíz que la palabra "diálogo". Esta palabra significa "pensamientos", "direcciones" y también "debate". Creo que sus mentes entraron en una sobrecarga inmediata y hablaron y debatieron entre lo que sus ojos repentinamente estaban viendo y lo que sus cerebros no podían explicar racionalmente. Casi puedo escuchar a Cristo diciendo: "Muchachos ustedes no tienen un archivo mental ya preparado para guardar esta información. Esto no pueden registrarlo intelectualmente. Dejen de intentarlo. Solo miren y crean". El hecho de que Cristo continúe dispuesto a ayudarnos a creer me deja pasmada. En ningún momento dijo: "¡Ustedes no son más que unos idiotas! ¡Estoy harto de tener que convencerlos de que crean en mí!" Cuando no bastó con que lo vieran, Jesús les dijo: "Mirad mis manos y mis pies, que yo mismo soy; palpad, y ved; porque un espíritu no tiene carne ni huesos, como veis que yo tengo" (v. 39).

$\mathcal{C}$risto no tenía por qué retener las cicatrices en su cuerpo resucitado. En el margen, explique por qué cree que lo hizo.

Yo uso una pulsera en la muñeca como recordatorio visible de que soy del Señor. Creo que de la misma manera, las cicatrices de los clavos significan algo muy valioso para Cristo. Las cicatrices son la forma en que usted y yo hemos sido grabados en las manos y los pies del Señor (ver Isaías 49.16).

$\mathcal{L}$as cicatrices de los clavos no son las únicas que conservó. ¿A qué otra herida hace

referencia Cristo en Juan 20.27? _____

Muchos creen que la herida de la lanza atravesó su corazón. La herida sugiere una imagen de la "Esposa de Cristo" [su iglesia]. Su prometida ha surgido de su costado así como la primera mujer surgió del costado de Adán. Pero la prometida de Cristo no provino de su costilla, sino de su corazón.

A diferencia de sus primeros discípulos, usted y yo nunca hemos visto las manos físicas de Cristo ni sus pies. Al principio puede parecer que los discípulos nos llevan una gran ventaja. Después de todo, ellos vieron al Cristo resucitado con sus propios ojos. Pero Cristo anunció que nosotros somos los que tenemos un privilegio especial.

¿$\mathcal{Q}$ué dijo en Juan 20.29 que se aplica a usted y a mí?

_____

¡Ah, hermano! Nosotros, los que creemos sin haber visto jamás, somos bienaventurados, porque lo que le agrada a Él es la fe (ver Hebreos 11.6). Hemos visto, muchas veces, sus manos a través de su constante provisión y su gloriosa intervención. Hemos visto, muchas veces, sus pies, cuando Él caminó delante de nosotros. Sin duda hemos visto las manos y los pies de Cristo con los ojos de la fe.

SEMANA 10: La esperanza resucitada

Lucas 24.41 pinta una imagen casi perturbadora de los discípulos hasta que captamos lo que creo que Dios sugiere aquí. Después que los discípulos vieron sus manos y sus pies, se nos dice que "no lo creían". Pero no creo que aquí se sugiera que eran obstinados u orgullosos y pedían más pruebas.

*E*llos no creían, de _____.

¿Alguna vez se entusiasmó tanto con una noticia que no le pareció real hasta pasado un tiempo? Así se sentían los discípulos. Estaban pensando algo así como: "¡Esto es demasiado bueno para ser cierto!" La respuesta de Cristo, maravillosamente sugiere lo que pasaba por sus mentes. Inmediatamente les pidió algo para comer y demostró así que era real. ¿Se imagina el cuerpo resucitado de Cristo? Podía atravesar paredes y comer comida de verdad. Su cuerpo resucitado tenía forma definida y completa firmeza, pero ya no estaba atado a las limitaciones humanas. Si quiere leer lo más increíble busque en su Biblia y lea ahora 1 Juan 3.2.

¿*C*ómo seremos nosotros? _____

Este increíble versículo sugiere que aunque no sabemos qué seremos cuando tengamos el cuerpo glorificado, sabemos cómo seremos. Seremos como Él. Creo que este pasaje deja implícito que las propiedades físicas de nuestro cuerpo glorificado serán muy similares a las del de Él. ¡Qué emocionante! Entre muchas otras cosas espirituales, me encanta saber que voy a poder comer. Pero si a Jesús le da lo mismo, preferiría comer el pescado frito en lugar de hervido ya que tendré un cuerpo celestial y no tendré que preocuparme por el colesterol.

Alguien estará pensando: "¡Esta no es hora de jugar y divertirse!" Pero yo creo que Jesús se divirtió mucho con sus discípulos cuando vio su gozosa incredulidad y les pidió un trozo de pescado para probarles que estaba vivo. Nadie puede decirme que detrás de esas puertas cerradas no había un ambiente festivo, lleno de risas nada religiosas y de absurdos saltos de gozo. Hemos sido creados a la imagen de nuestro Dios. El gozo abundante es un regalo suyo y ¿qué mejor momento para darlo a conocer que danzando a la luz de la luna la noche de la resurrección? Estoy segura de que los pocos momentos transcurridos entre Lucas 24.43 y 44 estuvieron llenos de júbilo. En algún lugar entre esas líneas, los discípulos vieron y creyeron.

Entonces, Cristo les recordó a los discípulos en el versículo 44: "...era necesario que se cumpliese todo lo que está escrito de mí en la ley de Moisés, en los profetas y en los salmos". Esto incluye su retorno. El Antiguo Testamento deja perfectamente en claro que el Mesías regresará a la tierra y ocupará el trono de David. Él entró en Jerusalén como un humilde siervo, sobre un asno.

*B*asándonos en Apocalipsis 19.11, ¿cómo hará su entrada cuando regrese?

_____

_____

¡Aleluya! Mi querido hermano en Cristo, tan seguro como que Cristo murió y resucitó, Él regresará. Todo debe cumplirse. Después de la contundente confirmación de Cristo, Lucas 24.45 registra algo magnífico.

¿*Q*ué hizo Cristo? _____

_____

No creo que haya una mejor definición que la de la palabra que se traduce como "comprendiesen" en Lucas 24.45. Medite sobre esta definición: "La actividad comprensiva de la mente que denota la palabra *suniemi* implica reunir datos individuales en un todo organizado, como si se reunieran las piezas de un rompecabezas y se armara. La mente capta conceptos y ve la relación correcta entre ellos". Amado hermano, creo que Cristo puede hacer esto mismo por usted y por mí. No, jamás seremos infalibles con nuestro entendimiento.

Pero ¿por qué nos insta a orar el Espíritu Santo como creyentes neotestamentarios, según los siguientes pasajes?

Colosenses 1.9-10 _____

Colosenses 2.2-3 _____

Efesios 1.17-18 _____

¡Eso ya es suficiente como para encender nuestro entusiasmo! Durante el resto de nuestros días, pidámosle a Él que abra nuestra mente y coloque una pieza de rompecabezas tras otra en nuestras manos, dándonos el gozo inefable de ver cómo encajan. ¡Que saltemos de gozo algunas veces! ¡Que lloremos de asombro, otras! Que pasemos los días de nuestra vida haciendo encajar una pieza con otra hasta que lo único que nos falte sea la imagen vívida de su perfecto rostro. ¡Día feliz!

Mientras caía el telón sobre la noche de resurrección, los discípulos finalmente vieron las piezas del rompecabezas armando todo el cuadro. Comenzaron a comprender por qué el plan requería que Cristo sufriera y resucitara de los muertos. Como un pequeño batallón de soldados recibieron sus órdenes de lucha. Predicar "en su nombre el arrepentimiento y el perdón de pecados en todas las naciones, comenzando desde Jerusalén". Me encanta la siguiente frase. "Y vosotros sois testigos de estas cosas" (v. 48). Nosotros también. Lo que ellos vieron con sus ojos, nosotros lo vimos con nuestros corazones. Ruego que nada nos impida contarlo.

El relato de esta noche concluye con la promesa del poder y la presencia del Espíritu Santo. "Y yo rogaré al Padre, y os dará otro Consolador, para que esté con vosotros para siempre: el Espíritu de verdad, [...]. No os dejaré huérfanos; vendré a vosotros" (Juan 14.16-18). Muy pronto las palabras de Cristo se cumplirían. Con sus mentes recién abiertas quizá ellos se preguntaron cuándo sucedería, pero creo que ya no se preguntaban si sucedería.

La pluma de Lucas, llena de la tinta del Espíritu durante veinticuatro capítulos, se seca muy apropiadamente, luego de una escena invalorable. Un pequeño grupo de hombres diversos, cuyas vidas había sido completamente trastornadas —pero no perdidas— gracias a Jesucristo, se esfuerza por tener una última imagen de Él. Desde la primera hasta la última página, el evangelio de Lucas ha hablado de la gloria que interrumpe lo común. Ellos nunca pidieron a Jesús. Él los escogió a ellos y sus vidas nunca volvieron a ser las mismas. Lo último que vieron fueron las cicatrices de sus pies.

Treinta y tres años antes, los pies de Dios marcaron, titubeantes, sus primeras huellas visibles en la tierra con las huellas de una joven madre siguiéndolas de cerca. El caminar se hizo resuelto y el camino se llenó de piedras y espinos. Ahora Dios hecho carne deja de posar en este planeta sus pies golpeados y heridos. Como Dios predijo, la serpiente antigua atacó el calcañar de Cristo pero cuando Él ascendió, todas las cosas quedaron bajo sus pies. Jesucristo caminó por el camino de la humanidad para que la humanidad pudiera caminar por el camino de Dios. ¡Hermosos son los pies de los que anuncian las buenas nuevas!

Ninguno de los discípulos lamentó que Él se hubiera cruzado en su camino. Lo que habían perdido era incalculable. La mayoría de sus amigos. La mayor parte de su familia. Sus trabajos. Las bendiciones de sus padres. La seguridad física. Y ahora un líder que pudieran ver. Pero dejaron el monte los Olivos con gran gozo, alabando a Dios, porque sus vidas habían sido interrumpidas por la Gloria.

SEMANA 10: La esperanza resucitada

Las palabras de Romanos 8.18 se hicieron realidad para ellos mucho antes de que cada discípulo cayera postrado. Los sufrimientos de este mundo sencillamente no podían compararse con la gloria que Él les había revelado. Ellos, como ningún otro podían decir: "Y aquel Verbo fue hecho carne, y habitó entre nosotros (y vimos su gloria, gloria como del unigénito del Padre), lleno de gracia y de verdad" (Juan 1.14). Esa gloria los sostuvo y los hizo crecer mucho antes de que lo visible se convirtiera en invisible. Usted y yo somos descendientes espirituales de Pedro, Jacobo, Juan y todos los demás que ofrecieron sus vidas, no por lo que pensaban ni por lo que esperaban, sino por lo que sabían. Por El que conocían. Nuestra fe está basada en hechos, mi amado hermano. Nunca permita que nadie lo convenza de lo contrario.

Jesús: el único y suficiente. Su título es para siempre. Él fue el único y suficiente mucho antes de dar aliento a la primera alma humana y continuará siendo el único y suficiente mucho después que la última alma haya sido juzgada. Él no cambia. Pero usted y yo fuimos destinados al cambio. Tan decidido está Dios a transformarnos que no podemos acercarnos a Él y seguir siendo los mismos.

Al concluir este viaje de diez semanas por Galilea, Jerusalén y Judea, la pregunta no es "¿Es Jesús el único y suficiente?" Nuestro voto no puede elevarlo a un puesto que ya es suyo. La pregunta es: ¿Ha llegado a ser Cristo el único y suficiente para usted? ¿Trasciende Él todo lo demás en su vida? ¿Está fuera de comparación? ¿Es su único Salvador? ¿Su único Libertador? ¿El único amante de su alma? Si es así, mi querido amigo, usted está siendo transformado de gloria a gloria como Moisés que descendió del monte de Dios con el rostro radiante. Quizá usted no lo vea, pero los demás sí. Así obra Dios. Que nuestra vida sea oscurecida por la gloria de Cristo, escondida en la sombra de su cruz. Y cuando todo esté dicho que nuestro recorrido por este planeta sea caracterizado por una única y sencilla palabra: Jesús.

Hay un nombre sobre todo nombre
Piérdase el mío en el de Él;
Ocúltame en su carmesí corazón,
¡oh, sendero de secreta bendición!
Una sola vida vale la pena buscar;
Clava la mía a aquel madero.
Hasta que Jesús, con su brillo eterno
Sea todo lo que en mí puedas ver.

Hazlo brotar cada día en mi vida
Y déjame a mí en la tumba.
No busco aquí otra gloria;
No dejes lugar para mí.
¡Bendito anonimato!
Mi vida no tiene valor.
Jesús: el único y suficiente.
Ven sobre mí, amada Cruz.

---

[1] Horatio G. Spafford, "It Is Well with My Soul," *The Baptist Hymnal* (Nashville, TN: Convention Press, 1991), 410.
[2] Frank E. Gaebelein, *The Expositor's Bible Commentary* (Grand Rapids, MI: Zondervan Publishing, 1984), 1049.

PLAN DE ESTUDIO DE CRECIMIENTO CRISTIANO

Preparar a los Cristianos para Servir

En el **Plan de Estudio de Crecimiento Cristiano** (anteriormente el Curso de Estudio de la Iglesia), *Jesús: El único y suficiente* es el libro de texto en el área de Vida personal en el de la categoría de crecimiento cristiano. Para recibir crédito, lea el libro, complete las actividades de aprendizaje, enseñe el trabajo realizado al pastor, o a un miembro del liderazgo de la iglesia, y luego complete la siguiente información. Puede reproducir esta página. Después de completar la información, envíela a:

Plan de Estudio de Crecimiento Cristiano
One LifeWay Plaza
Nashville, TN 37234-0117
FAX: (615) 251-5067
EMAIL: cgspnet@lifeway.com

El catálogo anual del Plan de Estudio de Crecimiento Cristiano ofrece información acerca del plan de estudio. Lo podrá encontrar en www.lifeWay.com/cgsp. Si no tiene acceso al Internet, llame a la oficina del Plan de Crecimiento Cristiano (1.800.968.5519) para el plan específico que necesite en su ministerio.

Jesús: El único y suficiente
Curso: CG- 0819

INFORMACIÓN DEL SOLICITANTE Rev. 3-03

*Se pide que los nuevos solicitantes den su número del SS, pero no se requiere. Los participantes que ya han hecho estudios anteriores, por favor den su número del Plan de estudio de crecimiento cristiano (PECC) cuando estén usando el número del SS por primera vez. Después sólo se requerirá un número de identificación (ID).